Alexander Querengässer

Friedrich der Streitbare – Kurfürst von Sachsen

Ein Fürst und seine Herrschaft im Spätmittelalter

Friedrich der Streitbare (1370–1428) – Kurfürst von Sachsen

Alexander Querengässer

Friedrich der Streitbare Kurfürst von Sachsen

Ein Fürst und seine Herrschaft
im Spätmittelalter

Sax Verlag

Bibliografische Information der Deutschen Nationalbibliothek:
Die Deutsche Nationalbibliothek verzeichnet diese Publikation
in der Deutschen Nationalbibliografie; detaillierte bibliografische Angaben
sind im Internet über http://dnb.dnb.de abrufbar.

ISBN 978-3-86729-224-5

2. geä. und korr. Auflage 2022
Alle Rechte vorbehalten
© Sax-Verlag, Beucha • Markkleeberg 2018
Einbandgestaltung / Layout: Sax-Verlag, Markkleeberg
www.sax-verlag.de

Inhalt

Einleitendes	6
1 Krise und Wiederaufstieg: Die Wettiner im 14. Jahrhundert	8
1.1 Zur Geschichte der Dynastie	8
1.2 Die »Katherina Divina« und die Erziehung des jungen Friedrich	13
2 Die Preußenreise	19
3 Zeit der Fehden	28
3.1 Konflikte mit dem regionalen Adel	28
3.2 Konflikte mit dem König	32
3.3 Konflikte auf Reichsebene	41
3.4 Versuche zur Sicherung des Landfriedens	52
4 Friedrichs Ehe und Familie	58
4.1 Eheprojekte und Heirat	58
4.2 Familie	60
5 Residenz, Hof und Herrschaft	64
5.1 Zwischen Reiseherrschaft und festen Residenzen	64
5.2 Friedrichs Hof und Rat	67
5.3 Die Landesverwaltung	77
6 Das Haupt der Dynastie	81
6.1 Wettinische Territorialfragen 1406 bis 1411	81
6.2 Konflikte mit Landgraf Friedrich 1412 bis 1417	92
6.3 Das Verhältnis zwischen Friedrich IV. und Wilhelm II. nach der Freiberger Örterung	98
6.4 Friedrichs Verhältnis zur Kirche in Mitteldeutschland	100
6.5 Der meißnisch-sächsische Adel unter Friedrich	104
7 Ein Zentrum der Bildung – Die Gründung der Universität Leipzig	110
8 Wirtschaft und Wirtschaftspolitik	118
8.1 Bergbau und Münzpolitik	118
8.2 Verkehrswesen	124
8.3 Die Rolle der Juden für die landesherrlichen Einnahmen	126
9 Das Konzil von Konstanz	129
10 Ketzerkreuzzüge	133
10.1 Meißnisch-böhmische Spannungen	133
10.2 Das Heerwesen unter Friedrich dem Streitbaren	135
10.3 Die ersten Hussitenkreuzzüge	145
11 Kurfürst von Sachsen	160
11.1 Die Erlangung der Kurwürde	160
11.2 Die Fortführung der Hussitenkriege	171
12 Tod, Beisetzung und Nachleben	181
Abschließendes	183
Anhang	186
Fehden Friedrichs IV. bzw. I.	186
Quellen	199
Anmerkungen	211
Zum Autor	239

Einleitendes

BEREITS 1733 verfasste Johann Gottlieb Horn seine »Lebens= und Heldengeschichte des Glorwürdigsten Fürsten und Herren, Herrn Friedrichs des Streitbaren, weyland Landgrafens in Thüringen und Marggrafens zu Meißen Dann auch Seines höchst=preißlichen Stammes Ersten Churfürstens«.[1] Die über 700 Seiten starke Darstellung greift auf viele Quellen zurück, die Horn im damaligen Archiv in Dresden sowie aus etlichen gedruckten Chroniken zusammengesucht hatte. Lange bevor Historiker auf Editionen wie den »Codex Diplomaticus Saxoniae«, dessen vier Bände der Reihe I B inzwischen die Lebenszeit Friedrichs vollständig abdecken, zurückgreifen konnten, gelang ihm eine sehr detaillierte Lebensbeschreibung. Allerdings ist diese – bedingt durch die seinerzeit fehlende Forschungsgrundlage – nicht frei von Fehlern und Lücken. So datiert der Autor schon das Geburtsjahr Friedrichs falsch auf 1369 (und konsequenterweise das seines Bruders Wilhelm auf 1370).

Mehr als zweihundert Jahre später erschien mit Irmgard von Broesigkes Dissertation[2] eine weitere Biografie Friedrichs. Diese konzentriert sich vor allem auf die politischen Aspekte seines Lebensweges und enthält keinerlei Aussagen über dessen Familie. Auch die Gründung der Universität Leipzig, die heute rückblickend als ein großes Verdienst seiner Herrschaft betrachtet wird, streift Broesigke nur am Rande.

Dennoch kann der erste sächsische Kurfürst sogar schon zu den biografisch besser erforschten meißnisch-sächsischen Fürsten des Mittelalters zählen. Denn abgesehen von einigen kurzen Aufsätzen oder kaum über den Umfang einer Broschur hinaus reichenden Arbeiten wurde lediglich Heinrich dem Erlauchten 1977 noch einmal eine umfangreiche wissenschaftliche Betrachtung aus der Feder von Wolf Rudolf Lutz zuteil.[3]

Nach dem Millenium nahm die Beschäftigung mit den spätmittelalterlichen Wettinern nochmals Fahrt auf. 2007 widmeten die Staatlichen Kunstsammlungen Dresden Friedrich eine eigene Ausstellung, zu der der reich bebilderte Essayband »Mit Kreuz und Schwert zur Kurfürstenmacht. Friedrich der Streitbare, Markgraf von Meißen und Kurfürst von Sachsen (1370–1428)« erschien, dessen Beiträge sich dem Kurfürsten unter verschiedensten Aspekten näherten. Zwei Jahre später publizierte der Verein für Sächsische Landesgeschichte einen Tagungsband, der sich mit Friedrichs Onkel auseinandersetzte, »Wilhelm der Einäugige. Markgraf von Meißen (1346–1407)«.

Darüber hinaus hat die Forschung wichtige Quellen erschlossen, etwa Johann von Vippachs Fürstenspiegel »Katherina Divina«,[4] welche wichtige

Rückschlüsse auf die Erziehung und Sozialisierung Friedrichs ermöglichen. Vor diesem Hintergrund schien es legitim, dem ersten Kurfürsten des Hauses Wettin eine neue Biografie zu widmen. Ursprünglich schwebte mir hierbei eine Arbeit von sehr begrenztem Umfang vor, doch je länger und eingehender ich mich mit der Materie auseinandersetzte, desto mehr Quellen wollte ich erschließen, um ein möglichst abgerundetes Bild Friedrichs vorzulegen. Allerdings haben sich kaum archivalische Quellen dieser Zeit erhalten. Die entsprechenden Akten des sogenannten »Wittenberger Archivs« im Sächsischen Hauptstaatsarchiv Dresden, also jene Archivbestände der wettinischen Kurfürsten aus der Zeit bis etwa zum Ende des Schmalkaldischen Krieges, die auch Dokumente aus der Zeit Friedrichs des Streitbaren enthielten, sind inzwischen als Kriegsverlust gekennzeichnet.

Nichtsdestotrotz bin ich überzeugt, dass mit der vorliegenden Arbeit viele Facetten Friedrichs und seiner Herrschaft neu beleuchtet werden konnten. Kurzzeitig ergab sich der Gedanke, als Untertitel dieses Buches die provokante These von einem »Fürsten zwischen Mittelalter und Neuzeit« in den Raum zu stellen und damit der seit Johann Huizinga diskutierten Frage neue Nahrung zu geben, ob das 15. Jahrhundert den »Herbst des Mittelalters«[5] oder den »Frühling der Frühen Neuzeit«[6] darstellte. Aber eine derart zugespitzte Formulierung erschien am Ende doch widersinnig, denn Friedrich war ein Fürst des Spätmittelalters, auch wenn sich unter seiner Regierung die zarten Wurzeln des frühneuzeitlichen wettinischen Herrschaftsystems ausprägten.

1 Krise und Wiederaufstieg: Die Wettiner im 14. Jahrhundert

1.1 Zur Geschichte der Dynastie

IM AUSGEHENDEN 13. JAHRHUNDERT machten die Wettiner, als Markgrafen von Meißen und Landgrafen von Thüringen die vorherrschende Dynastie im mitteldeutschen Raum, eine schwere Krise durch. Nach dem Tod Markgraf Heinrichs des Erlauchten (1221–1288) versuchte eine Reihe römisch-deutscher Könige ihre eigene Hausmacht im meißnisch-thüringischen Raum weiter auszubauen, was eine fast existenzielle Bedrohung für die Wettiner darstellte, die erst mit der Schlacht bei Lucka (1307) beseitigt werden konnte.[7] Der Sieg der markgräflichen Truppen ermöglichte die Besetzung weiter Teile des Reichsterritoriums Pleißenland. 1310 bestätigte der neue aus dem Hause Luxemburg stammende König Heinrich VII. den erblichen Anspruch Friedrichs I. auf die Markgrafschaft Meißen, die Landgrafschaft Thüringen und das Reichsterritorium Pleißenland.[8]

Mit Johann dem Blinden begann auch in Böhmen die Zeit der luxemburgischen Herrschaft. Die Großmachtansprüche der Přemysliden hatte sich diese Dynastie ebenfalls zu Eigen gemacht. Die Herrschaft der Luxemburger war darüber hinaus prägend für die weitere Entwicklung des wettinischen Territorialstaates. Infolge der Krise, die die römisch-deutsche Königsmacht nach dem Niedergang der Staufer durchlebt hatte, versuchte die Dynastie nun eine eigene Hausmachtpolitik zu betreiben, um durch eine große territoriale Basis ihren Anspruch auf die Krone zu festigen. Die Beziehungen von Johanns Sohn Karl IV. zu den Wettinern gestalteten sich zunächst dennoch freundschaftlich. Das war nicht unbedingt vorherzusehen, denn nach dem Tod Ludwigs des Bayern hatten dessen Anhänger Friedrich II. die Kaiserkrone angeboten, die dieser jedoch abgelehnt hatte.[9]

Karl IV. schloss am 21. März 1348 mit den Markgrafen das Dresdner Bündnis, welches als Grundlage eines guten Verhältnisses zwischen dem Luxemburger und den Wettinern dienen sollte. Trotzdem stärkte der Kaiser seine Position in Mitteldeutschland, erwarb die Niederlausitz und zahlreiche Güter innerhalb der Markgrafschaft Meißen, aus denen schließlich böhmische Lehen wurden.[10] In Meißen herrschten nach dem Tode Friedrichs des Ernsthaften 1349 anfänglich vier, später drei Brüder, wobei Friedrich III. (der Strenge) die Seniorität innehatte.[11]

Für Friedrich III. waren gute Beziehungen zum Kaiser zu dieser Zeit nicht zuletzt deswegen von Bedeutung, da dieser ihm beim Durchsetzen seines »Erbes« behilflich sein sollte. Denn Friedrich war mit der Tochter eines mitteldeutschen Hochadelsgeschlechts verheiratet. Katharina war die Tochter Graf Heinrichs VIII. von Henneberg-Schleusingen. Johannes Rothe erzählt in seiner Thüringischen Chronik die romantische, heute jedoch angezweifelte Geschichte einer Heiratswerbung während eines großen Turniers: »In dem jare do vor [1344, Anm. d. A.] (nach ostirn) hatten die prediger zu Isenache eyn gross capitel, (unde do qwomen hyn vil grosser lerer der heiligen schrift, unde uf die selbe zeit qwomen ouch gar vil fursten graven unde herren uss allen landen umbe Doryngen gelegen) unde hylden eynen houf mit tornyren unde mit stechen unde waren vil geste von mannen unde von frawen. (unde des besserte sich die stat, die gebrechin an dem ackir hat. Uff dem selbin houfe wart eyne friote an geslagen von dem graven von Henebergk, das der seyne tochter geben wolde lantgraven Frederichs eldesten Ssone, der ouch Frederich hiess, unde do hiesch der lantgrave also vil slos und stete zu, das is uff die zeit nicht volzogen wart).«[12]

Katharina kam vermutlich um 1334 im thüringischen Schleusingen zur Welt. Im Alter von nur zwölf Jahren wurde sie 1346 mit Friedrich vermählt. Dabei soll ihr Vater ihr die Coburger Pflege als Mitgift überreicht haben.[13] Da sich zu diesem Zeitpunkts bereits abzeichnete, dass der Graf ohne männliche Erben sterben würde, legte er eine Teilung seines Territoriums fest. Die Hennebergischen Stammlande sollten an seinen Bruder Johann gehen, während seine Ehefrau die »Neuen Lande« als Leibgedinge erhielt.[14] Als Heinrich nur ein Jahr später verstarb, trat Friedrich III. allerdings nicht sofort das Erbe an. Zunächst einigte er sich am 16. Juli 1351 in Schmalkalden mit seiner Schwiegermutter, dass ihm statt der 4 000 Gulden, die ihm als Mitgift versprochen worden waren, Burg und Stadt Schmalkalden verpfändet werden sollten. Von Coburg war in dem Dokument noch keine Rede.[15] Allerdings bemühte sich der Markgraf schon zu Lebzeiten seiner Schwiegermutter Jutta von Brandenburg, Coburger Vasallen auf seine Seite zu ziehen. Die Witwe Graf Heinrichs wiederum versuchte die Erbbestimmungen ihres Gatten zu verwischen und sich die »Neuen Lande« nicht als Leibgedinge, sondern als erblichen Besitz anzueignen. Als Jutta am 1. Februar 1353 das Zeitliche segnete, suchte Friedrich um eine Belehnung mit dem Coburger Landesteil nach, wofür er an den kaiserlichen Hof nach Prag reiste.[16]

Diese Vorgänge legen natürlich nahe, dass es sich bei der Verbindung mit Katharina von Henneberg um eine reine Zweckehe handelte, wobei der Schwiegersohn womöglich von Anfang an auf das Coburger Erbe spekulierte. Sie blieb aber nicht kinderlos. Bereits 1350 gebar Katharina ihrem Mann einen Sohn, der der wettinischen Tradition folgend den Namen Friedrich erhielt, aber wohl noch im selben Jahr verstarb. Ob in der Folge weitere Kinder zur Welt kamen, die die Geburt oder das Kindbett nicht überlebt haben, lässt sich nicht sicher klären. In einige Chroniken wird für das Jahr 1358 die Geburt und der frühe Tod einer Tochter erwähnt, die den Namen der Mutter getragen haben soll.[17]

Friedrich hatte derweil die Bestätigung des coburgischen Erbes erreicht und stand in jenen Jahren in guten Beziehungen zum Kaiser. Von 1354 bis 1358/59 deckte Karl IV. den Angriff des Markgrafen gegen die Vögte von Plauen, Weida und Gera. Friedrich begründete sein Vorgehen mit dem angeblichen Raubritterunwesen der Vögte, welches den Handel bedrohte. Der Kaiser unterstützte den Feldzug mit eigenen Truppen. Verschiedenen Angaben zufolge wurden im sogenannten Vogtländischen Krieg allein sechzig Burgen der Vögte zerstört. Anschließend teilten der Markgraf und der Kaiser die Beute auf. Bereits 1356 ließ Karl IV. die Herrschaft Plauen der böhmischen Krone einverleiben, was Friedrich III. ein Jahr später erfolgreich unterwanderte, als er den nach wie vor amtierenden Vogt Heinrich IV. zwang, mehr als die Hälfte seines Herrschaftsgebietes an die Markgrafschaft abzutreten. 1358 entband Heinrich (vom bereits meißnischen Altenburg aus) all seine Getreuen von ihren Dienstverpflichtungen und verwies sie an den Markgrafen. Nach dem Feldzug gegen die reußischen Herren von Plauen und Vögte von Gera 1358 gewann Böhmen die Burgen Mylau, Reichenbach im Vogtland, Sparnberg und Reitzenstein als Lehen, während die Wettiner Zugriff auf die Burgen und Städte Triptis, Auma und Ziegenrück erhielten.[18]

Auch bei einer Strafexpedition gegen die Burggrafen von Leisnig 1356, die mit deren Unterwerfung endete, ließ Karl IV. die Wettiner gewähren. 1365 gestattete er sogar Markgraf Wilhelm I., Friedrichs jüngstem Bruder, die Burggrafschaft käuflich zu erwerben.[19]

Das Verhältnis zwischen dem Kaiser und den Wettinern gestaltete sich in diesen Jahren zwar einvernehmlich, blieb aber keinesfalls frei von Konflikten, denn Karl IV. bemerkte sehr wohl, dass Friedrich III. eine auf Arrondierung und Expansion ausgerichtete Territorialpolitik betrieb, die auch auf böhmischen Boden auszugreifen drohte. Dennoch kam 1366 eine dynastische Verbindung zustande. Friedrichs Bruder Wilhelm heiratete die Nichte des Kaisers, Elisabeth von Mähren. Danach trat allerdings eine merkliche Abkühlung im Verhältnis beider Häuser ein. Diese ist vermutlich darauf zurückzuführen, dass Karl die Wahl von Friedrichs Bruder Ludwig zum Erzbischof von Magdeburg blockierte. Ludwig war aus der wettinischen Erbgemeinschaft aus- und 1354 in das Würzburger Domkapitel eingetreten. Drei Jahre später wurde er Bischof von Halberstadt. Als der Stuhl des Erzbischofs 1361 vakant wurde, setzte der Kaiser seinen Favoriten Dietrich von Minden als Nachfolger durch und ließ Ludwig 1366 nach Bamberg transferieren. Damit verschwand er aus dem Raum des Erzstifts Magdeburg, welches in diesem Zeitraum bereits erstmals ins Blickfeld territorialer Interessen seitens der Wettiner geriet.[20]

Über das Wesen der Ehe zwischen Friedrich III. und Katharina von Henneberg liegen nur wenig verlässliche Informationen vor. Während einige zeitgenössische Chroniken behaupten, Friedrichs Vater habe die Schwiegertochter zunächst aus Zorn über die verweigerte Mitgift in ihr Elternhaus zurückgeschickt,[21] berichten andere davon, dass die Hennebergerin den Tod ihres ersten Kindes nur schwer verwinden konnte, sich zurückzog und mehrere Jahre nur schwarz und keinen Schmuck trug.[22] Beide Versionen werden inzwischen angezweifelt, implizieren allerdings ein alles andere als harmonisches Verhältnis zwischen den Eheleuten. Es sollte jedenfalls zwanzig Jahre dauern, bis dem Paar ein weiterer, kräftiger Sohn geboren werden sollte. Am 11. April 1370 erblickte das Kind auf Friedrichs Hauptresidenz in Altenburg das Licht der Welt.[23] Wie sein verstorbener Bruder sollte es den Namen des Vaters, Großvaters und Urgroßvaters erhalten: Friedrich.

Kurz darauf, 1371/1372, kam es zu einer kurzen Krise zwischen dem mittlerweile übermächtigen Karl IV. und den wettinischen Brüdern Friedrich III., Balthasar und Wilhelm I. Die Wettiner mussten mit Sorge feststellen, dass Karl ihr eigenes Hoheitsgebiet von drei Seiten einklammerte. Neben seinen Stammländereien Böhmen, Schlesien und der Oberlausitz gewann er 1348 das Reichsland Eger, 1349/52 die Oberpfalz, 1368 die Niederlausitz und bald darauf (1373) Brandenburg. Die Wettiner schlossen ein Bündnis mit den ebenfalls unzufriedenen Wittelsbachern und legten dem Kaiser 1372 eine 21 Punkte umfassende Klageschrift vor. Darin erklärten sie, dass sie sich durch die kaiserliche Erwerbspolitik bedroht und wirtschaftlich geschädigt fühlten. Zudem unterstellten sie dem Kaiser, dass er Bündnisse mit anderen Fürsten einginge, etwa den Thüringer Landfrieden von 1372, die sich explizit gegen ihre Dynastie richten würden.[24]

Am 25. November 1372 wurde dieser Streit durch den Pirnaer Vertrag beigelegt. Darin versprachen der Markgraf und seine Brüder, sich der Opposition gegen den Kaiser nicht weiter anzuschließen. Karl versicherte, dass er weder die Rechte noch die Territorien der Wettiner angreifen oder eine weitere Pfandschaft der Markgrafen auslösen werde. Zudem wurde gleichzeitig die Doppellehnsstellung der Burggrafen von Dohna als Vasallen Böhmens und Meißens bestätigt. Allerdings scheint die Bindung dieser Familie zu den Luxemburgern enger als zu den Wettinern gewesen zu sein. Während den Markgrafen nämlich nur ein Besitzanrecht auf die Burg Dohna zugesprochen wurde, war seitens der Könige von Böhmen von einer Belehnung der Familie der Donins mit Burg die Rede.[25]

Diese neue Annäherung zwischen den beiden Dynastien wollte der Kaiser nun auch dadurch weiter festigen, indem er seine Tochter Anna dem ältesten Sohn Friedrichs III. zur Frau anbot. Die Beilegung sollte bis 1381 erfolgen und die Braut eine Aussteuer von 10 000 Schock Prager Groschen erhalten. Wenn die Partei der Braut diese Summe nicht innerhalb eines Jahres nach dem Beilager bezahlen konnte, würde Friedrich Burg und Stadt Brüx sowie die Stadt Laun als Pfand zugesprochen bekommen. Im Gegenzug erhielt die Braut Triptis, Orlamünde, Arnshaug, Auma und Ziegenrück als Leibgedinge. Im Fall einer durch Verschulden der luxemburgischen Seite nicht zustande kommenden Hochzeit würde die Mitgift oder deren Pfand an die Wettiner fallen. Diese letzte Vertragsbestimmung sollte noch schwerwiegende Folgen für die meißnisch-böhmischen Beziehungen haben. Tatsächlich leisteten beide Städte den Markgrafen bereits 1377 pfandweise die Huldigung.[26]

Nach 1378 schien auch das gutbrüderliche Verhältnis, welches bisher zwischen den drei wettinischen Brüdern Friedrich III., Balthasar und Wilhelm I. geherrscht hatte, ernsthaft bedroht zu sein. In der »Neustädter Örterung« von 1379 einigten sich die drei Brüder auf die Aufteilung des gemeinsamen Besitzes. Friedrich III. behielt das Osterland, Wilhelm erhielt die Markgrafschaft Meißen und Balthasar die Landgrafschaft Thüringen. Die erzgebirgischen Bergwerke und die Freiberger Münze blieben gemeinsamer Besitz aller drei Brüder, auch konnten Schlösser und Güter nur in gegenseitigem Einvernehmen verpfändet werden. Jörg Rogge sieht in dem Umstand, dass die Örterung kurz nach dem am 29. November 1378 erfolgten Tod Karls IV. verabschiedet wurde, ein Indiz, dass nur die Übermacht des Kaisers die Einigkeit der Brüder erhalten hatte.[27]

Der Tod Karls IV. stellte eine entscheidende Zäsur im Verhältnis Meißens zu Böhmen dar. Trotz zwischenzeitlich entspannter Beziehungen war die Übermacht der in den Händen der Luxemburger liegenden Krone Böhmens für die Wettiner in der Mitte des 14. Jahrhunderts stets spürbar gewesen und teilweise als existenzbedrohend wahrgenommen worden. Karls Sohn Wenzel hatte jedoch nicht das Geschick und die Kraft, um seine Herrschaftsansprüche gegen den böhmischen Adel zu behaupten.[28] Da sich seine politische Aufmerksamkeit nun nach innen richten musste, eröffneten sich für die Wettiner Gelegenheiten die ihre nach außen zu lenken. Dies galt besonders für den energischen Markgrafen Wilhelm I., den Einäugigen. Sein Bestreben richtete sich daher darauf aus, die Herrschaft Böhmens zumindest wieder über das Erzgebirge zurück zu drängen und darüber hinaus selbst in Nordböhmen Fuß zu fassen.[29]

1.2 Die »Katherina Divina« und die Erziehung des jungen Friedrich

Die Neustädter Örterung wurde bald hinfällig, denn Ende Mai 1381 verstarb auch Friedrich der Strenge. Er hinterließ drei unmündige Söhne: Friedrich IV. (*1370), Wilhelm II. (*1371) und Georg (*1380). Ihre Mutter Katharina übernahm die Vormundschaft. Seinen Söhnen hatte Friedrich am 28. April in Altenberg noch das Versprechen abgerungen, sie mögen sich zu Lebzeiten der Mutter nicht »sundern« sondern ihr »in ganzen steten truwen undertenig unde gehorsam syn.«[30] Offensichtlich wollte der sterbende Markgraf eine weitere Aufteilung des osterländischen Besitzes vermeiden.[31] Den Schwur nahmen ihnen Bischof Friedrich von Merseburg, Konrad Herr zu Tannrode und der Nürnberger Dechant Johannes ab.[32] Für die beiden noch kinderlosen Onkel Balthasar und Wilhelm stellte sich nun die Frage, wie die drei Neffen in Zukunft an der gemeinsamen Herrschaft beteiligt werden sollten.

Über die Erziehung der drei Markgrafensöhne ist bis dahin nichts bekannt.[33] Erst nach dem Tod Friedrichs III., wohl zwischen 1381 und 1388, ließ Katharina von dem Augustinereremiten Johannes von Vippach einen Fürstenspiegel mit dem bezeichnenden Titel »Katherina Divina« zusammenstellen. Fürstenspiegel entstanden zu dieser Zeit ausschließlich im Umfeld königsnaher Familien. Das von Katharina in Auftrag gegebene Werk ist somit nicht zuletzt Ausdruck eines ambitionierten politischen Anspruchs.[34]

Johannes von Vippach griff dazu auf den Fürstenspiegel »De regimine princioium« des Aegidius Romanus sowie antike Philosophen wie Seneca und Aristoteles, aber auch auf die wichtigsten Kirchenväter zurück.[35] Er versuchte in enzyklopädischer Art und Weise sämtliches Wissen, über welches ein Fürst verfügen musste, zusammenzufassen. Er gibt Ratschläge für die Suche nach der richtigen Gattin und das Führen einer glücklichen Ehe, erklärt, wie ein Fürst seine Kinder zu erziehen habe. Er versucht, ihm die richtigen Tugenden zu vermitteln und hält ihm gleichzeitig den Spiegel vor, was passieren könnte, sollte er vom rechten Weg abkommen. Bezüglich der Landesherrschaft widmet er sich dem Erhalt des Städtewesens ebenso wie dem des Landfriedens. Er berät den Fürsten im Umgang mit dem eigenen Adel, über das Erlassen von Gesetzen, mahnt ihn, die Unabhängigkeit der Richter zu schützen, die Währung zu erhalten und solide Burgen zu errichten. Auch über das Führen von Kriegen sowie die Zusammenstellung und den Unterhalt eines Heeres gibt er breite Auskunft.

Das Buch gliedert sich in drei Teile und behandelt die Tugenden des Herrschers, die rechte Haushaltung und Eheführung und erläutert die gerechte Art der Herrschaftsausübung. Die »Katherina Divina« gibt einen tiefen Einblick in den weiten geistigen und auch politischen Horizont der Markgräfin. Zwar hat das Buch keinen Bezug zur gängigen Praxis, sondern vermittelt eher theoretisches Wissen auf geistlich-philosophischer Ebene, dennoch beeinflusste es die Regentschaft Friedrichs IV. auf fundamentale Weise.

So heißt es im ersten Buch über die Tugend: »Und auch dorumb von rechte also der, der ober ander lute sal sein, also der togunt bedarff, anders her solde von rechte nicht habin keyne herschafft ober den andern, also ist not den undertenigen, das sie togunt irkennen und auch uben kegen iren / obirsten gehorsam frede, gedult, bescheydenheyt, masse unde wircken noch der obirstin, redelisten ordenunge und gesetze eyndes gemeynen gutes.«[36] Deutlich von der christlichen Ethik beeinflusst ist die Kritik der (finanziellen) Habgier: »In dem / rychtume enist keyne seligkeyt.«[37] Als besondere menschliche Tugend hebt Vippach die Klugheit hervor. Sie sei »eyne vornunfftige togunt, dy do anrichtet und anweyset alle sittliche togunt«.[38] Klugheit stünde sowohl den Fürsten und Herren als auch den Bürgern zugute, denn »ane clugheyt kann nymant meyster gesein und regyren«.[39] Desweiteren fordert er den Fürsten zu Gerechtigkeit, Stärke – sowohl geistlicher als auch körperlicher Natur – Mäßigung, Milde und Freundlichkeit auf, warnt ihn aber auch vor Zorn, »der do ist eyn enzcunden des blutes bey dem herzcen, doran sint etliche zcu bald und zcu grymig«.[40]

An die schulische Ausbildung stellte Vippach hohe Anforderungen. Schulbildung sei jederman von Nutzen »doch sint arme lute dovon entschuldiget, dy do musen erbeiten umb ire narunge. Abir riche und edeln luten ist es bey namen zcemlich, daz sie lernen umb dryerley sache willin. Dy erste sache ist dorumb, daz man sprechinde werde, daz seldin kann geschen ane schule und ane lere«.[41] Anscheinend bezieht sich Vippach hier auf eine klare und einheitliche Aussprache und Rhetorik. Sobald er die eigene Sprache beherrschte, »do gehort lange zceit zcu, er her fremde sprache recht sprechin und auch seynen syn wol vornemen konne, volbrengen und sagin, wenne in allin sprachin / und auch zcungen ist etzwas, daz nicht volkomen vorstentniß beweyset. Hirumb so ist lateinische sprache funden von den heyden, das is ir iglicher dem andern seyn syn vornemelich offinbarn.«[42] Ob Friedrich lesen und schreiben konnte und ob er fremde Sprachen wie Latein sprach, lässt sich nicht nachweisen. Folgte seine Mutter jedoch den Anweisungen Vippachs – und wozu sollte sie ihm sonst den Auftrag für sein Buch erteilt haben, wenn sie es nicht anwenden wollte –, so kann davon ausgegangen werden, dass seine Ausbildung sehr umfangreich gewesen ist. Als Abschluss und Krönung schulischer Ausbildung sah Vippach den Unterricht in den Künsten, wozu er Grammatik, Überzeugungskraft in der Rede, Rhetorik, Musik, Arithmetik, Geometrie, Astronomie, Theologie, Ökonomie und Politik zählte.[43]

Ebenso wichtig sind Vippach jedoch auch körperliche Ertüchtigungen: »Dovon kompt, daz sie den leip uben von erst von messiger erbeit, dornoch an ritterschafft, ab is sich geburt an flihen und meyden bosser geselschafft und wollust, fleyß zcu habin zcu vornunfftigen werken und zcemlichen kunsten.

Auch ist zcu wyssen, alleyne ader wywol liplich uben nutze sey allin luten zcu gesuntheit, zcu behendigkeit, zcu strite, vorwesen sollin und vorstehn, daz sie / vornunfftig und clug sein, denne das sie werin stargk und stritbar.«[44] Mitunter hatten solche Leibesübungen einen erstaunlich praxisbezogenen Hintergrund, wie nochmals im Dritten Buch deutlich wird: »Auch sullen, dy do vechten, lernen springen umb vormyden gruben und grabin; ab sich das geburte auch dorumb, daz man dormite irschrecket dy viende, wenne sie sehn, das man obir ire graben zcu in gespringen und komen.«[45] Zudem betont er, dass sportliche Ertüchtigung gut für einen gesunden Schlaf ist: »Auch dorumb wenne der mensche sich bewegen kann, der slet dester swinder.«[46]

Schließlich entwirft Vippach im Dritten Buch das Bild eines gerechten Herrschers. »Das ist, wenne eyner meystert und nicht vil sein fromen dorinne suchen, ab der idoch groß ader cleyne were [...] Von eynheyt wegen / des fredes, den man fugen sal beyde in dem riche und inden steten von dem obirsten, als der arczt von erst gedencket an gesuntheit und gliche beqwemlichkeit under den fuchtenissen in dem korper.«[47] Ein Fürst solle sich um das Gemeingut kümmern und nicht um sein eigenes, denn dies unterscheide ihn von einem Tyrannen: »Hirumb so sal eyn herre sich dornoch fugen, das in das volk liphabe. Czu dem andern male so sal her mit flysse gedencken, vorzcusetzene eyn gemeyne gut. Czu dem dritten male das her sture und pynige, dy do krig machin und zwytracht under dem volke.«[48]

Als ältester Sohn des verstorbenen Markgrafen taucht Friedrich IV. in der ersten Urkunde nach dessen Tod zunächst allein mit seiner Mutter und nicht, wie später üblich, mit seinen Brüdern Wilhelm und Georg auf. Sie wurde am 28. Juni 1381 ausgestellt und bestätigt den Tausch einiger Dörfer aus dem Besitz Bischof Friedrichs von Merseburg gegen gleichwertige Güter der Wettiner. Friedrich IV. wurde in dieser Urkunde als einziger Vertreter der osterländischen Linie nach seinen Onkeln Balthasar und Wilhelm I. genannt.[49] Als die Wettiner dem Bischof am 25. August jedoch das Gericht zu Gaulis in der Bornaer Pflege übertrugen, werden nach Friedrich nun auch seine beiden jüngeren Brüder genannt.[50] Ob die drei Osterländer – von denen Friedrich als der Älteste ja erst 11 Jahre alt war – selbst um ihre politische Stellung rangen, darf bezweifelt werden. Wahrscheinlich geht die Beteiligung auf den Wunsch des Vaters zurück. Sie widerspiegelt gleichzeitig die Herrschaftsauffassung der väterlichen Generation, denn bis zu ihrer Örterung hatten auch Friedrich III., Balthasar und Wilhelm den wettinischen Gesamtbesitz gleichberechtigt regiert.

Im Laufe des Herbst 1381 traten die fünf Markgrafen noch weitere fünf Mal als Aussteller von Urkunden auf, lediglich einmal siegelt Friedrich IV. ohne seine jüngeren Brüder. Die meisten dieser Urkunden behandeln die Verpfändung gemeinsamen Besitzes.[51] Es zeigte sich schnell, dass der Besitz der Dynastie zu groß war, um effektiv verwaltet werden zu können. Rechtsakte wie eben jene Verpfändungen, benötigten die Anwesenheit aller Markgrafen, die dafür an einem zentralen Ort zusammentreffen mussten.

Daher machten noch 1381 Pläne zu einer neuen Teilung die Runde. Am 5. Dezember trafen Friedrich IV. und seine Brüder in Weißenfels mit Wilhelm I. zusammen. Wilhelm verpflichtete sich, seine drei Neffen bei der Durchsetzung ihrer Herrschaftsansprüche zu unterstützen und untertänige Städte zur Huldigung aufzufordern. Im Gegenzug sicherten ihm die Osterländer zu, im Falle einer Teilung diejenigen Orte und Untertanen, die Wilhelm zufallen würden, »ane allirley hindernisse ledig und los sagen sullen unde wollin unde sullin los syn sulcher huldunge«.[52]

1382 wurden gemeinsame politische Entscheidungen allerdings nach wie vor von allen fünf Markgrafen gemeinsam getroffen. Am 29. März 1382 traten die drei Osterländer und Wilhelm I. ihre Rechte in Mittweida an Balthasar ab.[53] Im Mai folgte die durch alle fünf Wettiner besiegelte Abtretung der Burg Brandenburg an Hans und Hermann von Colmatsch,[54] im gleichen Monat übergaben sie der Stadt Pegau die Einnahmen aus dem Geleitwesen auf sechs Jahre.[55] Im Juli erfolgte die Verpfändung der Burg Reichenfels.[56]

Mit der Chemnitzer Teilung vom 13. November 1382 wurde die bei der Neustädter Örterung beschlossene Teilung in drei Landesteile zunächst bestätigt, allerdings erhielten die jeweiligen Herrscher nun die alleinige Hoheitsgewalt in ihren Gebieten zugesprochen. Der Vetrag bestimmte, dass »uns Friderich, Wilhelm und Juergen gebruedern czu userm tyle wordin ist: Burgaw, Lodeburg, Ihene, Dornburg, Nebre, Orlamunde, Arnsaw, Nuwestad, Tryptis, Vma, Czeginrucke, Bergaw, Wintberg, Kamburg, Burgelyn, Isenberg, Nuenburg daz huz, Wizzinfels, Groyczs, Pygaw, Aldinburg, Erenberg, Korun, Kal, Brandinstyen, Wizzinburg, Lypczg und daz closter Salfeldt«.[57] Freiberg mit der dortigen Münzstätte, dem Bergregal sowie dem Land-, Stadt- und Berggericht blieb im gemeinschaftlichen Besitz. Mit der Chemnitzer Teilung erhielten die drei osterländischen Brüder durchaus einträgliche Besitztümer. Die größte Stadt ihres Territoriums war Leipzig. An der Kreuzung zwischen den beiden bedeutenden Fernhandelsstraßen via regia und via imperii gelegen, zog die Stadt Kaufleute aus ganz Europa an, profitierte vom Handel und wuchs stetig an. Auffälligerweise werden in der Teilungsurkunde keine Zeugen benannt. Anscheinend einigten sich die fünf Wettiner gütlich und vertrauten auf die gegenseitige Einhaltung des Abkommens.[58]

Die osterländischen Brüder begannen noch in den 1380er Jahren ihr Territorium durch Käufe zu erweitern. Im Februar 1389 erwarben sie die Burg Saalfeld für 7001 Schock Freiberger Groschen von Graf Gunther XXVIII. von Schwarzburg zu Ranis.[59] In Altenburg, welches eine bevorzugte Residenz der drei Markgrafen darstellte, waren sie zu diesem Zeitpunkt noch nicht die alleinig regierende Gewalt. Zwar war die Altenburger Burggrafenwürde bereits 1329 an die Wettiner übergegangen, allerdings besaß die Burggrafenfamilie noch Rechte am hiesigen Schloss. Diese kauften Friedrich und seine Brüder Dietrich von Altenburg schließlich 1393 für 1500 Schock Groschen ab.[60] Bezüglich seines eigenen Haushaltes scheint Friedrich IV. sehr sparsam gewesen zu sein. Er bemühte sich auch, alte väterliche Schulden abzutragen. So bekundeten er und seine Brüde am 17. Oktober 1398 den drei Brüdern Vinzenz, Albrecht und Götz Marschall, die letzten 100 Schock Freiberger Groschen von den Schulden, die ihr Vater gehabt habe, bis zum folgenden Walpurgistag in Jena abzuzahlen.[61] Im Januar 1400 versprachen sie die für 600 Schock Freiberger Groschen und 100 Rheinische Gulden an Konrad von Kocheberg versetzte Stadt Jena auszulösen.[62]

Im Herbst 1387 kam es im Fränkischen zu einem größeren Konflikt zwischen den Osterländern einerseits und einer Reihe aufsässiger lokaler Adliger andererseits. Dazu zählten Heinrich von Schauwenberg, die Ritter Apel und Erkinger von Hesseberg, Albrecht von Koburg sowie Fritz und Heinz von Sternberg. Deutlich wird die Bedrohung durch eine ganze Reihe von Dienstverpflichtungen, die der junge Markgraf Friedrich, seine Mutter und seine Brüder im November 1387 in Coburg abschlossen. Am 10. erklärte Apel von Redewitz sich bereit, für acht Schock Freiberger Groschen in den Dienst der jungen Fürsten zu treten und sie in jedem Krieg zu unterstützen.[63] Einen Tag später folgte Fritz von Redewitz zu Weißenbrunn, der ihnen für 20 Schock Groschen mit all seinen Dienstmannen folgen wollte.[64] Eine militärische Eskalation konnte jedoch allem Anschein nach vermieden werden, denn am 14. November erklärten beide Parteien ihre Bereitschaft, sich einem Schiedsurteil des Grafen von Henneberg zu unterwerfen, welches bis zum folgenden Walpurgistag zu fällen war.[65] Die Sternberger gelobten den Osterländern tatsächlich am 13. Juni 1390 den Burgfrieden und versprachen, die Dienstverpflichtungen, die ihre Vorfahren einst mit Friedrich III. abgeschlossen hatten, einzuhalten.[66]

Die drei Söhne Friedrichs III. einigten sich schließlich 1390 darauf, ihren Erbteil nicht weiter aufzuteilen. Erst im Fall einer Eheschließung eines der drei Brüder sollte darüber neu entschieden werden, auch weil dann die entsprechende Versorgung der Ehefrauen eine Rolle spielte. Georg, der Jüngste, schied gleichzeitig aus der Erbfolge aus und schlug eine geistliche Laufbahn ein. Die Brüder versprachen, ihm ein Bistum zu verschaffen. Damit sollte die Versorgung des Jüngsten auf anderem Wege sichergestellt werden. Offensichtlich genügten die osterländischen Einnahmen nicht für eine standesgemäße Lebensführung aller drei Brüder. Der Vertrag stellte jedoch auch sicher, dass Georg bis zur Erlangung eines Bistums oder auch im Fall, dass dieses ihn nicht ausreichend versorgen würde, von seinen Brüdern finanziell gestützt werden sollte. Er verstarb aber schon 1401.[67]

Vier Jahre zuvor, am 15. Juli 1397, war Friedrichs Mutter, Katharina von Henneberg, in Meißen gestorben. Sie wurde später neben Friedrich dem

Strengen im Kloster Altzelle beigesetzt und ist somit die letzte Vertreterin des Geschlechts der Wettiner, die hier ihre letzte Ruhe fand.[68] Spätestens nach dem Tod der Mutter übernahm Friedrich IV. die eigenständige Herrschaft über den osterländischen Landesteil. Die Markgräfin hatte bis zu ihrem Tod zusammen mit ihren Söhnen Urkunden ausgestellt, diese betrafen jedoch mehrheitlich den coburgischen Besitz. Vermutlich endete ihre Vormundschaft gegenüber Friedrich, als dieser 1388 die Volljährigkeit erlangte.

Nachdem Friedrich und seine Brüder bereits 1383 die Gesamtbelehnung mit ihren Ländereien aus den Händen des Königs erhalten hatten, unterzeichneten sie am 1. April 1384 einen Vertrag mit Balthasar, in welchem er zusagte, sie von den Reichslehen, die zu seiner Herrschaft gehörten, loszusagen. Gleiches gelobten die drei Brüder für die Erben des Landgrafen im Fall von dessen vorzeitigem Ableben.[69]

Trotz dieses Vertrages scheint Balthasar die Volljährigkeit seines Neffen abgewartet zu haben, ehe er sein Versprechen einhielt, denn erst ab 1389 huldigten den osterländischen Brüdern mehrere Städte, die bisher unter der Verwaltung des thüringischen Onkels gestanden hatten. So entband Balthasar im April 1389 Rat und Bürgerschaft der Stadt Weißensee von der ihm geleistenen Erbhuldigung.[70] Jena folgte im Oktober.[71] Auch die Anerkennung der Erbregelung Markgraf Wilhelms I. und des Leibgedinges seiner Frau durch Friedrich und seine Brüder – ohne zusätzliche Nennung Katharina von Hennebergs – am 10. Juni 1388[72] lässt sich dahin deuten, dass er allein jetzt als volljähriger und damit rechtsfähiger Verhandlungspartner wahrgenommen wurde. Bis 1387 ist seine Mutter nämlich bei allen Verträgen dieser Art mit erwähnt worden.

2 Die Preußenreise

MIT DER ERLANGUNG seiner Volljährigkeit 1388 trat Friedrich IV. sogleich als außenpolitischer Vertreter der Wettiner in Erscheinung. Im Spätsommer diesen Jahres führte er ein 200 Gleven (Begriffsklärung s. S. 137) starkes Aufgebot seiner beiden Onkel nach Nürnberg, wo es an der Seite von Burggraf Friedrich V. am süddeutschen Städtekrieg teilnahm. Hier beteiligte sich der junge Markgraf an der achtwöchigen Belagerung der Stadt Windsheim. Friedrich V. hegte einen besonderen Groll gegen diese Stadt, da sie in den vorangegangenen Konflikten etliche Burgen seiner Vasallen angegriffen und zerstört hatte. Am 1. August 1388 trafen erste Teile des Heeres vor der Reichsstadt Windsheim ein. Kurz darauf wurde der Burggraf jedoch in seinem Rücken von der Stadt Nürnberg angegriffen. Der dortige Rat hatte Angst bekommen, dass sich Friedrich V. nach dem Fall von Windsheim gegen die eigene Stadt wenden würde, und nutzte seine Abwesenheit zum Präventivschlag. Ein tausendköpfiges städtisches Aufgebot eroberte eine Reihe von Burgen, weswegen sich Friedrich V. gezwungen sah, ihnen mit 200 Lanzen entgegenzurücken. Friedrich IV. von Meißen blieb beim Belagerungsheer vor Windsheim, welches nun vom Würzburger Bischof befehligt wurde. Viermal ließ dieser die Stadt erfolglos berennen. Als sich am 24. September die Nachricht verbreitete, dass eine Nürnberger Entsatzarmee im Anmarsch sei, wurde die Belagerung aufgehoben. Das meißnisch-thüringische Aufgebot kehrte anschließend in die Heimat zurück.[73]

Zu den europaweit prestigeträchtigsten militärischen Unternehmungen des Adels in der zweiten Hälfte des 14. Jahrhunderts gehörten die sogenannten Preußen- oder Litauerreisen des Deutschen Ordens, in denen die alte Kreuzzugsidee zur Heidenbekämpfung fortlebte. Spätestens nach dem Verlust des Heiligen Landes 1291 hatte zwar der Gedanke eines Kreuzzugs ins Heilige Land für den europäischen Adel spürbar an Attraktivität verloren, doch der Wunsch, sich seine ritterlichen Sporen im Kampf gegen Ungläubige zu verdienen, blieb nach wie vor tief verwurzelt. Die Aufmerksamkeit des nordeuropäischen und besonders des Reichsadels richtete sich in dieser Zeit zunehmend auf das Ordensland Preußen. Hier unternahmen die Ordensritter jährlich ihre »Litauerreisen«. Dafür luden sie Fürsten und Ritter des gesamten Kontinents ein. Weil die Gäste des Ordens offiziell das Kreuz nahmen, stand diesem ein schlagkräftiges und dabei kostenfreies Heer zur Verfügung, mit dem er seine Macht im Ostseeraum festigte.[74]

Ein erster Hinweis auf Friedrichs Vorbereitungen zu dieser Fahrt findet sich am 12. Juni 1391, als er und seine Brüder sich an den Bürgermeister und Rat von Jena wandten. Aus ihrem gemeinsamen Brief geht hervor, dass Friedrich sich zur Finanzierung »zcu unser reyse geyn Pruzzin« 450 Schock Groschen von einem Bürger namens Otto von Vipech geliehen hatte und ihm dafür jährlich 45 Schock Groschen Zinsen aus dem Amt Altenburg anwies.[75]

Zu diesem Zeitpunkt muss sich Friedrich bereits auf seiner Reise ins Ordensland befunden haben. In der Chronik des Johann von Posilge heißt es: »Ouch wart is schalbar zcu Dutschinlanden, das eyn nuwe meister gekorn was zcu Pruszin, und das grosze reyse wurde werden. Des qwomen dy gesthe uf senthe Johannes Baptisten tag yn das land. Der geste was so vil, das ir ny so vil was komen uf eyne cziit by manchin joren. Do was komen marggrave Fredrich von Mysen mit VC pferden und brochte mit ym vil grafen und fryen herren, czwene von Swarczpurg, und von Glichin, von Plawen, dy glichewol uf ere eygin kost czogin. Ouch worin vil herrin von Frankrich und von Engeland, und sust vil ander ritter und knechte von Dutschin landen.«[76] Dass Posilge unter all den Preußenfahrern ausgerechnet Friedrich namentlich hervorhebt, deutet daraufhin, dass dessen Erscheinen in Königsberg sehr prächtig ausgefallen sein muss. Auch der Chronist Wigand von Marburg weiß zu berichten, dass »Margraff Fridrich kwam in Preussen widerstandt zu thuen den heiden. Des der orden wart ser erfreiet«.[77] Ob sein Gefolge tatsächlich 500 Reiter umfasste, lässt sich heute unmöglich beweisen. Die Zahl erscheint aber sehr hoch, insbesondere, wenn man bedenkt, dass Friedrich dreißig Jahre später, während der Hussitenkreuzzüge, die in unmittelbarer Nachbarschaft zu seinen Territorien stattfanden, mitunter große Probleme hatte, diese 500 Mann ins Feld zu bringen. Die Ältere Hochmeisterchronik berichtet sogar, Friedrich sei mit 700 Pferden nach Preußen gezogen und dort um den 24. Juni 1391 eingetroffen.[78] Die preußischen Chroniken erwähnen die Teilnahme von Friedrichs Brüdern in keinster Weise. Erst im Chronicon Misnensis terrase heißt es: »Anno Domini 1391. Marchio Fredericus germanus Wilhelmus & Georgii cum magna comitantia nobilium de Misnia&Thuringia pro acquirenda militia Prussiam intrauit, atque cum magna potestate, una cum Dominis Prussiae, contra Saracenos processit, ibique milus effectus est.«[79] Abgesehen davon, dass es sich beim Chronicon nicht um eine zeitgenössische Chronik handelt – es entstand erst 1486 –, ist es erstaunlicherweise die einzige Quelle, die behauptet, dass Wilhelm II. und Georg Friedrich auf der Reise begleitet hatten. Dies lässt nur zwei Schlüsse zu. Entweder war die Stellung und das Auftreten Friedrichs in Preußen so dominant, dass die preußischen Chronisten nur ihn erwähnten oder, was wahrscheinlicher ist, da gerade Posilge noch mehrere mitteldeutsche Adlige erwähnt, aber nicht einmal von den Brüdern des Markgrafen spricht, die Angaben des Chronicon sind falsch. Insbesondere für Georg, der zu diesem Zeitpunkt gerade einmal elf Jahre alt war, erscheint dies nicht abwegig. Eine andere mitteldeutsche Quelle, Johannes Rothes Düringische Chronik, erwähnt hingegen, dass »marggrave Frederich lantgraven Balthasars brudir sson unde marggraveen Wilhelmis zu Myssen kegen Prußen«[80] zogen. Nicht ganz eindeutig ist, wer mit Wilhelmis gemeint ist, ob Markgraf Wilhelm I. oder Friedrichs Bruder. Die Formulierung legt ersteres nahe. Tatsächlich ist Wilhelms Aufenthalt zwischen dem 17. Februar 1391[81] und dem 27. Oktober 1391[82] nicht sicher nachweisbar. An eben jenem Tag schloss er allerdings einen Waffenstillstand mit König Wenzel, der am 18. September wegen Landfriedensbruchs die Acht über Wilhelm verhängt hatte.[83] Es scheint somit, dass dieser sich im Spätsommer an militärischen Handlungen gegen den König beteiligt hatte, was seine Teilnahme an dem Kreuzzug unwahrscheinlich erscheinen lässt. Außerdem wäre es in diesem Fall mehr als ungewöhnlich, dass der junge Friedrich von den preußischen Chronisten namentlich genannt wird, nicht aber der damals bekanntere und kriegserfahrenere Wilhelm I. Auch Friedrichs Bruder blieb sehr wahrscheinlich in der Heimat zurück, wo er sich zusammen mit der Mutter um die Verwaltung des Osterlandes kümmerte. Der deutlichste Hinweis, dass Friedrich die Fahrt auch nicht in Begleitung seiner Brüder unternahm, findet sich in der bereits erwähnten Urkunde vom 12. Juni 1391. In diesem von den Osterländern selbst ausgefertigten Dokument heißt es ausdrücklich, dass Otto von Vippech die besagten 450 Schock Groschen »uns Friderich zcu unserer reyse geyn Pruzzin«[84] geliehen habe. Friedrich zog also allein auf Litauerfahrt.

Es darf nicht vergessen werden, dass diese Reise für den jungen Markgrafen sicherlich mehr darstellte als ein Kreuzzug oder ein Höflichkeitsbesuch gegenüber dem neuen Hochmeister Konrad von Wallenrode. Friedrich war zum Zeitpunkt der Reise 21 Jahre alt. Er hatte also nach allen geltenden Rechtsnormen spätestens jetzt das mündige Alter erreicht (die Goldene Bulle sprach erbberechtigten Kurprinzen die Mündigkeit mit 18 zu, der Sachsenspiegel jungen Männern mit 21). Welch bessere Möglichkeit gab es, dieses Ereignis der Welt kundzutun als auf einer Preußenfahrt? Im Europa des ausgehenden 14. Jahrhunderts sollte es wohl kaum eine Gelegenheit geben, bei welcher mehr europäische Adlige auf einmal zusammenkamen. Daher ist davon auszugehen, dass Friedrich sein Gefolge so prachtvoll wie nur möglich ausrüstete und tatsächlich auch versucht hat, so viele Ritter wie möglich ins Feld zu bringen. Auch der Umstand, dass ihn zwei Schwarzburger und ein Graf von Gleichen begleiteten und von Posilge als Gefolgschaft des Wettiners wahrgenommen wurden, verdeutlicht, dass sich der junge Markgraf als eine Art Hegemon des mitteldeutschen Raumes präsentierte. Seine genaue Reiseroute lässt sich derweil nicht rekonstruieren. Wahrscheinlich schlug Friedrich den Landweg über die via regia nach Osten ein und zog dann über das Dobriner Land nach Marienburg, den Hauptsitz des Ordens. Denkbar ist aber ebenso, dass er und seine wichtigsten Begleiter an die Ostsee reisten und per

Schiff nach Königsberg fuhren, von wo die Reise des Jahres 1391 ihren Ausgang nehmen sollte.

Auch für den Orden stellte die Reise des Jahres 1391 etwas Besonderes dar. Hochmeister Konrad Zöllner von Rotenstein war 1390 gestorben und der bisherige Großkomtur Konrad von Wallenrode zu seinem Nachfolger gewählt worden. Unter ihm erlebten die Litauerfahrten nochmals eine letzte Blüte, was er gleich im ersten Jahr seiner Regierung eindrucksvoll unter Beweis stellte.

Es darf – auch ohne nähere Quellenbelege – davon ausgegangen werden, dass der Ordensstaat seinen Eindruck auf Friedrich nicht verfehlten. Kann man für das Europa des ausgehenden 14. Jahrhunderts durchaus von einem sichtbaren von West nach Ost (aber auch von Süd nach Nord) verlaufenden Kulturgefälle sprechen, so stellte der Ordensstaat darin eine Ausnahme dar. Sowohl seine herrschaftliche Struktur als auch sein kultureller Stand waren dem der Markgrafschaft Meißen weit voraus. Ein wehrhafter und gleichzeitig repräsentativer Bau wie die Marienburg war im mitteldeutschen Raum unbekannt. Als Friedrich in Preußen eintraf, stand der Hochmeisterpalast mit seinem berühmten Sommer- und Winterremter kurz vor der Fertigstellung. Die Burgen des Ordens waren alle von einer regelmäßigen Struktur mit annähernd quadratischem Grundriss und – zumindest bei den Komtursitzen – vier Ecktürmen geprägt. Ein solcher durch architektonische Uniformität zum Ausdruck gebrachter Anspruch von Herrschaft fand sich nirgendwo im übrigen Europa.[85]

Im Archiv des Deutschen Ordens sind jedoch kaum weitere Hinweise über die Reise des Wettiners überliefert. Erhalten hat sich lediglich ein Brief des Hochmeisters an Wilhelm I. vom 23. September 1390 (1395?). Darin dankt er dem Markgrafen für seine Bereitschaft, nach Preußen ziehen zu wollen, und informiert ihn darüber, dass auch Herzog Albrecht von Österreich und Markgraf Jost von Mähren sich für eine neue Reise angekündigt hatten. Darüber hinaus teilt er mit, dass ein »frede czwischen dem Riche czu Polan und dem Orden von Alders gemacht ist und vorsigelt, den wir noch halden, und von unsyn threen bis her gehalden ist, alleine das wir und dy bußen[?], groplich, mancherley, und ofsetzlichen sin beschediget, von dem Riche zu Polan, und teglich beschediget werden«.[86] Zudem lehnte der Hochmeister das Angebot zum Erwerb der Neumark, wofür Wilhelm ihm seine Hilfe angeboten hatte, ab.

In Königsberg wurde Friedrich höchstwahrscheinlich Zeuge eines der brutalsten Zwischenfälle auf einer Preußenfahrt, die ein dunkles Licht auf die Verhältnisse der damaligen Kirche werfen. Als Sir William Douglas, Lord of Nithsdale, im August 1391 eine Königsberger Kirche betrat, brach der Priester die Messe ab, da Douglas in seinen Augen ein Schismatiker war. Der schottische Edelmann protestierte und warf seinerseits dem englischen Kreuzfahrer

Clifford vor, Anhänger des Gegenpapstes zu sein. Dennoch wurde er der Messe verwiesen. Douglas wartete mit seinen Rittern vor der Kirche. Sowie die Engländer das Gotteshaus verließen, fielen die Schotten über sie her. Es kam zu einem Handgemenge, in dessen Verlauf Douglas niedergestochen wurde. Mit ihm fielen zwei seiner Gefolgsleute. Der Vorfall drohte die Kreuzfahrergemeinschaft zu sprengen. Während sich die Franzosen den Schotten anschlossen, sammelten die Engländer die Deutschen und Böhmen hinter sich. Nur die Intervention des Ordensmarschalls konnte eine völlige Eskalation des Konflikts verhindern. Für Friedrich hatte der Streit insofern Auswirkungen, als der vor den Reisen übliche Ehrentisch – ein Festbankett der wichtigsten Gäste des Ordens – abgesagt wurde und die Ordensleitung zügig auf den Antritt des Feldzugs drängte.[87]

In der Regel unternahm der Orden jeweils zwei Reisen im Jahr. Die Sommermonate wurden für »Baureisen« genutzt, auf denen neue, vorgeschobene Befestigungen errichtet werden konnten. In den Wintermonaten fanden sogenannte »Verheerungsreisen« statt, bei denen die Speicher des Feindes geplündert oder vernichtet wurden.[88] Obwohl auch Friedrich auf seiner Sommerreise 1391 an Belagerungen und Plünderungsaktionen teilnahm, galt die Fahrt doch allgemein als Baureise.

Die Litauenreise führte in diesem Jahr ein Stück die Memel hinauf. In Kaunas wurde schließlich der vertagte Ehrentisch nachgeholt. Wigand berichtet über dieses Bankett: »an diesem Ort [Kaunas, Anm. d. A.] befahl der Meister den Ehrentisch zu bereiten, und sie saßen in Waffen, aßen und tranken und wurden vom Meister bestens bewirtet, was auch von keinem anderen Meister gehört worden ist«.[89] Auch Posilge bestätigt, dass es sich dabei um einen besonders prächtigen Ehrentisch gehandelt haben muss, »des glichen vor ny was geschen«.[90]

Anschließend marschierte das Ordensheer unter persönlicher Führung des Hochmeisters zur Burg Trakai, welche die Litauer zuvor eingenommen und niedergebrannt hatten. Trakai war lange Zeit der Hauptsitz der litauischen Großfürsten gewesen. Derweil zog ein zweites Heer unter dem Ordensmarschall nach Boparthen (Poporcie) und von dort nach Wilkenberg, wo sich eine litauische Burg befand. Hier vereinigten sich die beiden Ordensheere und nahmen die Burg ein. Die Kreuzritter zogen anschließend nach Wissewalde (Wyssow), wo eine weitere Burg mit einer 300 Mann starken Besatzung genommen und verbrannt wurde. Wigand von Marburg weiß zu berichten, dass diese Reise für die beteiligten Kreuzritter recht einträglich gewesen sein muss, denn sie »robten und branten und brachten sehr vil raubes«.[91] Über die Art dieser Beute gibt es jedoch bis heute wenige Erkenntnisse. Große Reichtümer waren abseits bedeutender Städte, wie Wilna, welches 1391 nicht angesteuert wurde, nicht zu holen, sodass es sich wohl vornehmlich um Vieh- und Getreidevorräte, Textilprodukte und Menschen gehandelt haben muss.[92]

Obwohl von der Ausrüstung und Ausstattung des Ordensheeres in diesem Jahr wenig bekannt ist, so erlauben die Studien Werner Paravicinis über die Preußen- und Litauerfahrten einige allgemeine Rückschlüsse. Das Ordensheer hatte wohl vor allem deswegen zunächst die Schiffsroute entlang der Memel gewählt, weil dies nicht nur die bequemste Art zu reisen darstellte, sondern weil dadurch auch große Mengen an Gepäck und Proviant auf geräumigen Booten mitgeführt werden konnten. Der Graf von Derby, der sich seine neun Wochen währende Reise im Jahr 1390 1500 preußische Mark für Pferde und Ausrüstung kosten ließ, nächtigte in einem Zelt. Vom französischen Ritter Johann von Blois, der bereits 1363 seine Reise unternommen hatte, ist bekannt, dass er auf einem transportablen Bett schlief und zusammenfaltbare Tische und Stühle als Hausstand mit sich führte.[93] Da der junge Markgraf Friedrich als Anführer der mitteldeutschen Ritterschaft nicht nur nach Preußen gereist war, um kriegerischen Ruhm zu ernten, sondern auch, um sich als mächtiger Fürst zu repräsentieren, kann davon ausgegangen werden, dass seine Feldausstattung in diesem Sommer kaum weniger prächtig gewesen ist. Viele Kreuzfahrer erwarben auf ihrer Reise von den Schmieden in Danzig, Elbing oder Königsberg neue Waffen.[94] Ob dies auch auf Friedrich zutraf, ist allerdings nicht überliefert.

Das litauische Heer folgte den Ordensrittern in geringem Abstand, doch zu einer Schlacht kam es nicht. Am 20. September erreichten die Kreuzfahrer wieder ihre Schiffe. Zu diesem Zeitpunkt drohten dem Heer die Lebensmittel auszugehen, denn die Litauer hatten sämtliche Felder im Umkreis von vier bis fünf Meilen niedergebrannt. Posilge berichtet, dass der Hochmeister nahe der Stadt Kaunas eine neue Befestigung vermutlich auf einer Memel-Insel errichten lies: »Ouch uf dy selbe czit buwete der meister zwe huser uf eyn werder eyne halbe myle von Cawin; do stackte man des marggraven von Myszen bannyr uf ym zcu erin ouch in der selbin reysen.«[95] Ob Friedrich bei dieser Gelegenheit seinen Ritterschlag empfangen hat, geht aus der Darstellung Posilges und auch Wigands von Marburg leider nicht hervor. Allerdings ist es durchaus denkbar, dass diese »Ehrenbezeigung« in Zusammenhang mit dem Ritterschlag steht, denn es war durchaus üblich, dass der Orden den während der Reise zum Ritter erhobenen Adligen Geschenke machte, freilich meist in Form von Sachgütern.[96]

Doch was bedeutete es, Ritter zu sein? Noch immer herrscht darüber in der Forschung kein klares Bild. Was es für Friedrich IV. bedeutete oder zumindest bedeuten sollte, erfahren wir aus dem Dritten Buch der »Katherina Divina«. Ritterschaft, so Johann von Vippach, heißt die Tugend »domite stete das bosse mogen vortryben und widerstehn den dingen, dy in schedelich sint und betruplich. Und recht als gesetze sit gesatzt umb gemeyne gut, also ist auch ritterschafft umb beschirmen und bewaren eyns gemeynen gutes und der stat und des landes. Und recht als sich habin dy meyster zcu iren kunsten, / das man sie nicht zcu meystern macht, sie enkonnen denne dy kunst, dy sie angehorzt, also solde man auch nymant zcu ritter machin, her hette denne lip eyn gemeyne gut und konde wol, was zcu fechten gehorte. Hie ist auch offenbar, alleyne volfurunge des strites sey wol eyne sache dy stergke und dy mennige, idoch so ist ritterschafft zcu clugheit gekart und ist under clugheyt gesatzt. Auch ist zcu wyssen, das zcu strite gehort stergke und clugheyt«.[97] Neben den durchaus romantischen Vorstellungen vom Rittertum, die hierin anklingen, betont Vippach zum wiederholten Male die Bedeutung der Klugheit neben der Stärke. Nur ein kluger Mensch sei in der Lage, seine Stärke auch gerecht einzusetzen.

Kurz nach der Errichtung der neuen festen Häuser erreichte den Hochmeister die Nachricht, dass der polnische König an der unteren Weichsel ein großes Heer versammelt habe, weshalb er die Reise abbrechen ließ und sich zurück nach Königsberg begab. Anschließend entsandte er ein Heer ins Dobriner Land. Von einer Beteiligung Friedrichs an diesem Feldzug berichten die Chronisten allerdings nichts. Denkbar ist, dass er sich an dem Zug ins Dobriner Land noch beteiligte und anschließend über Land nach Meißen zurückkehrte. Ebenso vorstellbar ist jedoch, dass er nach der Beendigung der Litauenreise und dem Ritterschlag seine Pflichten und Ziele als erfüllt ansah und sofort abreiste.

Friedrich stand auch nach seiner Reise sporadisch in Kontakt mit den Hochmeistern des Ordens. So dankte Konrad von Jungingen ihm, seinem Onkel Wilhelm und seinem Bruder im Juli 1403 für einen Brief, in welchem die Markgrafen ihn über die Anwesenheit einer polnischen Gesandtschaft in Meißen informiert und mitgeteilt hatten, dass der König neue Truppen werbe.[98] Informationen über die politischen Verhältnisse in Polen bildeten in der Folge den wichtigsten, fast einzigen Grund für weiteren brieflichen Austausch. So schrieb der Hochmeister Friedrich am 31. Dezember 1417 von Elbing aus, wie »wir von ebenumpten euwern hoffegesinde underrichtet wurden, wie er anderswo auch briefe hette mit gewerben zu volenden, fugeten wirs noch seiner begerunge, das her volczog mit sulcher unser antwort, da wir umbe deswillen unser nameliche botschafft welden usrichten und senden zcu euwern gnaden«.[99] Anschließend informierte der Hochmeister den Markgrafen über die Krönung Elisabeths von Pilitza zur Königin von Polen (nach deren Heirat mit König Władysław II. Jagiełło).

Insbesondere nach dem Krisenjahr 1410, als das Heer des Ordens auf dem Schlachtfeld von Tannenberg vernichtet worden war und die Ordensbrüder im Zuge des Friedensschlusses von Thorn 1411 in erhebliche finanzielle Bedrängnis gerieten,[100] suchten sie die Unterstützung deutscher Fürsten. Auch Friedrich schrieb daher im März 1412 wegen der »groz not, unrecht unde gedrengniß liede von deme konige zcu Polan, herczogin Witolde unde andern sinen helffern« an König Sigismund. Der Hochmeister hatte den Komtur von

Thorn nach Meißen geschickt, »der uns ouch allir sache und lauffte, die sich czwuschin dem konige von Polan, herczogin Witolde unde yn vorlouffin habin, eigentlichin undirichtet hat, und ehatt uns mit clage vorbracht, wie das yn derselbe konig von Polan sine briefe nicht halde, die er in gegebin habe.« Vor allem habe Władisław die Gefangenen des Ordens noch immer nicht frei gelassen. Friedrich und sein Bruder Wilhelm baten daher im Interesse des Ordens um die Unterstützung des Königs.[101]

Nicht unerhebliches politisches Interesse hatte Friedrich IV. auch gezeigt, als 1415 mit Heinrich von Plauen ein Mitglied des ihm untertänigen Dynastenadels als Hochmeister des Ordens abgesetzt wurde, was einen bisher einmaligen Vorgang in der Geschichte der Bruderschaft darstellte,[102] nicht zuletzt, da die Familie von Plauen Klagen gegen dieses Vorgehen erhob. Daher sah sich der Komtur Johann von Zelbach im September 1415 zu einer Klärung veranlasst. Gegenüber Friedrich IV. stellte er es Mitgliedern der Familie frei, ihre Klagen dem Papst oder dem König vorzutragen, deren Urteil sich der Orden gern unterwerfen wolle. Da ihnen diese Möglichkeit offenstand, aber noch nicht genutzt wurde, empfand der Orden die bisher öffentlich gemachten Klagen als Unrecht: »Gnediger herre. Nu mag ewer gnade wol vorstan und irkennen, weher dem andern tagis, gleiches und rechtis ausgegangen ist, ab der orden sulch smelich schelden und schreiben vorschuld habe, und ist ouch unserm orden sulch smelich und lesterunge, hertig bescheldunge bis off diese czeit von keinerlei edlen, bidermannen, fromen lewte nye mee gescheen, das ewer gnade wol doranne merken und vorstehen mag, sulch hertig bescheldunge, das sie schreiben manches frommen mannes mueter eine kotcze, die sie nye gescheen noch von ir gehort haben. So wart ouch ir vetter nye unser rechte herre, sunder her was unser obirster, dieweile her das ampth hatte. Her ist ouch von nymande vorrathen, sunder was an im gescheen ist, das ist gescheen mit rechte noch unsers ordens recht, und wellen noch dorumb vorkommen vor das heilige concilium itczunt hie czu Costnicz adir vor unsern gnedigen herren den Romischen koning in der maße, als vor geschreben stehet, und ist gebothen. Gnediger herre. Welden sie abir von uns nicht uffnemen, so vorstunde doch ewer gnade und ein iklicher wol, weher unser schrift horte, weher dem andern tages, gleiches und rechtis ausgehet und ab sie unsern orden dorobir unbillich beschulden mit iren hertigen scheldworten.«[103] Der Komtur bat Friedrich um eine Antwort, forderte also nichts anderes als eine Stellungnahme des Markgrafen bezüglich des Verhaltens seiner Vasallen. Eine Antwort, so sie denn erfolgte, ist nicht überliefert.

Heinrich von Plauen erlangte seine Stellung nicht wieder und auch sein Nachfolger Michael Küchmeister wurde – trotz der generell ablehnenden Haltung des Ordens – erneut in militärische Auseinandersetzungen mit Polen verwickelt.[104] 1419 bat er hierfür Friedrich IV. um militärischen Beistand. Die Verhandlungen waren anscheinend von solcher Wichtigkeit, dass Friedrich sowohl seinen Marschall Konrad von Brandenstein als auch seinen Obersten Schreiber (Kanzler) Konrad Wolffhayn ins Ordensland entsandte. In einem Brief vom Februar 1419 beklagte sich der Hochmeister, dass der Orden alle militärischen Hilfeleistungen inzwischen teuer bezahlen müsse. Vom alten Kreuzzugsgedanken aus der Zeit der Preußen- und Litauerreisen war nichts mehr geblieben. Schließlich bat er Friedrich, eine Delegation nach Frankfurt an der Oder zu schicken, die zum Abschluss eines baldigen Friedens beitragen sollte.[105] Diesem Wunsch kam der Markgraf nach, wofür ihm der Hochmeister in einem Brief vom 18. Mai dankte, gleichzeitig aber seine weitere Unterstützung für die noch laufenden Verhandlungen erbat.[106]

Nur in einem Fall behandelten die Briefe kleinere Probleme. So drückte der Hochmeister am 21. Februar 1421 gegenüber Friedrich und einigen seiner Räte sein Bedauern darüber aus, dass der Ordensritter Peter von Schönenberg »zcu ungemache sey gekomen«.[107] Peter war der Sohn Siegfrieds von Schönenberg, des Hofmeisters der Markgräfin Katharina, weshalb es denkbar ist, dass er sich an seinen Vater gewandt und dieser seine Herrin und Friedrich IV. gebeten hatte, sich für seinen Sohn zu verwenden. Der Hochmeister versprach, alles unternehmen zu wollen, um dem Ritter zu seinem Recht zu verhelfen.[108]

3 Zeit der Fehden

3.1 Konflikte mit dem regionalen Adel

MIT DEM OSTERLAND übernahm Friedrich IV. den Teil des wettinischen Herrschaftsgebietes, der bereits am stärksten von der Landesherrschaft durchdrungen war. Während sich sein Onkel Balthasar in Thüringen mit einflussreichen Grafengeschlechtern wie den Schwarzburgern konfrontiert sah und Wilhelm in Meißen noch die letzten Vertreter einer königsunmittelbaren Herrschaft bekämpfte, allen voran die Burggrafen von Dohna, war der Dynastenadel im Osterland schon durch Friedrichs Vater in der Grafenfehde und im Vogtländischen Krieg weitgehend unterworfen worden.[109] Dennoch wurde der junge Markgraf gerade zu Beginn seiner Herrschaft in eine Reihe von Fehden verwickelt, bei denen er Stärke zeigen und seine Rechtsansprüche mit Waffengewalt durchsetzen musste.

Ende 1396 kam es sogar zwischen den osterländischen Brüdern und ihrem Onkel Balthasar zu Streitigkeiten. Grund für den Konflikt war eine Fehde zwischen den Brüdern und den Herren von Balgstädt, deren Burg nahe Freyburg an der Unstrut lag. Anscheinend reichte der Besitz des Geschlechts zur Versorgung der acht Brüder nicht aus, denn sie traten in den 1390er Jahren des Öfteren als Raubritter auf. Schon einmal waren die Balgstädter negativ in Erscheinung getreten, als sie sich 1390 mit Hans von Kröbitz, einem Vasallen des Erzbischofs von Magdeburg, befehdeten. Nachdem Kröbitz von den Herren gefangen genommen worden war, wandte sich Erzbischof Albrecht an die Markgrafen und vereinbarte die Beilegung des Streits per Schiedsgericht.[110] Zwei Jahre später traten die Balgstädter nochmals als Gefolgsleute der Markgrafen in Erscheinung. Im Frühjahr 1392 nahmen Friedrich und Hans von Balgstädt den Ritter Gottschalk von Korwestorff gefangen, der daraufhin am 19. Mai Friedrich IV. und seinen Brüdern die Urfehde schwur und danach freigelassen wurde.[111] Die genaueren Hintergründe dieses Konflikts sind nicht zu ermitteln, ebenso wie die Gründe für den Bruch, der bald zwischen der Herrenfamilie und den Wettinern eintrat. Ein Chronist berichtete später über die Balgstädter: »Sie waren berüchtigte Räuber und Verächter der Fürsten und steckten viele Städte der Markgrafen in Brand.« Für Angriffe auf größere

Städte waren die Balgstädter sicherlich viel zu schwach. Denkbar sind aber neben Überfällen auf Kaufleute, die auf der nahe ihrer Burg entlang verlaufenden Frankenstraße vorüber zogen, Angriffe auf kleinere Güter und Dörfer. Ähnliches berichtet Johannes Rothe, dessen Chronik zufolge von Balgstädt aus »die yren beschedigte unde geroubet wordin unde die lantstrasse dar neder gelegit«.[112] Anscheinend genügten diese Übergriffe, damit sich Friedrich und Wilhelm zu einem militärischen Gegenschlag veranlasst sahen.

Die beiden Brüder zogen im November 1396 mit einem kleinen Heer vor die Burg. Die markgräflichen Truppen verfügten über schwere Bombarden, mit deren Hilfe die Wehranlagen beschossen werden sollten. Die acht Balgstädter Brüder baten deswegen Landgraf Balthasar um Hilfe. Dieser zog nun seinerseits mit einem Heer nach Balgstädt, forderte seine Neffen dazu auf, die Belagerung einzustellen und den Konflikt per Schiedsspruch beizulegen. Friedrich und Wilhelm ließen allerdings nicht von dem vermeintlichen Raubritternest ab. Nachdem Balthasar das Feldlager verlassen hatte, nahmen sie die Burg ein und zerstörten sie. Die Herren von Balgstädt versuchten nun, sich Balthasar vollständig zu unterwerfen und ihm ihren Besitz als Lehen aufzutragen, was ihnen aber nicht gelang. In der Folge befehdeten sie sich mit der Stadt Naumburg, die Friedrich und Wilhelm auf ihrem Kriegszug mit mehreren Bewaffneten unterstützt hatte. Zur Beilegung des Konflikts reisten Friedrich, Wilhelm und ihr Onkel Balthasar im Juli in die Saalestadt. Wie die Fehde schließlich beendet wurde, ist jedoch nicht bekannt.[113]

Die letzten Jahre des 14. Jahrhunderts waren eine unruhige Zeit. Friedrich und seine Brüder waren in etliche Fehden mit niederen Adligen im osterländischen Raum verwickelt. Die Gründe für diese Konflikte sind schwer zu ermitteln, da oftmals nur wenige Dokumente oder nur die Urfehdeerklärungen überhaupt einen Hinweis liefern. Das Abrutschen niederer Adelsfamilien in das Raubrittertum, wie es sich bei denen von Balgstädt noch recht gut greifen lässt, mag einen Grund dargestellt haben. Die zweite Hälfte des 14. Jahrhunderts war eine Zeit großer sozialer Umwälzungen. Klimaveränderungen führten zu Ernteausfällen und die Pest raffte große Teile der europäischen Bevölkerung hinweg. Dies führte wiederum zu einem Preisverfall für Getreide, wodurch der niedere Adel, der sein Einkommen vor allem aus dem Zins erbuntertäniger Bauern bezog, beträchtliche ökonomisch-finanzielle Einbußen hinnehmen musste. Vor diesem Hintergrund erscheint es leicht nachvollziehbar, dass diese Familien zum Raubrittertum übergingen.[114] Auf der anderen Seite sind die Quellen, die uns darüber berichten, meist im Umfeld der großen Fürstenfamilien entstanden. Entweder handelt es sich um Chroniken, die in ihrem Auftrag oder in den durch ihre Stiftungen getragenen Klöstern entstanden, oder um Urkunden, die die ihnen geleisteten Urfehden dokumentieren. Es ist daher leicht vorstellbar, dass vermeintliches Raubrittertum den Fürsten nur als Vorwand diente, um ihren Zugriff auf den Allodialbesitz des niederen Adels zu stärken. Vermutlich muss in vielen Fällen ein Ineinandergreifen dieser beiden Ursachen zugrunde gelegt werden. In den meisten Fehden folgte Friedrich schließlich auch wieder einem Gebot Vippachs aus seiner »Katherina Divina«, der von einem rechtschaffenen Fürsten fordert, »so sal her bewarn krieg und zcwytracht under den edeln und sal in setzen gebot, dy sie dovon zcihen und keren«.[115] Friedrichs Biografin Irmgard von Broesigke schrieb damit wohl nicht zu Unrecht, dass die Fehde eine beherrschende Art der Erwerbspolitik Friedrichs IV. gewesen sei.[116]

Meist ging es bei diesen Fehden darum, dem Gegner möglichst großen wirtschaftlichen Schaden zuzufügen, indem seine Dörfer überfallen, Ernten vernichtet und Vieh gestohlen wurde. So berichtete Friedrich dem Rat von Göttingen am 6. August 1390, wie ein Vasall des Herzogs Otto von Braunschweig an der Leine gegen ihn in Fehde zog, nämlich »Hans Bruns, der den unsern nuwelichin ein teil rinder by nacht gestolen ... in sin lande bracht hat, die ... sint gen Moldigenfelde. So werden wir und die unsern gemortbrant von eyme genant Wenige, der, vernemen, auch zu Ihüne [Jena, Anm. d. A.] liet. Dorczu so hat Hanns von Ihune sin mann dem abte zu Volkelderode – nehst sine pherde genomen und ein teil menre abgefangen unbewart.«[117] Friedrich bat den Göttinger Rat, Hans zur Herausgabe der gestohlenen Rinder aufzufordern, sonst »musten wir den unsern gestaten, die sinen widderumbe zu suchen und anzcugriffen, wo sie die anqwemen, des wir doch nicht gerne teten.«[118]

Konflikte mit den größeren Fürsten des Reiches konnten geradezu eine Flut von Fehdeerklärungen nach sich ziehen. So erklärten am 23. September 1393 63 Adlige den drei osterländischen Brüdern »umme des hochgebornen furstin willen unses lieben gnedigin hern hern Frederichs hertogin zu Luneborch unde Brunswik unde willen des unse ere an gik vorward hebben«[119] die Fehde.

Es lässt sich jedoch nicht von der Hand weisen, dass die Wettiner in dieser Zeit selbst sehr resolut ihr Territorium auf Kosten kleinerer Nachbarn arrondierten. Insbesondere Wilhelm I. betrieb den inneren Landesausbau seiner Markgrafschaft in jenen Jahren äußerst intensiv. Er war sich dabei der Rückendeckung des römisch-deutschen Königs sicher, denn Wenzel konnte es sich nicht erlauben, ihm seine Zugewinne zu verwehren, wollte er sich auch zukünftig der Unterstützung des Wettiners sicher sein. Diese Politik des inneren Landesausbaus war möglicherweise für die osterländischen Brüder von Vorbild, die in diesen Jahren kaum weniger intensiv kleine Herrschaften erwarben und ihre vormaligen Besitzer in die Lehnsabhängigkeit trieben. So erklärten am 12. Oktober 1400 die beiden Brüder von Neuendorf den osterländischen Markgrafen »mit hande und mit munde«[120] die Urfehde, nachdem Friedrich den Jüngeren der Beiden hatte gefangen nehmen und auf der Neuenburg bei Freyburg einkerkern lassen. Dafür mussten sie ihnen ihre

Lehngüter für 50 Schock Freiberger Groschen auf drei Jahre verpfänden.[121] Ein halbes Jahr später leistete ein Heynnyng von Frekeleybin (Henning von Freckleben) den Markgrafen die Urfehde. Er verblieb allerdings in seinen alten Lehnsverhältnissen unter dem Erzbischof von Magdeburg.[122] Am 25. Mai 1402 leistete Wolrabe von Weddertein den Osterländern die Urfehde und beteuerte, dass er sich nie mehr gegen sie wenden werde, es sei denn im Dienste seines Lehnsherren.[123] Die gleiche Erklärung gab am 21. Dezember Ditterich Leyfeld ab.[124] Nicht direkt eine Urfehde, aber zumindest eine Unterwerfung unter die markgräflichen Gerichte gelobte am 2. Juni 1403 ein Heinz Schiding in Saalfeld.[125] Dabei handelte es sich anscheinend ebenso um einen Bürgerlichen wie bei Heinrich Zopf, der 1404 erklärte, den Markgrafen nicht weiter schaden zu wollen.[126]

Zwei Wochen nach Schiding, am 17. Juni, empfingen die Markgrafen schließlich die Huldigung des Nickel von Lindenberg.[127] Etwas mehr Hintergründe offenbart die Urfehdeerklärung, die Hans von Mutschau zu Golnitz und Hans Mangold zu Mutschau am 19. Juli desselben Jahres gegenüber Friedrich und Wilhelm leisteten. Auch hierbei handelte es sich nicht direkt um eine Urfehde. Die beiden gelobten lediglich im Namen Peter Zscheghards von Mutschau, der von den Markgrafen bereits gefangen genommen worden war, dass dieser sie nicht mehr befehden wolle. Sollte er es doch tun, wollten sie ihn wieder an die Osterländer ausliefern.[128] Im beginnenden 15. Jahrhundert scheinen Fehden teilweise statt durch die traditionelle Urfehdeerklärung vermehrt durch Huldigungsleistungen beendet worden zu sein, wie es bei Dietrich von Scapow am 7. März 1404 der Fall gewesen ist. Er leistete Friedrich und Wilhelm die Huldigung und erklärte künftige Streitfälle ihren Amtsleuten vorzutragen.[129] Eine solche Regelung bedeutete schließlich die Unterordnung eines Adligen unter die Herrschaft eines größeren Herren. Das vermehrte Auftreten dieser Huldigungen ist ein Merkmal für den aufkommenden frühneuzeitlichen Territorialstaat, der das komplexe hochmittelalterliche Lehnssystem in Mitteldeutschland mehr und mehr ablöste. Es kam auch vor, dass Niederadlige, wie Hans von Kitzen am 7. Mai 1404, sich zwar in künftigen Streitfällen der Vermittlung der markgräflichen Amtsleute unterwarfen, aber nach wie vor einem bereits existierenden Lehnsherren (in diesem Fall dem Merseburger Bischof) die Treue hielten.[130]

Auch die Brüder Bertold und Hans Marschalk von Frohburg gelobten im Mai 1405, nicht mehr gegen die Markgrafen zu ziehen. Anscheinend war ihr Besitz von Friedrich militärisch besetzt, aber anschließend wieder als Lehen vergeben worden. Dafür versprachen sie, notfalls gegeneinander ins Feld zu ziehen, sollte einer der Brüder seinen Eid brechen.[131] Auch andere militärische Verpflichtungen konnten Teil solcher Huldigungen sein. So erklärte Nickel von Wolffenstorff am 13. Juni 1405, er wolle »yn mit czwenczigen mit glevien zcu zcwey malen yo czu dem male mit czehen glevien dinen uff der gnanten myner hern koste und mynen schaden«.[132] Bei Verträgen dieser Art lässt sich allerdings nicht sicher klären, ob ihnen überhaupt eine Fehde oder ein ähnlich gelagerter Konflikt vorausging oder ob die Phrase, wonach der neue Dienstmann nicht wider seinen Dienstherren ins Feld ziehen wolle, einfach nur eine juristische Formel darstellt.

Recht gute Auskunft über den Verlauf einer Fehde gibt eine Urkunde zwischen den Markgrafen und Eberhard von Buchenau sowie seinen Söhnen Eberhard, Neithard und Wilhelm vom 18. Juli 1406. Darin bekennt einer der Söhne, »daz ich Wilhelm sie vor Rota hatte angegryffen und beschediget«.[133] Offensichtlich trugen die Güter der Herren von Rotha einigen Schaden davon, denn diesen wird in der Urkunde ein Schadenersatz von 80 Rheinischen Gulden zugesprochen, welchen die Buchenaus zu zahlen hatten. Demzufolge gingen wohl die Markgrafen gegen die Familie vor. Eberhard übergab diesen schließlich das Vorwerk Kindemoln, das er im Gegenzug wiederum als Mannlehen empfing.[134] In einer zweiten Urkunde wurde dieses Gut auf 300 Gulden taxiert. Sollte einer von Eberhards Söhnen den Markgrafen nicht bis zum Martinstag die Huldigung leisten, so sollte die Familie weitere 200 Gulden Strafe aufbringen. Da dies eine enorme Summe darstellte, sollten bei Nichterfüllung jeder Buchenau mit einem Knecht und zwei Pferden nach Coburg reiten und dort »Einlager halten«, bis die Schuld abgetragen worden wäre.[135] In den Konflikt waren anscheinend auch die acht Herren von der Tanne involviert. Diese erklärten am 3. September 1406, dass sie mit den Markgrafen »gutlichen geeynet und gerichtet syn«.[136] Dafür leisteten sie ihnen die Huldigung und öffneten ihnen ihre Burg Tann.[137] Im Herbst desselben Jahres befehdeten Vogt Apel von Salzberg und sein Sohn Georg die beiden Markgrafen. Bei dem Streit drehte es sich vermutlich um unklare Besitzverhältnisse auf der Burg Reurith im Hennegau. Georg geriet im Zuge des Konflikts in Gefangenschaft. Dies mag den Ausschlag dafür gegeben haben, dass Apel am 25. November 1406 seinen Verzicht auf mögliche Ansprüche an der Burg erklärte. Zudem versprach er in einer separaten Urkunde, sich bei künftigen Konflikten einem Schiedsgericht zu unterstellen, dass in Coburg stattfinden sollte.[138]

Dagegen ist nichts bekannt über die Fehde, die die Brüder Nickel, Hans und Hermann von Schiedingen gegen die Markgrafen geführt und durch eine Hulderklärung am 9. Juli 1406 beendet hatten.[139]

3.2 Konflikte mit dem König

Frühzeitig geriet Friedrich IV. auch in Konflikt mit dem regierenden römischdeutschen König Wenzel. Dieser hatte – nach dem Tod seines Vaters Karl 1378 und Friedrichs des Strengen 1381 – die Verlobung zwischen dem Wettiner und seiner Schwester Anna umgehend lösen lassen. Wenzel strebte eine politisch weiterreichende Verbindung an und so heiratete Anna am 20. Januar 1382 in London den englischen König Richard II.

Die Lösung dieser Verbindung mag für Friedrich kränkend gewesen sein, ob er sich persönlich verletzt fühlte, kann bezweifelt werden. Aber er war sich durchaus darüber im Klaren, was ihm nun vertraglich zustand, und war auch bereit, sein Recht einzufordern. Unmittelbar nach der Chemnitzer Teilung, am 27. November 1382, forderte Friedrich IV. von seiner Altenburger Residenz aus von König Wenzel bis zum Martinstag die Zahlung von 4 000 Schock Groschen oder alternativ 400 Schock Groschen Zins aus den böhmischen Städten Brüx und Laun.[140] Der Brief wurde auch im Namen seiner Mutter Katharina gesiegelt. Vermutlich war es ihr Entschluss, dem König gegenüber Stärke zu zeigen und die versprochenen Zahlungen für die nicht geschlossene Ehe mit Anna einzufordern, da nun Friedrich in Folge der Teilung nicht mehr auf den Konsens seiner Onkel angewiesen war, von denen insbesondere Wilhelm in dieser Zeit eher ein friedliches Auskommen mit Wenzel anstrebte.

Allerdings führte Friedrichs Forderung, die dem in finanziellen Belangen stets klammen König sicherlich nie zur rechten Zeit kommen konnte, noch nicht zu einer wirklichen Abkühlung ihres Verhältnisses. Zumindest verhinderte sie nicht, dass Wenzel die drei osterländischen Brüder am 11. Oktober 1383 in Nürnberg offiziell mit allen Reichslehen bedachte, die Friedrich III. einst besessen hatte.[141] Obwohl sich die bürokratischen Details, die mit einer solchen Belehnung verbunden waren, nicht überliefert haben, ist es denkbar, dass Wenzel wenigstens einen Teil der Gebühren, die die Wettiner dafür zu zahlen hatten, mit seinen Schulden verrechnen lassen wollte. Rechtlich gesehen waren die Besitztümer der Wettiner nicht erblich, sondern fielen nach dem Tod des Inhabers als erledigt ans Reich zurück. Im Laufe des Hochmittelalters hatte sich die Erblichkeit zwar durchgesetzt und war durch die Könige teilweise anerkannt worden, trotzdem mussten sich die Erben stets um eine neue Gesamtbelehnung bemühen. Diese war mit finanziellen Zuwendungen verbunden, die für die Krone eine wichtige Einnahmequelle darstellten. Wenzel ließ denn auch 1386 durch den Ritter Sievert den Kleinen von Schonevelt nachfragen, wie hoch diese Zuwendungen ausfallen werden, worauf die Osterländer ihm antworten ließen, »waz wir von rechte, alse unser seliger vater vor, wen er lehin von ym entphangen hat, den amptluten getan hat, daz wir daz ouch also tun wollin unde halden«.[142] Friedrich war demnach nicht bereit, eine Schuld mit der anderen aufzuwiegen.

Mit der Festigung ihrer eigenen Landesherrschaft gerieten die osterländischen Brüder jedoch immer stärker in Konflikt mit Wenzel. Der Streit entzündete sich um den Besitz der Städte Berga und Auma. Er wurde zunächst von den lokalen Vögten ausgetragen und eskalierte zum offenen Krieg, in welchem beide Städte vollständig niederbrannten. Schließlich einigten sich beide

Parteien, den Konflikt durch ein Schiedsgericht in Prag beizulegen. Landgraf Balthasar wurde als Schlichter eingesetzt. Die osterländischen Brüder waren durch einen Edlen zu Gera, Albrecht Kolowrat und Günther von Bünau vertreten.[143]

Der Streit um die beiden Städte wurde spätestens bis zum Jahr 1390 beigelegt. Am 1. Juli diesen Jahres konnte Wenzel mit den drei Markgrafen eine Vereinbarung schließen, derzufolge das Osterland und Vogtland in den Egerer Landfrieden mit einbezogen wurden. Als Obmann für eventuelle Streitfälle in diesen Grenzregionen wurde Heinrich Reuß zu Plauen auf Ronneburg eingesetzt.[144]

Die Frage nach einer Entschädigung Friedrichs für die gelöste Verlobung mit Anna blieb dagegen über mehrere Jahre offen. Am 11. Oktober 1397 kam schließlich ein Vergleich mit dem König zustande. Wenzel wollte Brüx und Laun mit einem jährlichen Zins an Geld oder sonstigen Einkünften von 1000 Schock für einen sofortigen Kredit über 10000 Schock Gulden verpfänden. Neben Bischof Lamprecht von Bamberg war Friedrichs Onkel Wilhelm I. Zeuge der Urkunde. Wenzel wies daraufhin die Räte der betroffenen Städte an, allen drei osterländischen Brüdern die Pfandhuldigung zu leisten. Ihm selbst sollte jedoch weiterhin freier Zugang gewährt werden.[145]

Kurz darauf wurde in der königlichen Kanzlei eine weitere Urkunde ausgefertigt, welche die Übereinkunft bezüglich der Verlobung Friedrichs mit Anna betrafen. Wenzel ließ darin die im Oktober getroffene Einigung abändern und sagte den osterländischen Brüdern nun die jährliche Zahlung von 4000 Schock Groschen zu. Nach dem Eingang von zwei Jahresraten wolle er jedoch die verpfändeten Städte Brüx und Laun ausgelöst wissen. Sollte der König nicht in der Lage sein, das Geld aufzubringen, sollten sie bei den Markgrafen verbleiben. Ob das heute nur noch in Fragmenten erhaltene Dokument tatsächlich ausgestellt wurde oder ob es sich nur um einen verworfenen Kanzleientwurf handelte, ist allerdings nicht sicher.[146]

Auch Friedrichs Onkel Wilhelm I. näherte sich dem König in den 1390er Jahren vorübergehend wieder an. Der Markgraf hielt sich mehrfach in Prag auf und wurde zum Mitglied des königlichen Rates ernannt. Die Gunst der Stunde nutzend, gelang es dem Wettiner, eine Reihe kleinerer Herrschaften durch Kauf, Schenkung oder die Auslöse von Pfandschaften zu erwerben: Eilenburg (1394), Mühlberg und Strehla (1397) sowie Leisnig (1398).[147] In einem friedlichen Auskommen mit dem mächtigen Nachbarn lagen für Wilhelm vorerst wesentlich mehr Vorteile. Die genannten Herrschaften bildeten kleine Enklaven im Gebiet der Markgrafschaft Meißen, die so territorial immer weiter arrondiert wurde.

Wilhelm I. griff bald darauf sogar über die Grenzen des Erzgebirges hinaus. 1396 begab sich Fritz von Schönburg, Herr auf Hassenstein, mit seinem Schloss in die Dienste des Markgrafen.[148] 1398 kaufte Wilhelm I. die Herrschaft Riesenburg, zu der das gleichnamige Schloss, das Kloster Osseg und die Stadt Dux gehörten. Dieses Ausgreifen der Wettiner auf böhmischen Boden stieß allerdings auf den Widerstand Wenzels, der den Kauf aber nicht verhindern konnte.[149]

Wilhelms Treue gegenüber Wenzel war kein Ausdruck besonderer Loyalität, sondern entsprang reinem politischem Pragmatismus. Und vor allem war sie an die innenpolitische Stärke des Königs gekoppelt. Aber dessen Position im Reich brach am 20. August 1400 zusammen. An diesem Tag setzten ihn die Erzbischöfe von Mainz, Trier und Köln sowie Pfalzgraf Ruprecht als »eynen unnüczen, versümelichen, unachtbaren entgleder und unwerdigen hanthaber des heiligen Romischen richs«[150] in Oberlahnstein ab. Noch am selben Tag wurde Ruprecht zum neuen König gewählt.[151] Am 6. Januar 1401 erfolgte die Krönung. Zwei Tage später forderte der Erzbischof von Köln die Wettiner dazu auf, ihre Lehen durch den neuen König bestätigen zu lassen.[152]

Zwar waren weder Wilhelm noch irgendein anderer mitteldeutscher Reichsfürst bei diesem Staatsstreich zugegen, aber der einäugige Markgraf und seine osterländischen und thüringischen Verwandten hatten ihn intensiv mit vorbereitet. Als sich nämlich im September 1399 die geistlichen Kurfürsten, Pfalzgraf Ruprecht und zehn weitere Reichsfürsten zu einem Bündnis gegen Wenzel zusammenschlossen, galt auch der Markgraf als potenzieller Nachfolger.[153] Nun zeigten sich die Nachteile der Chemnitzer Teilung. Ein geeintes Haus Wettin hätte seinen Prätendenten womöglich sogar auf den ersten Platz lancieren können. Ein weiterer aussichtsreicher Kandidat war Herzog Friedrich von Braunschweig.[154] Wilhelm hatte mit diesem im Winter 1400 während einer Beratung mit den Kurfürsten in Frankfurt ein Bündnis abgeschlossen.[155] Am 1. Februar 1400 erteilten die vier rheinischen Kurfürsten und der Herzog von Sachsen den Wettinern das Versprechen, sie gegen mögliche Feinde eines neu zu wählenden Königs zu schützen.[156] Am Folgetag versprach Wilhelm, dass Friedrich IV. und seine Brüder bis Ostern in dieses Bündnis einwilligen würden.[157]

Wilhelm und sein Neffe Friedrich IV. waren anschließend auf dem Frankfurter Fürsten- und Städtetag im Mai und Juni 1400, der die Absetzung des Königs und die Neuwahlen regeln sollte, persönlich anwesend. Hier siegelte Friedrich IV. am 1. Juni die Bündnisurkunde mit den Kurfürsten. Seine beiden Brüder werden in dem Vertrag ausnahmsweise nicht erwähnt.[158] Warum, lässt sich nur schwer ermitteln. Denkbar ist, dass Friedrich in der großen Politik auf Reichsebene als alleiniger Vertreter seiner Linie auftreten wollte.

Auf der Rückreise von Frankfurt gerieten die Wettiner und die mit ihnen reisenden mitteldeutschen Fürsten am 5. Juni 1400 nahe Fritzlar in einen Hinterhalt des Grafen Heinrich von Waldeck. In dem anschließenden Gefecht fiel Herzog Friedrich von Braunschweig, während Kurfürst Rudolf von Sachsen in Gefangenschaft geriet. Die beiden Wettiner entkamen mit knapper

Müh und Not. Da Heinrich von Waldeck ein Mainzer Vasall war, machten Wilhelm und Friedrich Erzbischof Johann II.[159] für den Zwischenfall verantwortlich. Es kam zum Bruch, der das Fernbleiben mitteldeutscher Fürsten in Oberlahnstein zehn Wochen später erklärt, obwohl sie ihre Anwesenheit hier noch am 4. Juni 1400 in Frankfurt zugesagt hatten.[160] Zudem entspann sich eine mehrjährige Fehde zwischen den Wettinern und dem Erzbischof,[161] auf die noch zurückzukommen sein wird.

Die gewaltige Schwächung, die Wenzels Herrschaft durch die Absetzung erfuhr, nutzte Wilhelm geschickt für den weiteren inneren Landesausbau. Hatte er bisher böhmische Enklaven nördlich des Erzgebirges im Austausch für seine Bündnistreue friedlich erworben, so begann er nun, den Einfluss Böhmens gewaltsam zurückzudrängen. Bereits 1399 unternahm Wilhelm einen ersten Feldzug ins Vogtland und eroberte eine Reihe zu Böhmen gehörender Burgen.

Zu diesem Zeitpunkt wurden auch die osterländischen Brüder in eine der größten »Fehden« im mitteldeutschen Raum verwickelt. Im Herbst 1399 war die angespannte Beziehung zwischen Wilhelm I. und den Burggrafen von Dohna (auch Donin), einer der mächtigsten niederadligen Familien in dieser Gegend, militärisch eskaliert. Ob es sich bei der Fehde tatsächlich um die Zurückdrängung des angeblichen dohnaischen Raubritterunwesens handelte oder dieses nur in späterer Zeit als Legitimation für einen Raubkrieg seitens Wilhelms vorgeschoben wurde, kann nicht mehr befriedigend geklärt werden. Jedenfalls besetzten meißnische Truppen 1399 das zur Burggrafschaft Dohna gehörende Städtchen Rabenau im Weißeritztal. Nach weiteren Rückschlägen in den ersten Monaten 1401 – bei einem Gefecht nahe Gottleuba fiel Burggraf Otto Mul und im März besetzten meißnische Truppen die Bergstadt Dippoldiswalde – schlossen die Burggrafen am 1. März einen Waffenstillstand ab, der bis zum 1. Mai befristet war. Danach sollte er entweder mit vierzehntägiger Frist gekündigt oder fortgesetzt werden. Diese Waffenruhe diente für Verhandlungen, wofür beide Parteien Landgraf Balthasar und die jungen Markgrafen Friedrich IV., Wilhelm II. und Georg um Hilfe baten.[162]

Die Gründe für den Waffenstillstand sind unterschiedlicher Natur. Während die Donins nach ihren militärischen Rückschlägen eine Ruhepause benötigten, wurde Wilhelm der Einäugige vom neuen römisch-deutschen König Ruprecht dazu gedrängt, einen Feldzug gegen Wenzel voranzutreiben. Dafür brauchte er aber die Gewissheit, dass seine Nachschublinien über das Erzgebirge nicht durch die Burggrafen bedroht werden konnten.

Am 16. Juni 1401 verbündeten sich Friedrich und seine beiden Brüder auf Schloss Rochlitz mit ihrem Onkel Wilhelm I. für den bevorstehenden Feldzug gegen den abgesetzten König. Die Brüder versprachen Wilhelm »mit ganczir unsir macht widdir allir menlichin nymandis uzgenomen [...] ane geverde, unde mit weme wir so zcu krige quemen« zu unterstützen«.[163] Dafür sollten die Brüder 30 000 Schock Groschen erhalten. »Waz wir abir darubir mit unsir vettir hulffe gewunnen adir irkrigeten, is were an slossen adir an gefangenen, daz sullen wir mit im gleich teilen nach anczale der lute, die eyn yderman dabie hette. Unde waz wir so in dem lande zcu Behemen mit eynandir irkrigeten unde gewunnen, daz sullen wir mit eynandir behaldin unde unsir eyn sal daz dem andirn nicht entwendin.«[164] Der Vertrag zeigt deutlich, dass die beiden Markgrafen jeweils unterschiedliche Ziele verfolgten. Friedrichs Interessen an dem kommenden Feldzug waren vor allem finanzieller Natur, denn entgegen den Abkommen von 1397 hatte Wenzel ihm die Zahlungen, die ihm aufgrund der gelösten Verlobung mit Anna von Böhmen zustanden, noch immer nicht geleistet. Im Gegenteil, der König hatte sogar noch einen weiteren Wettiner geprellt. Ebenfalls noch 1397 versprach er seine unmündige Nichte Elisabeth von Görlitz an Landgraf Friedrich, Balthasars Sohn. Der Vertrag wurde wiederum durch eine Garantiesumme von 10 000 Schock böhmischer Groschen gedeckt. Es dauerte nicht lang und Wenzel änderte seine Meinung erneut. Er brach sein Versprechen und verlobte Elisabeth im März 1398 mit dem Sohn des französischen Regenten Ludwig von Orleans. Daher beteiligte sich auch der junge Landgraf mit einem Kontingent am kommenden Feldzug, wobei jedoch nicht überliefert ist, welche eventuellen Beuteansprüche ihm zugesagt worden waren.[165]

Wilhelms Ziele sind dagegen schwerer einzuschätzen und waren wohl eher machtpolitischer Natur. Bereits Anfang Januar hatte der neue König Ruprecht ihn dazu aufgefordert, ihm zu helfen, seine neuen Ansprüche auf die Krone militärisch durchzusetzen. Anfang Juni – noch vor dem Bündnisschluss mit seinen Neffen – trafen sich Wilhelm und der König in Amberg und stimmten ihr gemeinsames Vorgehen aufeinander ab. Ihr Plan sah vor, dass Wilhelm mit einem meißnischen Heer in Böhmen einfallen sollte, während Ruprecht gegen die luxemburgischen Besitzungen in der Oberpfalz vorging.[166]

Die Stärke des meißnischen Heeres lässt sich nur schwer schätzen. Am 8. Juli 1401 hatte Ruprecht die Reichsfürsten zur Stellung von Truppen aufgefordert. Demnach musste Balthasar 100 Gleven für 3 000 Gulden stellen, Wilhelm I. ebenso viele. Friedrich IV. und seine Brüder sollten nach Möglichkeit 100 oder sogar 200 Gleven bereitstellen und dafür ebenfalls 3 000 Gulden für 100 Gleven erhalten.[167] Inwiefern die Wettiner dieser Forderung nachgekommen sind, ist nicht mehr zu ermitteln. Interessant ist dabei jedoch, dass das militärische Potenzial der Osterländer anscheinend sogar am höchsten veranschlagt wurde.

Tatsächlich hatte Wilhelm dem König bereits im November 1400 die Stellung von 800 Gleven, also etwa 2 500 Reitern, zugesagt. Uwe Tresp geht davon aus, dass die osterländischen und thüringischen Aufgebote kleiner waren und das Heer insgesamt etwa 3 000 bis 4 000 Mann stark war.[168]

Das meißnische Heer sammelte sich im Juli 1401 bei Brüx. Die Wahl dieses Platzes war kein Zufall. Im Gegenteil: für Friedrich erfüllten sich bereits hier seine wichtigsten Ziele aus dem gemeinsamen Bündnis. Da die Stadt zumindest in diesem Jahr ihre Geldzahlungen an den Osterländer nicht geleistet hatte – wozu sie nach dem Abkommen mit Wenzel von 1397 verpflichtet war –, hielten sich seine Truppen im Umland schadlos. Der König mochte daher in der Vereinigung des meißnischen Heeres vorerst nur den Versuch sehen, mit vereinter Kraft die ausstehenden Schadensersatzleistungen für die gebrochenen Verlobungen einzutreiben, weswegen er Brüx am 20. Juli aufforderte, die vorenthaltenen Gelder zu zahlen.[169]

Zu diesem Zeitpunkt war das meißnische Heer jedoch bereits nach Prag weitergezogen. Für den kurzen Marsch benötigte es fast drei Wochen. Es ist denkbar, dass sich Friedrich unterwegs an der Stadt Laun, deren Einkünfte ihm ebenfalls zugesprochen worden waren, genauso schadlos hielt wie an Brüx, zumindest befand sie sich nachweislich auf der Reiseroute des vereinigten Heeres.[170]

Etwa am 25. Juli erreichte das Heer Prag und schlug zwischen dem Hradschin und dem Dorf Ovenec, nahe dem königlichen Tiergarten, sein Lager auf. Verschiedenen Überlieferungen zufolge sollen die meißnischen Ritter sich am Hirschbestand dieses weitläufigen Jagdreviers schadlos gehalten haben, was die Böhmen als besondere Demütigung empfanden.[171]

Wenig später traf ein zweites Heer vor der Stadt ein. Es bestand aus Vertretern des hohen böhmischen Adels, die sich ebenfalls gegen Wenzel aufgelehnt hatten, da er in den vorangegangenen Jahren die Stellung des niederen Adels erfolgreich auf ihre Kosten gestärkt hatte. An der Spitze dieser Truppen stand Markgraf Jost von Mähren. Er hoffte, die momentane Schwäche Wenzels und auch Sigismunds von Ungarn, der zu dieser Zeit in die Hände rebellierender Adliger gefallen war, zu nutzen und seine eigene Position im Kampf um das luxemburgische Erbe zu stärken. Am 4. August schlossen die Wettiner, Jost, der Erzbischof von Prag und weitere Vertreter des Herrenbundes im »felde bie Prage« ein gemeinsames Bündnis, das sich ausschließlich gegen den König richtete.[172]

Allerdings waren die beiden vereinten Heere nicht stark genug, um eine Stadt wie Prag zu belagern. Diese bestand eigentlich aus mehreren eigenständigen Stadtgebieten und königlichen Burgen. Auf der östlichen Moldauseite befanden sich die alte Königsburg Vyšehrad sowie die Prager Alt- und Neustadt, am Westufer die neue Königsburg auf dem Hradschin mit der Prager Kleinseite und der Burgvorstadt. Diese verschiedenen Stadtteile waren durch die stärksten Stadtmauern Mitteleuropas gesichert. Die Burgen lagen auf schwer zugänglichen Hügeln und waren somit leicht zu verteidigen. An ein Aushungern der Stadt war nicht zu denken. Die Moldau versorgte die Belagerten nicht nur mit Frischwasser, sondern diente auch als Transportweg ins Landesinnere.

Die beiden Heere konzentrierten sich daher in auffälliger Weise darauf, die beiden königlichen Burgen in Schach zu halten. Jost und das Heer des Herrenbundes blockierten von ihren Quartieren nahe dem Dorf Michle den Vyšehrad, während die Meißner von ihrem Lager aus den Hradschin im Blick behielten. Das Verhältnis mit den Pragern gestaltete sich offenbar freundlich. Die Magdeburger Schöppenchronik berichtet sogar »unde de borgere van Prage spiseden beide here«.[173] In diesem Falle verzichteten die beiden Armeen wohl auch darauf, das Umland zu verheeren, wie es die Meißner bei Brüx und Laun getan hatten.

Der Feldzug neigte sich schließlich einem raschen Ende zu. Bereits am 12. August einigte sich Wenzel mit der böhmischen Adelsopposition, die ihre Zelte daraufhin sofort abbrach. König Ruprecht hatte schon vier Wochen zuvor das Interesse an einer Fortsetzung des Krieges verloren und am 15. Juli Burggraf Friedrich VI. von Nürnberg und Günther von Schwarzburg zu Verhandlungen mit den Räten Wenzels ermächtigt.[174]

Auch das meißnische Heer verließ Prag kurz nach der Einigung zwischen Wenzel und dem böhmischen Adel. Friedrich IV. hatte seine Interessen auf diesem Feldzug erfolgreich durchgesetzt. Brüx und Laun verblieben unter seiner Herrschaft. Im Folgejahr versprach der Rat dem jungen Markgrafen die jährliche Stadtrente in Höhe von 80 Schock Prager Münze bis zum Lichtmessfest (2. Februar) 1403 zu entrichten.[175] Ob Friedrich von Thüringen für sich mehr herausschlagen konnte als den Ritterschlag, den er vor Prag empfing, ist nicht bekannt. Welche Vorteile Wilhelm I. für sich gewinnen konnte, lässt sich nur aus dem weiteren Verlauf der Ereignisse rekonstruieren. Klar ist, dass der Markgraf ohne die Unterstützung des Herrenbundes und des Königs den Feldzug nicht weiter fortführen konnte. Zudem waren zwischen der Versammlung des Heeres und der Rückkehr der Meißner über das Erzgebirge etwa sechs Wochen vergangen.[176] Dies war die maximale Dauer, für die der Markgraf sein Lehnsaufgebot zu den Waffen rufen konnte, eine längere Dienstzeit hätte bedeutet, dass er seine Ritter finanziell entlohnen musste. Es gab also sicherlich rationelle Gründe, die Wilhelm veranlassten, den Feldzug zu beenden. Allerdings erscheint es wahrscheinlich, dass er bei den Verhandlungen zwischen dem Böhmischen Herrenbund und Wenzel anwesend war und diese Druckphase ausnutzte, um sich von dem bedrängten König freie Hand im Vorgehen gegen die böhmischen Vasallen nördlich des Erzgebirges, konkret die Burggrafen von Dohna, auszubitten.[177]

Wann genau der Waffenstillstand zwischen Wilhelm und den Burggrafen aus dem Müglitztal tatsächlich endete, ist nicht sicher zu klären. Fest steht, dass auch während Wilhelms Abwesenheit die Donins nicht mehr in der Lage waren, einen Gegenstoß nach Meißen zu führen. Die Versuche, den Streit friedlich beizulegen, scheiterten ebenfalls. Im Laufe des Sommers 1401, ob vor oder nach Wilhelms Rückkehr ist unsicher, kam es zu neuen Kampfhandlungen.[178]

Als die meißnischen Truppen vor dem Stammsitz der Burggrafen der Burggrafschaft auftauchten, wandten sich die Donins verstärkt an ihren böhmischen Lehnsherren. Wenzel war jedoch in keinster Weise in der Lage, seinen Vasallen zu Hilfe zu kommen. Am 4. Februar 1402 hatte der König seinem Bruder, Sigismund von Ungarn, die Landesadministration übertragen, nur um kurz darauf von diesem in Haft genommen zu werden. Die Burggrafen setzten ihre Hoffnungen daher auf den neuen starken Mann in Böhmen. Sigismunds Macht war aber keineswegs gefestigt. Noch machten ihm Wenzels Anhänger sehr zu schaffen. Trotzdem stand der Ungar im Frühjahr 1402 in Verhandlungen mit Wilhelm dem Einäugigen. Was der Inhalt dieser Gespräche gewesen ist, ist nicht mehr bekannt.[179] Setzte sich Sigismund für die Burggrafen ein? Oder versuchte er den mächtigen nördlichen Nachbarn Meißen zu befrieden, indem er seine Vasallen aufgab? Letzteres scheint durchaus wahrscheinlich, denn Sigismund trachtete nicht nur nach einer Festigung seiner Position in Böhmen, sondern strebte sogar nach der römisch-deutschen Krone.

Die markgräflichen Truppen schlossen Dohna im Laufe des Winters 1401/1402 ein, konnten aber vorerst keinen Angriff auf die Befestigungsanlagen wagen. Wilhelm II. hielt sich bei den Truppen seines Onkels auf. Möglicherweise führte er eine Abteilung Fußknechte des Lutz von Varnrode, der den Osterländern erst am 22. Mai 1402 zugesagt hatte »mynen hernn funfczen mit glevien fueren sal uff synen schaden unde uff myner hern koste virczen tage«.[180]

Das Belagerungsheer, in dem sich unter anderem Aufgebote der Städte Dresden und Leipzig befanden, musste das Frühjahr abwarten, um die Burg ernsthaft zu berennen. Dann konnten die Belagerungsgeräte besser an die Mauern herangebracht werden. Die Dresdner hatten dafür eine »gedeckte Angriffsmaschine«,[181] vermutlich einen Mauerbrecher, mitgebracht. Wilhelm I. brachte zwei große Steinbüchsen mit ins Feld, ebenso die Stadt Dresden. Eine weitere steuerte die Stadt Freiberg bei. Von hier kam vermutlich auch eine Handvoll »Steinbrecher«, die für die Herstellung der Kugeln angeworben wurden. Dass eine größere Anzahl Bergleute zum Unterminieren der Burgmauern hinzugezogen wurde, wie spätere Geschichtsschreiber behaupten, lässt sich hingegen nicht bestätigen.[182] Aber auch die Verteidiger verfügten über Schwarzpulverwaffen in Form von vier Stein-, einer Taras- und drei Bleibüchsen. Bei Letzteren handelte es sich vermutlich um große Hakenbüchsen.[183]

Am 19. Juni 1402 wurde die Burg Dohna schließlich gestürmt. Ob sich Friedrich am Sturm beteiligt hat, erscheint unwahrscheinlich. In einer fünf Tage nach der Eroberung in Dresden ausgestellten Urkunde vermachte Wilhelm der Einäugige das Schloss Dohna im Falle seines kinderlosen Todes Friedrich IV. und Wilhelm II. In dem Schriftstück heißt es, »daz uns der selbe er Wilhelm das sloez Dhonyn hat helffin gywynnen unde liplichin mit uns davor geczogen waz«.[184] Friedrich war also an den letzten militärischen Auseinandersetzungen der Dohnaischen Fehde nicht beteiligt gewesen und zählt dennoch zu den Beschenkten. Es ist denkbar, dass er die Eroberung seines Onkels rechtlich endgültig absicherte, denn es existiert ein Geleitbrief, den König Sigismund am 10. Mai in Prag für ihn und seinen Bruder ausstellen ließ.[185] Ob Friedrich eine entsprechende Reise antrat und was der Inhalt des Treffens mit Sigismund war, ist nicht bekannt. Da das meißnische Heer zu diesem Zeitpunkt immer noch vor Dohna lag, scheinen Verhandlungen über das weitere Schicksal der Burggrafschaft nicht unwahrscheinlich gewesen zu sein, denn Sigismund gehörte noch nicht zum Kreise derer, die Wilhelm auf seinem Prager Feldzug im Vorjahr beruhigende Zusagen gemacht haben können. Es kann daher davon ausgegangen werden, dass Friedrich sich zumindest zeitweise beim Belagerungsheer aufhielt und sich kurz vor dem Sturm die künftige Eroberung vom neuen Machthaber in Böhmen noch einmal mündlich sanktionieren ließ. Dass hierüber keine Urkunde ausgestellt wurde, muss nicht verwundern. Sigismunds Stellung in Böhmen war wenig stärker als die seines Bruders und ein offizielles Dokument, in welchem er einem seiner Vasallen den Schutz entzog, hätte schnell den heimischen Adel gegen ihn aufbringen können. Nach ihrem Fall wurde die Burg Dohna noch etwa 50 Jahre als Schlüsselfestung für die Region genutzt, ehe diese Funktion auf das Schloss Pirna und den Königstein überging.[186]

Das Verhältnis sowohl Wilhelms I. als auch Friedrichs IV. zum neuen König Ruprecht blieb derweil etwas unterkühlt. Zumindest kamen beide einer am 22. Juli 1402 an sie ergangenen Einladung zu einem für Ende August einberufenen Fürstentag nicht nach, sondern entsandten ihre Räte.[187] Dabei waren sie bereits der im Mai in Bamberg einberufenen Versammlung[188] fern geblieben, für die sie zumindest nachvollziehbare Gründe anführen konnten, da ihre vereinigten Heere zu diesem Zeitpunkt noch vor Dohna lagen. Ruprecht war dagegen gerade von seiner desaströsen Italienreise zurückgekehrt. Hier ist der König von den Visconti geschlagen und sein Heer durch Herzog Gian Galeazzo Visconti vollständig vernichtet worden. Seine Stellung im Reich war schwächer als je zuvor und so verwundert es nicht, dass die Wettiner lieber passive Beobachter der weiteren Ereignisse bleiben wollten.

3.3 Konflikte auf Reichsebene

Die Wettiner befehdeten sich nicht nur mit niederem Adel und kleineren reichsunmittelbaren Herren, deren Rechte sie beschnitten. Auch mit benachbarten Fürstentümern kam es immer wieder zu Konflikten und Übergriffen, wobei sich die Osterländer und ihr Gefolge keineswegs nur passiv verhielten. Beispielsweise versprachen Friedrich, seine Brüder und seine Mutter im

März 1392 den Fürsten Sigismund und Albrecht von Anhalt, »daz yn noch den iren anegriffe noch roub von icheyme der unsern noch nymandes anders zu unserm lande gescheen sullin«.[189] Eine ähnliche Vereinbarung hatten die Osterländer bereits im März 1391 mit Otto III. und Bernd V. von Anhalt geschlossen. Dabei wurde vereinbart, in künftigen Konflikten Schiedsgerichte einzuberufen.[190]

Die territoriale Umklammerung durch die Luxemburger führte in der zweiten Hälfte des 14. Jahrhunderts zu einer verstärkten Westorientierung der Wettiner. Dabei gerieten viele der kleinen Reichsfürsten und die Reichsstädte im westlichen Thüringen in ihr Blickfeld. Allerdings waren die Markgrafen nicht die einzige große Macht, die hier ihre territorialen Interessen vertrat. Auch die Landgrafen von Hessen und die Erzbischöfe von Mainz besaßen in diesem Raum vereinzelte Ländereien. Die Beziehungen zwischen den Wettinern und den Hessen gestalteten sich zunächst freundschaftlich. Markgraf Balthasar und Markgraf Wilhelm leisteten Landgraf Hermann von Hessen zwischen 1371 und 1373 militärische Hilfe im Kampf gegen den Sternerbund. In der Folge erneuerten beide Familien noch 1373 ältere Erbverbrüderungsverträge.

Das Herzstück der mainzischen Besitzungen war Erfurt. Geschützt durch die Hand des Erzbischofs, aber an der Peripherie von dessen Territorien gelegen, konnte sich die Stadt mehr oder weniger ungehindert entfalten. Gleichzeitig stellte sie eine Hochburg Adolfs von Nassau dar, der 1373 von Teilen des Mainzer Domkapitels zum neuen Erzbischof gewählt worden war. Allerdings hatten die drei Wettiner versucht, bei der Wahl ihren jüngeren Bruder, Bischof Ludwig von Meißen, mit Unterstützung durch Papst Gregor XI. zum neuen Erzbischof ernennen zu lassen. Die Folge war ein langwieriger Konflikt, der auch durch den Tod Ludwigs 1382 nicht zur Ruhe kam. Immerhin erhielt Rudolf von Nassau nun die mit seinem Amt verbundenen Regalien von König Wenzel übertragen.

Auf den Streit zwischen den Wettinern und Erfurt hatte dies jedoch kaum eine Auswirkung. Die Stadt zählte zu dieser Zeit neben Köln, Nürnberg und Magdeburg zu den größten des Reiches und übertraf die der Wettiner bei weitem. Ein 1331 durch Ludwig den Bayern erlassenes Messeprivileg begründete den weiteren wirtschaftlichen Aufstieg. Händler aus aller Welt kamen in Erfurt zusammen, lange bevor Leipzig diese Bedeutung in Mitteldeutschland erlangen sollte. Es war daher wenig verwunderlich, dass die Wettiner ihren Zugriff auf diese Stadt zu stärken versuchten und dass sie in Zeiten des Krieges dem Handel der Stadt zu schaden trachteten.

Die Einzelheiten dieser Entwicklung sind schwer nachvollziehbar. Anscheinend sind die Ursachen auch in innerdynastischen Spannungen zwischen Wilhelm und Balthasar zu suchen. Erfurt hatte nämlich 1396 eine Reihe von Dörfern an Balthasar verpfändet, auf die eigentlich sein Bruder Anspruch erhob.¹⁹¹ Allerdings nutzte Markgraf Wilhelm die Hinrichtung vermeintlicher Raubritter durch den Erfurter Rat, um wegen Landfriedensbruch gegen die Stadt vorzugehen. Noch drastischer schilderte es Johannes Rothe: »Es wart dornoch des mortbrennens der stete yn dem lande zu Myssen vaste mer, also das die stete zu sampne qwomen unde den herren graven und andirn steten yn dem lande zu Doringen undir ir aller ynsegiln yn yren uffin briefen schreben unde clageten obir den mortbrant der von Erfforte.«¹⁹² Rothe berichtet auch von einem Brand, der in diesem Jahr am Niederen Tor in Erfurt ausbrach und ein Viertel der Stadt zerstört habe. Die Erfurter beschuldigten Wilhelm, der Brandstifter zu sein, »ap es abir von eigenem fuer qwam, adir ap es die vorbranten stete zu Myssen on weder taten, wer kann das gewyssen«.¹⁹³

Es ist sehr gut vorstellbar, dass es sich bei den Raubrittern um Männer aus dem Gefolge der Wettiner gehandelt hat, die mit deren Duldung Kaufleute auf dem Weg nach Erfurt überfielen. Aufgrund des seinerzeit guten Verhältnisses zwischen Wilhelm und König Wenzel verhängte der König am 12. August 1396 die Acht über Erfurt, Mühlhausen und Nordhausen. Damit hatte Wilhelm freie Hand, um militärisch gegen diese Städte vorzugehen. Er rüstete ein Heer aus und zog noch im selben Monat vor die Stadt. Das meißnische Aufgebot verheerte die Dörfer des Umlandes. An das gut befestigte Erfurt wagte sich der Markgraf jedoch nicht heran, stattdessen zog er nach sechs Tagen wieder ab.¹⁹⁴

Dennoch versuchte Wilhelm den Ring um die Handelsstadt enger zu ziehen und verband sich am 1. November 1396 mit dem Bischof von Halberstadt gegen die drei Städte Erfurt, Mühlhausen und Nordhausen sowie Herzog Friedrich von Braunschweig.¹⁹⁵

Der Konflikt mit der Mainzer Stadt trug nicht unwesentlich dazu bei, dass die Bindung zwischen Friedrich IV. und seinem Onkel Wilhelm I. in dieser Zeit enger wurde. Am 25. März 1397 trafen Friedrich und Wilhelm II. in Grimma ein, wo sie mit ihrem Onkel ein militärisches Bündnis eingingen. Darin sagten die beiden Osterländer ihm explizit ihre Hilfe im Konflikt mit Erfurt zu. Außerdem versprachen die Brüder im Falle eines kinderlosen Todes des Markgrafen, das Leibgedinge seiner Frau zu verteidigen. Im Gegenzug sprach Wilhelm ihnen eine Anwartschaft auf Elsterberg, Mühltroff, Gleisberg, Zörbig und Düben zu.¹⁹⁶

Der »tägliche Krieg« nahm in diesem Sommer an Fahrt auf. Unter diesem Begriff verstand man im frühen Mittelalter vor allem die wirtschaftliche Schädigung des Gegners. In der Frühen Neuzeit sollte sich dafür der Begriff vom »Kleinen Krieg« einbürgern. Wahrscheinlich setzten die Gefolgsleute der Wettiner dem Handel der Stadt Erfurt in den folgenden Monaten sehr zu, denn am 14. April 1398 schloss Erzbischof Johann II. von Mainz ein Hilfsabkommen mit Erfurt ab, welches sich gegen die Wettiner richtete. Darin sagte er der Stadt Unterstützung durch 40 Knechte zu.¹⁹⁷ Nur eine Woche später unterzeichnete der Erzbischof eine Urkunde, in der er versprach, einen Waffenstillstand zwischen Markgraf Wilhelm I. und den Städten Erfurt, Nordhausen und Mühlhausen zu vermitteln. Friedrich IV. und Landgraf Balthasar wurden in dieses Versprechen jedoch nicht mit einbezogen. Wilhelm willigte allerdings noch am selben Tag in eine einjährige Waffenruhe ein, der sich auch Balthasar anschloss.[198]

Auch im Nordwesten des Landes, im Harz, kam es in diesen Jahren zu mehreren begrenzten militärischen Auseinandersetzungen. Während Wilhelm und Balthasar den wettinischen Machtbereich nach Westen auszudehnen gedachten, scheint Friedrich IV. seinen Blick eher nach Norden gerichtet zu haben. Johannes Rothe berichtet, dass er und seine Brüder nach dem Feldzug gegen die Herren von Balgstädt in einen Krieg mit den Grafen von Hohnstein verwickelt gewesen waren. Es kam zu gegenseitigen Verwüstungen »unde verterbeten ir arme lewte undereynander«.[199] Die Ostländer seien daraufhin in den Harz gezogen und hätten das Schloss der Grafen belagert, woraufhin sich die Grafen der Lehnshoheit der Markgrafen unterwarfen. Aus Rothes Chronik geht nicht hervor, gegen welchen Zweig der Grafen Friedrich ins Feld zog. Eine Lehnsunterstellung einer Hohnsteiner Linie lässt sich schließlich auch aus anderen Quellen nicht fassen. Konflikte mit dem Harzer Geschlecht gab es jedoch durchaus. Daher schlossen die Osterländer im Juni 1395 ein Schutzbündnis mit dem Bischof von Halberstadt, welches zwar nicht dem Wortlaut nach, aber durchaus in Rücksicht auf die politische Lage im Raum gegen die Harzgrafen gerichtet war.[200]

Am 12. April 1398 verbündeten sich Friedrich, seine Brüder sowie seine beiden Onkel mit dem Bischof von Halberstadt gegen Herzog Friedrich von Braunschweig. Darin sicherten die Markgrafen dem Bischof finanzielle Unterstützung in Höhe von 800 Schock Freiberger Groschen zu und versprachen, dem Herzog ihre Entsagebriefe zukommen zu lassen.[201]

Der Grund für dieses Bündnis lag sicherlich in den Konflikten, die sich zwischen Herzog Friedrich und Balthasar um den Besitz des Schlosses Sangerhausen entsponnen hatten. Diese legten beide jedoch am 30. Mai 1398 den Streit bei und schlossen ein auf sechs Jahre begrenztes Bündnis.[202] Allerdings waren weder Friedrich IV., Wilhelm II., noch Wilhelm der Einäugige in diesen Frieden eingeschlossen. Der Braunschweiger Herzog informierte Balthasar darüber hinaus im Mai, dass er mit dem Halberstädter Bischof in keinen Frieden eingewilligt habe, sondern im Gegenteil dieser gegen ihn ins Feld gezogen sei.[203]

Friedrich IV. schloss im folgenden Jahr, am 11. November 1399, ein neues Bündnis mit dem Bischof, das sich gegen die Grafen von Hohnstein und Graf Ulrich von Regenstein richtete. Auch mit diesem lag der Bischof in Fehde. Friedrich, Wilhelm und Georg versprachen, den Hohnsteiner Grafen Fehdebriefe zukommen zu lassen und außerdem 22 mit Gleven bewaffnete Soldaten

»in syn sloz Ermsleiben«,[204] die Burg Falkenstein, zu legen und ihm zu unterstellen. Sollte sich der Graf von Regenstein auf die Seite der Hohnsteiner schlagen, würde ihre Zahl verdoppelt werden.[205]

Für die anstehenden Kampfhandlungen nahmen die osterländischen Brüder zwei Wochen später, am 28. November 1399, die von Witzleben auf Wendelstein in ihre Dienste. Der entsprechende Vertrag richtet sich explizit gegen die Grafen von Hohnstein und Regenstein. Gegen 100 Schock Freiberger Groschen sollten die Witzlebener »zcwene selbsechte mit glevien zu Schonenwerde lygen, den wir koste und futer gebin sullen und den vor schaden sten«.[206] Die Anwerbung der Söldner sollten also die von Witzleben unternehmen, die Versorgung im Feld die Wettiner, die auch Schaden an der Ausrüstung vergelten würden. Sollte es zu einer Auseinandersetzung mit den genannten Herren oder denen von Wernigerode, Mansfeld oder Heldrungen kommen, versprachen die Wettiner den Besitz derer von Witzleben zu schützen.[207] Ein ähnlicher Vertrag wurde am 11. Dezember mit den Herren von Querfurt geschlossen. Dieser war allerdings umfangreicher, dafür etwas allgemeiner gehalten. Friedrich und seine Brüder versprachen den Herren ihren Schutz, wofür diese sie im Kriegsfalle unterstützen sollten.[208]

Schließlich wurde am 20. Dezember noch Erzbischof Albrecht III. von Magdeburg in das Bündnis gegen die Grafen von Hohnstein und Regenstein einbezogen. Albrecht übertrug den Brüdern die Burg Bedra nahe Halle »unde ubir alle gutere, recht und zcugehorunge [...] und nemelich ubir die dorffere Nuwenbedere unde Aldenbedere miit den boymgarten unde agkere daselbins und ouch mit dem holcze, daz er Hug von Bennendorfe ynne hat, daz genannt ist daz Hemenlo, gelegen bei Brandenrode«[209] als Lehen. Schaden, der dem Erzbischof bei Besitzkonflikten um das Dorf Lettin nahe Halle entstanden war, wollten die Markgrafen mit 400 Schock Freiberger Groschen begleichen. Damit waren die Streitigkeiten zwischen beiden Parteien beigelegt und die Grundlage für das Bündnis gelegt. Auch hier versprachen die Wettiner im Falle eines Krieges 20 Gleventräger zur Unterstützung des Erzbischofs »in syn slosz«[210] zu legen. Im speziellen Fall der Fehde mit den Herren von Hohnstein und Regenstein »solden wir von beiden siten abir eynander getruwelich behulffen«.[211] Am 21. Januar 1400 kam dann wiederum ein auf vier Jahre befristetes Bündnis mit dem Bischof von Halberstadt zustande.[212]

Obwohl viele dieser Bündnisse sich nicht allein auf die nur drohende Fehde mit den Herren von Hohnstein und Regenstein beziehen, so ist es dennoch erstaunlich, welch umfangreiche diplomatische Verwicklungen im Zuge der Spannungen zwischen drei mächtigen Reichsfürsten wie den osterländischen Wettinern und den territorial wenig bedeutenden, aber durch ihre Lage im erzreichen Harz günstig positionierten Grafen entstehen konnten, zumal Friedrich und seine Brüder ja selbst nur als Verbündete des Bischofs von Halberstadt in diesen Konflikt gezogen wurden. Wahrscheinlich dienten diese gegenseitigen Bündnisse weniger der militärischen als der politischen Absicherung.

Der Streit mit Mainz hatte sich zu dieser Zeit etwas beruhigt. Doch infolge des Überfalls durch Mainzer Vasallen auf die vom Frankfurter Fürstentag im Juni 1400 zurückkehrenden Markgrafen Wilhelm I. und Friedrich IV. eskalierte der Konflikt erneut.[213]

Am 12. April 1402 schlossen die wettinischen Markgrafen einschließlich Friedrichs, der Herzöge Heinrich und Bernhard von Braunschweig-Lüneburg, Herzog Friedrichs von Braunschweig-Grubenhagen, Herzog Ottos von Braunschweig-Göttingen und Landgraf Hermanns II. von Hessen ein Bündnis, welches sich explizit gegen den Erzbischof richtete.[214] Diesem schloss sich vier Tage später auch Erzbischof Albrecht III. von Magdeburg an.[215] Schließlich sagten die beiden osterländischen Brüder dem Mainzer am 19. Juni die offene Fehde an, weil dieser »uwern lieben swager und oheimen herzog Friderich seligen todgeslagen haben«[216].

Militärische Konsequenzen besaßen diese Erklärungen für die beiden Markgrafen jedoch nicht. Am 22. November schlossen sie mit Graf Friedrich von Henneberg in Weißenfels ein gegenseitiges Schutzbündnis, welches sich jedoch nicht, wie der Bund mit den Braunschweiger Herzögen und Hermann von Hessen, ausdrücklich gegen Mainz richtete.[217]

Trotz der angespannten Situation waren die Beziehungen zwischen den Reichsfürsten nicht vollständig unterbrochen. So bestätigte der Erzbischof den Wettinern am 10. April 1403 den Schutz ihrer gemeinsamen Besitzanteile an den im Werra-Tal gelegenen Städten Eschwege und Sontra.[218] Die beiden Ortschaften waren 1385 durch Balthasar erobert und Eschwege mit einer Burg gesichert worden. Ursprünglich hatten sie sich im Besitz der Landgrafen von Hessen befunden. Balthasar betrachtete sie jedoch als einen ihm auf Basis der hessisch-meißnischen Erbverbrüderung von 1373 zustehenden Erbteil. Da der biologische Erbfall nicht eintrat, hatte er sich kurzerhand militärisch gesichert, was ihm rechtlich noch nicht zustand.[219] Allerdings verfügte König Ruprecht kurz nach der Übertragung durch den Erzbischof, dass diese Ortschaften an den Landgrafen von Hessen herausgegeben werden sollten. Johann weigerte sich, dem nachzukommen, worauf der Konflikt mit Hessen erneut entbrannte.[220] Interessanterweise hatten Friedrich IV., seine Brüder und ihr Onkel Wilhelm I. am 29. März 1398 ein Abkommen mit dem Landgrafen geschlossen, in welchem sie ihm versprachen, die umstrittenen Ortschaften an ihn zurückzugeben, sollten sie jemals in ihre Hände fallen.[221]

Da sich der König mehr und mehr von seinem ehemaligen Königsmacher entfremdete, schloss der Erzbischof am 23. Februar 1404 mit Anton von Bibra ein Abkommen, welches sich gegen den meißnisch-hessisch-braunschweigischen Fürstenbund richtete. Darin sagte ihm Anton die Übergabe sämtlicher in einem eventuellen Konflikt durch ihn eroberten Städte und Burgen zu.[222]

Möglicherweise entstand dieses Abkommen bereits mit Blick auf die Forderungen, die Erzbischof Johann am 5. März an Markgraf Wilhelm richtete. Die Stellung König Ruprechts war nach seinem erfolglosen Italienfeldzug 1402 vermutlich noch schwächer als vorher die von König Wenzel. Johann forderte Wilhelm daher auf, »daz ir demselben unserme herren deme Romischen konige zu sinen und des heiligen richs sachen getruwelichin biigestendig und beholffen sint und auch uwere lehen, die ir von deme riche habent, von yme als eynem Romischen konige ane lenger verziehen enphahent [...]«[223] Unverhohlen mischte der Erzbischof unter seine Forderung die – wenn auch aufgrund der Schwäche Ruprechts wenig überzeugende – Drohung, dass Wilhelm im Weigerungsfall seine Ländereien verlieren könnte. Gleichzeitig hoffte Johann ein wenig die Spannungen aus seinem eigenen Verhältnis zu seinem Pfälzer Nachbarn zu nehmen, indem er die königlichen Forderungen gegenüber den Wettinern unterstützte.

Auch Friedrich IV. war in diesem Konflikt vermutlich nicht nur passiver Zuschauer. In einem am 6. März 1404 an Erzbischof Friedrich III. von Köln verfassten Brief beklagte sich Johann II. darüber, dass Friedrich IV. und sein Onkel Wilhelm I. sich weiterhin auf Seiten der Braunschweiger Herzöge und des Landgrafen von Hessen am Krieg gegen ihn beteiligten. Bezüglich der Gründe für diese Befehdung spielte Johann den Unwissenden und beklagte sich darüber, dass beide ja auch Lehnsuntertanen des Erzstiftes waren – hier spielt er erneut auf die Übereinkunft bezüglich Eschweges und Sontras an. Schließlich bat er den Kölner, einen Frieden mit den beiden Markgrafen zu vermitteln.[224] Anscheinend kam eine solche Vermittlung jedoch nicht zustande, weswegen Johann am 6. August ein nahezu identisches Schreiben an die Städte Frankfurt (am Main) und Erfurt richtete.[225] Was genau diese den Markgrafen anschließend schrieben, ist nicht überliefert, wohl aber deren Antwort an Frankfurt. In einem Brief vom 18. September weisen sie die erzbischöflichen Anschuldigungen kategorisch zurück, erboten sich aber, für Verhandlungen nach Eschwege, Nordhausen oder Hersfeld zu ziehen. Die Wettiner zeigten sich zwar verhandlungsbereit, gaben sich in dem Brief aber dennoch angriffslustig. Sie zweifelten Johanns Stellung als rechtschaffener Kirchenfürst an, da »er uns die synen lassin rouben uff des richs strasse unde daz roublichin vorbehalden unde die synen lassin rouben, schinden, morden, mortbornen dyplichin, daz ir selber gnug wist [...].«[226] Diese Vorwürfe wies nun wiederum der Erzbischof in einem Schreiben vom 15. Oktober 1404 zurück. Darin lehnte er auch die gemeinsame Tagung an einem neutralen Ort ab und forderte stattdessen, die Sache dem König vorzutragen.[227] Johann erhoffte sich dadurch natürlich eine Regelung in seinem Sinne, denn während die Wettiner Ruprecht noch immer die Huldigung versagten, zählte der Erzbischof trotz zunehmender Spannungen zu dessen Gefolgsleuten. Die Verhandlungen drohten daraufhin einen toten Punkt zu erreichen, denn natürlich lehnten die Markgrafen das Ansinnen Johanns ab. In einem Brief an die Stadt Frankfurt vom 3. November hielten sie an ihren Klagepunkten fest und erneuerten ihr Angebot, die bestehenden Unstimmigkeiten an einem neutralen Ort aus der Welt zu schaffen.[228]

Johann versuchte nun, die Einigkeit der Markgrafen zu brechen. In einem weiteren Brief an Frankfurt, datierend vom 8. Dezember 1404, beschuldigte er Wilhelm I., der eigentliche Urheber des Konflikts zu sein: »der alte schulmeister und ir aller anewiser marggraf Wilhelm der alte uch sunderliche eine antworte an alle warheit zusammen gesucht und mit ydel scheltworten vermischet gesandt hait, da ynne sich der alte mann von den iaren und der iunge ungeubet von togende sin herkommen faste lobet [...]«[229] Des Weiteren kritisierte er die enge Anbindung der Wettiner an König Sigismund, die ihm keinesfalls entgangen war.

Zwei Tage später richtete der Erzbischof jedoch ein versöhnlicheres Schreiben an die Stadt. Anscheinend war ihm erst jetzt der gemeinsame Brief der Markgrafen vom 3. November zugekommen. Johann erbot sich nun – nachdem er sich nochmals ausgiebig über das Verhalten der Wettiner beklagt hatte – »und wollen auch darumbe unser frunde von stunt gerne zu eyme gelegelichen tage, dar sie sicher und felig sin und komen mogen, schicken, da tage und walstad und auch der zal lute in vorgeschriebener maße zu uberkommen und das zu sigeln und vergislet zu nehmen, also daz sie des nit hinterdrucken mogen«.[230]

Allerdings erneuerten kurz darauf – am 30. Dezember – Kurfürst Rudolf von Sachsen, der Erzbischof von Magdeburg und mehrere Schwarzburger Grafen ein Bündnis mit Landgraf Balthasar und seinem Sohn. Auch Friedrich IV., sein Bruder und sein Onkel Wilhelm wurden in dieses Bündnis einbezogen.[231] Es richtete sich zwar nicht explizit gegen den Erzbischof von Mainz, wirkte aber wie eine Erneuerung ähnlicher Bündnisse mit diesem Ziel.

Wilhelm I. verfasste schließlich am 4. Januar 1405 einen Brief an Frankfurt, in dem er sich gegen die ihn persönlich betreffenden Klagen Johanns II. zur Wehr setzte.[232] Als offenkundige Demonstration ihrer Einigkeit erklärten Friedrich IV., sein Bruder und Balthasar in einem neun Tage später verfassten gemeinsamen Brief an die Stadt Frankfurt, dass sie ihre Klagen gegen den Erzbischof aufrechtzuerhalten gedachten. Friedrich hob darin hervor, dass der Erzbischof bei dem Feldzug gegen Prag 1401 wortbrüchig gewesen war, als er ein eigenes Kontingent zugesagt habe, welches jedoch nicht an dem Feldzug teilnahm. Da dieses Unternehmen zur Unterstützung Ruprechts durchgeführt worden sei, könne der Erzbischof schlecht seine Klagen aufrechterhalten, dass dieser von den Wettinern keine Hilfe erfahren habe.[233] Beide Schreiben wies Johann nun seinerseits am 3. und 8. März 1405 zurück.[234]

Damit war auch der Vermittlungsversuch durch die Stadt Frankfurt gescheitert. Eine Wende in diesem Fall trat erst dann ein, als das Band zwischen

Ruprecht und dem Erzbischof vollständig zerriss. Der neue König war nämlich keinesfalls das willfährige Werkzeug, das sich Johann erhofft hatte. Immer stärker gerieten die beiden sowohl in reichspolitischen als auch dynastischen Fragen aneinander. In dem Versuch, seine schmale Hausmacht auf Kosten des Erzbistums zu stärken, geriet Ruprecht ab 1405 in Streit mit seinem ehemaligen Königsmacher. Johann organisierte mehrere süddeutsche Fürsten im Marbacher Bund und wandte sich nun gegen den König. Am 20. März 1405 legte er seinen Streit mit Hessen in einem Frieden mit Landgraf Hermann bei. Zwei Monate später folgte ein Bündnisabkommen der beiden Fürsten.[235]

Vor diesem Hintergrund verwundert es wenig, dass der König, der sich bisher über die mangelnde Unterstützung der Wettiner enttäuscht gezeigt hatte, nun versuchte, sich ihnen anzunähern. Am 21. Februar 1407 teilte er Friedrich IV., seinem Bruder und Friedrich dem Jüngeren – Balthasar und Wilhelm waren inzwischen beide gestorben – mit, dass er die Aberacht über Graf Bernd von der Lippe, Graf Hermann von Everstein, Simon von der Lippe, Gherd von Ense, Dietrich Keteler, Johann Drost und Dietrich Brenke samt ihren Helfern, die in den Überfall auf Herzog Heinrich von Braunschweig-Lüneburg involviert gewesen waren, verhangen habe, nachdem alle bereits durch ein Reichsgerichtsurteil vom 15. Dezember 1405 der Acht verfallen waren.[236]

Es scheint jedoch weniger das politische Umschwenken des Königs und die Verfolgung der Handlanger als vielmehr der Tod der beiden alten Markgrafen Balthasar und Wilhelm und das Ende des hessisch-mainzischen Krieges gewesen zu sein, der endgültig zu einer Entspannung der Lage beitrug, denn im April schlossen die drei Wettiner mit mehreren Braunschweiger Herzögen, Landgraf Hermann II. von Hessen, den Bischöfen von Hildesheim und Paderborn, den Fürsten zu Anhalt und der Stadt Goslar ein gemeinsames Bündnis mit Johann II.[237] Friedrich IV. erweiterte es am 1. Oktober 1408 sogar auf Lebenszeit.[238] Mit diesem Bündnis wurden die Streitigkeiten zwischen dem Erzbischof und den Wettinern endgültig zum Abschluss gebracht: »Auch sal alle fehede, schulde, irrethum, zcweitracht und schellunge, wie sich die zcwisschin uns obingenanten hern bis uff diese zciid vorhandelt und vorlouffen haben, gutlich zcu grunde gesunet, hingelegit, abgethan und genczlich gerichtit sin ane geverde.«[239]

Ein anderer großer Konfliktherd entstand im ausgehenden 14. Jahrhundert im Süden des Osterlandes mit Gerhard von Schwarzburg, dem Bischof von Würzburg. Dieser hatte in seinem Hochstift einen schweren Stand. Schon als Bischof von Naumburg trug er immer wieder Konflikte mit dem eigenen Stiftsadel aus und häufte große Schulden an. Als es 1372 in Würzburg zu einer Doppelwahl kam, wandte sich einer der Prätendenten, Withego Hildbrandi, hilfesuchend an Papst Gregor XI., der schließlich einen Tausch Withegos gegen Gerhard veranlasste. Dieser musste sich allerdings zunächst gegen den zweiten Kandidaten, Albrecht II. von Hohenlohe, militärisch durchsetzen.

Zwar ging Gerhard als Sieger aus diesem Konflikt hervor, aber seine anschließende Regierung war von weiteren Fehden geprägt, wodurch er das Hochstift in tiefe Schulden stürzte. Insbesondere die Städte rebellierten immer stärker gegen die Herrschaftsansprüche des Bischofs.[240]

Über Ursachen und Verlauf der Fehde mit den Osterländern berichtet Johannes Rothe ausführlich, allerdings datiert er sie fälschlicherweise auf das Jahr 1399. Die Ursprünge lagen jedoch in einer anderen Fehde aus dem Jahre 1392. Damals, so erzählt es Rothe, wollte ein Bauer der Markgrafen in einem Teich nahe der im Saaletal gelegenen Leuchtenburg fischen. Der Weiher gehörte jedoch einem Erfurter Bürger namens Heinrich von dem Paradiese. Dieser kam zufällig des Weges, als der unbekannte wettinische Bauer gerade verbotenerweise seine Angel ausgeworfen hatte. Also nahm er ihn fest und ließ ihn kurzerhand an einer Weide nahe dem See aufhängen. Als Freunde des Gehängten dies sahen, beklagten sie sich beim Markgrafen. Weil der See eigentlich zum Gericht Leuchtenburg gehörte, nahm Friedrich die Gelegenheit war, zog »mit gantzer macht« vor die stark ausgebaute Burg und stürmte sie nach drei Tagen Belagerung Ende November. Der Vorfall führte zu Spannungen mit Erfurt und seinem Onkel Balthasar. Die Stadt und der Landgraf waren zu dieser Zeit in einem Bündnis vereint und so forderte Balthasar seinen Neffen zum Abzug auf, wogegen dieser sich jedoch weigerte. Die Erfurter rüsteten daher bereits zum Gegenschlag. Nur der Widerwillen Balthasars, der nicht bereit war, einen innerdynastischen Konflikt vom Zaun zu brechen, verhinderte einen weiteren Feldzug.[241] Zweifellos hatte Friedrich nur eine Gelegenheit gesucht, um sich in den Besitz der strategisch günstig gelegenen Burg zu bringen. Die Hinrichtung eines seiner Bauern, so dramatisch der Fall im Einzelnen auch gewesen ist, bedurfte sicherlich nicht einer militärischen Lösung, sie lieferte ihm aber den passenden Vorwand dafür.

Am 4. Dezember verglichen sich Friedrich IV. und seine Brüder mit dem Ritter Heinrich von Witzleben und dessen Schwager Heinrich von dem Paradiese. Die Markgrafen sicherten den beiden Rittern freien Abzug mit ihrem Hab und Gut von der Leuchtenburg zu. Etwa bestehende Zinsrechte in der Umgebung blieben in ihrem Besitz. Zugleich boten sie ihnen 1000 Schock Meißner Groschen, damit die beiden Ritter in ihre Gefolgschaft treten würden. Dafür dürften sie sich wiederum im Osterland frei niederlassen.[242] Fünf Tage später wiesen ihnen die Markgrafen 100 Schock Freiberger Münze aus den Renten der Städte Leipzig und Jena an, bis die 1000 Schock Groschen aufgebracht worden wären.[243]

Drei Jahre später versuchte Graf Heinrich von Schwarzburg die Burg von den Markgrafen auszulösen, was diese jedoch ablehnten. Verbittert schloss sich Heinrich mit seinem Vetter, dem Würzburger Bischof, zusammen. Gerhard erklärte den Markgrafen und ihrer Mutter am 6. Februar die Fehde, »sso vorterbeten sie on yre gerichte unde dorffer umbe Kuburgk unde umbe die andirn slos, die sie von ir muther wegen do hattin, unde roubeten unde branten sie«.[244]

Aufgrund des nun ausbrechenden Krieges schlossen Friedrich und seine Brüder am 24. Februar 1395 mit Graf Heinrich von Henneberg ein Bündnis gegen Gerhard von Schwarzburg. Dem Wortlaut dieser Vereinbarung nach befanden sich die Wettiner zu diesem Zeitpunkt bereits im Streit mit dem Bischof. Heinrich bot diesen nun seine Unterstützung an. Beide Parteien beschlossen, zukünftige Beute anteilmäßig nach der Zahl der gestellten Gewappneten zu verteilen.[245]

Friedrich verstärkte die Besatzung von Coburg und trug den Krieg nun auch auf das Gebiet des Hochstifts. Die Kämpfe wurden mit nicht unerheblichem Kräfteeinsatz geführt und verheerten weite Landstriche, wie Rothe berichtet: »In dem selben krige sso nomen uff beiden seiten schadin an gefangen an pherden unde an kosten.«[246] Gerhard zog schließlich mit einem Heer vor Coburg und belagerte die Stadt. Im Umland ließ Heinrich von Schwarzburg – wohl als Rache für den eigentlichen Auslöser der Fehde – etliche Fischteiche abstechen und die Fische in die Heimat bringen.[247]

Dagegen gelang es den Würzburgern nicht, Coburg zu Fall zu bringen. Der dortige Vogt Günther von Bünau hatte sich rechtzeitig auf die Verteidigung eingerichtet und wohl auch die aus dem Umland unter den Schutz seiner Mauern geflohene Bevölkerung bewaffnet. Als die Würzburger unverrichteter Dinge abzogen, gelang es Bünau bei einem nächtlichen Ausfall, das Belagerungsheer zu überrümpeln und vollständig zu schlagen. Der Vogt machte eine große Zahl an Gefangenen.[248]

Graf Heinrich wollte sich jedoch nicht geschlagen geben. Er floh ins Hochstift Bamberg und sammelte ein neues Heer. Günther von Bünau erfuhr von diesen Rüstungsmaßnahmen, sammelte seine Truppen und schlug den Schwarzburger erneut. Der Graf floh nach Königshofen, wo er kurz darauf – vielleicht an den Folgen einer Verwundung – starb.[249] Günther von Bünau unterhielt bald darauf Unterstützung durch das Aufgebot des Grafen von Henneberg und fiel nun in Würzburg ein, »sso taten sie grossen schadin dem bischoufe Gerharde«.[250]

Im Herbst kamen die Osterländer und der Würzburger Bischof für Verhandlungen auf Schloss Lichtenfels zusammen. Am 22. Oktober erteilte Gerhard dem Bamberger Bischof Lamprecht und dem Nürnberger Burggrafen Friedrich VI. sowie Friedrichs Onkel Balthasar die Vollmacht, in dem Streit ein Schiedsgerichtsurteil zu fällen.[251]

Zwei Tage später kam der Schiedsspruch zustande. Die von beiden Parteien gemachten Gefangenen sollten nach Schwur der Urfehde freigelassen werden. Des Weiteren vereinbarte man einen gemeinsamen Tag, an welchem die übrigen Streitigkeiten beigelegt werden konnten. Im konkreten Fall des

Otto von Lichtenstein, der sich unter den Schutz des Bischofs begeben hatte und Anspruch auf einen Hof bei Großenwalber erhob, sollte ein Eyring von Redwicz, genannt der Weise, die Besitzverhältnisse klären.[252] Am gleichen Tag wurde noch ein Vergleich zwischen den Markgrafen und den Rittern Hans von Schaumberth und Hans von Hessburg geschlossen. Diese waren im Verlauf der Fehde mit weiteren Gefolgsleuten und 50 Rittern und Knechten in die Gefangenschaft der Markgrafen geraten, aus der sie sich jetzt durch die Zahlung von 2000 Schock Meißnischer Groschen freikaufen durften.[253] Schließlich folgte am 25. Oktober der Abschluss eines gemeinsamen Landfriedensbündisses zwischen dem Bischof, den Osterländern und den anwesenden Schlichtern.[254] Auch Friedrich IV. hatte in diesem Krieg Ritter verloren. Dies bestätigt eine Schuldverschreibung gegenüber der Stadt Jena vom 19. Juni 1395. Die Stadt hatte zu diesem Zeitpunkt bereits über 50 Schock »losunge, die sie von unsern wegin czu Ihene in unsern krygen den luten, die von unßir wegin uff unde abe gereten syn«[255] vorgeschossen.

Die Zahlung der hohen Auslösesumme zwang den ohnehin schon hoch verschuldeten Gerhard, seinen Städten eine weitere Bede (einmalige Steuer) aufzuerlegen. Nun brachen neue Revolten aus. 1396 sah sich Gerhard sogar gezwungen, seine eigene Metropolitanstadt Würzburg mit dem Bann zu belegen, da diese sich gegen ihn erhoben hatte. Daraufhin schlossen sich die elf Städte des Hochstifts in einem Bund gegen ihn zusammen. Es kam zum fränkischen Städtekrieg, den Gerhard nur dank der militärischen Hilfe benachbarter Fürsten und einer weiter steigenden Verschuldung für sich entscheiden konnte. Erst Mitte Januar 1400 gelang es einem bischöflichen Heer, das Aufgebot der Stadt Würzburg in der Schlacht bei Bergtheim entscheidend zu schlagen.[256]

Die hohen Schulden, die seine Kriege mit sich brachten, zwangen Gehard zur weiteren Veräußerung von Landbesitz. Daher verkaufte er im Jahr 1400 die Stadt Königshofen, die er selbst erst 1394 von Herzog Swantibor von Pommern erworben hatte, an Friedrich IV. und seine Brüder.[257]

3.4 Versuche zur Sicherung des Landfriedens

Bereits im 14. Jahrhundert setzten im Reich, aber auch in den einzelnen Fürstentümern Versuche zur Durchsetzung eines Landfriedens ein. Bemühungen eines reichsweiten Landfriedens ließen sich jedoch nicht durchsetzen. Karl IV. hatte zwar verschiedene Landfriedensordnungen erlassen, diese galten jedoch nur für bestimmte Territorien des Reiches. Sein Sohn Wenzel bemühte sich 1383 in Nürnberg schließlich erstmals um die Verabschiedung einer reichsweiten Landfriedensordnung. 1389 folgte mit dem Egerer Reichslandfrieden ein zweiter, gleichermaßen wenig erfolgreicher Versuch.[258]

Für den meißnisch-thüringischen Raum waren diese Ordnungen von geringer Bedeutung. Hier versuchte der König stattdessen, das westfälische Landfriedensrecht von 1371 zur Geltung zu bringen. Damit hatte Karl IV. seinerzeit das Recht zur Durchsetzung inneren Friedens direkt an die Stände übertragen. Zunächst auf das Herzogtum Westfalen beschränkt, weitete Wenzel die Ordnung aus und verlieh das Privileg im Oktober 1384 auch den Markgrafen von Meißen.[259] Friedrich IV. setzte in der Folge Bischof Heinrich von Merseburg als Landfriedensrichter für das Osterland und die Pflege Coburg ein.[260] Im Dezember 1386 erklärte Wenzel, dass Modifikationen an dieser Vereinbarung nur durch ihn selbst vorgenommen werden durften.[261]

Eine reichsweite Einigung kam jedoch nicht zustande und die einzelnen Fürsten wachten argwöhnisch darüber, dass ihre Nachbarn sich bei den Befriedungsbemühungen keine richterlichen Rechte über die eigenen Untertanen anmaßten. So musste König Wenzel 1391 auf Forderung Friedrichs IV. und seiner Brüder Graf Johann II. von Schwarzburg, der als Obman des Meißner Landfriedens fungierte, ermahnen, »das du ire undersessen und lute, die in den lantfryde, des du richter bist, nicht gehoren, nicht laden, noch vorlantfryden solltest in dheine weys«.[262] Johann hatte Recht über Dörfer des Klosters Pforta gesprochen, die zum Besitz der Osterländer gehörten, was Wenzel scharf rügte, »das uns von dir zumale sere wundert und unbillichen duncket«.[263] Er drohte dem Grafen daher an, ihm bei zukünftigen Befugnisüberschreitungen dieser Art die Obmannschaft über den Landfrieden zu entziehen. Wenzels Nachfolger Sigismund sollte sich ebenfalls als zu schwach erweisen, um einer reichsweiten Landfriedenspolitik neue Impulse zu geben. Versuche zur Absicherung des inneren Friedens blieben auf bestimmte Regionen beschränkt. Am 31. Juli 1417 verlängerte Sigismund besipielsweise eine für Bayern und Franken erlassene Landfriedensordnung, die somit auch für die Coburger Pflege Gültigkeit besaß, um drei Jahre.[264]

Nach den offensichtlich sehr fehdereichen letzten Jahren des 14. Jahrhunderts mit dem Höhepunkt der Dohnaischen Fehde sowie den vielen Fehdebriefen, die die Wettiner im Zuge des Feldzugs nach Prag erhielten, hatten auch die osterländischen Brüder Schritte zu einer allgemeinen Landfriedensordnung unternommen. Am 22. November 1401 schlossen sie mit ihrem thüringischen Onkel und Cousin, den Bischöfen von Bamberg und Würzburg, sowie Burggraf Friedrich VI. von Nürnberg eine bis zum 17. Januar 1404 befristete Landfriedensordnung. Darin versprachen sie, »daz unsir ygleicher dem andern nach seiner macht getrewlich helffen und beysten sol und will zcu dem rechten sein lant, lewt, geistlich und werntlich, gut und strassen schuczen, schirmen und bewarn, und auch mort, rawp, prant und aller ander untate zu wern, abzutun und zu unstersten«.[265] Im Fehdefall sollten sich die genannten Fürsten mit aller Macht unterstützen. Entscheidend ist ein Passus, in dem die Beteiligten versprachen, dass alle ihre Lehnsuntertanen »unser eins dyner oder mer, grafen herren, ritter, kneht oder untertan, in welchem wesen er were, geistlich oder werntlich«[266] sich an ein Schiedsgericht wenden sollten. Zudem wurden die Gerichte ermahnt, Streitigkeiten und Klagen unter Bürgerlichen »alz oft daz geschee«[267] unverzüglich zu verhandeln »und welcher richter daran sewmig wurde, den sol und mag ein herre abseczen nach gnaden, pußen und straffen«.[268] Sollte sich aber ein Untertan oder Lehnsabhängiger mit einem Urteil »nit wollten lassen genugen und daruber frevel oder untate mit angreiffen, neme, mort, prant, rawp oder unrehtten widersagen tetten, den oder dyselben sol der herre, unter dem der oder dyselben gesessen sein, darumb stroffen und pußen nach erkentnuße seines rats oder seiner mann, nach gnade oder nach rehtte«.[269] Mit diesem Landfrieden sollte also nicht nur das offensichtlich auswuchernde Fehdewesen eingedämmt, sondern auch die landesherrliche Gewalt und Verantwortung über den lehnsabhängigen Adel gestärkt werden. Diese Gewalt fußte jedoch nicht auf reiner Willkür, sondern war an den Rat der Räte oder anderer Gefolgsleute gebunden. Damit sollten Kollektiventscheidungen auf Basis des Gewohnheitsrechts gefunden werden. Wurde zur Niederschlagung einer Fehde der Einsatz von fremden Truppen notwendig, so hielt die Ordnung fest, »waz wir denn also mit einander gewunnen von sloßen oder guten, dy sol der herre, dem sy allergelegenst sein, behalten und den andern yren teil abgelten nach ahttung und schaczung byderber leyt«.[270] Das Niederschlagen einer Fehde sollte also nicht dazu dienen, sich am territorialen Besitz anderer zu bereichern. Damit kam der Landfriedensordnung der Status einer spätmittelalterlichen Polizeiordnung zu. Zuletzt richtete sich die Ordnung auch gegen die zu dieser Zeit vermehrt aufkommenden Ritterbünde, die niederadlige Interessen gegenüber Lehnsherren schützen sollten, indem sie eine große Anzahl kleiner Lehnsnehmer miteinander verbanden: »Geschehe auch, daz dheinerley geschedlich gesselleschaft und verpuntnuße yn unsern landen auferstunden oder auferstanden weren, dy wider uns und daz reht mohtten gesein, dy sullen und wollen wir mit maht abtun und soll keiner der unsern darein niht kumen oder sein.«[271]

Möglicherweise im Zusammenhang mit dieser Landfriedensordnung übergaben die Burggrafen Johann III. und Friedrich VI. von Nürnberg den osterländischen Markgrafen eine umfangreiche Schadenersatzforderung.[272] Darin listen sie eine große Zahl an Vieh auf, das ihren Untertanen geraubt worden war, und klagten um Ersatz für entführte und teilweise in der Haft zu Tode gekommene Bauern und niedergebrannte Gehöfte. Zu den beschuldigten Untertanen der Markgrafen gehörten Rudolf von Bünau, Albrecht von Gablenz, Klaus von Weißenbach, Nickel von Obernitz, aber auch nichtadelige Personen wie ein Dietrich Mewern. Ob diese Liste auch tatsächlich ausgehändigt wurde, ist jedoch ebenso unklar wie ihre genaue Datierung.

Ganz sicher im Zusammenhang mit dem Landfrieden steht eine am 30. August 1403 in Coburg getroffene Übereinkunft zwischen den beiden

Markgrafen sowie dem Grafen von Henneberg einerseits und dem Bischof von Würzburg anderseits. Darin erklärten beide Parteien, sämtliche zwischen ihnen bestehende Streitfälle durch ein Schiedsgericht beizulegen. Dazu bestimmte jede Partei zwei Richter sowie als Fünften »dorumb wir Hansen Czolnern ritter von beiden teiln zu einem obman und ungeraden gekoren«.[273] Offensichtlich konnten alle Konflikte durch dieses Schiedsgericht gütlich bereinigt werden, denn am 17. August 1404 schlossen die Markgrafen mit dem Bischof ein auf drei Jahre befristetes Bündnis.[274]

Trotz all dieser Bemühungen riss die Zahl der Fehden, in die Friedrich verwickelt wurde, nicht ab. Bis zu seinem Tod führte er mitunter bis zu einem halben Dutzend Auseinandersetzungen im Jahr. Im Frühjahr 1415 kam es zu einem weiteren gewaltsamen Konflikt im Westen der Mark Meißen. Zwischen Döbeln und Leisnig befand sich das Herrschaftsgebiet derer von Staupitz. Die Familie gehörte zum Lehnsgefolge der Herren von Colditz. Mit Thimo von Colditz besetzte ein Mitglied des Geschlechts von 1399 bis 1410 die Stelle des Bischofs von Meißen und so verwundert es nicht, dass ein Dietrich von Staupitz 1408 als Amtmann von Wurzen, einer der wichtigsten Städte des Hochstifts, in Erscheinung tritt.[275]

Der Bischof selbst hielt sich nur selten in den Stiftsbesitzungen westlich der Elbe auf. Daher kam Dietrich als Amtmann eine hohe Bedeutung in der Verwaltung der hier gelegenen bischöflichen Territorien zu. 1410 gehörte er einer Schiedskommission an, die in einem Streit zwischen dem Kloster Buch und der Herrschaft Kriebstein vermitteln sollte. Dabei ging es um die Besitzrechte eines bewaldeten Zschopauwerders, der schließlich zwischen beiden Parteien gleichmäßig aufgeteilt wurde. Die Herrschaft Kriebstein befand sich damals im Besitz Dietrichs von Bärwalde[276] und dieser war bestrebt, seine Besitzungen durch Zukäufe zu arrondieren. Bereits 1404 hatte seine Ehefrau Elisabeth mehrere Güter im Osten der Herrschaft, die somit teilweise an die Besitzungen derer von Staupitz grenzten oder sich mit diesen überschnitten, als Leibgedinge durch Markgraf Wilhelm I. überschrieben bekommen, wodurch die Staupitze den Herren auf Kriebstein unterstellt wurden. Nach Wilhelms Tod ernannten Friedrich IV. und Wilhelm II. Elisabeths Schiegersohn Apel Vitzthum zu Tannroda zu ihrem rechtlichen Vertreter. Apel Vitzthum war zu diesem Zeitpunkt noch Rat Friedrichs von Thüringen, wechselte aber wohl spätestens 1415 in die Dienste Friedrichs IV. Der Schiedsspruch um das kleine Zschopauwerder war keineswegs im Sinne Vitzthums, beanspruchten die Herren von Kriebstein doch die gesamte Insel. Das Verhältnis zu den Staupitzen blieb über Jahre hinweg angespannt. Die Stellung Dietrichs wurde schließlich mit dem Tod Thimos von Colditz 1410 entscheidend geschwächt. Zunächst musste Dietrich für die durch den Bischof hinterlassene Schuldenlast mit 60 Schock Groschen bürgen. Darüber hinaus scheint der neue Bischof Rudolf von der Planitz ihn von seiner Funktion als Amtmann zu Wurzen entbunden zu haben, denn ab 1414 taucht Dietrich in den Urkunden des Hochstifts nicht mehr auf.[277] Allerdings hatte er von Bischof Thimo zu Lebzeiten ein Lehen in der Nähe von Eilenburg erhalten, worauf er sich nun zurückzog und die Stammlande zwischen Zschopau und Mulde seinen Söhnen Dietrich und Hans überließ.

Wie sich der Konflikt zwischen den Staupitzen und den Vitzthums genau entwickelte, geht aus den Quellen nicht hervor. Es lässt sicher aber vermuten, dass Apel Vitzthum mit der Rückendeckung der Wettiner die schwächer werdende Stellung der Staupitze ausnutzte. Auch der Zeitpunkt der Eskalation lässt sich ohne erhaltenen Fehdebrief nicht genau datieren. Der Sage nach besetzten die Staupitzer Brüder am Fastnachtsonntag 1415 die Burg Kriebstein, was jedoch unwahrscheinlich ist, empfingen sie doch anderthalb Wochen später aus den Händen Burggraf Albrechts VII. von Leisnig mehrere Lehen, was so kurz nach einem Landfriedensbruch unmöglich erscheint. Die Besetzung der Burg muss sich daher nach dem erwähnten Fastensonntag, aber vor Ende April 1415 zugetragen haben.[278]

Auf die Besetzung des Kriebsteins reagierten die Wettiner sehr schnell. Friedrich IV. stellte ein Heer auf, zu dem auch die Städte Freiberg und Dresden Aufgebote beisteuerten. Die Heerfahrt war von Erfolg gekrönt und der Kriebstein wurde zu Fall gebracht. Dabei soll auch ein Mitglied der Familie Staupitz erstochen worden sein. In der Frühen Neuzeit entstand schließlich die Legende, dass Markgraf Friedrich nach langer Belagerung die Besatzung der Burg zur Aufgabe gezwungen habe. Danach versprach er der Frau Dietrichs, dass sie die Burg verlassen und dabei alles Hab und Gut mit sich nehmen dürfe, dass sie zu tragen im Stande war. Die treue Frau trug daher ihren Mann auf dem Rücken durch den markgräflichen Belagerungsring. So schön diese Geschichte auch klingt, sie lässt sich nicht durch zeitgenössische Quellen erhärten.[279] Mit großer Wahrscheinlichkeit gehört sie ins Reich der Legenden, denn das Bild der treuen Ehefrau, die ihren Mann auf dem Rücken in Sicherheit bringt, findet sich auch bei anderen Belagerungen.

Der Konflikt zog sich danach anscheinend noch über mehrere Jahre. Am 3. März 1419 erklärten Dietrich, Hans und Georg von Staupitz, dass sie nicht mehr gegen Friedrich IV. zu Felde ziehen wollten. Dafür erhielten sie Güter zurück, die Friedrich inzwischen gekauft hatte, worüber Apel Vitzthum schriftlich unterrichtet werden sollte.[280]

Aber anscheinend flammten die Konflikte danach nochmals auf, womöglich, weil Teile der Abmachung nicht eingehalten wurden. Im Zuge dieser Fehde geriet Dietrich der Ältere in Gefangenschaft des Markgrafen. Er wurde in Eilenburg eingekerkert und erst freigelassen, nachdem seine Söhne Nickel, Dietrich und Hans dem Markgrafen die Urfehde geschworen hatten. Denkbar ist, dass die Söhne sich nach dem erneuten Ausbruch der Fehde auf die Güter des Vaters geflüchtet hatten und die Häscher Friedrichs auf der Suche nach den Landfriedensbrechern den älteren Dietrich festsetzten. Jedenfalls endete die Fehde mit der erneuten Urfehdeerklärung von Hans und Dietrich dem Jüngeren sowie der etwas später erfolgten des anscheinend noch flüchtigen Jorge (Georg) vom 26. November 1422. Mit diesen Dokumenten verlieren sich gleichzeitig auch die Spuren des älteren und jüngeren Dietrich von Staupitz in der Geschichte. Und Markgraf Friedrich war ohnehin bereits in größere Auseinandersetzungen verwickelt.[281]

4 Friedrichs Ehe und Familie

4.1 Eheprojekte und Heirat

DIE GELÖSTE VERLOBUNG mit Anna von Böhmen wird wohl weder für die Gefühlswelt noch das politische Empfinden des kindlichen Friedrich einen großen Rückschlag dargestellt haben. Allerdings war es auch nicht unüblich, erbberechtigte Söhne im frühen Jugendalter zu vermählen, um frühzeitig den Fortbestand einer Dynastie zu sichern. Friedrich blieb hingegen bis ins beste Mannesalter ein Junggeselle. Die Gründe dafür sind nur schwer zu ermitteln. Der frühe Tod seines Vaters mag dabei eine Rolle gespielt haben. Womöglich erachtete Markgräfin Katharina das Problem als nicht sonderlich drängend.

1398 bot sich Friedrich eine weitere Gelegenheit zur Heirat. Aus dem wohlhabenden Herzogtum Mailand erschien Paganinus de Capitaneis de Biassono als Bevollmächtigter für Nuntius von Anglesia, der Tochter des Herzogs Bernabo Visconti. De Biassono war von ihr ermächtigt, eine Ehe mit Friedrich oder seinem Bruder Wilhelm zu vermitteln.[282] Das Angebot erscheint sehr ungewöhnlich. Mailand lag im fernen Italien, jenseits der mächtigen Alpen und die Wettiner waren bis dahin überhaupt keine Verbindungen mit italienischen Dynastien eingegangen. Allerdings waren bereits zwei Schwestern Anglesias mit bayerischen Herzögen aus dem Haus Wittelsbach und eine mit dem Württemberger Grafen Eberhard III. verheiratet. Eine Ehe mit der Viscontitochter hätte Friedrich womöglich eine bedeutende Mitgift eingebracht. Ihr politischer Mehrwert schien dagegen zweifelhaft. Zu weit lagen das Osterland und Mailand voneinander entfernt. Allerdings hatte auch König Wenzel ein nicht unerhebliches Interesse an der Verbindung. Er hatte sich mittlerweile mit Herzog Gian Galeazzo verbündet. Visconti erhielt dadurch Rückendeckung für seine expansive, antifranzösische Italienpolitik und die Bestätigung seines Herzogtitels. Wenzel erhoffte sich im Gegenzug durch die Vermittlung hochrangiger Heiratspartner für die Visconti – die dadurch wiederum das Ansehen ihrer Familie stärkten – wankende Reichsfürsten, wie die Wettiner, an sich zu binden.[283]

Jedenfalls kam die Verbindung mit Anglesia nicht zustande, auch nicht für Wilhelm. Im Februar 1399 widerrief Anglesia die Vollmacht ihres Nuntius.[284] Kurz darauf bahnte sich allerdings ein weiteres Eheprojekt zwischen Anglesias jüngerer Schwester Lucia und Friedrich dem Friedfertigen an. Der Landgraf erhielt im Mai die Zusage Lucias, die dafür eine bestehende Verlobung mit Graf Heinrich von Derby lösen ließ, angeblich, da eine Ehe nicht durchführbar war.[285] Doch auch die Verbindung zwischen Lucia und Friedrich dem Friedfertigen kam nicht zustande, obwohl bereits im Juni 1399 ein Heiratsvertrag aufgesetzt[286] und Lucia in Prokuration, also durch einen Vertreter Friedrichs, den Ritter Friedrich von Witzleben, am 28. Juni 1399 in Pavia mit dem Landgrafen vermählt worden war.[287]

In der Zwischenzeit flammte sogar die Fernbeziehung zwischen Friedrich IV. und Anglesia nochmals auf. Diese entsandte de Blassono Ende Juli 1399 erneut ins Osterland, um über eine Vermählung mit Friedrich, dem »illustris principis«, zu verhandeln.[288] Dies lässt den Schluss zu, dass die ersten Verhandlungen nicht am mangelnden Interesse des Markgrafen gescheitert waren. Hatte die Prokurationsheirat zwischen Friedrich dem Friedfertigen und Lucia Visconti Anglesias Interesse erneut entfacht? Die Vermutung liegt nahe. Doch ein weiteres Mal zeigte die Herzogin ein wechselhaftes Gemüt. Nachdem de Biassono am 22. Juli mit dem neuen Auftrag auf den Weg geschickt worden war, zog Anglesia ihr Angebot keine drei Wochen später am 5. August wieder zurück. In ihrem Widerruf heißt es, de Blassonos Vollmacht habe auch für Friedrichs Brüder Wilhelm und Georg gegolten, was jedoch aus dem Schriftstück so nicht hervorgeht. Eventuell war der Nuntius nur mündlich instruiert, im Falle einer Absage Friedrichs mit den beiden jüngeren Brüdern zu verhandeln.[289] Ein Jahr später sollte Anglesia König Janus von Zypern heiraten. Ihr Glück fand sie in dieser Ehe nicht. Sie wurde 1407 wegen Kinderlosigkeit geschieden.

Auch die Ehe Friedrichs des Friedfertigen mit Lucia Visconti wurde nie vollzogen. Die Herzogin lebte noch fast vier Jahre in Italien. Im Februar 1403 erklärte sie, dass sie nur aus Furcht vor ihrem Cousin Gian Galeazzo Visconti, dem Nachfolger ihres Vaters, in die Ehe eingewilligt hatte. Gian Galeazzo war im vorangegangenen September verstorben, weswegen Lucia nun den Mut fasste, ihre Ehe selbst für unrechtmäßig zu erklären.[290]

Friedrich hatte inzwischen eine andere aussichtsreiche Kandidatin für sich gefunden. Katharina, die Tochter Herzog Heinrichs von Braunschweig-Lüneburg und dessen Gattin Sophia von Pommern, ist vermutlich 1386 oder 1387 geboren worden und war somit 1402, als sie dem Wettiner versprochen wurde, höchstens 16 Jahre alt. Die Ehe war Teil des Schutz- und Trutzbündnisses zwischen den Wettinern und den Welfen, das 1401 beschlossen worden war und den Spannungen mit dem Erzbistum Mainz entsprang. Dabei handelte es sich nicht um die einzige familiäre Verbindung, die das dynastische Bündnis absichern helfen sollte. Friedrichs Onkel Wilhelm I., dessen Ehefrau Elisabeth von Mähren am 20. November 1400 verstorben war, ehelichte

Anna, die Tochter des Herzogs Otto von Braunschweig-Göttingen, und Balthasar von Thüringen nahm 1404 die Witwe Friedrichs von Braunschweig-Lüneburg, die ebenfalls den Namen Anna trug, zur Frau.[291]

Die Verhandlungen über die rechtlichen Details des Ehebundes fanden vermutlich in Eisleben statt, wo Friedrich mit 300 Rittern erschien und die Herzöge Bernd und Heinrich am 30. Januar 1402 eine Mitgift von 18 000 Rheinischen Gulden zusagten, die binnen Jahresfrist gezahlt werden sollte. Sollte die Summe nicht vollständig oder nicht pünktlich bezahlt werden, versprachen beide Fürsten, sich zum »Einlager«, also in die freiwillige Gefangenschaft der Markgrafen zu begeben.[292] Das damalige Eherecht sah vor, dass der Braut im Falle ihrer Witwenschaft ein Leibgedinge im Gegenwert der Mitgift zugesprochen werden sollte.[293]

Die eigentliche Vermählung fand am 7. Februar 1402 statt. Obwohl die Ehe, wie oft üblich, aus politischen Gründen geschlossen wurde und Friedrich zu diesem Zeitpunkt fast doppelt so alt wie seine jugendliche Braut gewesen ist, scheinen sich beide im Laufe der Zeit nicht nur gegenseitig respektiert, sondern ernsthaft lieben gelernt zu haben.[294] Immer wieder wird in der Forschung das Argument vorgebracht, die mittelalterliche und frühneuzeitliche Fürstenherrschaft sei ein rein politisches Instrument gewesen. Und die Vorgeschichte der Hochzeit Friedrichs IV. scheint dieses Argument auch zu untermauern. Andererseits forderte Johann von Vippach in seiner »Katherina Divina« die Liebe in der Ehe geradezu ein: »Under mannen und under frouwen / ist und sal sein obirtretende und naturliche libe.«[295] Diese Worte scheint Friedrich durchaus beherzigt zu haben, ebenso wie Vippachs Aristoteles-Zitat: »Dy libe wurde zcunichte, solde eyn man mer frouwen habin wenne eyne.«[296]

In den ersten Jahren ihrer Ehe hielt sich Katharina vor allem in den osterländischen Territorien ihres Mannes auf. Die Burgen Weißenfels und Altenburg zählten zu ihren bevorzugten Residenzen. Sehr oft weilte sie hier noch in Begleitung ihres Mannes. Im Juli 1407 residierte sie in Pirna und auf der Burg Königstein, vermutlich, da sie Friedrich auf einer Reise an die Elbe begleitete, die sie auch nach Meißen, Dresden und eventuell auch auf Friedrichs Burg in Dohna führte.[297]

4.2 Familie

Die Ehe blieb nicht kinderlos. Katharina gebar ihrem Gatten einen Erben sowie drei weitere Söhne und zwei Töchter. Allerdings hatte sie auch zwei Totgeburten zu überstehen.[298] Es dauerte zehn Jahre, bis Katharina am 22. August 1412 in Leipzig einen gesunden Sohn zur Welt brachte, der nicht nur die

Dynastie, sondern auch den Namen seines Vaters fortführen sollte: Friedrich.[299] Angeblich kam zu dieser Zeit auch eine Tochter zur Welt, die den Namen Katharina erhielt, aber jung verstarb und im Kloster Altzelle beigesetzt wurde. Ob das Mädchen vor oder nach Friedrich zur Welt kam, ist nicht bekannt. Vielleicht liegt hier auch nur eine Verwechselung mit der mysteriösen, um 1358 geborenen älteren Schwester Friedrichs IV. vor. Auch diese hatte ja den Namen der Mutter – ebenfalls Katharina – erhalten. Von der angeblichen Tochter Katharinas von Braunschweig wissen wir nur durch die erst zwischen 1493 und 1522 entstandenen »Lochauer Inschriften«, die unter dem Abt Martin von Lochau im Chor der Altzeller Abteikirche geschaffen worden sind.[300] Dass Martin die Zuordnung einer weiteren »Katharina« hundert oder hundertfünfzig Jahre nach den Ereignissen schwerfiel, scheint nicht ausgeschlossen.

Die Absicherung der Kurfürstin im Falle einer Witwenschaft war bis dahin nicht abschließend geklärt. Zwar war im Teilungsvertrag von 1410 – von dem noch die Rede sein wird – jedem der drei damals herrschenden Wettiner garantiert worden, dass er seiner Ehefrau ein Leibgedinge nebst Zubehörungen erteilen dürfe, ohne dass eine andere Partei dagegen Einspruch erheben konnte. Aber Friedrich machte in der Folge zunächst keinen Gebrauch davon.

Generell wurde eine Verzinsung der Mitgift mit fünf Prozent bei der Erteilung des Wittums zugrunde gelegt. Die darin verschriebenen Burgen und Ämter sollten also einen Jahreszins in dieser Höhe erbringen.[301] Erst 1414 ließ Friedrich seiner Frau urkundlich ein sehr großzügiges Wittum zuteilen. Dieses umfasste die Vogteien, Burgen und Städte Grimma, Colditz und Naunhof mit allen Mannschaften, Lehen, mit Dörfern, Gerichten, Gebieten, Diensten, Pflichten, Zöllen, Wassern, Mühlen, Teichen, Fischereien, Äckern, Hölzern, Wiesen, Zinsen, Renten, Gefällen, mit allen und jeglichen Rechten, Ehren, Würden, Nutzen, Freiheiten, Gewohnheiten und allem Zubehör, nichts ausgenommen. Die betreffenden Burgvögte und Mannschaften hatten der Markgräfin nach Verkündung der Urkunde die Huldigung zu leisten. Sollte Katharina ihren Mann überleben, so hätten ihre Nachkommen das Recht, das Leibgedinge für 18 000 rheinische Gulden – also die Summe der von ihr in die Ehe eingebrachten Mitgift – einzulösen. Dieses Wittum war nicht zufällig ausgewählt. Grimma bildete schon zu Lebzeiten Friedrichs einen der bevorzugten Aufenthaltsorte Katharinas. Hier kam 1416 auch ihr zweiter Sohn zur Welt, der zu Ehren des römischen Königs den Namen Sigismund erhielt.[302]

Über die Vorgänge bei einer Geburt im markgräflichen Haus geben die Haus- und Hofrechnungen Katharinas für 1423 detaillierte Auskunft, denn in diesem Jahr gebar sie ein weiteres Kind. In Erwartung ihrer Niederkunft hielt sich Katharina ab dem 1. Juni in Grimma auf. Für den 4. Juli listen die Rechnungsbücher den Ankauf größerer Mengen Leinen und anderer Stoffe, die wohl für den Geburtsvorgang benötigt wurden, sowie einer Wiegenschnur, mit der die Wiege, die damals nach Art einer Hängematte gespannt wurde, bewegt werden konnte. Am 4. August wurde die Hebamme mit Schuhen, Tuchen und Trinkgeldern beschenkt, woraus sich schließen lässt, dass es sich um den Tag der Geburt oder vielleicht den Tag nach der Geburt des Kindes handelte. Außerdem machte die Kurfürstin der Kirche an diesem und den folgenden Tagen umfangreiche Schenkungen und leistete mehrere Gelübde. Am 14. August trafen die Taufpaten in der Stadt ein, zwölf Tage später erfolgte die Anstellung einer Amme. Am 13. September führt das Rechnungsbuch eine »Inthronisation« auf, bei der es sich wohl um den üblichen, 40 Tage nach der Geburt stattfindenden Kirchgang der Mutter handelte. Demnach wäre das Geburtsdatum tatsächlich der 3. August. Doch wenige Tage später verstarb das Kind, von dem unbekannt ist, ob es sich um einen Jungen oder ein Mädchen handelte. Am 30. September folgte die liturgische Begräbnisfeier.[303]

Über die Erziehung der Prinzen ist dagegen nur wenig bekannt. Die Grimmaer Haus- und Hofrechnungen der Kurfürstin aus den Jahren 1422/23 listen unter anderem »4gr. portanti balistam domino Sigismundo«,[304] also für eine Armbrust für Friedrich, »2 gr. 4 hl. Pro telis domino Frederico«,[305] »8 gr. pro armi domini junioris«,[306] also wahrscheinlich für Rüstungen für Friedrich und Sigismund, sowie »4 gr. pro banderio domino juniori«,[307] also anscheinend zwei Fahnen oder Banner. Diese Einkäufe implizieren zumindest, dass die beiden Prinzen frühzeitig an das Waffenhandwerk herangeführt wurden. Ob unter den »4 gr. 8 hl. Pro clenodiis domino juniori Frederico«[308] eher Spielzeug zu verstehen ist, wie Hubert Ermisch vermutet,[309] oder mit dem Kleinod doch eher ein Schmuckstücke verbunden werden kann, lässt sich nicht sicher klären.

Es darf wohl angenommen werden, dass Friedrich auch in der Erziehung seiner Kinder den Geboten aus Vippachs »Katherina Divina« folgte. Und dieser forderte vom Vater ein beträchtliches Maß an Mitarbeit, indem »sie sorgenfeldig sein kegin iren sonen«.[310] Vor allem »geburt in wol, daz sie dy vorstehn und lernen, wie sie wol gelebin mogin«.[311] Aber Vippach fordert ebenso die väterliche Liebe ein: »So ist is aber zcemlich, das der vater dy sone vorstehe, wenne wer den andern liebhat, der sal auch vor in sorgen.«[312]

Bezüglich der schulischen Ausbildung forderte die »Katherina Divina«, dass Kinder zur Schule gehen und schreiben lernen.[313] Unter den Einkäufen Katharinas in Grimma befand sich auch Pergament, welches explizit für die Prinzen gedacht war. Schreiben gehörte somit zur Elementarausbildung der Söhne Friedrichs, was durchaus nicht selbstverständlich war, gestand doch sein Onkel Wilhelm noch 1405, »daz wyr zcu ny keyner Schule gegangin habin, daz wir leider wider schriben noch lesen konnen«.[314] Es wurde schon darüber spekuliert, dass sich bereits die Erziehung Friedrichs IV. viel stärker an den Geboten von Vippachs Füstenspiegel orientierte. In diesem Fall erscheint es nur folgerichtig, dass die Schulbildung seiner Kinder kaum hinter der eigenen zurückstand.

Zumindest der kleine Friedrich als ältester Sohn schien auch beizeiten über einen eigenen kleinen Hofstaat verfügt zu haben. Bereits im Jahr 1423 ist für ihn ein Marschall nachweisbar. Darüber hinaus besaß jeder Prinz einen eigenen Kämmerer sowie Kammerdiener oder Kammerknechte. Außerdem verzeichnen die Haus- und Hofrechnungen in Grimma sogenannte juvenes, also junge Männer, die entweder Friedrich und seiner Frau als Pagen oder ihren Kindern als Spielgefährten gedient haben müssen.[315]

Frühzeitig bemühte sich Friedrich IV. um eine standesgemäße Vermählung seiner Kinder. Schon 1422 trat er in Kontakt mit Herzog Ernst von Österreich und versuchte eine Ehe zwischen dessen Tochter Katharina und dem jungen Friedrich zu vermitteln. Der Markgraf war bereit, diese Verbindung teuer zu erkaufen. 29 000 ungarische Gulden wollte er dem Herzog binnen eines Jahres nach der Vermählung zahlen. Katharina wurde ein Leibgedinge im Gegenwert von 58 000 Gulden zugesichert. Sollte der Herzog diesen Bedingungen zustimmen und der Prinz vor der Eheschließung sterben, so verpflichtete sich der Wettiner, 15 000 Gulden als Entschädigung zu zahlen.[316] Friedrichs Tochter Anna wurde 1426 Ludwig, dem Sohn Herzog Heinrichs von Bayern, versprochen, allerdings nach dem Tod Kurfürst Friedrichs I. von ihren Brüdern 1433 mit Landgraf Ludwig von Hessen verheiratet.[317]

Bereits ab 1425 scheint Friedrich II. verstärkt mit in die Regierungsgeschäfte einbezogen worden zu sein. Am 10. November stellte der Kurprinz erstmals gemeinsam mit dem Vater eine Urkunde aus, mit der Heinrich Stapel und Dietrich von Nyhusen auf Lebzeiten in kurfürstliche Dienste genommen wurden.[318]

Auch wenn die große Zahl ihrer Kinder für das Mittelalter nicht ungewöhnlich gewesen ist, liefert sie doch einen Hinweis auf eine erfüllte Ehe zwischen Friedrich und Katharina. Wie eng die Beziehung zwischen den Beiden zusammengewachsen war, belegen auch die liebenden Worte des Kurfürsten anlässlich ihres 25. Hochzeitstages im Februar 1427: »... doch sollen wir zcumale nicht vorgessen der, an der wir die allirgrosten truwe, libe und fruntschafft gepruvet haben, unsir lande heil uffirstanden ist und davon unsir stam merglichin gewachsen und namen hat behalten.«[319] Infolgedessen erweiterte Friedrich am 2. April 1427 das Leibgedinge seiner Frau um die Burgen, Städte und Märkte Eilenburg, Groitzsch und Burg, Kloster und Stadt Pegau.[320] Einen Monat später, am 9. Mai forderte er zudem seinen ältesten Sohn Friedrich auf, den Besitz der Mutter zu schützen und dies auch im Namen seiner jüngeren Geschwister zu bezeugen,[321] ähnlich, wie es einst sein Vater von ihm gefordert hatte.

5 Residenz, Hof und Herrschaft

5.1 Zwischen Reiseherrschaft und festen Residenzen

»DIE RESIDENZ HÄLT ihren Herrn nicht auf Dauer fest, sondern er führt sein Dasein auch neben ihr und außerhalb von ihr. Wenn der Herrscher so gewißermaßen nicht in seinem Residenzort aufgeht, sondern sein Hof sich hier von ihm abspaltet, bleibt zwar die Frage, warum und wozu er fernerhin reist, zu beantworten«,[322] fragte einst Klaus Neitman. »Die Landesherren lassen innerhalb ihres Territoriums an wenigen oder an einem einzigen Ort hochrangige architektonische Werke schaffen; hier konzentrieren sich künstlerische Höhepunkte«,[323] lautet ein Teil der Antwort.

Einen wichtigen Indikator für eine spätmittelalterliche Residenz sieht Neitman im räumlichen »Nebeneinander von architektonisch herausragenden weltlichen und geistlichen Bauten«,[324] wobei er als Beispiel den 1344 von Karl IV. in Prag begonnenen Veitsdom und den St. Stephansdom in Wien, dessen Grundsteinlegung 1359 unter Rudolf IV. begann, hervorhebt. Diese Bauten dienten der fürstlichen Repräsentation, da »die Herrscherfamilie in verschiedensten Formen, von der Familiengruft über die Grabtumben bis hin zu den Porträts auf der Triforiengalerie im Veitsdom, dem Kirchgänger immer wieder begegnete und sich ihm ständig in Erinnerung brachte.«[325]

Auch die Wettiner verfügten – spätestens seit Friedrichs Onkel Wilhelm dem Einäugigen – über einen solchen Herrschaftsmittelpunkt auf dem Meißner Burgberg. Wilhelm hatte den auf Kaiser Otto I. zurückgehenden Dom durch umfangreiche Stiftungen gefördert. 1399 war es ihm sogar gelungen, eine Exemtion des Bistums von der Erzdiözese Magdeburg zu erlangen und es somit direkt dem Heiligen Stuhl zu unterstellen. Dass in der Folge die Bischöfe ihren bevorzugten Sitz auf der Burg Stolpen einrichteten, verdeutlicht, wie Meißen zunehmend zu einer Art wettinischen »Landesbistums« avancierte.[326] Wilhelm stiftete mehrere Altäre und Vigilien. Als er 1407 starb, erlaubte der Domklerus seine Beisetzung im Hohen Chor. Dieser Ort war von großem repräsentativem Wert, waren hier doch Statuen Ottos I. als dem Begründer des Doms sowie seiner Frau Adelheid und der Haupttheiligen des Klosters, Johannes dem Täufer und dem Heiligen Donatus, aufgestellt.

Friedrich knüpfte an diese von seinem Onkel begründete Tradition an, indem er innerhalb des Doms die Fürstenkapelle errichten ließ. Ein weiteres Vorbild für diese Baumaßnahme wird die Schlosskapelle St. Georg in Altenburg gewesen sein, die Wilhelm II. seit 1413 in ein gut ausgestattetes Kollegiatkapitel umwandeln und als seine Grabkirche vorbereiten ließ.[327] Friedrich IV. und Friedrich von Thüringen ließen der Kapelle ebenfalls reiche Stiftungen zukommen. Interessanterweise wird Altenburg in der Stiftungsurkunde bereits als jener Ort bezeichnet, »da iczcund der egenante unser liber bruder und vetter syne behusunge had der meisten zciid des iares«.[328] Die Stadt wurde also durchaus als Hauptresidenz Wilhelms wahr genommen.

Friedrich versuchte sich hingegen als Haupt der Dynastie darzustellen und dafür war der Stammsitz Meißen wesentlich geeigneter. Zwei Jahre nach seinem Bruder – 1415 – begann er mit der Errichtung der Fürstenkapelle, indem er dem Dom einen neuen Westchor hinzufügen ließ. Das Westportal, ursprünglich der Hauptzugang zum Dom, wurde so zum Zugang der Kapelle. Vorbild für diese Anlage war womöglich wiederum der Veitsdom in Prag.[329]

Anlässlich hoher kirchlicher Feiertage hielt sich die kurfürstliche Familie bevorzugt in Meißen auf. Hier kam zu Pfingsten 1422 schließlich auch Friedrichs dritter Sohn Heinrich zur Welt.[330]

Abgesehen von der Fürstenkapelle scheint Friedrich jedoch keine weiteren Bemühungen zur Etablierung einer zentralen Residenz, analog zum Ausbau Altenburgs durch seinen Bruder, unternommen zu haben. Auch fehlen Hinweise, dass der Fürst überhaupt einen bevorzugten Aufenthaltsort besessen hat. Grimma war der Hauptsitz Katharinas und auch Friedrich hielt sich oft in der Muldestadt auf, um wichtige politische Entscheidungen zu fällen, etwa während der Verhandlungen über die Verleihung der Kurwürde. Da die Burg bereits zu den bevorzugten Residenzen Markgraf Wilhelms I. gezählt hatte, kann davon ausgegangen werden, dass sie auch von ihrer gesamten baulichen Ausstattung her zu den komfortabelsten Sitzen der Markgrafschaft gehörte. Mit Beginn der 1420er Jahre bildete Grimma den mit Abstand wichtigsten Sitz der Kurfürstin, da die Burg gerade in den Zeiten der Hussitenunruhen optimalen Schutz für die kurfürstliche Familie bot. Hier kamen schließlich 1420 Anna und 1421 Katharina, Friedrichs erste Töchter zur Welt. Ein weiteres 1423 geborenes Kind verstarb schon nach wenigen Wochen.[331]

Der Umstand, dass Katharina ein etwas sesshafteres Leben als ihr Gatte führte, ist vielleicht der Grund dafür, dass wir über ihre Hofhaltung besser Bescheid wissen. Über Speisen und Getränke am Hof informieren uns nicht zuletzt die Haus- und Hofrechnungsbücher der Kurfürstin aus dem Jahre 1422/23. Eine gängige Speise war demzufolge »pulmentun«, ein aus Milch, Körnern, Hülsenfrüchten, Fett und Essig gekochter Brei. Rind und Schaf waren bevorzugte Fleischspeisen, die von den Ämtern geliefert wurden. Schafe, Lämmer oder Hammel stellten besonders zum Osterfest begehrte kulinarische Höhepunkte dar. Rinder – insbesondere Ochsen, weniger Kühe – wurden meist gebraten. Schweinefleisch dagegen konnte zu Würsten, Schmalz oder Speckseiten verarbeitet werden. Mitunter wurde die Tafel durch die Beute der kurfürstlichen Jagdausflüge, also Wild und Geflügel, ergänzt. Bevorzugtes Geflügel waren Hühner, Rebhühner und Kapaune, ab und zu Enten und Tauben. Gänse galten als nicht vornehm beziehungsweise als bäuerliches Getier und waren daher selten im Speiseplan anzutreffen. Kaninchen waren ebenfalls sehr beliebt. Eichhörnchen und Biberschwänze galten als Delikatessen. Fisch wurde bevorzugt an Fastentagen aufgetafelt. Die Haus- und Hofrechnungen der Kurfüstin vermitteln ein buntes Bild der damaligen sächsischen Flussfauna. Zu den kredenzten Fischen gehörten wohl Schmerlen, Bleie, Forellen, Heringe, Lachse, Muränen, Spierlinge, Stockfisch, Bergerfische, Störe, auch Flusskrebse. Dazu lieferten die Ämter Milch und Butter sowie Gemüse, vor allem Rüben, Kohl und Erbsen, sowie zur Würze Zwiebel, Senf, Petersilie, Knoblauch und Kümmel. An heimischem Obst werden vor allem Äpfel, Pfirsische, Weintrauben und Nüsse erwähnt. Die Residenzburgen verfügten alle über Backhäuser, in welchen neben Schwarz- und Weißbrot auch Brezeln und süßes Gebäck für die Fürsten gebacken wurden.[332]

Die Kammer der Kurfürstin enthielt zudem kostbare Gewürze, wie Ingwer, Nelken, Pfeffer, Safran, Thymian und Zucker, wobei diese weniger für Speisen als vielmehr für Wein genutzt wurden. Dazu kamen südländische Agrarprodukte, wie Reis, Mandeln, Feigen und Rosinen. In den wettinischen Erblanden existierten diverse Weinbaugebiete, etwa in Eilenburg, Meißen und Burgau, aus denen der Hof Landweine bekam. Teure Rotweine wurden aus ganz Europa, vor allem Frankreich, Italien und auch Griechenland, bezogen. Beliebter als diese war jedoch das Bier, welches Kurfürst und Kurfürstin ebenso wie ihre Kinder konsumierten. Neben Torgau bildeten Naumburg, Freiberg und Colditz seinerzeit wichtige Brauereistandorte.[333]

Friedrich neigte zu einer verstärkten Reiseherrschaft, wobei seinem Itinerar nicht einmal zu entnehmen ist, dass er wie sein Onkel bevorzugte Hauptresidenzen besaß.[334] Offensichtlich betrieb der Markgraf ähnlich wie seine hochmittelalterlichen Vorgänger eine Politik »vor Ort«, wobei ihn die engsten Vertrauten seines Hofes begleiteten und berieten.

Die Funktion des Stammsitzes Meißen reduzierte sich somit auf repräsentative Außenwirkung, die eigentlich nur durch die fürstliche Grablege ihre volle Kraft entfalten konnte. Hinsichtlich einer politischen Zentralisierung von Herrschaft in einer oder zumindest einer kleinen Anzahl von Residenzen ist Friedrichs Herrschaft bisher als Rückfall in vergangene Zeiten dargestellt worden.

Doch diese Charakterisierung scheint bei genauerer Betrachtung ebenso ungerechtfertigt wie die Marginalisierung Grimmas als »Frauensitz« Katharinas. Es fällt auf, dass sich Friedrich selbst immer wieder in Grimma aufhielt, insbesondere, wenn es galt, wichtige Entscheidungen zu fällen oder abzuwarten. So verbrachte er hier den Winter 1423 in Erwartung seiner Gesandten, die beim König um die Übertragung der sächsischen Kurwürde verhandelten. Der Grimmaer Hof war Anlaufpunkt für allerlei Experten[335], wie Falkner, Jägermeister, Künstler oder auch Gelehrte. Spätmittelalterliche Höfe gelten als Zentrum von Wissenskonzentration und -vermehrung. Darin stehen sie in Konkurrenz zu Klöstern und im mitteldeutschen Raum seit 1409 auch zu den Universitäten. Dennoch handelte es sich beim fürstlichen Hof zweifellos um ein geistig-kulturelles Zentrum. Diese Konzentration an Experten und Gelehrten erforderte eine gewisse Ortsfestigkeit. Es scheint bei genauerer Betrachtung daher viel eher, dass Grimma in dieser Hinsicht als das eigentliche höfische Zentrum der Mark Meißen gelten kann. Die Kurfürstin stand diesem Hof während der häufigen Abwesenheit ihres Mannes vor, was den Hof in Grimma jedoch nicht zu ihrem persönlichen Sitz abwertet. Die Verwaltung des Landes machte aufgrund der ungenügenden Kommunikationsinfrastruktur und in Anbetracht des zunehmenden landesherrlichen Zugriffes auf die gesamte Markgrafschaft – bei einem zwar wachsenden, aber immer noch ungenügenden Verwaltungsapparat – nach wie vor eine »Herrschaft vor Ort« seitens Friedrichs notwendig. Daher scheint es geboten, den Hof des Markgrafen als räumlich und strukturell geteilt zu betrachten, nämlich als ortsfestes geistig-kulturelles Zentrum Grimma und als mobilen administrativen Apparat, der Friedrich auf seinen Reisen begleitete.

5.2 Friedrichs Hof und Rat

Ein eigener markgräflich-kurfürstlicher Hof ist für die Regierungszeit Friedrichs nur sehr schwer zu fassen. Die meisten Männer in seiner unmittelbaren Umgebung waren Mitglieder seines Rates. Dieser eigentliche »Regierungsapparat« des Herrschers setzte sich aus verschiedenen Ämtern zusammen. Die Inhaber dieser Ämter dienten zugleich als landesherrliche Räte. Johann von Vippach fordert in seiner »Katherina Divina« von einem guten Rat sechs Eigenschaften. Zum einen sollte er sich mit seinem Rat zurückhalten können, wenn der Fürst bereits eine Entscheidung getroffen hatte. Er durfte sich nicht vor kleinen Dingen fürchten, sondern vor allem in großen Entscheidungen Rat geben: »Vorchte macht etzliche ratsman, abir das man alzcu cleyne ding forchte, das ist nicht wyslich, noch erlich, dy do cleyne nutze machin konnen ader schaden bewarin.«[336] Drittens solle ein weiser Rat sich selbst mit »grossen und irfaren luten«[337] umgeben. Interessant ist sein vierter Verweis auf das Wesen des Rates: »Czu dem virden male so sal man sich flyssigen, was man handelt mit rate, daz man das heymlich halde. / Dorumb ist concilium also vil gesprochin also von ›con‹ und ›silio‹, das ist mit swigen.«[338] Zum fünften sollte ein Rat ehrlich sein. Abschließend empfiehlt Vippach, dass Entscheidungen, zu denen lange geraten wurde, schnell umgesetzt werden sollen.[339] Theoretisch konnte jeder Lehnsmann Friedrichs auch in den Rat berufen werden.[340] In der Praxis beschränkte sich Friedrich jedoch auf einen engen Vertrautenkreis.

Eine führende Rolle am Hof nahm der Marschall ein, der seit dem frühen 14. Jahrhundert als Führer des meißnischen Lehnsaufgebots galt. Während der Herrschaft Friedrichs übernahm er jedoch immer stärker Aufgaben der inneren Verwaltung und schließlich auch die Aufgaben des Hofmeisters. Im weiteren Verlauf der Frühen Neuzeit wurde diese Mehrfachbelastung zu groß, sodass das Marschallamt sich wieder in den militärischen Zweig des Feldmarschalls und den verwaltungstechnischen des Hofmarschalls aufsplittete.[341]

Der erste, der dieses Amt unter Friedrich wahrnahm, war Tammo von Kalkreuth, über den aber nur spärliche Informationen vorliegen. Bereits 1383 lässt er sich in der Umgebung Friedrichs nachweisen. Zwischen 1389 und 1406 taucht er, wenn auch nur selten, als Marschall auf. Wahrscheinlich trat er in seinem Amt deutlich hinter die Stellung des Hofmeisters zurück.[342] Zwischen seiner letzten Erwähnung 1406 und der ersten des neuen Marschalls Conrad von Brandenstein liegen schließlich fast sechs Jahre. Auch dies könnte ein Hinweis auf die seinerzeit nachrangige Stellung des Marschalls sein. Brandenstein, seit 1410 Vogt von Altenburg, wird erstmals 1412 als Marschall bezeichnet und diente zu dieser Zeit als Treuhänder der Osterländer in den Verhandlungen mit den Nürnberger Burggrafen über das Erbe Wilhelms I. Zwischen 1413 und 1416 fehlt diese Titulierung jedoch in den Urkunden, in denen Brandenstein als Zeuge benannt wird. Erst zwischen 1416 und seinem Ausscheiden aus den Diensten Friedrichs 1418 führte er diesen Titel wieder. In diesem letzten Jahr seines Dienstes wurde er sogar erstmalig als Oberhofmarschall bezeichnet.[343]

Seine Nachfolge trat Apel Vitzthum aus dem Zweig der Vitzthume in Apolda an. Ursprünglich hatte er im Dienst Markgraf Balthasars und dessen Sohns gestanden, mit dem er sich jedoch 1415 überwarf und an den Hof Friedrichs IV. wechselte. Hier nahm er sogleich die Stellung eines Rates ein und gewann das Vertrauen des Markgrafen. 1419 zog er mit einer Gesandtschaft an den Hof König Sigismunds und drei Jahre später, am 26. April 1422, lässt er sich erstmals in der Stellung eines Marschalls nachweisen. Vitzthum führte wenig später auch die Verhandlungen zur Übertragung der Kurwürde an Friedrich. Für seinen Erfolg bei diesem Unternehmen wurde er mit Ehrungen überhäuft und erhielt im neuen Rang des Obermarschalls endlich auch die Stellung des Hofmeisters. Es ist durchaus denkbar, dass er den letzten Inhaber dieses Amtes, Hugold von Schleinitz, aktiv daraus vertrieben hat. Vitzthum war ein machtbewusster Mensch, aber scheinbar überschätzte und missbrauchte er seine Stellung beim Kurfürsten. Er unterschlug große Mengen an Geldern, sehr zum Leidwesen des gerade in dieser Zeit ohnehin zunehmend in finanzielle Schwierigkeiten geratenden Friedrichs. Als seine Korruption bei einem erneuten Aufenthalt am königlichen Hof offen zu Tage trat, ließ Sigismund den Obermarschall auf Bitten Friedrichs Ende 1425 hinrichten.[344]

Obwohl Vitzthums Misswirtschaft wohl auch eine Folge seiner Ämterakkumulation gewesen ist, führte auch sein Nachfolger Günther von Bünau weiterhin den Titel eines Obermarschalls. Bünau nahm seit langem eine herausgehobene Stellung am kurfürstlichen Hof ein. Er entstammte einer ursprünglich zur naumburgischen Ministerialität gehörenden Familie. Seit 1396 lässt er sich in Friedrichs Umgebung nachweisen. Immer wieder trat er an führender Stelle als Zeuge bei Urkundenausstellungen auf. Mit der Altenburger Teilung 1411 wechselte er dann jedoch an den Hof Wilhelms II.[345] Bünau blieb einer der bedeutendsten Männer in der Mark Meißen. Seine herausgehobene Stellung zeigte sich unter anderem im Februar 1417, als er zusammen mit Graf Friedrich von Henneberg einen Schied zwischen Friedrich und Wilhelm einerseits sowie Bischof Albrecht von Bamberg andererseits aushandelte, bei dem es um die Rechte an einer Reihe von Dörfern ging.[346] Nach dem Tod Wilhelms wechselte er wieder in Friedrichs Dienste, wo er sogleich die Nachfolge Vitzthums antrat. Dieser Aufstieg legt nahe, dass Bünau trotz der Teilung der beiden osterländischen Höfe zwischenzeitlich auch Dienste Friedrichs ausgeführt und dessen Vertrauen bewahrt hatte. Über seine Tätigkeit als Obermarschall liegen jedoch nur spärliche Informationen vor.[347]

In enger Konkurrenz zum Marschall stand der Hofmeister. Ihm oblag die Verwaltung der markgräflichen Finanzen. Anders als die Marschälle wurden sie nur selten auf Gesandtschaften geschickt, traten aber oft als Schlichter in Streitfällen mit dem regionalen Adel auf.[348] Am osterländischen Hof ist 1384 Offo von Schlieben als Hofmeister nachweisbar. Er gehörte zu den ehemaligen Gefolgsleuten Friedrichs III. und Wilhelms I. und scheint der erste Hofmeister der Osterländer gewesen zu sein. Eventuell wurde er von Wilhelm am Hof seines Neffen platziert, denn nachdem dieser die Volljährigkeit erlangt hatte, kehrte Offo 1389 nach Meißen zurück, wo er zwischen 1391 und 1402 wieder als Hofmeister nachweisbar ist. Nach dem Tod Wilhelms I. tauchte er zwischen 1407 und 1408 nochmals als Zeuge in den Urkunden der Osterländer auf.[349] Im Februar 1407 übertrugen die Markgrafen ihm als Entlohnung für seine geleisteten Dienste das Schloss Skassa, welches er bis zu seinem Tode samt den dazugehörigen Besitzungen innehaben sollte. Allerdings war dieser Besitz nicht vererbbar, sondern sollte nach Schliebens Tod an die Markgrafen zurückfallen.[350]

Seine Nachfolge trat Dietrich von Bernwalde an. Er war bis 1387 Marschall des Landgrafen Balthasar gewesen, zu dem er 1393 auch wieder zurückkehrte.³⁵¹ Ihm folgte für kurze Zeit Jan von Haugwitz, der bereits zu Friedrichs Räten gehörte und die Stellung als Hofmeister wohl nur bis Dezember 1395 einnahm, danach aber noch bis 1414 in der Umgebung des Markgrafen nachweisbar ist.³⁵² Möglicherweise stellte Haugwitz von Beginn an nur eine Interimslösung dar, bis ein Nachfolger für Dietrich von Bernwalde gefunden war, denn schon im Sommer 1395 wurde Friedhelm Rabil als Hofmeister bezeichnet, der diese Position erst ab 1396 fest ausfüllte. Rabil ist der erste Hofmeister, bei dem sich nachweisen lässt, dass er auch Mitglied des markgräflichen Rates gewesen ist. Im Februar 1399 schied er aus seinem Amt aus, blieb aber weiterhin als Rat tätig.³⁵³

Danach klafft in der Reihe der Hofmeister eine Lücke von drei Jahren. Horn nennt in seiner Friedrich-Biografie den Ritter Hans von Obernitz als Hofmeister. Allerdings gibt er hierzu keine Quellen an und auch sonst lassen sich keine Belege für ihn finden. Denkbar ist jedoch, dass auch er interimsmäßig diese Position ausfüllte.³⁵⁴ Ab April 1402 ist schließlich mit Albrecht von Buttelstädt ein neuer Hofmeister nachweisbar. Er wechselte ebenfalls aus den Diensten Wilhelms I. in die von dessen osterländischem Neffen, wo er des Öfteren als Vermittler auftrat. Buttelstädt diente Friedrich bis 1406 oder sogar bis 1408.³⁵⁵ Ab da lässt sich mit Hugold von Schleinitz einer der langjährigsten Begleiter Friedrichs nachweisen. Wie sein Vorgänger kam er vom Hof Wilhelms I. Bis 1413 war er der gemeinsame Hofmeister Friedrichs IV. und Wilhelms II., danach diente er ausschließlich dem älteren Bruder und trat mehrfach als Vermittler des Markgrafen in Erscheinung. Zwar diente er später auch dessen Sohn Friedrich II., allerdings lässt sich Hugold von Schleinitz ab 1423 nicht mehr bei Friedrich dem Streitbaren nachweisen. Überhaupt blieb diese Stelle mit der Erhebung Friedrichs zum Kurfürsten unbesetzt, beziehungsweise wurde sie mit der des Marschalls vereinigt.³⁵⁶ Denkbar, aber schwer zu beweisen ist, dass Marschall Apel Vitzthum Schleinitz aus der Gunst seines Herren verdrängt hatte.

Als dritter wichtiger Hofbeamter trat seit Mitte des 14. Jahrhunderts der Kammermeister in Erscheinung. Zur Zeit Friedrichs war er vermutlich für die Organisation des Hofes zuständig. Ihm unterstand ein eigener Kammerschreiber.³⁵⁷

Als weitere Räte lassen sich eine Reihe von Personen mit verschiedenem Hintergrund fassen. Johannes von Eckartsberga, Naumburger Domdekan und späterer Dompropst, zählte bereits zu den Vertrauten Friedrichs III. Er war dabei, als der alte Markgraf den Söhnen an seinem Totenbett das Versprechen abnahm, ihrer Mutter gehorsam zu sein. Danach gehörte er wohl vorwiegend zu den Ratgebern der Markgräfinwitwe. Dies lässt sich zumindest aus dem Umstand schließen, dass er sich nach 1398 scheinbar vollständig aus dem Dienst der Markgrafen zurückgezogen hat.³⁵⁸ Er scheint der einzig wirkliche Vertreter aus dem geistlichen Stand gewesen zu sein.

Tatsächlich vertraute Friedrich IV. fast ausschließlich weltlichen Räten. Diese konnten entweder den alten Dynastengeschlechtern entstammen, die sein Vater unterworfen hatte, oder aus den Reihen der niederen Lehnsritter. Ein erster wichtiger Vertreter der alten Dynastien war Graf Friedrich IV. von Orlamünde, Herr zu Droyßig. Vermutlich um 1325 geboren, findet er sich bereits als Zeuge in den Urkunden Friedrichs des Strengen. Bis 1394 bezeugte er auch Urkunden Friedrichs IV. und wird darin zwei Mal als dessen Rat bezeichnet.[359] Heinrich VI., Herr von Gera, zählt ebenfalls zu den Vertretern des alten Dynastenadels, obwohl seine Familie wohl ursprünglich aus den Reihen der Ministerialen aufgerückt ist. Zwischen 1384 und 1404 wird er mehrfach als Zeuge, einmal auch als Rat in den Urkunden genannt.[360] Aus einer anderen Nebenlinie dieser Familie stammte Heinrich IX., Herr zu Plauen, der Friedrich 1391 auf seiner Preußenreise begleitete. Dabei geriet er wohl in den engeren Vertrautenkreis des Markgrafen, denn Heinrich hatte bereits 1386 eine Reise ins Ordensland unternommen und verfügte somit über wertvolle Kenntnisse über das Land, die Gebräuche des Ordens und womöglich auch über persönliche Kontakte zu führenden Mitgliedern der Ordensbrüder. Allerdings lässt er sich erst ab 1404 wieder vermehrt in der Umgebung Friedrichs IV. nachweisen. 1408 verließ er ihn wieder, um an den Hof seines thüringischen Vetters zu wechseln.[361] Albrecht IX., Burggraf von Leisnig, gen. Wirt, trat ab 1404 am gemeinsamen Hof von Friedrich IV. und Wilhelm II. als Rat in Erscheinung. Sein Vater war Rat Wilhelms des Einäugigen gewesen. Albrecht weilte jedoch nur periodisch am Hof der Osterländer. Zwischen 1409 und 1415 und von 1418 bis 1423 hielt er sich auf den heimischen Gütern auf. Die erste Unterbrechung ist wohl darauf zurückzuführen, dass sein Vater Albrecht VIII. im Sterben lag. Der alte Burggraf verschied 1411 und Albrecht hatte genug damit zu tun, die Verwaltung des eigenen Familienbesitzes aufrechtzuerhalten. Danach diente er ausschließlich im Rat Friedrichs IV. Nach dessen Tod 1428 behielt er seine Stellung im Rat des neuen Kurfürsten bei.[362]

Die Gruppe des Dynastenadels tritt im Rat allerdings deutlich hinter die Vertreter des niederen Lehnsadels zurück. Damit folgte Friedrich sicherlich einer weiteren Empfehlung Vippachs, der in seiner »Katherina Divina« vom Fürsten forderte, dass er den Adel nicht zu mächtig werden lassen dürfte. Von daher schien es geboten, nur jenen Männern großen Einfluss zu gewähren, die von ihrer wirtschaftlichen Basis her keine Gefahr für den Fürsten darstellten. Wie gefährlich der Einfluss der großen Dynastengeschlechter auf die Landesregierung sein konnte, sah der Markgraf nur zu deutlich am Beispiel seines thüringischen Vetters.

Zu den Räten aus dem niederen Adel gehörte Albrecht von Brandenstein, der zwischen 1387 und 1411 fast jährlich als Zeuge in den markgräflichen Urkunden auftraucht.[363] In der frühen Phase von Friedrichs Regierung lassen sich auch Ticze Marschalk (1388–1397) und Jan von Muchel (1383–1402) vermehrt als Zeugen nachweisen.[364]

Heinrich von Honsberg trat wohl nach dem Tod Wilhelms I. in Friedrichs Dienste. 1408 bezeugte er erstmals eine Urkunde Friedrichs IV., später wurde er explizit als Rat bezeichnet.[365] Auch Nikolaus von Honsberg, dessen verwandtschaftliche Beziehungen zu Heinrich nicht rekonstruierbar sind, diente nach dem Tod Wilhelms I. bis 1413 den Osterländern.[366]

Als Gegenleistung für ihre Dienste erhielten die Räte meist Zinsen oder Renten zugewiesen. So vergab Friedrich 1393 vier Schock Gulden aus der Jahrrente der Stadt Bürgel an Heinrich den Jüngeren von Herdin, »dorumbe sie uns ouch getruwelichin dynen, raten unde helffin sullen als ander unser man«.[367]

Neben ihrer Einbindung in die Landesverwaltung dienten die markgräflichen Räte vor allem als Gesandte am königlichen Hof oder den Höfen anderer Fürsten. Die Vertreter des Dynastenadels, aber auch kleiner benachbarter Dynastien wurden bevorzugt für Gesandtschaften eingesetzt. Im April 1384 schickten die Osterländer Graf Ulrich Herrn zu Honstein auf eine Botschaftsreise nach Frankreich.[368] Dabei begleitete ihn Dr. Hermann, ein Scholasticus aus Meißen.[369] Möglicherweise sollte durch diese Kombination adliges Prestige mit bildungsbürgerlicher Kompetenz vereint werden.

Die wichtigste Rolle der Räte, wohl noch vor der Landesverwaltung, bestand in der Teilnahme an den Hofgerichten.[370] Diese Institution war für alle Untertanen offen, wurde aber vor allem vom Adel in Streitfällen angerufen. Beispielsweise vermittelten Friedrich und sein Bruder Wilhelm 1404 in einem Streit zwischen Heinrich von Gera und dessen eigener Mannschaft am Hofgericht in Altenburg.[371]

Eine weitere eigenständige Stellung nahm die markgräfliche Kanzlei ein. Mit der Chemnitzer Teilung wurde die bisher allen drei wettinischen Brüder unterstehende Kanzlei aufgespalten, sodass jeder Fürst über eine eigene Kanzlei verfügte. Diese war für die Aufbewahrung und das Abfassen allen amtlichen Schriftgutes zuständig.[372]

Im 14. Jahrhundert hatte die wettinische Kanzlei ihre erste Blüte erlebt, als es darum ging, Dokumente und Urkunden zu sammeln, um dynastische Rechtsansprüche gegen die expandierenden Luxemburger zu verteidigen. Mit der Schwächung der Königsdynastie und der Aufteilung des wettinischen Besitzes scheint in der Folge auch ein erster Niedergang des wettinischen Kanzleiwesens erfolgt zu sein. Über seine Organisation unter Friedrichs Herrschaft ist derweil nur sehr wenig bekannt. Jörg Rogge vermutet, dass die im Zuge der Chemnitzer Teilung entstandenen Territorien zu klein waren, um die Arbeit großer Kanzleien zu rechtfertigen, und dass nach dem Erwerb von Teilen der Markgrafschaft Meißen und des Herzogtums Sachsen die Landesverteidigung gegen die Hussiten den Vorrang gegenüber dem inneren Landesausbau erhielt.³⁷³ Allerdings verfügte Friedrich mit dem Tod seines Onkels Wilhelm wieder über ein Herrschaftsgebiet von beachtlicher Größe und dies mehr als zehn Jahre vor der hussitischen Revolution.

Schon eher überzeugt Rogges Argument, dass es Friedrichs prinzipielles Herrschaftsverständnis war, welches den Kanzleibetrieb störte.³⁷⁴ Wie bereits dargelegt, kehrte der Markgraf zu einer verstärkten Reiseherrschaft und einem »Regieren vor Ort« zurück. Dabei legte er anscheinend Wert auf eine gewisse Mobilität. Die Begleitung durch die Kanzlei mit ihren umfangreichen Archiven wirkte dabei nur hinderlich. Die Kommunikation zwischen einem reisenden Fürsten und einem zentral lagernden Archiv war jedoch mit den Mitteln der damaligen Kommunikation zeitaufwändig und gefährlich.

Im Archiv wurden auch Register über die verschiedenen Urkunden geführt. Friedrichs Kanzleiregister befanden sich in Altenburg und Leipzig. Mit dem Erwerb des Herzogtums Sachsen kam Wittenberg als dritter Standort hinzu. Friedrich übernahm zunächst den Brauch seines Vaters, zwei Register zu führen. Allerdings wurde die ursprüngliche Teilung in ein »register perpetuum« und ein »register temporale« bald aufgegeben und diese stattdessen nach sachlichen Gesichtspunkten in nunmehr drei Registern neu organisiert. So entstand ein Register für finanzielle Belange, das Verpfändungen und Schuldverschreibungen, die Bestellung von Münzmeistern und Schutzbriefe für die Juden beinhaltete. Hieraus sollte später das Kammerregister entstehen. Das zweite Register enthielt alle möglichen Formen von Belehnungsurkunden. Alle nicht unter diese beiden Kategorien fallenden Urkunden und Schriftstücke wurden in einem dritten Register zusammengefasst.³⁷⁵

Freilich muss festgestellt werden, dass diese Register nicht immer mit der nötigen bürokratischen Sorgfalt geführt wurden. Eigentlich sollten sie nur die ausgestellten Urkunden registrieren, damit die Markgrafen sich vergewissern konnten, welche bindenden Verpflichtungen sie eingegangen waren. Mitunter wurden aber auch eingehende Schriftstücke registriert. Gleichzeitig sind auch ausgestellte Urkunden überliefert, die nicht in den Registern erfasst wurden, über deren Echtheit jedoch kein Zweifel besteht.³⁷⁶

Bis zur Örterung ihrer Gebiete 1411 verfügten die beiden osterländischen Brüder Friedrich und Wilhelm über eine gemeinsame Kanzlei. Ihr stand Conrad Wolffhayn vor, der nach 1411 als Kanzler in Wilhelms Diensten verblieb. Er war Pfarrer aus Orlamünde. Wer nach 1411 seine Nachfolge im Dienste Friedrichs antrat, ist nicht bekannt. In den Quellen wird Wolffhayn immer nur als Notar bezeichnet. Der Titel des Kanzlers setzte sich erst später durch. Zu Friedrichs Zeit standen der Kanzlei entweder der Protonotar (aus diesem entwickelte sich später der Kanzler) oder der Notar vor. Seltsamerweise lassen sich unter seiner Herrschaft nie beide Ämter zeitgleich antreffen, was auf ein entsprechendes Unterstellungsverhältnis hinweisen würde. Stattdessen unterstand die Kanzlei stets nur einem Notar, wie Wolffhayn oder einem

Protonotar.[377] Über den ersten Notar Friedrichs, Dietrich von Thalheim, der diese Stellung von 1384 bis 1395 ausfüllte, ist kaum etwas bekannt.[378] Sein Nachfolger Johann Meltzer führte die Bezeichnung eines Protonotars, was in den deutschsprachigen Quellen mit »Oberschreiber« übersetzt wurde. Er hatte studiert und führte den Titel eines Magisters, allerdings ist nicht bekannt, welche Universität ihm dieses Prädikat verlieh. Für seine Dienste erhielt er eine Pfründe in einem Kloster nahe Nordhausen, was auf einen geistlichen Hintergrund verweist. Meltzer diente Friedrich IV. bis 1407. Vermutlich endete seine Tätigkeit mit seinem Tod.[379]

Nachdem Conrad von Wolffhayn die Stellung eines Notars angetreten hatte, lässt sich zwischen 1408 und 1411 mit Nikolaus Lubich gleichzeitig noch ein Protonotar nachweisen. Diese für die Herrschaft Friedrichs ungewöhnliche Doppelbesetzung erklärt sich möglicherweise aus einer wichtigen diplomatischen Funktion Lubichs. Er wurde von den Wettinern zum Konzil von Pisa entsandt, wo er schließlich entscheidend an der Erlangung des Papstprivilegs für die Gründung der Universität Leipzig mitgewirkt hat. Daher ist es denkbar, dass Lubich diesen Titel nur für seine Mission erhielt, während Wolffhayn tatsächlich die Kanzlei in der Heimat leitete. Bis 1411, als Friedrich Lubichs Wahl zum Merseburger Bischof durchsetzte, lässt er sich in den Quellen noch als Protonotar nachweisen, anschließend hatte allein Wolffhayn den Rang eines Notars inne. Auch dieser Umstand belegt, dass die parallele Besetzung des Protonotar- und Notaramtes in dieser Zeit eine Ausnahme gewesen ist.[380]

Nach Wolffhayns letzter Erwähnung in dieser Funktion im Jahr 1419 klafft eine Lücke. Erst 1422 tritt mit Hermann Wolffhayn wieder ein Protonotar ins Licht. Er hatte eine Stelle als Propst von Kemberg inne und diente Friedrich bis 1425.[381] Sein Nachfolger wurde Heinrich Leubing, der erste hohe Verwaltungsbeamte des wettinischen Herrschaftsbereiches, der die Universität Leipzig absolviert hatte (nachweisbar in den Sommersemestern 1420 und 1424).[382]

Neben ihrer Rolle als Leiter der Kanzlei fungierten die Protonotare und Notare auch vermehrt als markgräfliche Räte. Allerdings liegen zu wenige Informationen vor, um ihre genaue Aufgabenverteilung näher zu charakterisieren. Fest steht jedoch, dass sie zu Zeiten Friedrichs des Streitbaren kaum oder mitunter gar nicht mit ihrer ursprünglichen Funktion als Schreiber herrschaftlicher Urkunden in Erscheinung traten. Diese einfachen Schreibarbeiten wurden mittlerweile von Kanzleischreibern ausgeführt und wohl nur noch durch die Kanzler geprüft. Bedurfte Friedrich der Dienste von Schreibern während seiner Reisen, wurden sie vermutlich aus den gebildeten Schichten vor Ort entweder aus geistlichen oder städtischen Einrichtungen rekrutiert. Anhand der unterschiedlichen Schriftbilder identifizierte Gottfried Opitz beispielsweise zwischen 1422 und 1423 einen Schreiber, der nur in Torgau, und 1426 einen weiteren, der nur in Weißenfels tätig war. Andere scheinen Friedrich auch auf Reisen begleitet zu haben. So war ein Schreiber 1422 für Urkunden verantwortlich, die in Meißen, Nürnberg und Rochlitz ausgestellt wurden.[383] Eine feste Praxis lässt sich daraus kaum ableiten.

Für das körperliche Wohlergehen Friedrichs sorgte ein eigener Leibarzt. Belegt ist für das Jahr 1395 ein als »Meister« bezeichneter Gottfried Togkeler, der gleichzeitig Pfarrer von Frohburg,[384] also ein Priester war. Mönche und andere Mitglieder der Kirche besaßen seinerzeit den besten Zugang zu medizinischer Fachliteratur und daher ein vergleichsweise hohes Wissen auf diesem Gebiet. Daher erscheint Togkelers Ernennung nicht ungewöhnlich.

Über den Grimmaer Hof sind wir durch die Rechnungen der Kurfürstin vergleichsweise gut informiert. Zum Hof Katharinas gehörten vor allem junge adlige Frauen, die sich nicht nur zur Ausbildung hier aufhielten, sondern um über Katharina lukrative Ehepartner vermittelt zu bekommen. Für zwei ihrer Hofdamen richtete die Kurfürstin 1422 nachweislich die Hochzeiten aus. 1423 fanden zwei weitere durch Katharina finanziell unterstützte Eheschließungen statt. Diesmal verzeichnen die Rechnungen sogar die Namen der Bräute. Es handelte sich am Anna Birkecht und Barbara Martinsdorf. In Grimma verfügten die Hofdamen über eigene Diener und sogar einen eigenen Koch.[385]

Im Übrigen spiegelte die Organisation des Kurfürstinnenhofs die von Friedrichs Hofstaat wider. Zu ihm gehörten ein Hofmeister, als welcher sich 1404 Gerhard Marschall, 1417/18 Siegfried von Schönburg, 1423 bis 1427 Konrad Thune und 1425 kurzeitig auch Rudolf von Meldingen nachweisen lassen.[386] Dazu kam ein Kammermeister mit Dienern, zeitweise ein Leibarzt, Heizer, Köche und Küchenpersonal, Schlüsselvogt, Kellermeister mit Knechten, Marschall und Stallknechte, Wagenlenker, verschiedene Handwerker, wie Schneider, Tuchscherer, Kürschner, Lichtzieher, Fischer, Jäger und sogar ein Büchsenmeister. 1422/23 zählte der Hof in Grimma 80 Personen, wobei nicht gesichert ist, ob es sich dabei nur um das Gefolge Katharinas oder auch um Teile der markgräflichen Verwaltung handelte. Letzteres erscheint durchaus glaubhaft, denn Friedrich übertrug seiner Frau während seiner Abwesenheit häufig die Regierungsgeschäfte, die diese auch ausfüllte.[387]

Neben dem engeren Hof- und Verwaltungspersonal listet das Verzeichnis allerhand fahrendes Volk auf, das zur Unterhaltung der Kurfürstin beizutragen hatte. Genannt werden Gaukler, Akrobaten, Jongleure, Flötenspieler, Lautenschläger und Sänger sowie ein Hofnarr. Die Hofgesellschaft erfreute sich an exotischen oder gefährlichen Tieren, weshalb sich ein Bär und ein Kamel in der Muldestadt befanden. Auch Kunsthandwerker wurden durch Katharina beschäftigt. Nachgewiesen ist die Bezahlung eines Malers mit 15 Groschen. Den Bedarf der Fürstin nach Schmuck deckte zeitweise ein Freiberger Goldschmied.[388]

Darüber hinaus wurden am Grimmaer Hof auch Vögel gehalten, und zwar nicht nur zur Jagd. Katharinas Rechnungen listen immer wieder Einkäufe von Mohn und Hanf für nicht näher bezeichnete Vögel auf. Ermisch vermutete darunter beispielsweise Sperber.[389]

Auch mit kostbaren Gewändern wurde die Kurfürstin, die über einen eigenen Schneider verfügte, prächtig ausgestattet. Immer wieder führen die Grimmaer Haus- und Hofrechnungen Ausgaben für Leinwand, Seidenstoffe, Wollstoffe, Pelzwerke, Schuhe und Hosen oder zur Anfertigung von Kinderkleidung an. Seide wurde vor allem aus Norditalien bezogen, wo dieser Stoff seit dem 14. Jahrhundert hergestellt werden konnte oder über das Mittelmeer aus dem Orient importiert wurde. Wollstoffe wurden aus den flämischen Tuchwebereien bezogen. Aber auch das einheimische Gewerbe stützte sich immer stärker auf Textilprodukte.[390]

Dass Katharina kein ausschließliches Dasein als Mutter der kurfürstlichen Kinder führte, belegt die eindrucksvolle Reihe von Gästen, die sich immer wieder in Grimma aufhielten. Im Dezember 1422 verbrachte Herzog Heinrich III. von Bayern-Landshut mehrere Tage auf der Burg, im März 1423 Herzog Johann I. von Sagan, dem im Juni dessen Frau folgte. Auch der Bischof von Utrecht und die Grafen von Querfurt gehörten zu ihren Gästen. Engen Kontakt pflegte Katharina nach wie vor zu ihrem Bruder Herzog Wilhelm. Sie kann durchaus als Mittlerin der guten Beziehungen zwischen ihrem Mann und ihrem Bruder gelten. Herzog Wilhelm begleitete Friedrich mehrfach auf Heerzügen, so etwa 1421 bei der Schlacht von Brüx.[391]

Die Kurfürstin war eine fromme Frau und sorgte für die strenge Einhaltung der Sonn- und Feiertage. Der Kaplan der Burg Grimma diente ihr als Beichtvater und wurde ebenso mit Almosen bedacht wie die Mönche und Nonnen der örtlichen Nikolaikirche und des Augustiner-Eremitenklosters. Gleichzeitig unterstützte Katharina auch die Grimmaer Stadtschule durch finanzielle Zuwendungen.[392]

Wenn die Kurfürstin Grimma verließ, dann häufig für Wallfahrten. Ein bevorzugtes Ziel war die Kirche Ebersdorf nahe Chemnitz, wo sie vor einem Gnadenbild der Jungfrau Maria betete. Die Kirche scheint sowohl für den Kurfürsten als auch für die Kurfürstin eine herausgehobene Rolle gespielt zu haben, denn heute zieren den Altar zwei kostbar bemalte Holzfiguren von Friedrich und Katharina. Auch die sogenannte »Wunderblutkirche« St. Nikolai im nordbrandenburgischen Wilsnack wurde häufiger von ihr aufgesucht.[393]

Eine große Bedeutung für den Hofalltag spielte die Jagd. Friedrich und seine Frau unterhielten etliche Jäger, die für erbeutetes Wild Prämien erhielten. Sehr beliebt war die Jagd mit Greifvögeln, wofür eigens »Falkonisten« und »Habichter« mit Gesellen angestellt wurden. Die Haus- und Hofbücher listen hohe Summen zur Fütterung von Falken und Habichten auf. Verzeichnet werden auch Schüsseln für Jagdhunde.[394]

5.3 Die Landesverwaltung

Im Zug der Ostsiedlung bildeten wohl noch in der ersten Hälfte des 13. Jahrhunderts im östlich der Saale gelegenen Neusiedelland Vogteien eine wichtige administrative Grundeinheit, die sich entweder, wie Dresden, Freiberg, Grimma und Leipzig, um einen städtischen Siedlungskern oder wie Rochlitz, Döbeln, Colditz, Groitzsch, Leisnig, Eilenburg, Altenburg und Meißen um ehemalige Burgwarde bildeten. 1349/50 legte die markgräfliche Kanzlei erstmals ein nach Vogteien strukturiertes Lehnbuch an. 1378 folgte das »Registrum dominorum marchionum missnensium« – das sogenannte Lehnbuch Friedrichs des Strengen –, welches die markgräflichen Einkünfte aus allen Territorien verzeichnet und damit leider nur einen unvollständigen Überblick gibt, da nicht alle Vogteien Abgaben entrichten mussten.[395]

In den genannten Quellen wurden die Vogteien entweder als »districtus« (1349/50) oder »castrum cum attinentiis« (1378) bezeichnet. Beide Begriffe werden heute eher mit dem später aufgekommenen Terminus des »Amtes« gleichgesetzt, ebenso wie die ebenfalls des Öfteren erwähnte »phlege«. Die Verwaltung dieser Grundeinheiten lag in den Händen niederadliger Amtmänner. In unregelmäßigen Abständen wurden diese an den Hof gerufen, um Rechenschaft über ihre Amtsführung und Finanzwirtschaft abzulegen. Teilweise begaben sich allerdings auch die markgräflichen Räte persönlich für solche Kontrollen in die einzelnen Ämter.[396]

Die Struktur der Ämter hatte sich direkt aus der alten Lehnsherrschaft herausgeschält. Nach wie vor dienten Burgen als Amts- und Gerichtssitze. Eine sehr detaillierte »Amtsübertragung« liegt aus dem Jahr 1409 vor, als Friedrich IV., sein Bruder und sein thüringischer Vetter Wipprecht von Thumen das Amt Trebbin im Fläming übertrugen. Er erhielt die Herrschaft über das Schloss und die Vogteirechte an der Stadt. Für seine Amtstätigkeit wurde er pro Quartal mit zehn Schock Böhmischer Groschen vergütet, »uff daz ich daz sloz, stad und lendichin deste baz bewaren, geschuczczen und beschirmen moge, und will yn ouch darobir keinen uffslag nach rechenunge nach machen nach thun«.[397] Thumen oblag der Einzug von Zöllen und Geleitgeldern, die er anscheinend jährlich an die Markgrafen abführte, denn »[w]az ouch obir virczig schog an zcolle und geleite gefille, daz obirge sal ich mynen gnedigen hern entwerten«.[398] Als Amtmann war er zudem für die Wahrung des Landfriedens verantwortlich, woran das strikte Verbot geknüpft war, eigenständig Fehden vom Zaun zu brechen.

Das Amt des Amtmannes war zeitlich begrenzt und nicht erblich. Im September 1410 wiesen Friedrich IV., Wilhelm II. und Friedrich von Thüringen Hermann von Reckenrode Krayenburg als Amtsitz zu. Die Burg war dem Landgrafen 1407 vom Kloster Hersfeld für 6 500 Rheinische Gulden verpfändet worden.[399] Reckenrode wurde angewiesen, den Besitzstand des Amtes zu wahren, also nichts zu veräußern, aber auch nichts dazu zu empfangen. Ihm wurde die niedere Gerichtsbarkeit zuerkannt und die Pflege der Wälder und Äcker aufgetragen. Auch er wurde explizit zur Einhaltung des Landfriedens ermahnt: »Auch sal er unser keine sundleriche vehede nach kriege nicht machen.«[400] Reckenrodes Amtszeit war auf drei Jahre beschränkt, aber auch garantiert. Sollte er vorher abgelöst werden, stand ihm eine Entschädigung zu.

Die beiden Beispiele verweisen auf ein gewandeltes Funktionsverständnis des Adels. Durch die Einbindung in eine sich langsam ausprägende Landesverwaltung wurden seine selbstherrlichen Rechte beschnitten. Gleichwohl waren sowohl seine Versorgung als auch seine alte Rolle als Inhaber lokaler Herrschaftsrechte gesichert. Nicht selten wurden niedere Adlige als Amtsverwalter auf ihrem ehemaligen Lehnsbesitz oder auch ihren neu erworbenen Burgen eingesetzt, wie die Familie von Waldau in Mückenberg[401] (heute Südbrandenburg).

Besonders wichtig war jedoch, dass der Adel durch die Ämterübertragung enger an den Landesherren gebunden wurde, was insbesondere durch das immer wieder betonte Fehdeverbot deutlich wird. Auf eine andere Form der Adelsunterwerfung in Form der Auftragung alter Lehen wird an späterer Stelle noch einzugehen sein.

Die Abgaben aus den Ämtern erfolgten auch im beginnenden 15. Jahrhundert nicht ausschließlich in Form von Geld, sondern teilweise noch in Naturalien. So verpflichtete sich Dietrich Pack, dem 1419 das Amt Düben auf drei Jahre verschrieben wurde, neben der jährlichen Zahlung von 70 Schock Groschen zur Lieferung von 2 Tonnen Butter und 4 Tonnen Käse.[402]

Die Städte waren einer Kontrolle analog der der Amtsleute anscheinend entzogen, zumindest lassen sich vergleichbare Besuche städtischer Gesandtschaften am Hof zur Zeit Friedrichs des Streitbaren nicht nachweisen.[403] Vermutlich waren die Markgrafen zufrieden, wenn die wirtschaftlich starken Gemeinden ihre jährlichen Renten (Steuern) zahlten. Konflikte mit den Städten waren selten. So war es noch in der Jugend Friedrichs zu Verstimmungen mit dem Leipziger Rat gekommen, als nach dem Tod der Kinder des städtischen Schultheißen den Markgrafen das halbe Gericht anheimfiel, welches der Rat jedoch bei der Stadt behalten wollte. In diesem Streit mussten schließlich am 4. Januar 1385 Landgraf Balthasar und Herzog Wenzel von Sachsen vermitteln.[404] Erst 1423 verkaufte Friedrich der Stadt die hohe und niedere Gerichtsbarkeit für 1500 Gulden. Sicherlich hatte sich Leipzig mit der inzwischen gegründeten Universität zu einer durch den Kurfürsten besonders geförderten Stadt entwickelt. Andererseits fällt der Verkauf auch in eine Zeit, in welcher Friedrich dringend Gelder aquirieren musste.[405]

In den 1420er Jahren wandte sich Friedrich nochmals mit einer Beschwerde an den Leipziger Rat. Ein Klaus Sobrecht aus Gera, der eine Leipzigerin zur Frau genommen hatte, trug dem Kurfürsten eine Klage vor, dass der Rat ihm das Bürgerrecht verweigere, »darumb da er eynteils verkummerter pferde der Polen an sinen schulden habe genommen«.⁴⁰⁶ Dem Rat hatte dieser Übergriff seitens Sobrechts sicherlich missfallen, da er an guten Handelsbeziehungen mit Polen interessiert war. Friedrich wiederum kümmerte es weniger, dass diesem das Bürgerrecht verweigert wurde. Viel mehr ärgerten ihn ähnliche Übergriffe gegen sächsische Untertanen in Polen, weswegen er Sobrechts Vorgehen als willkommene Revanche billigte und den Rat erinnerte, »in welcher masse wir mit den Polen daran sin, die unsern auch offt und viil in demselbin konigriche angegriffen und grobelich beschediget haben; darumbe ist den unsern von uns zugegbin und irloubet, sie wyderumb zcu hindern und zcu kummern.«⁴⁰⁷ In die selbe Zeit fällt noch ein weiterer Brief Friedrichs an die Universitätsstadt, worin er dem Rat befiehlt, den Diener eines Grafen, der wegen einer Schlägerei mit Studenten in die Acht geraten war, aus selbiger zu entlassen, weil er seinen inzwischen verstorbenen Herren sehen wollte.⁴⁰⁸

Generell hielt sich der Markgraf und spätere Kurfüst jedoch mit solchen Maßregelungen zurück, denn neben den Juden waren die Städte seine wichtigsten Kreditgeber. Da Friedrich bis in die Zeit der Hussitenkriege eine sehr solide Haushalts- und Finanzwirtschaft betrieb, sind entsprechende Kredite kaum nachweisbar. Interessant ist hierbei eine kleine Anleihe von 120 Mark Silber, die Friedrich IV. und seine Brüder 1400 bei der Stadt Jena aufnahmen. Der Rat lieh sich das Geld wiederum bei Johannes von Eckartsberga, dem ehemaligen Rat der beiden Osterländer. Diese versprachen daher der Stadt am 21. Oktober, die Summe rechtzeitig und direkt an den Naumburger Dompropst zurückzuzahlen.⁴⁰⁹ Auch einzelne Bürger traten mitunter als Kreditgeber in Erscheinung. Im April 1392 quittierte der Leipziger Bürger Conrad Stuez, dass die Markgrafen ihm 150 Schock Freiberger Groschen zurückgezahlt hatten, die er ihnen geliehen hatte. Als Pfand waren ihm bis zu diesem Zeitpunkt das halbe Gericht und das Schultheißenamt der Stadt übertragen worden.⁴¹⁰ Auch bei den Räten selbst wurden kleinere Kredite aufgenommen. 1390 hatten sich die Osterländer von Hartung von Erffa, der in der Urkunde als ihr »Heimlicher« bezeichnet wurde, 400 Mark Silber geliehen und dafür Jahrrenten der Stadt Jena in Höhe von 40 Mark verpfändet.⁴¹¹

Nur sehr selten verpfändete Friedrich in den ersten Jahrzehnten seiner Regierung bis in die Hussitenzeit hinein eigenen Landbesitz. Im Oktober 1393 überschrieb er Orlamünde an den Bischof von Würzburg für 500 Mark Silber und 120 Pfund Pfennige. Der Vertrag war vierteljährlich kündbar.⁴¹²

Die wichtigsten Einnahmequellen eines spätmittelalterlichen Fürsten wie Friedrich bestanden, wie bereits angedeutet, neben den feudalen Abgaben, aus Zöllen und – besonders im meißnisch-sächsischen Beispiel – den Einnahmen aus dem Bergregal. Direkte Steuern kamen erst langsam auf und bedurften der Bewilligung der Landschaften. Dies ging auf eine Forderung des Sachsenspiegels zurück, wonach kein Gebot (=Gesetz), Herberge, Bede

(Steuer) oder Dienst dem Land auferlegt werden durfte, ohne dass die Landschaft ihre Zustimmung dazu gegeben habe.[413] Dennoch gelang es den Wettinern im frühen 14. Jahrhundert die eigentlich als Sonderabgaben gedachten »Geschoße« oder »Beden« insbesondere von den Städten regelmäßig abzufordern. Für diese stellten die im Bedarfsfall mitunter sehr hoch ausfallenden Forderungen eine große Belastung dar, weswegen sie vermutlich von selbst darauf drängten, diese durch regelmäßige Jahrrenten abzulösen. Diese Abgaben waren eine überschaubare Belastung für die städtischen, aber auch die ländlichen Untertanen, bedeuteten jedoch in ihrer Gesamtheit eine wichtige Einnahmequelle für den Landesherrn.[414]

6 Das Haupt der Dynastie

6.1 Wettinische Territorialfragen 1406 bis 1411

AM 18. MAI 1406 starb Friedrichs Onkel Balthasar auf der Wartburg. Dieser Todesfall hatte noch keine größeren Auswirkungen auf die dynastische Territorialaufteilung, denn mit Friedrich dem Jüngeren (auch dem Friedfertigen) stand ein Erbe für die thüringische Landesportion zur Verfügung.[415] Anders gestalteten sich die Dinge mit dem Tod Wilhelms des Einäugigen am 19. Februar 1407 in Grimma. Auch die zweite Ehe des Markgrafen war kinderlos geblieben, weswegen Friedrich IV., Wilhelm II. und Friedrich der Jüngere nun um die Aufteilung der östlichen Landeshälfte verhandelten. Die Freiberger Erbverbrüderung vom März 1403 hatte in diesem Fall eine gleichmäßige Aufteilung der verbliebenen Besitzungen festgeschrieben.[416] Im Mai desselben Jahres hatte Wilhelm seinen beiden Neffen jedoch vorzeitig Stadt und Schloss Eilenburg mit der Bitte verschrieben, es als das Leibgedinge seiner Frau Anna anzuerkennen und zu schützen.[417] Die entsprechende Übertragung an Anna folgte allerdings erst am 9. Dezember[418], zusammen mit der Übertragung von Döbeln, Leisnig und Oschatz, die Friedrich IV. und sein Bruder im Falle einer Neuverheiratung Annas für 10 000 Gulden von ihr auslösen durften.[419] Eilenburg sollte in diesem Fall für 2 000 Rheinische Gulden zurückgewonnen werden können.[420]

Ähnliche Vorkehrungen traf im Folgejahr Landgraf Balthasar, der seiner Frau Anna am 22. August 1404 die Schlösser und Städte Herbsleben, Tennstedt und Brücken als Leibgedinge verschrieb. Auch diese konnten im Falle einer Wiederverheiratung von seinem Sohn oder den osterländischen Neffen für 10 000 Gulden ausgelöst werden.[421] Die Erbregelungen der beiden alten Brüder stellten somit sicher, dass kein Besitz dauerhaft von der Dynastie entfremdet werden konnte.

Der Tod der beiden Onkel bildete vermutlich auch den Grund, dass die Wettiner in dieser Zeit neue Bündnisse mit mitteldeutschen Fürsten suchten. Am 3. Juli 1406 schlossen sich die beiden Osterländer, ihr thüringischer Vetter, aber auch Wilhelm I. in Merseburg mit Erzbischof Günther II. von Magdeburg zusammen.[422] Am gleichen Tag folgte ein Bündnis mit dem Bischof von

Halberstadt, Herzog Rudolf III. von Sachsen und mehreren anhaltinischen Fürsten.[423] Am 25. November 1407 wurde das Abkommen mit Rudolf III. und Albrecht III. schließlich auf Lebenszeit verlängert.[424]

Auf Grundlage der Erbverbrüderung von 1403 fanden sich die beiden osterländischen Brüder und ihr thüringischer Vetter nach dem Tod Wilhelms I. im März 1407 in Freiberg ein. Am 13. März wurde die genaue Aufteilung der Mark Meißen in einer Urkunde festgehalten und besiegelt. Dabei verzichteten beide Parteien zunächst auf die noch in der Freiberger Einung vorgesehene Vorauswahl von zwei Burgen. Stattdessen sollte eine Kommission, zu der die Osterländer und der Thüringer je drei Mitglieder bestimmten, bis zum Michaelistag (29. September) die gleichwertige Landesteilung aushandeln. Im Anschluss würde das Losverfahren entscheiden, welche Partei welche Hälfte zugeteilt erhielt. Dadurch sollten Konflikte um begehrte Städte und Burgen vermieden werden. Lediglich Burg und Stadt Meißen verblieben in gemeinschaftlichem Besitz. Das fahrende Gut Wilhelms wollten die drei Wettiner ebenfalls gleichmäßig unter sich aufteilen. Bezüglich der zu Meißen und Freiberg gehörenden Lehen einigte man sich zunächst auf eine zeitliche alternierende Herrschaftsausübung. Die Besitzungen sollten somit abwechselnd für ein Jahr zunächst von den Osterländern und dann von Friedrich von Thüringen regiert werden.[425]

Zwar waren mit dieser Urkunde die Rahmenbedingungen für die Aufteilung der Markgrafschaft geschaffen, die Durchsetzung eigener Herrschaftsansprüche führte in der Folge allerdings immer wieder zu Konflikten, zunächst zwischen Friedrich und Wilhelm mit ihrem thüringischen Vetter, bald aber auch unter den osterländischen Brüdern. Beide hegten eine Abneigung gegenüber Friedrich dem Jüngeren, den sie als schwachen Herrscher einschätzten, der sich gegenüber dem thüringischen Adel nicht durchsetzen konnte. Dass er noch im selben Jahr Anna, die Tochter Graf Günthers XXX. von Schwarzburg-Blankenburg, ehelichte, bestärkte Friedrich und Wilhelm in ihrer Haltung. Strategisch gesehen befanden sich die beiden im Vorteil, denn ihre Territorien trennten Thüringen und Meißen voneinander. Daher nahmen sie die Mark Meißen in ihren Besitz und verweigerten Friedrich am Michaelistag die Herausgabe seiner Landesportion. Unter Verletzung der Beschlüsse vom 13. März 1407 schlugen sie ihm nun eine gemeinsame Regierung vor. Vermutlich glaubten sie, sich bei derart gemeinschaftlichen Entscheidungen über Friedrich hinwegsetzen und so de facto die Herrschaftsausübung über die gesamte Mark erlangen zu können.[426]

Ein zusätzlicher Konflikt entstand gleichzeitig mit den fränkischen Hohenzollern, die ebenfalls Ansprüche auf einen Teil des wilhelminischen Erbes geltend machten. Im Mai 1407 fanden sich die drei Wettiner sowie die Burggrafen Friedrich VI. und Johann III. von Nürnberg in Gotha zu einem gemeinsamen Treffen ein, um die Erbansprüche der Nürnberger zu diskutieren. Den

Hohenzollern ging es vor allem um bewegliches Besitztum, welches entweder den Burggrafen oder ihrer Mutter vererbt worden sein soll. Man einigte sich darauf, am 10. August in Slowicz ein Schiedsgericht abzuhalten, für das die Wettiner und die Hohenzollern je zwei Räte abordnen sollten.[427]
Friedrich und Wilhelm begaben sich anschließend nach Böhmen. Von Riesenburg aus bestätigten sie den Bürgern von Dux – auch im Namen Friedrichs des Jüngeren – am 3. Juni ihre durch Wilhelm I. garantierten Rechte.[428]
Bezüglich seiner Herrschaftsrechte in Meißen lenkte Friedrich von Thüringen jedoch nicht ein, sondern bestand auf den getroffenen Absprachen. Nach langjährigem Streit wurde am 31. Juli 1407 in Naumburg ein neuer Teilungsvertrag verabschiedet. Friedrich von Thüringen erhielt nun Zwickau und Teile des Vogtlandes sowie den Dresdner Raum zugesprochen, Friedrich IV. und Wilhelm die eigentlichen Kernlande der Mark. Zudem wurde das Verpfändungsrecht für alle Territorien eingeschränkt. Verpfändungen dynastischen Besitzes sollten künftig gemeinschaftlich beschlossen werden. Veräußerungen an benachbarte Städte und Fürsten wurden ganz untersagt.[429] Auch dieser Passus verdeutlicht das Misstrauen der Osterländer gegenüber ihrem Vetter. Anscheinend befürchteten sie, dass Friedrich aufgrund seiner finanziellen Schwierigkeiten und anhaltender Probleme mit den einheimischen Ständen seine Territorien veräußern würde. Weil die Osterländer auf ein Aussterben des thüringischen Familienzweiges spekulierten – tatsächlich starb Friedrich 1440 kinderlos –, hätte dies zu Problemen bei der eigenen Herrschaftsdurchdringung nach dem Heimfall der Landgrafschaft an den osterländischen Zweig der Dynastie führen können.

Mit den Nürnberger Burggrafen wurden sich die Wettiner ebenfalls nicht einig. Friedrich VI. und Johann III. forderten am 6. August die Herausgabe der Schlösser Voigtsberg, Oelsnitz (i. V.), Wiedersberg, Adorf, Thierstein und Thiersheim, »die derselbe unser oheim Marggraffe Wilhelm der alt seliger uns bey seynen lebetagen gegeben hat und uns die laßen verlyhen, des alles sich die obgenanten unser liben oheime her Friderich, her Wilhelm gebrudere und her Friderich der iunger unterwunden und underczogen haben an recht und an gerichte.«[430] Des Weiteren sollen die drei Wettiner Gold, Silber, gemüntes und ungemünztes Kupfer und etliche weitere kostbare Metalle im Wert von 30 000 Mark Silber sowie weitere 20 000, die auf die Schatzkammern der Schlösser Meißen, Dresden, Rochlitz, Schellenberg, Delitzsch, Chemnitz, Freiberg und Riesenburg verteilt seien und die eigentlich zum Erbe ihrer Mutter Elisabeth von Meißen – der Schwester Wilhelms – gehören sollten, unterschlagen und Lehngüter, die zu ihrem Erbteil gehörten, besetzt haben. Daher baten sie, die Sache auf dem angesetzten Schiedsgericht endgültig zu klären.[431] Es dauerte allerdings noch fast zwei weitere Monate, bis die beiden Hohenzollern zwei Abgeordnete für das Schiedsgericht bevollmächtigten, den Domdechanten von Bamberg Otto von Milcz und den Magdeburger Bürger Hans Alman.[432]

Im Herbst 1407 nahmen die drei Wettiner schließlich Stellung zu den Vorwürfen der Nürnberger Burggrafen. In einem am 2. Oktober in Leipzig ausgestellten Brief wiesen sie jegliche Ansprüche der Hohenzollern strikt zurück. Sie begründeten ihre Haltung damit, dass es seit über hundert Jahren im Haus der Landgrafen von Thüringen und Markgrafen von Meißen üblich sei, dass eine Tochter, die in ein anderes Geschlecht einheiratet, »allis erbeteilis an eigene, an lehene und farnder habe zcu nemene von erbfallunge unde todis wegin«[433] verlustig ging. Nur den männlichen Nachkommen stehe ein solches Erbe zu (agnatische Erbfolge). Des Weiteren behaupteten die drei Wettiner, »darwidder ouch an sulchen gutern von den, dy von frouwen kunnen geborn und herkommen syn, nye teil wurden noch gegebin ist«,[434] sprich, dass auch die Frauen, die in die Dynastie eingeheiratet hätten, kein Erbe in Form von Lehen- oder Allodialbesitz oder fahrender Habe mit eingebracht hätten. Eine offensichtliche Falschaussage – man denke nur an das Coburger Erbe Friedrichs des Strengen. Was die Forderung nach dem Anteil des auf 20 000 Silbermark geschätzten und auf verschiedene Schlösser Wilhelms verteilten Schatzes anbelangte, so erklärten die drei Wettiner, dass die Burggrafen zum einen nicht dargelegt hätten, nach welcher Mark dieser Wert berechnet sei und auf welche Stücke genau sie nun Anspruch erhoben. Die Herausgabe der sechs geforderten vogtländischen Schlösser verweigerten sie mit der Begründung, dass diese ihnen schon zu Lebzeiten durch Wilhelm verliehen worden waren. Über die übrigen geforderten Besitzungen könnten sie nicht entscheiden, da die Burggrafen diese nicht genau benannt hatten.[435]

Im späten Herbst brachen auch die Konflikte zwischen den Osterländern und Friedrich dem Jüngeren wieder auf. Im Oktober 1407 hatte der Landgraf seine beiden Vettern zu einem Tag nach Freiberg geladen, »daz ir an wullit sehen got unde daz recht unde auch gelymph, glouben unde truwe, die unser eldern uff uns bracht habin, und uns gutlichin unde fruntlichin laßen kommen zcu dem vorgerurten unserm teil des landes zcu Miessen«.[436] Friedrich IV. und sein Bruder wiesen die Anschuldigungen des Thüringers zurück: Friedrich der Jüngere habe seinen Anteil aus den Landeseinkünften stets erhalten. Die beiden osterländischen Brüder erklärten, dass sie eine Teilung der Markgrafschaft für schädlich hielten, »darumb wir mit im iczunt offte zcu tagen kumen sint und haben in lassen biten, das er das land nicht zcurissen. Das wolde er nicht tun und meinet ie sinen theil zcu haben.«[437] Dieser Teilung haben die Brüder zwar zugestimmt, als sie jedoch von Friedrich forderten, dass keiner ohne die Zustimmung der anderen Bündnisse und Einungen abschließen dürfe, habe der Landgraf den Tag im Zorn verlassen. Des Weiteren kritisierten die Brüder die Heirat des Thüringers mit der Tochter Günthers von Schwarzburg, von dem sie sich sogar militärisch bedroht fühlten.[438] Darauf antwortete Friedrich der Jüngere wiederum einen Monat später und behauptete nun, »daz das Land zcu Miessen unserm liebin vater seligen, uns unde unsern liebes lehenserbin unde nicht unsern vettern vermacht und vorbrievet waz«.⁴³⁹ Nur durch die Milde Friedrichs seien die Osterländer überhaupt in die Verschreibung und die Huldigung der Ländereien aufgenommen worden. Ihre Kritik, er habe das Land gegen ihren Willen teilen lassen wollen, wies er ebenso zurück wie den Vorwurf, er habe aus Verdruss über die Einschränkung des Bündnisrechtes den gemeinsamen Tag verlassen. Auch über seine Ehe mit der Schwarzburgerin wollte Friedrich seinen osterländischen Vettern keinesfalls Rechenschaft ablegen. Schon recht forsch kommentierte er ihren Vorwurf über einen drohenden Einfall »unde hat daz landt an den ortern vaste krieges, des unser schult nicht ist«.⁴⁴⁰

Während diese gegenseitigen Beschuldigungen nicht befriedigend geklärt werden konnten, schaltete sich König Ruprecht derweil in die Erbstreitigkeiten mit den Hohenzollern ein. Ende Januar 1408 teilte er Friedrich IV. und Wilhelm II. mit, dass er sie und die beiden Nürnberger Burggrafen im Mai zu einem Gerichtstag an seinen Hof laden wollte.⁴⁴¹ Friedrich der Jüngere erhielt nachträglich eine separate Einladung.⁴⁴² Wilhelms Witwe Anna verzichtete dagegen am 8. Februar für 400 Schock Groschen auf alle möglichen Ansprüche gegenüber Friedrich IV. und Wilhelm II.⁴⁴³

Den königlichen Gerichtstag ließ Ruprecht Ende April auf den 15. August 1408 hinausschieben.⁴⁴⁴ Er räumte den beiden Wettinern jedoch ein, die offenen Fragen schon im Juni mit ihm persönlich zu klären, was diese jedoch ablehnten, woraufhin der königliche Hofrichter Engelhart zu Weinsberg schließlich den 30. August als Gerichtstag festlegte.⁴⁴⁵ Derweil übernahmen die beiden osterländischen Brüder ihre landesherrlichen Pflichten in der Markgrafschaft Meißen. Am 8. Juni bestätigte Peter von Polenz, dass er von den beiden Markgrafen die letzten Raten für das Dorf Paltzschen, welches er Wilhelm I. verkauft hatte, gezahlt hatten und er somit alle Forderungen beglichen sah und keine Ansprüche mehr auf die Ortschaft erhob.⁴⁴⁶ Knapp zwei Monate später kauften die Brüder Burggraf Heinrich I. von Meißen die Stadt Lommatzsch für 500 Rheinische und 100 Ungarische Gulden ab.⁴⁴⁷ Mit der Übernahme solch offener finanzieller Verpflichtungen ihres Onkels konnten Friedrich und Wilhelm vor allem ihre eigenen Ansprüche auf dem erwarteten Reichsgerichtstag stärken. Auch gegenüber der Witwe ihres Onkels zeigten sich die Brüder großzügig. Im Juli 1409 traten sie – zusammen mit Friedrich dem Jüngeren – die zum Amt Torgau gehörenden Dörfer Kültzschau und Schilderhain auf Lebzeiten an Anna ab und unterstellten sie dem Einzugsgebiet des Schlosses Eilenburg.⁴⁴⁸

In der Zwischenzeit schienen sich die Beziehungen zu Friedrich dem Jüngeren wieder etwas zu entspannen. Ende August 1408 kamen die drei Wettiner mit ihren wichtigsten Räten sowie Erzbischof Gunther von Magdeburg zu einem weiteren Tag in Naumburg zusammen. Am 21. August schlossen die Schwarzburger Grafen Heinrich XX., Heinrich XXIV. und Günther XXX., deren

Einfluss auf Friedrich den Jüngeren die beiden Osterländer misstrauisch beäugten, ein Bündnis mit ihnen ab. Zunächst nahmen die Grafen das Schloss Plauen als Lehen entgegen. Darüber hinaus sagten sie zu, keine Burgen, Städte oder andere Besitztümer aus dem Gesamtbesitz der Wettiner durch Kauf oder Pfand an sich zu bringen, ohne vorher die Genehmigung der Osterländer einholen zu lassen. Sie entsagten ihrem Anspruch auf eine mögliche Vormundschaft über Friedrichs potenzielle Erben und versprachen, ohne Wissen der Osterländer keine Bündnisse abzuschließen. Außerdem gelobten sie, die Markgrafen in Fehden und Kriegen militärisch zu unterstützen.[449] Erzbischof Gunther von Magdeburg gab den Osterländern sein Versprechen, nicht ohne das Wissen aller drei Wettiner Besitzungen aus deren Herrschaftsgebieten an sich zu bringen, und entsagte seinen Ansprüchen auf eine Vormundschaft über Friedrich den Jüngeren oder dessen Erben.[450] Im Gegenzug siegelten auch Friedrich IV. und sein Bruder am Folgetag eine Urkunde, in der sie den Schwarzburger Grafen ihren Schutz zusagten.[451] Die beiden Osterländer interpretierten die bisher erzielten Einigungen auch als eine Bestätigung ihres Rechts einer Beteiligung an der thüringischen Landesverwaltung. So schrieben sie im Oktober an den Rat von Gotha, dass sie sich mit Friedrich dem Jüngeren in Naumburg geeinigt hätten, »also daz wir uns syn underwunden haben sin hoff und sin land czu bestellen ym unde deme lande czum besten«.[452]

Ein weiteres Zeichen sich normalisierender Beziehungen zwischen den Osterländern und dem Thüringer ergab sich bei der Verschreibung eines Leibgedinges an Friedrichs Frau Anna von Schwarzburg am 10. September 1408. Mit ausdrücklicher Bewilligung Friedrichs IV. und Wilhelms erhielt sie die Schlösser Käfernburg und Tänneberg sowie die Stadt Walterhausen zugesprochen.[453] Zwölf Tage später trat Friedrich im Gegenzug seine Rechte und Einkünfte an Burg und Stadt Colditz auf drei Jahre an seine Vettern ab.[454]

Gegenüber den Nürnberger Burggrafen mussten die Wettiner allerdings größere Zugeständnisse machen. Am 28. Juni 1408 bestätigte Hofrichter Engelhard zu Weinsberg, dass die Hohenzollern auf den Schlössern Oelsnitz, Voigtsberg, Adorf, Thiersheim und Thierstein »mit rechter urteyle in nuczlich gewere gesoczet sind«.[455] Gegen dieses Urteil legten die Markgrafen bei Papst Gregor XII. eine Beschwerde (Appelation) ein, die jedoch am 7. August 1409 zurückgewiesen wurde.[456] Da Gregor inzwischen aber auf dem Konzil von Pisa abgesetzt und durch Alexander V. ersetzt worden war, erklärte dieser drei Tage später alle Urteile seines Vorgängers für nichtig und nahm sich der markgräflichen Appellation erneut an.[457]

Gregor war jedoch keineswegs vollständig entmachtet. Seine Bewertung des Erbstreits wurde sicherlich durch den Umstand beeinflusst, dass sich Friedrich IV. für seine Absetzung eingesetzt hatte. Aber er hatte noch immer mächtige Anhänger und forderte daher am 5. September 1409 sämtliche Christen dazu auf, bei der Durchsetzung des von ihm bestätigten Urteils behilflich zu sein.[458]

Nach einer kurzen Phase der Entspannung schienen sich die Fronten zwischen Friedrich IV. und Friedrich dem Jüngeren spätestens ab dem Sommer 1409 neuerlich zu verhärten. Im Juni diesen Jahres schloss der Landgraf mit dem Bischof von Halberstadt ein Bündnis explizit für den Fall ab, »das er mit den hochgebornen fursten hern Frederiche und hern Wilhelme gebrudern ouch langgraven in Dorinhen und marggraven zcu Myeßen synen vettern zcu pheden adir zcu kryge queme ader sy mit ome«.[459] Anfang Februar 1410 wandten sich die osterländischen Brüder in einem Schreiben an den Rat der Stadt Delitzsch und die Mannschaft der dortigen Pflege. Darin weisen sie die von Friedrich dem Jüngeren vorgebrachten Klagen bezüglich gebrochener Teilungsbestimmungen zurück und boten nun ihrerseits einen weiteren Tag zur Klärung offener Streitpunkte an. »Und begern, daz ir unserm vettern daz widdir schribet und yn bittet, daz er darumb mit uns zcu tagen kome und da laße unser rete von beider siit gein einandir in frundlichin dingen uztragen.«[460] Die Stadt kam dieser Aufforderung offenbar nach, erhielt aber eine scharfe Zurechtweisung aus der Feder Friedrichs von Thüringen. Am 5. Juni 1410 schrieb der erzürnte Landgraf aus Weimar, »das unsere vettern her Friderich unde her Wilhelm uns lange uffgeczogen habin mit viel teidingen tagen gar große unmugeliche vorteil gein uns czu suchen an deme lande czu Mißin unde uns mid solchen teidingen unde uffcziihen zcu grossen zcerungen, kosten unde schaden bracht habin«.[461] Enttäuscht über diese Hinhaltetaktik erklärte Friedrich, sich fortan nur noch an die verbrieften Bestimmungen des Naumburger Teilungsvertrages halten zu wollen. Der Brief, in welchem nun wiederum Friedrich IV. und Wilhelm II. Stellung nahmen, ist nicht erhalten, dafür die darauf erfolgte Antwort Friedrichs des Jüngeren vom 29. Juni 1410. Hierin beklagte er sich erneut über die nicht eingehaltenen Teilungsbestimmungen. Des Weiteren warf er den Osterländern vor, die Ortschaften Gölsin (Golßen), Bärwalde und Trebbin gegen Geld veräußert zu haben, ohne ihn darüber in Kenntnis zu setzen und ihm seinen Anteil vorzuenthalten.[462]

Im Juli 1410 kam dennoch ein weiterer gemeinsamer Tag zustande, der schließlich im Naumburger Vertrag mündete. Darin wurde Friedrich und Wilhelm die Herrschaft über die Schlösser und Städte Torgau, Delitzsch, Zörbig, Gräfenhainichen, Düben, Mühlberg, Werdenhain (Würdenhain), Grimma, Naunhof, Colditz, Borna, Geithain, Rochlitz, Mittweida, Chemnitz und Schellenberg einschließlich der Herrschaften und Burgen Leisnig, Rochsberg, Penig, Mutzschen, Waldenburg, Schönburg, Glauchau, Wolkenburg, Sachsenburg, Kriebstein, Vogelsberg, Brandis, Dewin (Döben), Grunow, Schnaditz, Tiefensee, Löbnitz und Strehla sowie die Klöster Buch, Chemnitz, Sczillhan (Zschillen, heute Wechselburg) und Sankt Petersberg zugesprochen. Friedrich der Jüngere erhielt die Gebiete um Dresden, Radeberg und Großenhain einschließlich der ehemaligen Burggrafschaft Dohna (womit Friedrich und Wilhelm auf ihre Rechte an der Burg verzichteten), die böhmischen Städte

Riesenburg und Dux sowie weite Teile des Vogtlands.[463] Der Vertrag bestätigte darüber hinaus nochmals das Leibgedinge von Wilhelms Witwe: Eilenburg, Oschatz, Döbeln und Leisnig. Schloss und Stadt Meißen sowie das Kloster Altzella und Freiberg mit den dortigen Bergwerken verblieben im gemeinschaftlichen Besitz. Am Vergaberecht der an Meißen und Freiberg gebundenen Lehen im jährlichen Wechsel zwischen Friedrich IV. und Wilhelm II. einerseits sowie Friedrich dem Jüngeren andererseits wurde festgehalten. Keine Burg, keine Stadt und kein Land durften ohne Einwilligung aller drei Fürsten verkauft, verpfändet oder sonstwie vergeben werden. Dagegen konnte jeder frei über seine Einkünfte verfügen. Die drei Wettiner versprachen, sich nicht gegenseitig anzugreifen und Bündnisse nur mit dem Wissen der anderen abzuschließen. Im Falle eines gemeinsamen Krieges sollten neu erworbene Ländereien gerecht geteilt werden. Zukünftige Meinungsverschiedenheiten zwischen den Osterländern und dem Thüringer sollten durch ein Schiedsgericht geklärt werden, zu welchem jede Partei zwei Räte entsenden würde. Die klagende Partei durfte zusätzlich aus den Räten der Gegenpartei einen Obermann für dieses Gericht wählen. Verstarb einer der Fürsten und hinterließ einen unmündigen Sohn, so übernahm der Verbliebene die Vormundschaft. Im Falle des kinderlosen Todes fiel aller Besitz an die verbliebenen Mitglieder der Dynastie zurück. Dafür garantierten alle Fürsten das Leibgedinge der hinterbliebenen Witwen. Dieser Passus war zwar in den bisherigen Örterungen der Wettiner bereits üblich gewesen, kam aber vor allem den Bedürfnissen Friedrichs des Jüngeren entgegen, der sicherlich die Kritik der Osterländer an seiner Ehe noch nicht vergessen hatte.[464]

Noch am Tage des Vertragsabschlusses, dem 31. Juli, verabschiedeten die drei Wettiner eine Bekanntmachung, derzufolge alle Grafen, Ritter, Herren, Knechte oder Amtsleute, die im Zuge der Erbstreitigkeiten mit einem der Fürsten in Konflikt geraten waren, wieder in Treue aufgenommen wurden.[465] In einer weiteren Urkunde sicherten sie den Untertanen der Landgrafschaft Thüringen ihre althergebrachten Rechte zu.[466]

Auffällig ist, dass Landgraf Friedrich ein sehr zerstückeltes Gebiet zugesprochen bekam. Mit den Besitzungen bei Dresden und im Vogtland erhielt er Ländereien an den jeweiligen Peripherien des wettinischen Gesamtbesitzes, was eine herrschaftliche Durchdringung nach den Möglichkeiten der Zeit extrem erschweren musste. Dagegen war das Territorium der Osterländer sehr kompakt.[467]

Friedrich und Wilhelm unterstützten zunächst die Herrschaftsansprüche ihres Vetters. Beispielsweise forderten sie persönlich die Stadt Kahla, die im Zuge der Teilung an den Thüringer gefallen war, auf, diesem die Erbhuldigung zu leisten.[468] Friedrich IV. gab sogar in einem weiteren Erbstreit, bei dem es um die Aufteilung des Besitz des thüringischen Adligen Hermann von Salza zwischen Friedrich dem Jüngeren sowie den Grafen Heinrich von Orlamünde, Ernst, Heinrich und Ernst (sic!) von Gleichen ging, den Schiedsrichter. Die Verhandlung fand Mitte September im thüringischen Weißensee statt.[469] Im November liehen die beiden Markgrafen ihrem Vetter 2000 Rheinische Gulden, die er bis zum Fastnachtsfest 1411 zurückzuzahlen versprach.[470] Friedrich befand sich zu dieser Zeit in größeren Geldnöten, weswegen er auch eine Reihe von Burgen verpfänden musste, wofür er die Erlaubnis seiner Vettern erhielt.[471]

Die Osterländer profitierten in der Folgezeit weiter von den finanziellen Nöten Burggraf Heinrichs I. von Meißen. Dieser berechtigte Friedrich und Wilhelm am 7. März 1411, das von ihm an Veit von Schönburg, Herrn zu Glauchau, verpfändete Schloss Hartenstein nebst Zubehör einzulösen.[472] In einer zweiten Urkunde verpfändete er ihnen zusätzlich die Dörfer Kleinrückerswalde, Frohnau, Geyersdorf, Dörfel, halb Tannenberg und den Pöhlberg einschließlich der Gerichtsrechte für 900 Gulden.[473] Auch vom Hochstift Meißen erwarben die beiden Markgrafen Einkünfte zurück. Am 22. Juni 1411 bestätigte Bischof Rudolf, dass die beiden Osterländer Jahrrenten in Höhe von 60 Schock Groschen in Leipzig, 40 Schock in Torgau und 25 Schock in Meißen zurückgekauft hatten. Diese waren einst von Friedrich III., Wilhelm I. und Balthasar für 2400 Schock Groschen an die Kirche veräußert worden und wurden nun für 1500 Schock Groschen zurückerlangt. Die Hälfte der Summe brachten die beiden Osterländer sofort auf.[474]

Das Verhältnis zu den Nürnberger Burggrafen entspannte sich nach dem Schiedsurteil des königlichen Hofes ebenfalls wieder. Zwar war dabei den Forderungen der Hohenzollern weitestgehend stattgegeben worden. Aber die Wettiner luden die Burggrafen auf einen gemeinsamen Tag nach Leipzig und einigten sich am 12. Juni 1412 auf einen Kompromiss, der auch ihren Interessen entgegen kam. Die Burggrafen verzichteten auf ihre Ansprüche an den vogtländischen Schlössern, die das Reichshofgericht für rechtmäßig anerkannt hatte. Dafür waren die Wettiner bereit, ihnen die stattliche Summe von 24000 Rheinische Gulden zu zahlen. Je 12000 entfielen dabei auf die Osterländer und Friedrich den Jüngeren. Die Besitzbriefe wollten die Hohenzollern dem Grafen Wilhelm von Orlamünde in Verwahrung geben, bis die versprochenen 24000 Gulden beglichen seien.[475] Am 10. August 1412 quittierten die Burggrafen den Empfang über jene 12000 Gulden, die die Osterländer aufzubringen hatten.[476] Wilhelm hatte seine 6000 bereits am 25. Juli beglichen.[477] Am 12. Oktober 1415 bestätigten die Hohenzollern schließlich, dass ihnen die vollen 24000 Gulden für das Erbe Wilhelms ausgezahlt worden waren. Nach drei Jahren hatte also auch Friedrich der Jüngere seinen Anteil aufgebracht.[478] Noch am gleichen Tag verkauften die drei Wettiner den Burggrafen dann gemeinschaftlich Burg Thierstein und den Markt Thiersheim »mit allen und iglichen iren nuczczen, eren, rechten und zcugehorenden, lenscheften geistlichin und werltlichin, manscheften, gerichten, mergten, dorffern, weylern, hofen, hemern, bergwerken, egkern, feldern, wesen, weldern,

holczern, wiltpanen, geiegeden, vischeryen,, weyern, tichen, wassern, wasser-
loufften, molen, molsteten, wunnen, weyden, stogken, steinen und reynen,
mit herlikeiten, friheiten, geleiten, zcollen, renten, gulten, sturen, fronen,
beten, dinsten, wie daz namen had ader gehaben moge und wo daz gelegen
ist, ob der erden und darunter, besucht und umbesucht, clein und grosz.«[479]
Möglicherweise diente der Verkauf – eine Kaufsumme wird nicht genannt –
zur Begleichung einer anderen Schuld, denn noch am 13. Oktober gestanden
Friedrich IV. und Wilhelm II. ein, den Burggrafen noch 3 000 Rheinische Gulden schuldig zu sein, die sie bis zum nächsten Michaelistag begleichen wollten.[480] Diese Schuld entsprang einem Kredit, den die Brüder Friedrich dem
Jüngeren gewährt hatten. Der Landgraf versprach nämlich am 19. Oktober
1415 für die Schulden, die Friedrich IV. und Wilhelm gegenüber den Burggrafen für ihn aufgenommen hatten, 3 000 Rheinische Gulden bis zum nächsten
Walpurgisfest zu zahlen.[481]

1415 hatte sich das Verhältnis der beiden Osterländer zu den Burggrafen
wieder soweit gebessert, dass sie Friedrich VI. damit beauftragten, in einem
Streit mit den Herzögen Rudolf III. und Albrecht III. bezüglich des Besitzes
von Gräfenhainichen zu vermitteln.[482] Auch dieser Konflikt hatte seine Wurzeln noch im Tod Wilhelms I. und wurde schließlich dadurch beigelegt, dass
Wilhelm II. den Herzögen 350 Schock Groschen zahlte.[483]

Am 20. Mai 1411 schlossen Friedrich und sein Bruder zusammen mit den
Bischöfen von Würzburg und Bamberg sowie Johann III. von Nürnberg ein
Bündnis zur Wahrung des Landfriedens in Franken, welches zunächst bis zum
31. Mai 1413 befristet sein sollte.[484] Bischof Johann II. von Würzburg hatte
bereits am 31. März 1411 sein Siegel unter eine Bündnisurkunde mit Friedrich
und Wilhelm gehangen.[485] Grund dafür war ein von ihm selbst vorgetragener
Angriff auf die Burg Katz. Er befürchtete militärische Gegenmaßnahmen und
bemühte sich daher um den Beistand militärisch starker Fürsten. Schon am
13. März 1412 erneuerte er das Abkommen um weitere drei Jahre.[486] 1419 folgte ein weiteres auf drei Jahre befristetes Bündnis[487] sowie ein beiderseitiges
Hilfeversprechen, das sich gegen opponierende Lehnsuntertanen richtete.[488]
Letzteres geschah sicherlich vor allem im Interesse des Bischofs, denn auch
unter Johann II. war Würzburg stark überschuldet und der Stiftsadel unwillig,
den teuren Lebensstil des Bischofs durch zusätzliche Steuern zu finanzieren.

Ein weiteres wichtiges Bündnis kam am 30. Juni 1411 zwischen Friedrich IV., Wilhelm II. und Friedrich dem Jüngeren einerseits und dem Grafen
Friedrich von Henneberg andererseits zustande und war bis zum 1. Mai 1416
befristet.[489] Friedrich von Henneberg trat schließlich noch am gleichen Tag
als Schiedsrichter in einem Vergleich zwischen den Osterländern und Wilhelm von Bibra und seiner Frau auf. Es ging um den Besitz und die Einkünfte von Gütern bei Elsa, Heldritt, Kolberg, Gellershausen, Ottowind, Buch-
feld und Meeder, die den Bibras zugesprochen wurden.[490] 1413 einigten sich

Friedrich IV. und sein Bruder auf ein sechsjähriges Bündnis mit Kurmainz, Würzburg und den Äbten von Fulda und Hersfeld.[491] Im Januar 1414 erfolgte ein auf drei Jahre befristetes Abkommen mit Bischof Albrecht IV. von Halberstadt.[492] Die Wettiner schlossen in dieser Dekade etliche solcher Bündnisse ab und stabilisierten so die Beziehungen zu all ihren bedeutenden Nachbarn.

Die Beziehungen zu Hessen stabilisierten sich mit dem Regierungsantritt des jungen Landgrafen Ludwig im Jahr 1413. 1417 wurde der Frieden um weitere drei Jahre verlängert.[493] Auch das Verhältnis mit den Herzögen von Braunschweig musste neu geregelt werden. 1417 klagten Friedrich IV., sein Bruder und auch sein thüringischer Vetter, dass Vasallen des Herzogs Otto von Braunschweig ohne Fehdeansage auf meißnischem Gebiet Raubzüge durchgeführt hätten, wogegen Otto vorzugehen versprach.[494] Im Februar 1418 teilte Otto den drei Wettinern mit, dass er den Göttinger Ratsschreiber Heinrich von Polde mit der Ausführung der Teidung (gerichtliche Verhandlung über begangenen Frevel) beauftragt hatte.[495] Im November 1418 schlossen die drei Wettiner mit Herzog Otto dem Einäugigen von Braunschweig ein Bündnis.[496]

Die Einigung mit Friedrich dem Jüngeren bildete schließlich auch die Grundlage für die nun folgende Aufteilung des osterländischen Anteils zwischen Friedrich IV. und Wilhelm II. Ein Jahr nach dem Naumburger Vertrag schlossen die beiden Brüder am 31. August 1411 eine eigene Örterung ab. Jetzt verlagerte sich der Herrschaftsschwerpunkt Friedrichs IV. endgültig in die Markgrafschaft Meißen. Wilhelm blieb im Besitz des eigentlichen Osterlandes. Die Örterung zwischen den beiden Brüdern ging zugleich mit dem Abschluss eines lebenslangen Bündnisses einher. Allerdings hatte dieser Vertrag nur temporären Charakter. Die gemeinsamen Besitzungen sollten für vier Jahre geteilt werden. Danach war es an Friedrich darüber zu entscheiden, ob er seine Besitzungen für weitere vier Jahre behalten oder tauschen wollte. Nach acht Jahren sollte dann erneut eine Örterung stattfinden. Weitere wichtige Punkte des Vertragswerkes betrafen das fürstliche Einkommen. Die Judensteuer sollte gleichmäßig aufgeteilt werden, Sondersteuern durfte jeder von seinen eigenen Städten einziehen, Landsteuern wurden dagegen gemeinschaftlich erhoben und gerecht verteilt. Gleiches galt für die Einnahmen aus dem Hütten- und Bergwesen.[497]

Dass die bisher gemeinschaftliche Regierung fortan auseinanderging, zeigt sich in der Folge vor allem an den Urkunden. Immer öfter traten die Brüder nun getrennt als Aussteller auf. Friedrich bemühte sich weiterhin um die Erweiterung seines Herrschaftsgebietes. So kaufte er Friedrich dem Jüngeren am 1. März 1414 dessen Anteil am Schloss Meißen und die Dörfer Böhla und Bohnitzsch für 14 000 Rheinische Gulden ab.[498] Die enorme Höhe der Kaufsumme unterstreicht vor allem den hohen Prestigewert, den das Schloss für Friedrich hatte, das er als symbolträchtiges Zentrum der wettinischen Gesamtherrschaft für sich allein beanspruchte.

6.2 Konflikte mit Landgraf Friedrich 1412 bis 1417

1412 brach der Konflikt mit Friedrich dem Jüngeren erneut aus. Offensichtlich verweigerten Friedrich IV. und Wilhelm II. dem Landgrafen schlicht die Herausgabe seines Erbteils. Der Landgraf hatte – angeblich auf Anweisung seines Schwiegervaters Günther von Schwarzburg-Blankenburg – den osterländischen Brüdern den Zutritt zu den thüringischen Städten sperren lassen. Friedrich IV. und Wilhelm sahen darin erneut die Anmaßung einer Vormundschaft durch den Schwarzburger. Sie rüsteten daher zum Krieg und verbündeten sich noch im gleichen Jahr mit der Löwengesellschaft, einem oppositionellen thüringischen Adelsbund.[499]

Dieser Kurswechsel erklärt auch das Bündnis, welches die beiden Osterländer am 30. Juni 1412 mit den Herzögen Erich und Otto von Braunschweig abschlossen. Dieses war bis zum 29. September 1413 befristet und richtete sich explizit »gein den edeln graven Henriche und graven Gunthere von Swarczpurg gebrudern herren zcu Sundershusen und iren erben und helffern und gein allen den, die sich des krigis umb iren willen annemen«.[500] Einen Monat später, am 28. Juli, gelobten die Brüder Heinrich, Hermann und Hermann (sic!) von Boyneburg, den Markgrafen im Falle eines Krieges mit Günther von Schwarzburg »mit zcehin glefenien guter wepener«[501] zu unterstützen. Die Markgrafen zahlten für diese Unterstützung 120 Rheinische Gulden. Noch im Juli zog Wilhelm II. mit einem Heer nach Gotha, nahm die Stadt ein und übernahm nun selbst die Vormundschaft über Friedrich den Jüngeren.[502]

Die Grafen von Schwarzburg wandten sich in Erwartung eines Angriffs der Markgrafen an Mühlhausen, dessen Rat ihnen versicherte, ihre Sache auch den Städten Erfurt und Nordhausen vorzutragen.[503] Am 1. August versprach der Rat den Grafen, 20 mit Gleven bewaffnete Reiter zu ihrer Verfügung stellen zu wollen. Inzwischen war allerdings ein gemeinsamer Tag in Gotha anberaumt worden, auf dem die Konflikte geklärt werden sollten.[504]

Auf diesem Tag lenkten die Grafen schließlich ein und gelobten am 12. August, dass »sollen noch enwollen wir dawidder nicht sin adir das weren mit worten noch mit werken, das sich der hochgeboren fursten er Friderich der iunger landgrave in Doringen und marcgrave zcu Missin unsir lieber gnediger herre zcu den obgnanten unsern gnedigen herren hern Friderich und hern Wilhelm heldit unde sich noch yn richtet«.[505] Mit ihrer Machtdemonstration gegenüber den einflussreichen Grafen konnten die Osterländer ihren zukünftigen Einfluss auf Friedrich den Jüngeren sicherstellen. Am 18. August nahmen die drei Wettiner alle Untertanen Thüringens, die sich im Zuge der Fehde für eine Partei entschieden und bei der anderen somit in Ungnade gefallen waren, wieder in Gnade auf.[506]

Im Zuge der Auseinandersetzung mit den Schwarzburgern tat sich in Thüringen ein weiteres Konfliktfeld zwischen den Wettinern und den Grafen von

Heldrungen auf.⁵⁰⁷ Graf Friedrich V. von Heldrungen hatte sich im Sommer mit Günther XXX. von Schwarzburg gegen die Markgrafen verbündet. Der Graf führte seinerseits eine größere Gruppe rebellischer Bauern an, denen er die Abschaffung von Steuern und Frondiensten versprochen hatte. Friedrich V. war in den Ausgleich zwischen den Schwarzburgern und den Wettinern nicht einbezogen worden und verbündete sich anschließend mit Dietrich VIII. von Hohnstein – einem alten Gegenspieler der Markgrafen. Dietrich lag mit seinem Verwandten Heinrich IX. zu Hohnstein wegen der angeblich ungerechten Aufteilung der Grafschaft in Fehde. Friedrichs Bauernheer, die sogenannten Flegler, zogen nun über den Kyffhäuser und verwüsteten Teile der Goldenen Aue. Schließlich gelang ihnen die Einnahme der Burg Hohnstein. Heinrich IX. wandte sich nun mit Bitte um Unterstützung an Wilhelm II. und Friedrich den Jüngeren. Diese führten im Oktober ein Heer nach Heldrungen, eroberten die Burg und ließen etliche Flegler foltern und hinrichten. Friedrich V. entkam mit knapper Mühe und Not. Hier im Feld vor Heldrungen setzten die drei Wettiner schließlich eine Urkunde auf, in der sie Günther XXVIII. von Schwarzburg zu Ranis einige Dörfer, Felder und Fischweiden zusprachen.⁵⁰⁸ Friedrich IV. war ebenfalls Unterzeichner der Urkunde. Ob er jedoch an dem Feldzug teilgenommen hat, kann durchaus bezweifelt werden. In einem Brief, den die Stadt Mühlhausen noch am 11. Oktober zum Feldheer gesendet hat, werden nur »herre Wilhelm und herre Frederich gevettern«⁵⁰⁹ angeschrieben, also Wilhelm II. und Friedrich der Jüngere.

Im Januar 1413 verkaufte Heinrich IX. die zu Heldrungen gehörenden Lehen bei Jena und Erfurt an Wilhelm II. Heldrungen und Wiehe waren im Zuge der Fehde als verwirkte Lehen von den Wettinern eingezogen und anschließend tauschweise gegen Kelbra, Harzgerode, Güntersberge, Hoym, Ballenstedt und Sandersleben an den Grafen übergeben worden.⁵¹⁰ Die Wettiner dehnten somit ihren Machtbereich in den Harzraum aus. Allerdings schlossen sie am 20. Januar 1413 mit Heinrich einen weiteren Vertrag, in welchem sie einen erneuten Tausch der Besitzungen nicht ausschlossen.⁵¹¹

Noch im selben Jahr erwarben die Wettiner weitere Besitzungen im Harz. Am 10. April verpfändeten ihnen die Fürsten Bernhard VI. und Otto IV. von Anhalt Schloss und Stadt Harzgerode und den Güntersberge für 10 500 Rheinische Gulden. Doch mussten sich die Markgrafen verpflichten, diese Besitztümer bei Rückzahlung dieser Summe nach Ablauf von fünf Jahren zurückzugeben.⁵¹² Auch das gegenseitige Schutzbündnis, das die drei Wettiner am 18. Juli 1413 mit den Grafen Heinrich und Botho von Stollberg abschlossen, zeigt, dass der Harz in dieser Zeit zunehmend ins Blickfeld der Wettiner geriet.⁵¹³ Am 3. August verpfändeten sie den Grafen Burg und Stadt Kelbra mit allem Zubehör für 12 500 Rheinische Gulden und 160 Mark lötigen Silbers bis zum 2. Februar 1417. Die Burg stand den Wettinern in Kriegszeiten allerdings weiter offen.⁵¹⁴ Warum die Markgrafen kein Interesse an der Stadt hatten, die immerhin in einem der fruchtbarsten Gebiete Europas, der Goldenen Aue, lag, lässt sich schwer erklären. Der Vertrag wurde am 6. Februar 1417 erneuert. An die Stelle des inzwischen verstorbenen Heinrich trat Friedrich Graf und Herr zu Beichlingen und zu Wiehe. Die neue Urkunde glich im Wesentlichen den Bestimmungen von 1413.[515]

Am 19. August 1413 kauften die drei Wettiner Wilhelms Witwe Anna einen Teil ihres Leibgedinges, die Schlösser und Städte Eilenburg, Döbeln, Leisnig und Oschatz, für 12000 Rheinische Gulden ab.[516] Doch schon am 11. Februar 1414 wurde ein neuer Vertrag aufgesetzt. Anscheinend hatten die Markgrafen die 12000 Gulden nicht beglichen. Sie versprachen nun, dies bis zum kommenden Michaelistag nachzuholen, ansonsten solle Anna, die inzwischen in zweiter Ehe mit Graf Wilhelm von Henneberg verheiratet war, ihr Leibgedinge behalten.[517] Am 23. Januar 1415 bestätigte die Gräfin in Schmalkalden, dass Friedrich IV. – und nur er allein – ihr Leibgedinge für 12000 Gulden ausgelöst habe. »Dorum sogen wir uch der huldunge, die ir uns gethon hat um des egnanten lipgedings wegin, ledig und los.«[518] Friedrich brachte sich somit in den alleinigen Besitz von vier der wichtigsten Städte und Burgen der Mark Meißen.

In Thüringen entspannte sich die Lage schließlich, als die drei Wettiner mit den Städten Erfurt, Mühlhausen und Nordhausen ein bis zum 11. November 1416 befristetes Bündnis schlossen. Die unterzeichnenden Parteien einigten sich darauf, Konflikte zukünftig vor einem Schiedsgericht zu klären, zu dessen Mitgliedern Graf Friedrich von Beichlingen, Bosse Vitzthum und Konrad von Brandenstein von markgräflicher Seite sowie Rudolf Ziegler, Hans von Vrbech und Reinhard Weißenberg als Vertreter der Städte entsandt wurden.[519] Die beiden Osterländer scheinen in dieser Zeit größeren Einfluss auf Friedrich von Thüringen gewonnen zu haben und stimmten in eine Reihe von Verpfändungen und Verkäufen von Burgen zu, allerdings nur an lehnsuntertänige Adlige.[520]

Die Herrschaft von Landgraf Friedrich dem Jüngeren sollte jedoch weiterhin krisengeschüttelt bleiben. Im September 1417 reisten Friedrich IV. und sein Bruder nach Gotha, »sine lande und lute von krigis und schulde und ander irrenisse wegen«,[521] wie sie dem Rat von Dresden mitteilten. Zusammen mit dem Hof und den Räten des Landgrafen wollten die beiden osterländischen Brüder die dringendsten Missstände abstellen. Allerdings weigerte sich der Hof, Friedrich den Jüngeren vor seine Brüder treten zu lassen.[522]

Ganz anders stellte der Landgraf die Vorgänge in einem nur wenige Tage später, am 25. September, an den Dresdner Rat abgefassten Brief dar. Demnach habe er sehr wohl am 20. und 21. September mit seinen Vettern getagt. Doch hätten diese versucht, seine landesherrlichen Rechte weiter zu beschneiden, indem sie seinen Adel angewiesen hätten, den Befehlen ihrer Amtsleute zu gehorchen. Der Adel habe sich jedoch geweigert, ohne das Wissen des eigenen Landesherrn zu agieren. Friedrich warnte infolgedessen den

Dresdner Rat, sich auf Verhandlungen mit den Markgrafen einzulassen. Für ihn und den Thüringer Adel war es offensichtlich, dass die beiden Osterländer ihren herrschaftlichen Zugriff auf die landgräflichen Besitzungen immer weiter stärken wollten.[523]

Als der Rat dem Landgrafen daraufhin das Schreiben Friedrichs IV. und Wilhelms II. zukommen ließ, erklärte er, dass er »hulffe und rathe von unsern vettern gerne genommen hetten und nach gerne nehmen wulden, als das uns unde unsern landen unde luten wol nit were«[524], dass aber »von denselbin unsern vettern biis her nicht viel hulffe nach rath gescheen ist«.[525]

Bezeichnend für das anhaltend schlechte Verhältnis zwischen den Linien ist auch ein Bündnis, das Friedrich IV. und Wilhelm am 16. Februar 1418 für drei Jahre abschlossen. Aus dem Bündnisfall schlossen beide Parteien eine Reihe befreundeter Fürsten aus. Friedrich der Jüngere fehlt jedoch in der Auflistung der Markgrafen.[526]

Streit entstand in diesem Jahr über einen von Friedrich dem Jüngeren geplanten Verkauf des böhmischen Schlosses Riesenburg, wogegen sich der dort eingesetzte Amtmann Heinrich Paßek auflehnte. Friedrich ließ Paßek daraufhin im Frühjahr 1418 gefangen setzen.[527] Dessen Brüder und eine Reihe anderer Ritter intervenierten und wandten sich schließlich auch an Friedrich IV. und Wilhelm II. Die Osterländer versicherten ihnen am 21. Oktober, dass das Schloss ohne ihre Zustimmung nicht verkauft werde und in diesem Fall offene Schadensforderungen und Zinsen an die Paßeks zu begleichen seien.[528] Zwei Wochen später versprachen sie, sich für die Freilassung Heinrichs einzusetzen.[529] Wohl aufgrund dieser Vermittlungen sagte Friedrich von Thüringen Paßek im Juli 1419 zu, ihm 1 000 Rheinische Gulden zu zahlen, die noch als landgräfliche Schulden auf dem an ihn verpfändeten Schloss Tharandt lagen. Dafür sollte der Ritter ihm Riesenburg übergeben.[530]

Zu Beginn des Jahres 1419 schien ein weiteres Mal eine militärische Auseinandersetzung zwischen den Osterländern und Landgraf Friedrich dem Jüngeren heraufzuziehen. Am 27. Januar setzte der Landgraf seine wichtigsten Vasallen Friedrich von Beichlingen, Heinrich von Schwarzburg, Botho von Stollberg, Friedrich von Gleichen, Heinrich von Blankenhain und etliche mehr in Kenntnis, »daz unsir vettern willin haben, czu czihen in unßer land«.[531] Der Landgraf sah darin einen Bruch der bestehenden Abkommen und teilte seinen Vasallen mit, sich seinen Vettern widersetzen zu wollen.

Diesen Brief leiteten die Genannten an die beiden Markgrafen weiter und erklärten, dass sie sich an ihren Lehnseid gebunden fühlten und Friedrich dem Jüngeren in einer möglichen Auseinandersetzung Unterstützung zukommen lassen müssten.[532] Daraufhin antworteten Friedrich und Wilhelm am 2. Februar 1419, dass sie »wollen in unsers vettern land und stete riten, wenne uns daz eben ist, unserm vetter zcu nuczze und czu fromen und anders nicht und wolden ym ungern zcu schaden in syn land riten«.[533]

Das ganze Frühjahr über liegen bezüglich dieses schwellenden Konfliktes kaum weitere Informationen vor. Am 30. September 1419 erhielt Friedrich IV. – und nur er – von einer Reihe thüringischer Ritter und Amtleute ein gemeinsames Schreiben. Darin teilten sie dem Markgrafen mit, »daz ir uch yn syne [Friedrichs des Jüngeren, Anm. d. A.] lande und herschafft legit unde werret und euch neemlichin Swabehusin, daz von ym zcu lehen gehit, undirwundin unde das ynne hat wedir synen willin«.534 Sie baten Friedrich alles zu tun, um eine militärische Auseinandersetzung abzuwenden. Anfang Oktober antwortete der Markgraf, er habe Schwabenhausen nicht zum Schaden Friedrichs des Jüngeren besezt, »sundern darumbe, daz unsir vetter bie synen lehen blieben solle«.535 Deswegen habe er Soldaten zu Apel von Stutterheim in die Stadt geschickt, um ihn vor den Ansprüchen des Grafen Ernst von Gleichen zu schützen. Wenn sein Vetter dagegen Protest einlegen wolle, so sei Friedrich gern bereit, mit ihm und seinen Räten darüber zu tagen.

Über den Konflikt zwischen Stutterheim und Ernst von Gleichen hatte Friedrich der Jüngere jedoch bereits selbst ein Schiedsurteil gesprochen. Am 11. Oktober 1419 schrieb der Landgraf von Gotha aus an Wilhelm II. und beklagte sich, dass Stutterheim sich seinem Urteil nicht unterworfen und Ernst von Gleichen sich hilfesuchend an ihn gewandt hatte. Er bat nun seinerseits Wilhelm auf Friedrich IV. einzuwirken, damit dieser seine Truppen aus Schwabenhausen abziehe.536

Auch der Streit über den möglichen Verkauf von Riesenburg war keinesfalls geklärt. Der Landgraf wollte die auf den Südhängen des Erzgebirges gelegene Burg – eventuell auch im Zuge der aufkommenden Unruhen in Böhmen – verkaufen. In einem Brief aus dem Winter 1419/20 klagte Friedrich der Jüngere, »daz uns – here Frederich und here Wilhelm lantgraven yn Doringen und marggraven zcu Missen unser vettern vorhindirt haben an unserm kouffe Resenborg, daz wir dez mit unserm fromen nicht gelosen noch vorkauffen kunden«.537 Allerdings schimmern in dem Brief die Motive beider Parteien deutlich durch. Friedrich der Jüngere erklärte, dass er Geld bräuchte, weswegen Riesenburg, welches an der äußersten Peripherie seines Herrschaftsgebietes lag, am ehesten entbehrlich schien. Wilhelm und in noch viel stärkerem Maße Friedrich IV. hatten jedoch ein großes Interesse an den nordböhmischen Besitzungen und waren ohnehin gegen die Veräußerung der dynastischen Besitztümer.

Die finanziellen Nöte des Landgrafen liefern ausreichend Erklärung für eine weitere Beschwerde. Demnach hatten die Markgrafen die Zusammenkunft seines Hofes verhindert und sich selbst nach Gotha begeben, um in seine Regierungstätigkeit einzugreifen.538 Es scheint nachvollziehbar, dass Friedrich und Wilhelm in einem Moment der landesherrschaftlichen Krise ihres Vetters die Regierungsangelegenheiten im Sinne der Gesamtinteressen der Dynastie vor Ort zu richten hofften. Darüber hinaus ließen die Brüder Orlamünde, Kelbra und Heldrungen besetzen. Friedrich IV. wurde vorgeworfen, dass er seit längerer Zeit Roßla und Stedtfeld in Thüringen sowie zwei Dörfer östlich der Elbe gegen den Willen des Landgrafen besetzt hielt. Nicht zuletzt habe Friedrich auch größere Summen Bargeld, die dem Landgrafen gehörten, konfiszieren lassen.[539]

Weil die Fürsten mittlerweile in die Reichspolitik verwickelt wurden – im Königreich Böhmen war die offene Rebellion ausgebrochen –, mussten ihre Räte den Konflikt beilegen. Diese fanden sich im Februar 1420 in Dresden zusammen und schlossen am 11. des Monats einen Vergleich. Darin kamen sie überein, dass die drei Wettiner eine neue Urkunde unterzeichnen sollten, in welcher sie ein weiteres Mal die Bestimmungen der bisherigen Verträge anerkannten. Außerdem gestanden sie Friedrich dem Jüngeren zu, dass er Besitztümer im Wert von 25 000 Rheinischen Gulden verkaufen dürfe, um seine Schulden abzutragen, eine Entscheidung, die sicherlich keineswegs im Sinne Friedrichs IV. gewesen ist. Auch die erneute Anerkennung des Leibgedinges der Landgräfin Anna durch Friedrich und Wilhelm war ein zentraler Bestandteil des Vertrages.[540]

Am 25. März 1420 trafen die drei Fürsten in Naumburg zusammen und erklärten abschließend, »alß bißher eczliche irrethum und gebrechen zcwischen uns uffirstanden synt, sich gemachet und vorlouffen habin, daz wir nu sulcher irrethum und gebrechen von unsern reten, heymlichern und liben getruwen frundlich gericht, gesaczt und entscheiden syn«.[541]

Im Zuge der Hussitenkriege entspannte sich das Verhältnis zwischen den drei Wettinern, wie Jörg Rogge die Entwicklung auf den Punkt brachte: »Von den Hussitenkriegen der Jahre 1419 bis 1436 ging eine gleichsam pazifierende Wirkung auf die Wettiner aus. In Anbetracht der intensiven Bedrohung durch die böhmischen ›Ketzer‹ relativierten sich die Probleme zwischen den beiden Linien.«[542]

1426 musste dennoch ein letztes Mal ein thüringisch-sächsischer Konflikt beigelegt werden, bezeichnenderweise jedoch nicht zwischen den beiden Vettern, sondern zwischen dem inzwischen zum Kurfürsten aufgestiegenen Friedrich I. und Landgräfin Anna. Friedrich fürchtete, dass die Gelöbnisse, die Weimar und Gotha Anna geleistet hatten, nicht mit den ihm geleisteten Erbhuldschwüren vereinbar seien. Die Landgräfin ließ ihm jedoch versichern, dass seine Rechte davon unberührt bleiben sollten.[543]

6.3 Das Verhältnis zwischen Friedrich IV. und Wilhelm II. nach der Freiberger Örterung

Dass auch die Örterung zwischen Friedrich und Wilhelm nicht alle Spannungen zwischen den Brüdern entschärft hatte, bestätigt ein Vergleich vom 13. Oktober 1415, bei dem außer Bischof Gerhard von Naumburg auch Burggraf Friedrich VI. von Nürnberg als Schiedsrichter auftraten. Das Gericht fand in Altenburg statt. Bereits in der Präambel der anschließend ausgestellten Urkunde ist niedergeschrieben, dass dieser Vergleich geschlossen wurde, »umbe ire spenne und misshelunge als von der orterunge yre lande unde andir ire schult wegin, die sie gein anander gehabt habin, mit irer beydir wille unde wisse bered unde betedingt habin in der masse«.[544] Friedrich IV. war mit der Teilung von 1411 unzufrieden, da er glaubte, Wilhelm würden aus seinem Landesteil beträchtlich höhere Einnahmen zufließen. Daher sollte zunächst ein Viererausschuss den Wert der beiden Landeshälften genau überprüfen. Sollte dieser sich uneinig sein, würden Bischof Gerhard von Naumburg und Graf Friedrich von Beichlingen als Obmänner ein bindendes Urteil fällen. Anschließend hatte Wilhelm sechs Wochen Zeit, die Länder erneut zu teilen. Friedrich konnte sich dannach binnen vierzehn Tagen eine Landeshälfte wählen. Nach zwölf Jahren durfte Wilhelm entscheiden, ob er seine Landeshälfte behalten oder gegen die von Friedrich eintauschen wollte. In letzterem Fall hatte der Markgraf wiederum ein halbes Jahr Zeit, um einen Ortswechsel zu vollziehen.[545]

Signifikante Änderungen brachte diese neue Örterung jedoch nicht mit sich. Am 23. November 1415 teilte Wilhelm II. seinem Bruder mit, dass er Dornburg, Nebra und Kelbra Friedrichs Landesportion zugewiesen habe und der Hof Porstendorf zu Burgau und Zwätzen zu Jena kommen sollten.[546] Friedrich bestätigte Anfang Dezember, dass er seine bisher innegehabte Landeshälfte behalten wolle.[547] Interessanterweise hielt sich der Markgraf zu diesem Zeitpunkt in Altenburg auf, während sich Wilhelm für die Erarbeitung der Örterung offensichtlich nach Weißenfels zurückgezogen hatte.

Friedrich IV. scheinen die vielen Konflikte, kleinen Fehden und großen repräsentativen Zusammenkünfte in diesen Jahren teuer zu stehen gekommen sein, denn aus jenen Jahren sind erste größere Schuldverschreibungen überliefert. So bescheinigte er im Laufe des Jahres 1415 Bernd von Asseburg, Friedrich von Mohrungen und Kirstan von Witzleben, dass er ihnen 110 lötige Mark Silber in Magdeburger Währung schulde.[548] Zusammen mit dem Rat der Stadt Leipzig bekannte er zudem, Johann von Allenblumen Vitzthum zu Erfurt, dessen Sohn Henne und dessen Halbbruder Heine Becker von Gaubeckelnheim, dem Erfurter Bürger Andreas Müller und dessen Sohn Nikolaus 216 lötige Mark Silber in Erfurter Währung schuldig zu sein.[549] Beide Summen wollte er bis Anfang 1416 beglichen haben. In diesem Zusammenhang steht sicherlich auch der Verkauf der ihm durch die jüngste Örterung erst zugeschlagenen Schlösser Dornburg und Camburg an Apel Vitzthum für 800 lötige Mark Silber in Erfurter Währung für sechs Jahre. Dieser Vertrag konnte von Friedrich mit einjähriger Frist gekündigt werden, nach Ablauf der sechs Jahre von markgräflicher Seite mit vierteljähriger, durch des Käufers Seite mit halbjährlicher Frist. Die Schlösser standen dem Markgrafen weiterhin offen. Apel Vitzthum und sein Bruder Busse verpflichteten sich gegenüber dem Markgrafen zu militärischem Beistand.[550] Friedrich veräußerte seinen Besitz also nicht an reichsunmittelbare Adlige, sondern an Männer aus seinem eigenen Gefolge, die er somit wiederum an sich band.

Ob die Kaufsumme tatsächlich genutzt wurde, um Friedrichs Schulden zu begleichen, kann nicht abschließend geklärt werden. Am 7. Januar 1417 lieh er sich bei Johann Allenblumen Vitzthum zu Erfurt, dessen Sohn und Halbbruder erneut 106 lötige Mark Silber in Erfurter Währung.[551]

Trotz aller Bemühungen wurde es immer schwerer, einen Ausgleich zwischen Friedrich und seinem Bruder Wilhelm zu finden. Beide glaubten vermehrt daran, die zwischen ihnen bestehenden Spannungen – meist aufgrund gegenseitiger finanzieller Forderungen – nur durch eine vollständige Teilung beilegen zu könnten. 1418 mussten acht Schiedsrichter – Vertreter der Städte Leipzig, Jena, Altenburg und Torgau sowie vier Vasallen – zwischen ihnen vermitteln.[552] Das Gericht hoffte, dass mit seinem Urteil »auch alle andir schulde, die sie gein einandir haben, sie sin beschreben adir unbeschreben, genezlichen tod unde abgetan sin«.[553] Es sprach schließlich Wilhelm die Rechte an Ranis und Altenburg zu. Für letzteres musste er jedoch noch 300 Mark Silber an Friedrich zahlen. Die Gerichte von Lodeberg (Löderburg) und Borgow (Burgau) verblieben in Friedrichs Besitz. Im Übrigen wurde der Status quo gewahrt.[554]

Doch ein Jahr später flammte der Konflikt erneut auf. Den Grund lieferten nahezu dieselben Streitpunkte, weswegen im August eine weitere Schlichtung vermittelt werden musste. Zusätzliche Differenzen entstanden wegen Wilhelms Kollegiatsstiftsgründung in Altenburg. Die Schiedsrichter forderten Friedrich IV. dazu auf, »umbe den thum zu Aldinburg sal margrave Friderich sin insigeln an die briefe, die margrave Wilhelm darobir hat machen lassen, ouch hengen lassen«.[555] Gleichzeitig musste der immer noch kinderlose Wilhelm die Lehnsrechte seines Bruders und seiner Neffen an dem Stift anerkennen. Außerdem wurde entschieden, dass Wilhelm ein weiteres Mal die Zahlung von 300 Mark Silber für die Gerichtsrechte um Altenburg, Ranis und Pößneck zu leisten habe.[556]

Erst die für beide Brüder immense Gefahr der Hussitenkriege bewirkte im Jahr 1421 einen erneuten Schulterschluss. Am 30. Oktober erklärten sie, »allein unglouben gein enander« beenden zu wollen. Des Weiteren hielten Friedrich und Wilhelm vertraglich fest, »daz wir besunnen und betracht haben, wo eynekeit ist, daz da stete libe und fruntschafft nicht gebricht und uneynekeit nyt, has und allen unwillen stifft machet. Solche uneynekeit zcu vormyden und daz wir unser lande und lute in eynunge, fruntschafft, hulfe und rate sin und bliben, haben unser beider rete zcwischen uns eynen sacz und ordenunge bered und betedinget.«[557]

Zur Beilegung künftiger Streitfälle wurde eine Schiedskommission gebildet, für die Friedrich IV. Apel Vitzthum und Hugold von Schleinitz und Wilhelm Burggraf Albrecht von Kirchberg sowie Günther von Bünau bestimmte.[558] Diese mussten 1422 tatsächlich kleinere Konflikte zwischen den Brüdern schlichten.[559]

Über die tieferen persönlichen Gründe für die Spannungen zwischen den beiden Brüdern lässt sich nur spekulieren. Es scheint durchaus nachvollziehbar, dass Wilhelm mit der Position des Nachgeborenen nicht zufrieden war. Friedrich IV. tritt auch im Verhältnis zu seinem Bruder als Machtmensch in Erscheinung, der sich einen beherrschenden Einfluss auf den Jüngeren bewahren wollte. Diesem blieb ein eigenständiger Herrschaftsaufbau allein schon deswegen versagt, weil es ihm nicht gelang, eine eigene Familie zu begründen und somit seine persönliche Nachfolge zu sichern. Damit war Friedrich IV. stets der erste Anwärter auf das brüderliche Erbe, wodurch er sich auch zu Lebzeiten das Recht anmaß, zu dessen Erhalt und Wohl in die Herrschaft seines Bruders einzugreifen.

Aufgrund dessen endeten die innerdynastischen Spannungen erst mit dem Tod Wilhelms II. 1425. Sein Herrschaftsteil fiel geschlossen an Friedrich IV., der damit innerhalb der Dynastie eine seit über 75 Jahren nicht mehr erreichte Machtfülle erlangte.[560]

6.4 Friedrichs Verhältnis zur Kirche in Mitteldeutschland

Die drei nach der Markgrafschaft Meißen bedeutendsten Territorialmächte im mitteldeutschen Raum stellten die Hochstifte Meißen, Merseburg und Naumburg-Zeitz dar. Mit Naumburg-Zeitz und Merseburg geriet Friedrich zu Beginn seiner Regierung aufgrund territorialer Fragen in arge Konflikte.[561] Bereits im Februar 1387 bemühte sich Landgraf Balthasar in Weißenfels einen Streit zwischen seiner Schwägerin, ihren Söhnen und Bischof Christian von Naumburg zu schlichten. Dabei ging es vor allem um gegenseitige Übergriffe der jeweiligen Lehnsleute, strittigen Landbesitz und die Zuständigkeit weltlicher und geistlicher Gerichtsbarkeit. Langwährende Konflikte hatten auch dazu geführt, dass Vögte der Markgrafen mehrere Naumburger Pfarrer festgesetzt hatten. Balthasar empfahl, einen gemeinsamen Tag einzuberufen, auf welchem die Vögte sich vor Vertretern beider Parteien zu rechtfertigen hatten.[562]

Angeblich soll der Naumburger Bischof während dieser Differenzen sogar den Bann über Friedrich ausgesprochen haben, aus dem ihn schließlich Bischof Christian von Merseburg lösen musste.[563] Das Verhältnis besserte sich im Frühjahr 1390, als Christians Bruder Dietrich dem Naumburger Bischof ein schriftliches Hilfsversprechen der Markgräfin und ihrer drei Söhne zu verschaffen versprach.[564]

Das nachbarschaftliche Verhältnis wurde durch gegenseitige Belehnungen rechtlich immer komplizierter. Im Mai 1394 kaufte Friedrich IV. den Lehnsbesitz von Friedrich, Bernhard und Herman von Schönburg, Herren zu Schlettau, sowohl auf seinem Territorium als auch auf den Gebieten der Hochstifter Naumburg und Merseburg auf.[565]

Das Bistum Meißen war eines der ersten im mitteldeutschen Raum, das unter die nicht zu leugnende Abhängigkeit eines benachbarten weltlichen Fürsten geriet. Auf Betreiben Markgraf Wilhelms I. hatte Papst Bonifaz IX. (1356–1404, reg. seit 1389) das Bistum 1399 aus dem Magdeburger Metropolitanverband herausgelöst und es für exemt erklärt.[566] Zu diesem Zeitpunkt hatte der Markgraf bereits das Besetzungsrecht über ein Drittel der Domherrenstellen inne. Die Unterordnung des Bistums Meißen im Sinne eines Landesbistums benötigte zwar noch einige Zeit, die Gründe für Wilhelms Bestreben lagen jedoch auf der Hand. Er war der erste Markgraf, der sich nach längerer Zeit wieder auf dem Burgberg engagierte. Nach dem Vorbild des Prager Hradschin baute er eine Residenz aus, deren Kernstück der Dom bildete, den er auch als seine Grablege bestimmte. Daher lässt sich in der Exemtion des Meißner Bistums vor allem der Versuch erkennen, größere Kontrolle über dessen Gestaltung zu erlangen und es in ein eigenes Landeskirchenprogramm zu integrieren.[567]

Der markgräfliche Zugriff auf Meißen verstärkte sich unter Friedrich IV. Als Dank für seine Teilnahme an den Hussitenkreuzzügen verlieh ihm Papst Martin V. am 23. Dezember 1423 das Patronatsrecht über drei weitere Domherrenstellen.[568]

Auch auf die Besetzung der beiden übrigen Bischofsstühle nahmen die Markgrafen großen Einfluss. Sie waren allerdings nicht die einzigen Mächte, die hier ihre Prätendenten ins Spiel bringen wollten. Nach dem Tod des Merseburger Bischofs Walther von Köckeritz 1411 setzten sich Friedrich IV. und Wilhelm II. für die Wahl von Nikolaus Lubich ein, der schließlich auch vom Domkapitel als neuer Bischof inthronisiert wurde. Als Lubich eine Gesandtschaft nach Rom schickte, um seine Wahl bestätigen zu lassen, erfuhr er jedoch, dass der Hochmeister des Deutschen Ordens Heinrich von Plauen einen Transfer des Bischofs von Ermland Heinrich IV. Heilsberg von Vogelsang nach Merseburg anstrebte. Der Papst hatte diesen Vorschlag aber abgewiesen. Friedrich und Wilhelm schrieben dem Hochmeister am 24. November 1411 sogar persönlich, er möge seinen Procurator in Rom anweisen, die Sache nicht weiter zu verfolgen.[569] Lubich blieb Bischof. In Naumburg wurde 1409 mit Gerhard II. von Goch ebenfalls ein der Dynastie eng verbundener Mann zum Bischof geweiht.[570] Nachdem er 1422 gestorben war, wählte das Domkapitel mit Johann II. von Schleinitz einen ehemaligen Meißner Dompropst zum Bischof. Johann war allerdings zum Zeitpunkt seiner Wahl so schwer erkrankt, dass er nicht an den Königshof reisen konnte, um die Regalien aus den Händen Sigismunds zu empfangen. Daher beauftragte der König Friedrich, »sine und sines vorgenanten stifts raglia und werntlichkeit gnediclich zcu verlihen«.[571] Der Kurfürst sollte den Eid, den der neue Kirchenfürst dem König zu leisten hatte, stellvertretend empfangen und diesem nachträglich übermitteln. Auch dieser Vorgang belegt den starken Zugriff der Wettiner auf das Bistum.

Die von den Wettinern beanspruchte Schutzherrschaft über die Bistümer wurde nicht nur formal wahrgenommen. Im Sommer 1417 klagte Fürst Bernhard von Anhalt, dass Friedrich IV. einige seiner Vasallen auf einem Zug gegen Merseburg gefangen genommen habe. Friedrich rechtfertigte dieses Vorgehen gegenüber dem Delitzscher Rat mit dem Argument, »alz wisset ir wol, daz uns der stifft czu Merseburg gebort zcu vortedingen«.[572] Im gleichen Jahr war das Bistum bereits in eine Fehde mit Graf Bernd von Regenstein geraten. Der Graf geriet in Gefangenschaft, worüber das Merseburger Domkapitel Friedrich und seinen Bruder, deren »manne und dyner [sie] gewest sin«[573], informierte und das weitere Vorgehen bezüglich der Verteilung eines möglichen Lösegeldes besprach.

Die Hochstifte gingen mitunter auch finanzielle Verpflichtungen gegenüber Friedrich ein. Belegt ist, dass Bischof Nikolaus von Merseburg am 5. November 1413 600 Rheinische Gulden an Friedrich und Wilhelm II. zurückzahlen ließ, die ihm die Brüder zu gleichen Anteilen geliehen hatten.[574]

Mit dem Erzstift Magdeburg kam es ebenfalls gelegentlich zu Konflikten, die vor allem lehnsrechtliche Unterstellungsverhältnisse betrafen. Am 27. April 1419 trafen sich Friedrich IV. und Erzbischof Günther in Schkeuditz, um bestehende Differenzen auszuräumen. Die gegenseitigen Übergriffe auf die Ländereien des jeweils anderen sollten aufhören und Friedrich »enpfaen alle sloße, stete und lande und lute, die er von im und synem goteshuse zcu magdeburg zcu rechte haben sal«[575]. Dies betraf unter anderem auch die Güter der Herren von Heldrungen, die Friedrich erobert hatte und die eigentlich dem Erzstift unterstanden. Ein Punkt der Urkunde bezog schließlich auch die Verhandlung über die Exemtion des Bistums Meißen ein, welche Günther nicht anerkannte und für die nun ein Schiedsgericht einberufen werden sollte.[576] Obwohl nicht alle Konflikte abschließend geregelt wurden, schien sich das Verhältnis zwischen Friedrich IV. und Erzbischof Günther vorerst zu stabilisieren, denn im Juni 1419 schlossen beide ein Bündnis auf Lebenszeit ab.[577]

Die Streitigkeiten zogen sich bis in die Zeit der Hussitenkriege. Im Juli 1423 fand ein weiteres Schiedsgericht in Merseburg statt, dem Friedrichs Bruder Wilhelm und seine Schwägerin Anna von Thüringen vorstanden. Dieses Gericht forderte im Wesentlichen die Einhaltung der bisher getroffenen Entscheidungen. Neue Differenzen entstanden nun vor allem wegen der Besitzungen, die Friedrich durch den Erwerb des Kurfürstentums Sachsen-Wittenberg zugefallen waren. Das Gericht forderte jedoch in diesem Fall eine Vertagung um ein Jahr, um die Aktenlage zu klären.[578]

Die beiden Markgrafen traten aber auch als Stifter und Förderer einfacher Klöster und Kirchen auf. In der Nähe von Jena stifteten sie 1414 das Karmeliterkloster zum Heiligen Kreuz. Dafür wurden sie 1418 vom Provinzial des Ordens Arnold von Seehausen symbolisch in die Bruderschaft des Ordens aufgenommen. Die Karmeliter versprachen, ihr, ihrer Vorfahren und Nachkommen Jahresgedächtnis am Tag der Heiligen Elisabeth mit der Vigilie und am folgenden Tag mit einer Seelenmesse in Ehren zu halten.[579]

Wie die meisten seiner fürstlichen Zeitgenossen war Friedrich stets bestrebt, seine Frömmigkeit durch Stiftungen anzuzeigen und somit auch sein Seelenheil sicherzustellen. 1393 wurden er, seine Brüder und seine Mutter mit päpstlicher Erlaubnis sogar von der Priorin des Nonnenklosters Arendsee in deren Gemeinschaft aufgenommen.[580]

Auch auf lokaler Ebene traten die Markgrafen immer wieder als Schutzmächte der Kirche in Erscheinung. Im Juni 1394 baten die Pfarrer und belehnten Kapläne aus den Gerichten und Pflegen Arnshaugk, Triptis, Auma und Ziegenrück Friedrich und seine Brüder, sie mögen die Vögte und Büttel anweisen, den Besitz verstorbener Pfarrer nicht einzuziehen, bis deren Schulden nicht beglichen wären. Als Gegenleistung wollten die Pfarrer zweimal im Jahr in Neustadt zusammentreffen und Seelenmessen und Vigilien für die verstorbenen Mark- und Landgrafen begehen. Die drei Brüder gaben der Bitte schließlich statt.[581] Zwei Monate später wurde das Privileg auf die Pfarrer der Pflege Dornburg, aus Dorndorf, Wormstedt, Obertrebra, Sulzbach, Pfulsborn, Eckstedt, Camburg, Schmiedehausen, Münchengosserstädt, Heringen, Lyßlo (?), Rodameuschel, Löbnitz, Werxhausen, Gössitz, Molau, Flurstedt und Hayn ausgedehnt, die für die Seelenmessen nach Dornburg reisen wollten.[582] Im Februar 1401 wiesen Friedrich, Wilhelm und Georg den beiden Pfarrkirchen St. Bartholomäus und St. Nikolaus in Altenburg jährlich je vier Fuder Brennholz zu und baten dafür, dass die Pfarrer in den sonntäglichen Messen der Seelen ihrer Eltern und – nach ihrem Tode – auch deren der drei Brüder und ihrer Nachkommen gedachten. Für einen zusätzlichen Fuder Holz sollten sie am Urbanstag ihres Vaters Friedrich III. gedenken.[583]

Im Dezember 1404 erkauften sich die Geistlichen aus dem Osterbann zu Halberstadt mit zwei jährlichen Seelenmessen für die Mitglieder der Dynastie das Recht, das Hab und Gut verstorbener Geistlicher bei der Kirche zu belassen.⁵⁸⁴ 1406 befreiten die Markgrafen einen Großteil ihrer fränkischen Geistlichkeit von der Verpflichtung, Steuern, Dienste oder Unterkunft gegenüber den markgräflichen Lehnsleuten und Beamten zu erbringen. Dafür sollten diese einmal im Jahr nach Coburg ziehen und dort eine Seelenmesse für die Wettiner singen.⁵⁸⁵

All diese Beispiele belegen, dass kirchliche Heilsspendung eng mit wirtschaftlichen Fragen verknüpft gewesen ist. Die Förderung und Privilegierung kirchlicher Einrichtungen war somit immer auch Ausdruck persönlicher Frömmigkeit seitens Friedrichs.

6.5 Der meißnisch-sächsische Adel unter Friedrich

Das Lehnswesen war im Spätmittelalter – nicht nur im meißnisch-thüringischen Raum – tiefgreifenden Veränderungen unterworfen, die schließlich zur Ausbildung mehr und mehr territorial geschlossener fürstlicher Herrschaftsgebilde führten. Dies geschah nicht nur durch die bereits geschilderte Unterwerfung kleiner reichsunmittelbarer Herren, Grafen und Ritter im Zuge von Fehden, sondern auch durch vermehrte Lehnsauftragungen. Die Fürsten des Spätmittelalters – und Friedrich IV. darf hierbei als besonders energischer Vertreter gelten – hatten ein hohes Interesse daran, adlige Burgen als Kristallisationspunkte ihrer Herrschaft, aber auch als militärische Trutzburgen in die eigene Herrschaft einzubinden. Mitunter erfolgten solche Lehnsauftragungen freiwillig, weil Adlige den Schutz mächtiger Territorialherren suchten oder – abgeschreckt durch Beispiele wie das Schicksal der Burggrafen von Dohna – eine vollständige Enteignung ihres Besitzes fürchteten und diesem zuvorkommen wollten.⁵⁸⁶

In einigen Fällen dienten Einmalzahlungen als zusätzlicher Anreiz, um niedere Adlige zur Auftragung ihrer Lehen zu bewegen.⁵⁸⁷ Bereits 1387 bestätigte Karl von der Kere zu Schleusingen, seinen Besitz, drei Hufen Land bei Beringen und eine Mühle bei Neubrunn, für 200 Pfund Heller »under sie vormannet«⁵⁸⁸ und sogleich von den drei Osterländern und ihrer Mutter wieder als Lehen empfangen zu haben. Auf ähnliche Weise trugen die Brüder Fritz und Heinz von Sternberg Friedrich IV. 1391 für 500 Pfund Heller ihre Anteile an der Burg Kallenberg auf und empfingen sie sogleich wieder als Lehen.⁵⁸⁹ Zahlungen dieser Art konnten mitunter auch erst nach der militärischen Unterwerfung von Burgen erfolgen, wie das Beispiel Heinrichs von Witzleben und Heinrichs von dem Paradiese zeigt, deren Sitz Leuchtenburg Friedrich IV. 1392 eroberte, nur um die beiden Ritter anschließend durch das Angebot von 1000 Schock Groschen in seine Dienste zu locken.⁵⁹⁰ Im Sommer 1396 erwarben Friedrich, Wilhelm und Georg das Schloss Leuchtenburg und das Städtchen Kahla schließlich von Johannes II. Graf und Herr von Schwarzburg für 2 100 Schock Freiberger Groschen. Die Zahlung des Geldes bekundete der Graf in einer Urkunde vom 5. Juni, worin er seine Untertanen zudem von ihrer Huldigung lossagte.[591] Nur eine Woche später verkaufte Burggraf Albrecht von Starkenberg den drei Brüdern das Schloss Breitenhain, die Hälfte des dazugehörigen Forstes mit allem Zubehör, die er bisher als markgräfliche Lehen besessen hatte, für 525 Schock Freiberger Groschen.[592] Am 10. März 1401 trugen die Brüder Karl und Apel von Eiche ihren bei Heynwinden (Haubinda) gelegenen Hof und 6 Acker Weinland, die ihr freier Besitz gewesen waren, den Markgrafen auf und empfingen sie sogleich als Lehen[593] und im September geschah das Gleiche mit dem halben Dorf Hungerberg, welches durch den Ritter Wolfram Marschalk aufgetragen wurde.[594] Schloss Gruna erhielten Friedrich IV., Wilhelm II. und Friedrich von Thüringen 1417 für 200 Schock Groschen von Busso, Protze und Heinrich von Querfurt.[595]

Als Lehen wurden nicht nur Güter und Ortschaften, sondern auch Anrechte an Renten und Zöllen übertragen. Beispielsweise empfingen die Ritter Wackermann und Dietmar von Landeck 1395 fünf Schock Freiberger Groschen an der Jahrrente von Bürgel für ihre Dienste.[596] Im März 1400 wiesen die Osterländer Herrn Dietrich Hartung, genannt vom Paradiese, und seinen vier Söhnen Anteile am Zoll der Stadt Saalfeld zu, wofür sie dieser und den markgräflichen Amtsleuten keine Steuern entrichten mussten.[597] In anderen Fällen wurden Zinsrechte auch zur Überbrückung verliehen, bis entsprechende Güter zur Belehnung frei wurden. So vergab Friedrich 1395 Hans von Rekerode für seine treuen Dienste fünf Schock Freiberger Groschen als Zins, bis dieser ein Lehen erhalten könne.[598] Konrad von Hadmersleben, Herr zu Egeln, erhielt 1410 jährlich acht Schock neuer Groschen aus der markgräflichen Kammer zugewiesen, da er ihr Diener und Mann geworden war.[599]

Besonders lukrativ für den Vasallen erwies sich 1414 der Verkauf des Schlosses Blankenhain durch Heinrich Herrn von Blankenhain, welcher es den drei Wettinern für 24 000 Gulden auftrug und es sogleich mit dem Schloss Tannenrode als Lehen empfing.[600] Dagegen scheint sich Hans von Macherin 1411 ohne weitere finanzielle Zuwendung, sondern nur, weil sie ihm »den anfall an Heynen Kegils gutern gelehin haben«,[601] den beiden Osterländern unterworfen zu haben. Berthold und Conrad von der Assenburg erklärten sich für einen jährlichen Anteil von fünf Schock Freiberger Groschen an den Delitzscher Geleitgeldern zu Gefolgsleuten der Markgrafen.[602] Interessant ist auch die Lehensauftragung des Hans zu Cottbus, der sein Schloss am 27. Februar 1424 Friedrich auftrug und dafür zum kurfürstlichen Rat ernannt wurde.[603]

Dagegen schien die Öffnung der Burg Lauenstein im Osterzgebirge durch die Herren von Korbitz im Dezember 1418 vor allem militärische Gründe gehabt zu haben. Lauenstein lag direkt an der Grenze zu Böhmen und die von

Korbitz trugen die Burg nicht dem Markgrafen auf, sondern erlaubten ihm lediglich, Kriegsvolk dort zu stationieren.[604] Einen vergleichbaren Vertrag hatte der Markgraf bereits im Juli desselben Jahres mit Walther von Köckeritz bezüglich dessen Burg Saathain abgeschlossen.[605]

Aufgetragene Lehen waren jederzeit wieder einziehbar. 1410 übertrugen Friedrich IV. und sein Bruder mehrere Güter an Heinrich von Reytenbach, der daraufhin schwor, ihrer Feinde Feind zu werden. Sollte er die empfangenen Güter wieder abtreten müssen, oblag es Günther von Bünau als markgräflichem Rat, eine Entschädigungssumme festzulegen.[606]

Auch im Bezug auf die Lehnsauftragung und -vergabe konnte Friedrich in Vippachs »Katherina Divina« mahnende Worte finden: »[S]o sal her nymande lihen alzcu grosse herschafft, wenne das glucke etzlichin alzcu sere zcugehet, so werdin sie digke vorkart in dem gemute und werdin widerspenig.«[607] Der Adel sollte also in seinem Besitzstand klein gehalten werden, um keinen Gegenpol zum Landesherrn bilden zu können. Tatsächlich hatte Friedrich mit seinem Adel keine Probleme, anders als etwa sein thüringischer Vetter, der sich ständig mit einer mächtigen Opposition einflussreicher Grafengeschlechter konfrontiert sah.

Der osterländische Adel war bereits durch Friedrichs Vater weitgehend befriedet worden und befand sich seitdem anscheinend in einer Krise, wie besonders am Schicksal der Vögte von Weida deutlich wird, welche gezwungen waren, immer größere Anteile ihres Besitzes an Friedrich IV. zu verpfänden. 1389 hatte der junge Markgraf – wohl im Zuge der Erlangung seiner Volljährigkeit – Heinrich von Weida mit Schloss und Stadt belehnt.[608] 1404 folgte nochmals die Gesamtbelehnung an Heinrich den Älteren, den Mittleren und den Jüngeren.[609] Am 23. August 1406 verkaufte zunächst Heinrich der Ältere sein Drittel der Stadt Weida für 600 Gulden an Friedrich IV. und dessen Bruder.[610] Im Oktober 1410 tauschte er seine verbliebenen Besitzrechte in Weida gegen Burg und Stadt Schmölln für 700 Rheinische Gulden.[611] Bereits einen Monat später versprach Heinrich der Jüngere, seinen Anteil an Weida nur an die Markgrafen und niemand sonst veräußern zu wollen.[612] Heinrich der Mittlere hatte seinen Anteil im Oktober 1409 für 1 000 Rheinische Gulden an die Markgrafen verpfändet.[613] Im August 1410 versprach er, den Osterländern zu den nächsten beiden Michaelisfesten jeweils 100 alte Rheinische Gulden zur Abtragung seiner Schulden zu zahlen.[614] Da ihm dies offensichtlich nicht gelang, traten er und seine Frau 1411 ihren Anteil an Stadt und Schloss für 2 100 Schock Freiberger Groschen und 1 700 Rheinische Gulden ganz an den Markgrafen ab.[615] Als letztes verkaufte Heinrich der Jüngere seinen Drittteil von Weida 1426 für weitere 2 500 Rheinische Gulden an Friedrich.[616]

Heinrich von Gera gehörte ähnlich wie die Vögte von Weida zu jenen vogtländischen Adligen, die im ausgehenden 14. Jahrhundert zunehmend in finanzielle Schwierigkeiten gerieten. So hatte er Schloss Reichenfels 1383

– ebenfalls mit Genehmigung Friedrichs – an verschiedene Ritter verpfändet.[617] 1425 empfingen Heinrich der Ältere und Heinrich der Mittlere von Gera aus den Händen Friedrichs allerdings auch die Gesamtbelehnung über die Familienbesitztümer, die Schloss und Stadt Gera, Schloss und Stadt Schleiz, Schloss und Stadt Saalburg, die Burgen Reichenfels und Langenberg sowie einen Teil von Heringen umfassten.[618] Damit gehörte die Familie zweifellos nach wie vor zu den einflussreichsten Dynasten des Pleißenlandes.

Friedrich wachte streng über Besitzveränderungen unter seinem Adel. So musste Heinrich von Gera am 10. Juni 1384 erst in Leipzig die Genehmigung des Markgrafen einholen, um das Schloss Reichenfels endgültig für 400 Schock Groschen an Heinrich Reuß von Plauen zu verkaufen. Der Markgraf behielt sich für den Fall des kinderlosen Todes des Geraers jedoch das Recht zur Auslösung vor.[619] Als Iring von Heldereyt im Frühjahr 1401 sein Lehen für 500 Gulden an den Ritter Hans von Hesseberg verkaufte, musste er dem Markgrafen und seinen Brüdern versprechen, sich bei etwaigen Ansprüchen ihnen gegenüber zu verantworten.[620] 1411 empfingen Andreas von Koburg, Dietrich von Hasela sowie Hans und Heinz Kempnater die Gesamtbelehnung über Schloss Lauterburg (Coburger Land), welches die Genannten von Apel von Lichtenstein erworben hatten.[621]

Erhielten Adlige neue Lehen, mussten sie sich auch zur Wahrung des Landfriedens bekennen, wie etwa Eberhard von Langenberg, der im Mai 1404 den Hof Gommla bei Greiz erhielt und dafür versprechen musste, von dort aus niemanden anzugreifen oder zu schädigen.[622]

Friedrich achtete zwar streng darauf, dass seine landsässigen Adligen keine Fehden eingingen, dennoch erlaubte es der spätmittelalterliche Ehrenkodex, Streitfälle im offenen Zweikampf zu klären. So bat Friedrich im Sommer 1422 den Dresdner Rat um einige bewaffnete Reiter, die ihn nach Mühlberg begleiten sollten. Sein dort ansässiger Vogt wolle sich nämlich mit einem Gefolgsmann des Herzogs von Sachsen »zcu ymbiszciit umbe eynen hengist slahen«.[623]

Eine der aufstrebenden niederen Adelsfamilien zu Zeiten Friedrichs waren die Bünaus. Aus dem pleißenländischen Ministerialadel aufgestiegen,[624] verdankte die Familie diesen Aufstieg vor allem Markgraf Wilhelm I., der ihnen große Teile der ehemaligen dohnaischen Besitzungen übertrug. Damit gehörte eine Linie der Familie in der Folge zwar zum Lehnsverband Friedrichs von Thüringen, der Günther von Bünau 1410 mit der Herrschaft Weesenstein und dem kleinen Liebstadt belehnte,[625] denkbar ist jedoch auch, dass Friedrich IV. seinem thüringischen Vetter bewusst das Osterzgebirge als Erbanteil zuwies, da er mit der Loyalität seiner hierhin verpflanzten Vasallen rechnete. Immerhin ärgerte sich der Markgraf schon immer über den großen Einfluss, den der thüringische Adel auf seinen Vetter ausübte. Möglicherweise hoffte er, dass die Bünaus im Müglitztal seine Interessen gegenüber ihrem neuen

Landesherren vertreten könnten. Dass ausgerechnet jener Günther von Bünau 1425 der letzte Obermarschall am Hofe Friedrichs I. wurde, kann daher auch als Indiz einer gewissen Kontinuität im Dienst des Osterländers gesehen werden.

Zu den etablierten Familien in Friedrichs Herrschaftsbereich gehörten vor allem die aus der Nähe von Meißen stammenden von Schleinitz, die mit Hugold den letzten Hofmeister des Kurfürsten und mit Johann II. zeitgleich einen Naumburger Bischof stellten. Die Familie brachte immer wieder Mitglieder in den drei mitteldeutschen Bistümern oder der engeren Umgebung der Wettiner unter und konnte ihre herausgehobene Stellung über Jahrhunderte halten.

Die Hussitenkriege stellten eine bedeutende Zäsur für die sächsische Adelslandschaft dar. Die verheerende Niederlage bei Aussig (Ústi), die einige mitteldeutsche Geschlechter sogar vollständig auslöschte, ist hierbei als singuläres Ereignis von herausgehobener Bedeutung. Dabei darf jedoch nicht vergessen werden, dass es nicht nur eine einzelne Schlacht, sondern die lange, fast zwanzigjährige Kriegserfahrung war, welche dem sächsischen Adel immer wieder hohe Opfer abverlangte.

Das Absterben alter Geschlechter schuf allerdings auch Raum für den Aufstieg jüngerer Familien, wie etwa den der osterländischen Pflugs. Dieses im ausgehenden 13. Jahrhundert erstmals erwähnte Ministerialengeschlecht stieg infolge der Hussitenkriege zu einer der bedeutendsten sächsischen Adelsfamilien neben den bereits etablierten Schönbergs, Schleinitz', und Bünaus auf. Als einer der herausragenden Vertreter dieses Geschlechts im 15. Jahrhundert trat Nickel Pflug zu Knauthain in der Spätphase der Regierung Friedrichs in Erscheinung. Er profitierte in seinem wirtschaftlich-politischen Aufstieg nicht zuletzt davon, dass sein Vater, seine Onkel und etliche weitere Verwandte bei Aussig gefallen waren. Kurz nach der Schlacht wurde er von Friedrich belehnt. In den folgenden Jahren erweiterte er den Besitz der Familie im Osterland immer weiter und verdingte sich als privater Kriegsunternehmer, aber auch als Geldgeber wichtiger Reichsfürsten.[626]

Der Adel erlangte unter Friedrichs Herrschaft deutlich mehr Einfluss auf die Landesherrschaft. Traten im 14. Jahrhundert bei innerdynastischen Konflikten meist andere Familienmitglieder oder kleinere benachbarte Reichsfürsten als Schiedsrichter auf, so gewann im frühen 15. Jahrhundert der landsässige Adel – aber auch die Städte – zunehmend Bedeutung, weil sie in Schiedskollegien oder als Bürge berufen wurden. Schnell entwickelte sich daraus ein Gewohnheitsrecht, das der Adel bei künftigen Auseinandersetzungen über die Herrschaftsverteilung, aber bald auch in Fragen der Herrschaftsausübung – etwa im Fall von Steuererhebungen – einfordern sollte.[627]

Diese Entwicklung wurde durch die Hussitenkriege maßgeblich angeheizt, denn sie erlegten den inzwischen zu Kurfürsten von Sachsen aufgestiegenen Wettinern Kosten auf, die aus den bisherigen Einnahmequellen nicht mehr zu decken gewesen sind. Daher wurden 1438 erstmals die Landstände in Leipzig zusammenberufen. Diese umfassten die Prälaten, Grafen, Ritter und Städte des Kurfürstentums. Die Stände bewilligten Friedrich schließlich die von ihm geforderte Bede, aus der bald eine dauerhafte Steuer wurde, forderten im Gegenzug jedoch für sich das Recht ein, sich auch ohne Aufruf des Kurfürsten zu gemeinsamen Beratungen zusammenfinden zu dürfen.[628] «Steuern wurden bewilligt oder sogar erst geschaffen, um Kredite zu bedienen«,[629] konstatierte Wolfgang Reinhard in Bezug auf den frühmodernen »Kriegs-, Macht- und Steuerstaat«. Diese Darstellung hilft durchaus zu erklären, warum die sächsischen Stände nicht schon während der Hussitenkriege, sondern erst nach deren Abflauen zusammengetreten waren. Die nun bewilligten Steuern dienten weniger zur Deckung der Kriegs- als vielmehr der Kriegsfolgekosten, u. a. der Tilgung der von Juden bewilligten Kredite.[630] Obwohl die sächsischen Stände keine permanente Einrichtung darstellten, markierte ihre erste Zusammenkunft 1438 doch den Übergang vom mittelalterlichen Domänen- zum frühneuzeitlichen Steuerstaat, obwohl beide Formen landesherrschaftlicher Einkünfte noch lange Zeit parallel zueinander existierten. Eine wichtige Grundlage für den »Steuerstaat« war die seit dem 14. Jahrhundert zunehmende Geldwirtschaft, wodurch aus der nichtmonetären Sachabgabe des Lehnssystems die Geldsteuer des frühneuzeitlichen Staates werden konnte.[631]

Söldnerheere – Steuern – Ständevertretung, diese Ereigniskette lässt sich also in vielen spätmittelalterlichen Herrschaften beobachten. Sicherlich wurden die einmal aufgebrachten Steuern nicht nur zur Kriegsfinanzierung verbraucht – vom stehenden Heer ist Sachsen noch weit entfernt –, aber in Zeiten fast permanenter militärischer Konflikte verschlangen diese weiterhin einen beträchtlichen Teil der herrschaftlichen Einnahmen. Daher kann bereits für das 15. Jahrhundert der von Otto Hintze geprägte Begriff vom Militär als »Schwungrad an der Staatsmaschine«[632] geltend gemacht werden.

Die hier skizzierte Entwicklung setzte bereits in der Spätphase von Friedrichs Herrschaft ein. Wie dargestellt, wandelte sich das Verhältnis vom Adel zum Landesherren auf vielfältige Weise. Friedrich stärkte seine landesherrlichen Rechte, band den Adel aber zugleich stärker in sein Herrschaftssystem ein. Der Schritt zu einer regulären »ständischen« Beteiligung des Adels erfolgte zwar erst nach seinem Tod, hat aber in diesen Änderungen seine festen Wurzeln.

7 Ein Zentrum der Bildung – Die Gründung der Universität Leipzig

DAS MITTELALTER gilt nicht zuletzt deswegen als ein dunkles Zeitalter, weil heute noch immer zu wenig über die damaligen Bildungslandschaften bekannt ist. Wohl weiß man um die Klöster als die Stätten der Wissenskonservierung. Doch dieser Ansatz greift sicherlich etwas kurz.

Die allgemeine Entwicklung des Schulwesens im mitteldeutschen Raum ist eng an die Kirche, aber auch das Städtewesen geknüpft. Die ältesten nachweisbaren Schulen in der Mark Meißen bildeten sich vor allem in den Städten heraus. Und da diese wie ein dichtes Netz das Land überzogen, kann man zu Beginn des 15. Jahrhunderts auch von einer flächendeckenden Schullandschaft sprechen. Zunächst treten Klöster, die in Meißen eigentlich eine eher untergeordnete Rolle spielten, als Gründer auf, so in Leipzig, wo 1254 die Schule des Augustinerchorherrenstifts St. Thomas erstmals erwähnt wird. Zu Zeiten Friedrichs war es immer noch die einzige Schule in der Stadt und sie sollte es bis ins 16. Jahrhundert bleiben. Im ausgehenden 13. Jahrhundert treten dann auch einzelne Stadtkirchen als Schulgründer auf, etwa in Zwickau 1291 oder in Dresden, wo 1300 die berühmte Kreuzschule entstand. Im Laufe des 14. Jahrhunderts lassen sich immer mehr Schulen in den meißnischen Städten nachweisen, wobei nicht immer klar ist, ob ihre Gründung an die jeweiligen Pfarrkirchen gekoppelt war oder die Städte nun auch selbst als Betreiber auftraten. Erstmals erwähnt werden solche Einrichtungen 1304 in Lößnitz (Westerzgebirge), 1315 in Reichenbach (Vogtland), 1317 in Pirna, 1319 in Plauen, 1342 in Großenhain, 1357 in Grimma, 1365 in Oschatz, 1371 in Torgau, 1375 in Delitzsch, 1382 in Freiberg, 1385 in Wolkenstein, 1390 in Waldenburg, 1394 in Dippoldiswalde, 1397 in Leisnig und 1399 in Chemnitz.[633]

Die wachsende Anzahl städtischer Schulen lässt sich sicherlich zu einem erheblichen Teil auf den steigenden schriftlichen Verwaltungsaufwand im Spätmittelalter und die damit verbundene Nachfrage an lese- und schreibkundigem Personal zurückführen. Dies würde auch erklären, warum der Rat von Leipzig 1395 sogar ein päpstliches Privileg erwirkte, um neben der Thomasschule eine eigene kommunale Schule gründen zu dürfen. Zwar bewilligte Bonifaz IX. die Bitte, ausgeführt wurden die Pläne allerdings nicht.[634]

Zwar lässt sich somit von einem wachsenden Bildungsgrad der mitteldeutschen Bevölkerung im ausgehenden 14. Jahrhundert sprechen, dennoch war die Kluft zwischen den westlichen Reichsteilen oder gar dem südlichen und westlichen Europa noch sehr groß. Während 1088 in Bologna die erste Universität gegründet wurde und vor allem im 13. Jahrhundert immer mehr Hochschulen im italienischen und französischen Raum entstanden, gab es solche Bildungseinrichtungen im Reich erst seit der zweiten Hälfte des 14. Jahrhunderts und auch hier nur vereinzelt. Die erste mitteleuropäische Universität entstand 1348 auf Initiative Karls IV. in Prag. Ihr folgten 1365 Wien, 1379/92 Erfurt, 1386 Heidelberg, 1388 Köln und 1402 Würzburg. Auffällig ist, dass abgesehen von dem durch Karl als geistiges, politisches und kulturelles Zentrum seines Reiches auserwählten Prag im Raum östlich der Saale vor 1400 keine Universität existierte. Selbst die rheinischen Universitäten entstanden eher durch Zufall als aufgrund einer zielgerichteten Bildungspolitik. Sie sind ein Produkt des abendländischen Schismas. Als der französische König Karl VI. die Universitäten auf »seinen«, den Papst in Avignon einschwören wollte, verließen viele der deutschstämmigen Studenten, Bakkalare und Magister Paris und ließen sich in Heidelberg und Köln nieder.[635]

Auch die erste Hochschule in der Mark Meißen sollte ihre Gründung einem solchen Exodus verdanken. Nach dem Tod Karls IV. nahmen die innerböhmischen Spannungen immer mehr zu. Vielfältige Konfliktfelder vermischten sich zu einem explosiven Gemisch. Zunächst war es zu Ressentiments der böhmischen Landbevölkerung gegenüber den deutschstämmigen Bevölkerungsteilen in den Städten gekommen. Diese hatten ihre Ursache nicht zuletzt darin, dass die Deutschen meist den wohlhabenderen Handwerks- und Kaufmannsschichten angehörten. Hierzu gesellte sich eine wachsende Kirchenkritik, die durch das abendländische Schisma immer weiter verstärkt wurde. Ablasshändler durchzogen ganz Europa, die einen, um den Hof in Rom, die anderen, um den in Avignon zu finanzieren. Diese offen vorgelebte Verschwendungssucht der Kirche fiel in eine Zeit der agrarischen und allgemeinen wirtschaftlichen Krise.[636]

Die sozialen Konflikte zwischen Böhmen und den Ausländern entluden sich auch an der Karlsuniversität in Prag. Diese war nach dem Vorbild von Paris und Bologna errichtet worden und teilte ihre Studentenschaft seit 1360 in vier gleichberechtigte »Nationen«. Mit den Bayern, Sachsen und Polen verfügten ausländische Studenten über drei Stimmen, während die böhmische Nation ebenfalls nur eine einzige Stimme besaß. Diese Nationen hatten nichts mit den Nationen moderner Begriffsprägung zu tun, sondern teilten die Studentenschaft nur grob nach ihrer Herkunft. Die Mark Meißen und auch Thüringen gehörten in Prag beispielsweise nicht zur sächsischen, sondern zur polnischen Nation.[637]

An derlei soziale Spannungen koppelte sich im frühen 15. Jahrhundert zunehmend ein akademischer Disput, dessen Wurzeln entfernt sogar mit der Biografie Friedrichs des Streitbaren veknüpft sind. Wie bereits geschildert, ehelichte Anna von Böhmen nach der Lösung ihrer Verlobung mit Friedrich den englischen König Richard II.[638]

Zur Gefolgschaft der neuen Königin gehörten auch Studenten der Universität von Prag, die in dem Inselkönigreich erstmals mit den Theorien des Kirchenreformers John Wyclif in Berührung gekommen waren. Wyclif verurteilte den Verkauf kirchlicher Ämter und forderte die Unterstellung der Kirche unter den Staat. Den Anspruch des Papstes, Gottes Stellvertreter auf Erden zu sein, lehnte er ab. Darüber hinaus verurteilte er die Verehrung von Heiligen und Reliquien. Wyclif starb 1384, nachdem er die Bibel ins Englische übersetzt hatte.

Nach der Rückkehr einiger böhmischer Studenten zirkulierte ab den 1390er Jahren auch an der Prager Universität eine Reihe von Wyclifs Schriften. Hieronymus von Prag, der selbst kurze Zeit in Oxford verbracht hatte, machte 1398 einen jungen Prager Magister namens Jan Hus damit bekannt. Hus griff die Lehren des Engländers, der von der Kirche inzwischen als Häretiker angesehen wurde, schnell auf und schlug selbst eine geistliche Laufbahn ein. Bereits 1400 wurde er zum Priester geweiht und 1402 zum Professor ernannt. Seitdem begann er, in der Prager Bethlehemskapelle Predigten in tschechischer Sprache zu halten. Der von ihm angeregte theologische Disput gewann vielfältige Sprengkraft, denn während eine große Gruppe der Böhmen sich mit den Lehren Wyclifs identifizieren konnte, wurden diese von den deutschen Magistern einhellig abgelehnt.[639]

1402 wurde Hus zudem in eine vom Prager Erzbischof einberufene Kommission berufen, die auf Forderung eines Prager Bürgers die Heilswirksamkeit der Blutkirche in Wilsnack, die auch Katharina von Braunschweig gern aufsuchte, untersuchen sollte. Die Kommission bezichtigte die Wilsnacker Kirche schließlich des Betrugs, während Hus seine Untersuchungen sogar zum Anlass nahm, die Existenz vom Blute Christi als Reliquie insgesamt anzuzweifeln.[640]

Hatte König Wenzel noch 1399 seine Freude darüber zum Ausdruck gebracht, dass möglichst viele ausländische Studenten an die Moldaustadt kamen, so änderte sich seine Haltung mit dem Verlust der römischen Königswürde 1400. Nun setzte er seine Hoffnung auf ein neues Kirchenkonzil in Pisa. Dieses sollte das unselige Schisma beenden und der neue Papst ihm anschließend bei der Wiedererlangung der römisch-deutschen Königswürde Hilfe leisten. Als das Konzil 1408 zustande kam, hoffte Wenzel auf die gelehrte Unterstützung einer Abordnung der Prager Universität. Doch deren Entsendung wurde durch die bayrische, sächsische und polnische Nation blockiert. Nur die Böhmen unterstützten die Wünsche ihres Königs. Die ausländischen Nationen stellten sich gegen Wenzels Papstkandidaten, den späteren Alexander V., und setzten auf den römischen Papst Gregor XII. Um die Entscheidung der Universität in seinem Sinne zu gestalten, unternahm Wenzel einen folgenschweren Schritt. Am 18. Januar 1409 erließ er das Kuttenberger Dekret, worin er sich zunächst abfällig über die fremden Studenten in Prag äußerte und ihnen vorwarf, die Einheimischen zu übervorteilen. Er sprach von einer einzigen »deutschen« Nation, die mit drei Stimmen jegliche Wünsche der Böhmen mit ihrer einen Stimme blockieren könne. Um diesen Nachteil auszugleichen, solle von nun an auch die böhmische Nation über drei Stimmen verfügen. Doch der König ging noch einen Schritt weiter. Die drei ausländischen Nationen wurden zu einer einzigen »natio Theutonica« zusammengefasst, die nur noch eine Stimme besaß. Eine Umkehr der Verhältnisse. Die ausländischen Studenten protestierten und erklärten dem König, dass sie lieber Prag verlassen wollten, als die Änderung der Universitätsverfassung hinzunehmen. Wenzel schickte sich sogleich an, das Kuttenberger Dekret mit Waffengewalt durchzusetzen. Am 9. Mai erschien eine bewaffnete königliche Delegation auf einer Magisterversammlung und erzwang von Rektor Henning Boltenhagen die Herausgabe des Rektorsiegels, der Schlüssel zur Universitätslade und der Matrikeln. Im Anschluss wurde auf Befehl Wenzels mit Zdenek von Labaun ein neuer Rektor installiert.[641]

Daraufhin kam es zum Exodus der ausländischen Magister und Studenten. Wie viele von ihnen Prag verließen, ist ungewiss. Schätzungen schwanken zwischen 800 und 2000. Nach einer in Leipzig entstandenen Chronik gingen die Exilanten »jeder in seine Richtung«. Sicher werden viele in ihre Heimat zurückgekehrt sein. Es existierten aber von Anfang an Gruppen, die eine neue Universität aufbauen wollten. Eine dieser Gruppen begab sich nach Leipzig.[642]

Die Handelsstadt an der strategisch wichtigen Kreuzung von via regia und via imperii galt als eine der bedeutendsten in der Mark Meißen und war mit schätzungsweise 5 000 Einwohnern wohl auch eine der größten. Dennoch stellte Leipzig im Vergleich zu den großen Städten im Süden und Westen des Reiches nur eine Mittelstadt dar. Freiberg war zu dieser Zeit die größte Stadt der Mark, wenn auch aufgrund der versiegenden Silberquellen von sinkender Bedeutung. Dass sich in Leipzig eine größere Gruppe Prager Exilanten niederließ, geht vor allem auf die Vermittlung der regierenden Markgrafen Friedrich und Wilhelm zurück. Ob sie selbst den entsprechenden Kontakt suchten oder die Magister und Studenten ihrerseits an die Wettiner heran traten, ist ebenso ungewiss wie der genaue Zeitpunkt einer solchen Bekanntschaft. Denkbar wäre, dass der erste Kontakt im Zuge des Kuttenberger Dekrets und der damit einhergehenden Androhung eines Auszugs seitens der bayrischen, polnischen und sächsischen Nation einherging. Fest steht, dass bereits im Juli 1409 den Magistern der Freien Künste in der Leipziger Petersstraße ein Haus überlassen wurde.[643]

Zu den ersten nach Leipzig gewanderten Scholaren gesellten sich bald weitere, darunter Teile einer Gruppe um Johannes von Münsterberg und Johannes Hoffmann von Schweidnitz, die mit schlesischen Studenten eine neue Universität in Breslau gründen wollten. Da dies für viele Exilanten zu weit östlich und, wie das ebenso als neuer Standort ins Auge gefasste Görlitz, zudem auf lehnsuntertänigen Gebieten der böhmischen Krone lag, schloss sich ein großer Teil der Gruppe bald darauf den Leipzigern an.[644]

In der Matrikel des ersten Wintersemesters 1409/10 lassen sich 38 ehemalige Prager Magister in Leipzig nachweisen. Insgesamt sollen mindestens 131 Studenten, 64 Bakkalare und 52 Magister den Grundstock der neuen Universität gebildet haben. Die Markgrafen Friedrich und Wilhelm erwiesen sich von Beginn an als wichtige Förderer der neuen Bildungsstätte. Schon im Sommer 1409 finanzierten sie 20 Magister. Vor allem das Bestreben nach einer päpstlichen Legitimation für die Neugründung wurde von Friedrich entscheidend unterstützt. Doch schon vor ihrer Erteilung wurde der Lehrbetrieb aufgenommen. Im Oktober erfolgte die Wahl Henning Boltenhagens zum Dekan der Artistenfakultät. Markgraf Friedrich erhielt eine Matrikel mit 44 lehrenden Magistern überreicht. Im November wurden die ersten Prüfungen abgenommen und 20 neue Bakkalare gekürt.[645]

Die höhere Bildung oblag im Mittelalter allein der Kirche. Die Gründung einer Universität bedurfte daher eines päpstlichen Privilegs. Die Bemühungen Friedrichs um eine entsprechende Bulle müssen spätestens beim Einzug der ersten Magister im Juli begonnen haben. Dem Markgrafen kam dabei das gerade laufende Pisaer Konzil zupass. Auch hatte er mit seinem Kanzlisten Nikolaus Lubich einen Mann entsandt, der sowohl ein ehemaliges Mitglied der Kurie als auch Prager Student gewesen war. Lubich überbrachte dem am 7. Juli inthronisierten neuen Papst Alexander V. eine Supplik im Namen der Markgrafen Friedrich IV. und Wilhelm II. Am 9. September wurde das päpstliche Privileg gesiegelt. Alexander pries die Stadt Leipzig im einleitenden Teil als »volkreich«, »geräumig«, »fruchtbar«, von »mildem Klima« und »reich an Nahrungsmitteln«. Er charakterisierte die Bewohner als »homines civiles« und bescheinigte, dass die beiden Markgrafen Garanten für Frieden und Sicherheit seien. Insofern dieser Text nicht der Supplik Friedrichs und Wilhelms direkt entnommen wurde, geht er sicherlich auf die lobende Darstellung Lubichs zurück. Daher hoffte Alexander V. auf ein Gedeien des Studium generale und genehmigte die Gründung einer vollwertigen Universität mit den vier Fakultäten für Theologie, beiderlei Rechte (kanonisch und zivil), Medizin sowie die Sieben freien Künste. Die Universität erhielt alle Privilegien, Freiheiten und Immunitäten. Die Verleihung der akademischen Grade oblag dem Bischof von Merseburg als dem für Leipzig zuständigen Diözesanbischof, der zugleich als Kanzler fungierte. In dem 1419 erstmals nachweisbaren Universitätssiegel befanden sich daher der Heilige Laurentius und Johannes der Täufer, die Schutzpatrone des Bistums.[646]

Dieses erste Papstprivileg traf am 12. November 1409 in Leipzig ein und wurde in der Wohnung Henning Boltenhagens kopiert und beglaubigt. Zwei Wochen später, am 2. Dezember, fand die feierliche Eröffnungszeremonie im Refektorium des Augustinerchorherrenstifts St. Thomas statt. Zu den anwesenden Gästen zählten neben dem Merseburger vermutlich auch die Bischöfe von Naumburg und von Meißen sowie natürlich Markgraf Friedrich und sein Bruder Wilhelm. Der direkt vor den Feierlichkeiten zum Rektor der Universität gewählte Johannes von Münsterberg verlas nun das landesherrliche Gründungsprivileg. Einer der wichtigsten und sicher mit den Vorgängen in Prag in Zusammenhang stehenden Punkte betraf die Öffnung der Universität für fremde Studenten. Friedrich und Wilhelm bestimmten nach dem Prager Vorbild die Bildung von vier Nationen, einer meißnischen, einer sächsischen, einer bayrischen und einer polnischen, die »im Rat der Universität, bei den Prüfungen der artistischen Fakultät, in den Gewinnen und übrigen Einrichtungen, die in genannter Universität gehalten und gebraucht werden, in allen Dingen gleich sein«.[647]

Tatsächlich entwickelte Leipzig von Beginn an eine enorme Anziehungskraft für auswärtige Studenten. Eine Ursache dafür mögen die umfassenden päpstlichen Privilegien gewesen sein, denn im Gegensatz zur Neugründung besaßen die älteren Universitäten in Wien, Krakau und Pécs zunächst keine theologische Fakultät. In den ersten 20 Jahren der Geschichte der Universität Leipzig – also etwa bis zum Tod Friedrichs – wurden 4727 Studenten in Leipzig immatrikuliert. Davon gehörte nur ein Viertel der meißnischen Nation an, die neben der Markgrafschaft die Landgrafschaft Thüringen und die südlichen Gebiete Brandenburgs umfasste. Den Großteil stellte die sächsische Nation, zu der neben den nördlichen Reichsgebieten der gesamte Ostseeraum und Skandinavien gehörten. Die meisten Studenten kamen aus Danzig, das zur polnischen Nation zählte. Nur die bayrische Nation stand dahinter zurück, vermutlich, weil es im Westen und Süden des Reiches noch eine größere Auswahl an Universitäten gab.[648]

Der ersten päpstlichen Urkunde folgte am 19. Dezember 1409 eine weitere. Hierin bestimmte Alexander den Merseburger Bischof sowie die Domdekane von Merseburg und Naumburg als Konservatoren der Universität, um diese vor Übergriffen gegen ihre Rechte zu schützen. Sie erhielten damit die volle richterliche Strafgewalt gegenüber jedem Schädiger der Universität, was sowohl Bischöfe als auch weltliche Fürsten mit einschloss.[649]

Diese Vielzahl an Privilegien und päpstlichen Beschlüssen bildete allerdings nur eine Grundlage für das schnelle Aufblühen der Alma mater lipsiensis. Damit dies auch tatsächlich erfolgen konnte, bedurfte es der Schaffung wirtschaftlicher Grundlagen in Form von Stiftungen. Auch hierbei zeichneten sich Friedrich und Wilhelm über das damals übliche Maß hinaus aus. In der markgräflichen Gründungsurkunde verfügten sie bereits die Einrichtung eines collegium maior und collegium minor. Die beiden Markgrafen schenkten der Universität hierfür zwei Häuser für den akademischen Betrieb, sprich Vorlesungen und Disputationen. Diese genossen einen Sonderstatus innerhalb der städtischen Gemeinschaft und wurden von städtischen Steuern und Abgaben befreit. Das Große Kolleg befand sich zwischen der Ritterstraße und der Stadtmauer, das Kleine in der Schloßgasse. Zusätzlich bestätigten sie nochmals die Finanzierung von 20 Magistern aus der landesherrlichen Kammer mit jährlich 500 Gulden. Damit erhielt die Universität von Beginn an eine ökonomische Basis, um deren Errichtung Prag und Wien jahrelang gerungen hatten.[650]

Die vielen Sonderrechte der Universität führten aber auch schnell zu Konflikten mit der Stadt. Die Befreiung von städtischen Abgaben ermöglichte beispielsweise den Ausschank steuerfreien Biers an Magister und Studenten, was wiederholt die Proteste des Rats hervorrief.[651]

Zu den landesherrlichen Stiftungen traten bald auch private, vor allem aus den Reihen des Universitätspersonals. So stiftete Johannes von Münsterberg durch sein Testament die von ihm erworbenen Zinsen eines Dorfes in Schlesien für die Gründung eines neuen Kollegs, zu dem sein alter Prager Weggefährte Johannes Hoffmann von Schweidnitz später ein Grundstück am Brühl beisteuerte. Dieses der Jungfrau Maria gewidmete und allgemein als »Frauenkolleg« bekannte Haus erhielt 1422 durch Friedrich IV. die gleichen Rechte wie die beiden bestehenden Kollegien. Ein viertes Kollegium entstand als Gründung der Zisterzienser. Das St. Bernhardkolleg wurde 1411 auf Betreiben des ehemaligen Prager Magisters Vincenz Gruner gegründet, der hier den zentralen Studienplatz des Ordensnachwuchses in Mitteldeutschland einzurichten hoffte. Aufgrund verschiedener Verzögerungen nahm das Kolleg den Studienbetrieb erst in den 1420er Jahren auf.[652]

Trotz dieser umfangreichen Stiftertätigkeit fehlte es der Universität bis in die Zeit der Reformation, als ihr das aufgelöste Paulinerstift übergeben wurde, an Räumlichkeiten und ein guter Teil des Lehrbetriebs gestaltete sich als Provisorium. So lauschten die Juristen ihren Vorlesungen im Kreuzgang des Thomasklosters und die Mediziner in einem Seitentrakt der Nikolaikirche.[653]

Die Erfolgsgeschichte der Universität Leipzig mag sich erst in der Retrospektive erschließen. Seinerzeit war sie eine der wenigen landesherrlichen Universitätsgründungen nördlich der Alpen und östlich des Rheins. Anders als die von den Luxemburgern in Prag, den Habsburgern in Wien oder den Pfalzgrafen bei Rhein in Heidelberg errichteten Universitäten funktionierte sie von Anfang an und dauerhaft. Die intensive Förderung durch Friedrich IV. hatte daran erheblichen Anteil. Von daher handelt es sich nicht nur um panegyrisches Lob, wenn es in einer an der Universität 1428 nach dem Tode Friedrichs gehaltenen Ansprache heißt, dass er »... ehrwürdige Doktoren, Magister und Studenten, die von der Prager Universität durch ketzerische Hussiten vertrieben worden waren, freundlich in seinem Lande aufnahm, beständig durch Privilegien und Sonderrechte schirmte und mit seinem Reichtum und Schenkungen geziemend ernähre«.[654] Mehr als 80 Jahre später lobte Georg Spalatin, der am Hof von Fredrichs Urenkel Friedrich III. seine Vitae der wettinischen Kurfürsten verfasste, Friedrich I. weniger als Kriegsherren, sondern als Förderer der Wissenschaften und Gründer der Leipziger Universität.[655]

Betrachtet man den Wandel in der meißnisch-sächsischen Verwaltungsstruktur und rechnet der »Katherina Divina« einen nicht unerheblichen Einfluss auf bestimmte Handlungen Friedrichs zu, dann ist die Aussage Irmgard von Broesigkes, bei der Leipziger Universitätsgründung »handelte [es] sich nicht um eine Anknüpfung an Ideen der Renaissance, aus einem Staatsgefühl eine Ausbildungsstätte für die Beamten und eine Pflegestätte für die Wissenschaft zu schaffen«,[656] sicherlich falsch. Zwar kann 1409 keineswegs von einer Morgendämmerung der Renaissance in Meißen-Sachsen gesprochen werden. Vielmehr scheint es angebracht, scharfe Epochengrenzen in Frage zu stellen und Elemente, die der italienischen Renaissance zugeschrieben werden, auch im deutschen Spätmittelalter zu suchen. Die »Katherina Divina« mit ihrer vielfältigen Rezeption antiker Autoren ist ein Beweis hierfür, die Leipziger Universität, die sehr wohl der Ausbildung von Beamten einer sich langsam »bürokratisierenden« Territorial- und Verwaltungsherrschaft diente, ein weiterer.

Die schnell wachsende Bedeutung der Universität spiegelt sich auch in der 1424 erfolgten Immatrikulation des erst achtjährigen Sigismund – Friedrichs Zweitgeborenem –, der hier die nötigen Lateinkenntnisse für eine geistliche Laufbahn erwerben sollte.[657]

8 Wirtschaft und Wirtschaftspolitik

8.1 Bergbau und Münzpolitik

IM GEGENSATZ zu seinem Onkel Wilhelm I., der seine aggressive Außenpolitik durch eine massive Verschlechterung seines Münzwesens finanzierte, setzte Friedrich IV. stets auf eine stabile Währung. Das Berg- und Münzregal stand den Markgrafen seit alters zu. Damit besaßen sie das uneingeschränkte Verfügungsrecht über sämtliche Bodenschätze ihres Landes. Und mit diesen war insbesondere das Erzgebirge reich gesegnet. Bergbau wurde allerdings nicht direkt durch die Landesherren, sondern durch eigenständige Bergleute, die »Eigenlehner«, betrieben. Diese zahlten für ihr Privileg mit einer Mutungsgebühr, dem zehnten Anteil ihrer Erträge. Die übrigen neunzig Prozent der Fördermenge mussten sie dem Landesherren zu einem unter dem Marktniveau liegenden Vorzugspreis verkaufen. Die Gewinne aus dem Silberbergbau, der sich im ausgehenden 14. Jahrhundert nach wie vor im Freiberger Raum konzentrierte, bildeten die wichtigste Einnahmequelle der Markgrafen von Meißen.[658]

Über das Münzrecht erzielten die Wettiner weitere Gewinne, denn zum einen bestimmten sie den Ankaufspreis für das Silber unabhängig von der Marktlage, zum anderen legten sie den Münzfuß, das Gewicht und den Silbergehalt ihrer Münzen fest. Aus der Differenz zwischen Handels- und Aufkaufpreis erzielten sie einen zusätzlichen Gewinn. Allerdings konnten die Markgrafen diese Werte nicht vollkommen willkürlich festsetzen. Sie orientierten sich am europäischen Marktwert für Gold, wobei im späten 14. Jahrhundert der Goldgulden der rheinischen Kurfürsten als eine Art Leitwährung fungierte.[659]

Zu dieser Zeit erforderte der Bergbau im Erzgebirge eine immer größere Investition von Eigenkapital. Die von den Eigenlehnern abgebauten oberflächennahen Reicherzzonen begannen zu versiegen und es wurde nötig, Schächte tief in die Erde zu treiben. Hierfür wurden zum einen mehr Arbeitskräfte, zum anderen ausgefeilte moderne Fördermaschinen, vor allem zum Abpumpen des Grundwassers, benötigt, was jedoch die Möglichkeiten der einfachen Bergbauern meist überstieg. Daher gewann Gewerkenbergbau gegenüber den Eigenlehnern immer mehr an Bedeutung. Bei dieser Form waren die Kapitalgeber als Grubenbesitzer bereits von den Bergleuten als Arbeitskräften getrennt. Ähnliche Betriebsformen lassen sich für diese Zeit auch im Harz und in ungarischen Bergrevieren, die in nicht unerheblichen Maßen auf ausländisches Kapital angewiesen waren, nachweisen.[660] Die Wettiner besaßen nun das Direktorium über die Bergwerke und setzten eigene Beamte ein, die den Betrieb überwachten. Der landesherrliche Zugriff auf den Bergbau wurde dadurch weiter gestärkt. Gleichzeitig stiegen jedoch die Verpflichtungen der Markgrafen, da sie nun selbst als Betreiber der Bergwerke auftraten. Sie hatten Beamten- und Arbeiterlöhne zu zahlen und den Gewerken einen Reingewinn auszuschütten.[661]

Aufgrund seiner enormen Bedeutung für den wettinischen Haushalt war der Bergbau frühzeitig straff organisiert worden. Schon im 12. Jahrhundert hatten die Markgrafen eine eigene Bergbauverwaltung in Freiberg eingerichtet. Friedrich II. erließ 1328 eine erste Bergbauordnung, mit welcher er das Amt des Bergmeisters etablierte, der die Oberaufsicht über sämtliche Bergwerke führte. Gleichzeitig ließ er die bis dahin gültige Pfennigwährung durch die Prägung von »Meißner Groschen« ablösen.[662]

Da die Eigenlehner, wie bereits geschildert, im ausgehenden 14. Jahrhundert mit dem Betrieb tiefer Stollen zunehmend überfordert waren – es fehlte schlicht am Kapital für Wasserwerke, die des einsickernden Grundwassers Herr werden konnten –, kauften die Markgrafen 1384 und 1402 gemeinschaftlich alte Stollen von den Gewerken auf und betrieben diese nun vollständig auf eigene Rechnung, denn das Bergregal blieb auch nach der Chemnitzer Teilung in den Händen aller Mitglieder der Dynastie.[663]

Trotz dieses Engagements konnten die Wettiner den weiteren Rückgang der Fördererträge im ausgehenden 14. Jahrhundert nicht stoppen. Wurden um 1350 im Durchschnitt noch jährlich 2 409 Kilogramm Silber gefördert, war es im Zeitraum zwischen 1390 und 1400 nur noch die Hälfte (1 276 Kilogramm).[664] Dies führte dazu, dass Balthasar, Wilhelm und Friedrich dazu übergingen, eigene Münzmeister einzustellen, um wenigstens über einen eigenständig betriebenen Münzschlag Gewinne erzielen zu können.[665] Aber auch dieses Vorgehen erwies sich als nicht unproblematisch.

Die versiegenden Quellen um Freiberg zwangen die Wettiner außerdem dazu, neue Lagerstätten zu erschließen. Daher wandten sie sich sowohl dem Harz als auch dem westlichen Erzgebirge zu. So schlossen die Markgrafen am 27. Oktober 1404 in Grimma mit den Reußen von Plauen einen Vertrag über die Nutzung ihrer Bergwerke ab.[666] Ein weiterer Nutzungsvertrag folgte am 14. Juli 1405 in Greiz.[667] 1407 verglichen sich Friedrich IV., Wilhelm II. und Friedrich von Thüringen schließlich mit den Herren von Wolkenstein wegen einer Nutzung von deren Bergwerken.[668]

Ihr Münzrecht gaben die Markgrafen an entsprechende Handwerksmeister weiter. So stellten die Markgräfinmutter und ihre drei Söhne am

21. Dezember 1385 ein Privileg für Münzmeister Hans Swabe aus Eschwege und einen Heinrich von der Lynden für die Münzstätte Weißenfels aus. Sie sollten dort Pfennige schlagen, deren Wert denen von Markgraf Balthasar entsprach.[669] Am 12. April 1394 wurde die Münzstätte einem Paul Beneholz übertragen,[670] am 28. Januar 1397 folgte ein Privileg für einen Clauß Swarcze (Klaus Schwarz): »Er sal slahen uff eyne Erfurttische mark phennynge uff halben zcusacz, unde wenne dy gewißet unde gepreget werdin, so sullen der vier phund eyne mark wegin, unde wenne man derselben pfennynge achte pfund bornet, so sal daruz werdin eyne lotige mark silbirs.«[671]

Drei Jahre später, am 20. April 1400, wurde die Weißenfelser Münzstätte dem Meister Hans Bertram übergeben. »Er sal slahen phennynge, wenne dy gewißit unde gepreget werden, so sullen der vir pfund eyne Erfurttische mark wegen.«[672] Trotz der vielen Kredite, die Friedrich und seine Brüder anderen Fürsten, darunter auch König Wenzel oder dem Bischof von Würzburg, in den vorangegangen Jahren gewährten, aber auch ungeachtet der anhaltenden kostenintensiven Fehdeführung, finanzierten sie ihre Politik nicht über eine Münzverschlechterung. Sehr wahrscheinlich hatte Friedrich seine Sparsamkeit und sein Verantwortungsbewusstsein im Umgang mit der eigenen Währung von seiner Mutter übernommen. Denn Katharina hatte sich Entscheidungen in Geldangelegenheiten nach dem Tod Friedrichs III. noch eine längere Zeit selbst vorbehalten. Auch Vippachs »Katherina Divina« widmet der Münzpolitik breiten Raum. Vippach war sich der zeitgenössischen Möglichkeiten der Geldentwertung durchaus bewusst: »[W]enne als man etzwanne ercz wandilt in pfennige, also wandilt man underwilen pfennige in ercz, und digke / so wirt eyn pfennig swerer denne der ander. Dorumb wegin sie daz gelt und dy muntze, und an der swerde ist ire gewynunge. [...] Wene dy wyse ist gebern pfennige von pfennige, daz zcene obir jar sich merin, daz ir zweynzcig werdin von geburt. Das ist wol mogelich und naturlich an schaffen, abir daz uß zcehn pfennigen zcweynzcig werdin, daz ist unnaturlich und unrecht wucher.«[673] Mit diesem Argument prangerte Vippach nicht nur die ökonomischen Gefahren eines solchen Verfahrens (später als »kippen und wippen« bekannt) an, sondern stellte es mit dem Verweis auf den von der Kirche angeprangerten »Wucher« auch als Gefahr für das eigene Seelenheil dar.

Während ihre Söhne in territorialpolitischen Fragen bereits als eigenständige Urkundensteller auftauchten, ernannte Katharina im Dezember 1381 oder 1382 einen neuen Münzmeister in Coburg.[674] Erst im September 1383 wurde erstmals eine Urkunde zumindest im Namen ihrer drei Söhne ausgestellt, als diese einen Henschel Czigeler für drei Jahre zum Münzmeister von Freiberg ernannten.[675] Im Juli 1387 war es jedoch wiederum Katharina allein, die einem Jurge von Enteym die Münze in Coburg übertrug,[676] ebenso drei Jahre später, als diese für zwei Jahre an Hans König aus Weißensee überschrieben wurde.[677] Vermutlich unterstand die Coburger Münzstätte allein der Markgräfin, denn am 4. Dezember 1394 nahm sie wiederum allein einen Friedrich von Owe für ein Jahr in dieser Stadt als Münzmeister an.[678] Dass ihre Söhne in diesen Urkunden nicht benannt werden, liegt sehr wahrscheinlich auch daran, dass Katharina in der Coburger Pflege, die sie als väterliches Erbe in den Territorialverband der Wettiner eingebracht hatte, andere Rechte genoss. Aber auch in den übrigen Territorien ihrer Söhne blieb die Markgräfinwitwe bis zu ihrem Tod in die Münzpolizik involviert. Immerhin beurkundete die Markgrafenmutter noch das Privileg für Klaus Schwarz aus dem Jahr 1397.

Am 24. September 1390 erklärten die drei Brüder schließlich ohne Beteiligung ihrer Mutter, dass sie in ihren fränkischen Besitzungen nur nach dem kurz zuvor erlassenen Münzrecht König Wenzels prägen lassen wollten.[679] Ein Jahr später erlaubte der König den Osterländern, »das sie eyne newe muncze der groschen mit sulchem zusacz als unsere selbes muncze uf den Chutten [Kuttenberg = Böhmische Münzstätte, Anm. d. A.] geschlagen wirdet, furbas mer in irem lande slahen mugen mit eynem czeichen das ist dem adler oder andern czeichen, als sie das selber gut und nucz dunken wirdet, doch also vernemlichen, das dieselben muncze von marggraven Wilhelm von Meissen ihres vettern muncze underscheiden werde.«[680]

Aus Wenzels Privileg geht bereits hervor, dass die Münzen Markgraf Wilhelms längst nicht mehr dem Kuttenberger Standard entsprachen. Wilhelm beschaffte sich das Geld für sein militärisches Engagement in Brandenburg und Böhmen, indem er den Silbergehalt seiner Kreuzgroschen immer weiter reduzieren ließ. Dadurch verschlechterte sich deren Wert gegenüber dem Rheinischen Goldgulden rapide. Wurde ein Gulden 1381 noch mit 15 Meißner Groschen aus Wilhelms Münzstätten aufgewogen, so waren es 1404 48. Eine ganz ähnliche Politik betrieb Landgraf Balthasar, dessen Kreuzgroschen von einem Wert von 12 2/3 pro Goldgulden im Jahr 1377 auf sogar 53 im Jahr 1406 verfiel.[681]

Friedrich betrieb dagegen, wie schon angedeutet, eine stabile Münzpolitik. Die voranschreitende Münzverschlechterung durch Wilhelm und Balthasar spiegelte sich allerdings auch in einer zunehmenden Verunsicherung des Marktes wider. Nach wie vor war der Kreuzgroschen die wichtigste Meißner Münze. Kaufleute von außerhalb begannen vermehrt, die hochwertigeren Stücke Friedrichs gegenzustempeln. Dieser hatte in den 1380er Jahren zunächst Groschen im Wert von 15 bis 20 Stück pro Rheinischen Goldgulden prägen lassen. 1391 erlangte er von König Wenzel das bereits angeführte Recht, neue Groschen nach böhmischem Münzfuß prägen zu lassen. Diese sollten sich allerdings vom gängigen Kreuzgroschen unterscheiden, um einer Verwechslungsgefahr mit den Münzen Wilhelms und Balthasars zu entgehen. Friedrich ließ diese sogenannten Fürstengroschen daher mit seinem Initial »f« kennzeichnen. Der Fürstengroschen zeigte das selbe Münzbild wie der

Kreuzgroschen, auf der einen Seite ein Lilienkreuz, auf der anderen einen nach links steigenden Löwen.[682]

1393 schloss Friedrich mit seinem Onkel Balthasar ein Abkommen zur Prägung weiterer Münzen nach demselben Münzfuss, der sogenannten Helmgroschen (auch Thüringer Groschen genannt). Die älteren Exemplare wurden mit einem b für Balthasar, spätere mit einem f für Friedrich geprägt. Der Helmgroschen zeigt statt des Löwen die Thüringer Helmzier. Zwanzig dieser Groschen entsprachen einem Rheinischen Goldgulden.[683] Kurz darauf übertrugen die Osterländer einem Paul Benholcz die Hellermünzstätte in Altenburg. Benholcz sollte hier Hellermünzen prägen, von denen 14 einem Freiberger Groschen gleichkamen.[684] Am 4. Dezember 1394 wurde die Saalfelder Pfennigstätte dem Münzmeister Hermann Kufenbier übertragen. Sein Vertrag bestimmt zum einen die Qualität der Münzen, unterstellt den Meister und sein Gesinde dem Schutz der Markgrafen, klärt aber auch, dass mögliche Kläger, die Mängel in den geschlagenen Münzen feststellen sollten, dies vor Friedrich IV. zu beeiden hatten.[685]

Am 23. Februar 1402 schlossen die Osterländer mit ihrem Onkel in Freiberg eine Übereinkunft bezüglich einer gleichbleibenden Münzqualität, »nemelichin das man czu iglicher marg lotigis silbirs Pregisschis gewichtis dry verdhuge kuppirs desselbin gewichtes setzcin sal unde uff ye dy marg schrotin unde slahin sechs unde sebinczig swwarcze platin«.[686] Die vier Markgrafen versprachen, dass all die von ihnen legitimierten Münzmeister dieses Verhältnis einhalten sollten.

1403 überließen die osterländischen Brüder dem Meister Hermann Kyffenbyr die Münzstätte in Jena. Auch er sollte die Münzen so prägen, dass vier Pfund einer Erfurter Mark gleich kamen. Der Meister wurde zudem ermahnt, die Münzen nicht in Umlauf zu bringen, bevor sie nicht durch den Jenaer Rat geprüft worden wären.[687] Wilhelm I. forderte dagegen im Januar 1404 von dem Münzmeister Fritz Weise, der die Oelsnitzer Münzstätte betrieb, dass ein Pfennig nur viereinhalb Lot Silber enthalten sollte.[688]

Auch gegen das zirkulierende schlechte Geld gingen Friedrich und seine Brüder vor. Im Mai 1405 teilten sie dem Rat von Leipzig mit, dass sie sich zu Ostern in Freiberg »eyner nuwen muncze eyn worden synd myd unsern vettern. Doch wollen wir an unsern renten und czinßen von dem nehst vorgangen sente Walburge tage der alden groschen noch czwene vor eynen nehmen dem lande zu gute.«[689] Auch andere Reichsfürsten und vor allem die Städte fühlten sich durch die Verbreitung schlechten Geldes bedroht. Im Februar 1425 bat Friedrich den Rat der Stadt Berlin um die Freilassung Nickel Berwerstorff aus Seyda, der festgenommen worden war, weil er schlechte Groschen in Umlauf gebracht habe. Friedrich erklärte, dass derartige Münzen weit verbreitet seien und Nickel sie für den Verkauf von Waren in der Stadt Brüx erhalten habe. Er habe daher nichts mit ihrer Herstellung zu tun, deswegen möge der Rat den Gefangenen und die schlechten Münzen dem Amtmann von Herzberg übergeben.[690]

Balthasar ließ schon bald nach der Münzeinung von 1393 vom Prägen der Helmgroschen ab und ließ weiter Kreuzgroschen schlagen, deren Wert sich weiter verschlechterte. Die Groschen Wilhelms sanken im Wert bis zu seinem Tod im Jahr 1407 auf ein historisches Tief von 54 Stück pro Rheinischen Goldgulden.[691]

Mit der Übernahme der Markgrafschaft Meißen versuchte Friedrich sogleich, die angeschlagene Landeswährung zu stabilisieren. Bereits 1405 hatte er mit der Prägung sogenannter Schildgroschen begonnen. Diese zeigten auf der Vorderseite nach wie vor das Lilienkreuz, auf der Rückseite hingegen das Löwenschild, umgeben von drei fünfblättrigen Rosen. Zwanzig dieser Schildgroschen kamen auf einen Rheinischen Goldgulden.

Wilhelm begann nach der erfolgten Örterung mit seinem Bruder ebenfalls mit dem Prägen eigener Groschen, bei denen auf der Gegenseite ein aufsteigender Löwe das Wappen mit den Landsberger Pfählen zeigt. Damit machte er seinen Anspruch auf die Markgrafschaft Landsberg deutlich, wogegen jedoch Friedrich IV. und Friedrich von Thüringen Protest einlegten, weswegen sich dieser Groschen nicht lange im Umlauf befand.[692]

Aufgrund der schlechten Erfahrungen, die Friedrich mit der Münzpolitik seiner Onkel gemacht hatte, versuchte er seinen Zugriff auf die eigene Währung weiter zu stärken und das Recht Wilhelms und Friedrichs von Thüringen auf eigene Münzmeister einzuschränken. Nach seinen Vorstellungen sollte die Freiberger Münze einem gemeinschaftlich eingesetzten Münzmeister unterstehen, um die Stabilität der Groschen zu garantieren. Dies führte zur Verabschiedung einer neuen Münzordnung am 11. April 1412.[693] In der Präambel verwies der Markgraf auf die großen Schäden, die das Land durch die Ausprägung von Münzen mit immer geringerem Silbergehalt genommen hatte. Schlechte Münzen hatten vor allem zu einem massiven Anstieg der Preise geführt. Aufgrund dessen sollten in Zukunft ausschließlich in der Freiberger Münze Groschen geschlagen werden. Die neuen Stücke entsprachen im Münzbild den Schildgroschen, sollten aber um die Initialen der drei unterzeichnenden Fürsten Friedrich IV., Wilhelm II. und Friedrich des Friedfertigen ergänzt werden. Ein neuer Groschen entsprach neun Pfennigen oder zwölf Hellern. Aus einer 9 1/7 lötigen Prager Münzmark sollten 82 bzw. aus der feinen Mark 143 ½ Groschen geprägt werden. Vom Wert sollten 20 neue Groschen einem Rheinischen Goldgulden entsprechen.[694] Das Prägen der Fürsten- und Helmgroschen war bereits 1411 eingestellt worden.

Die Etablierung eines neuen Münzfußes wirkte sich auch belebend auf den Freiberger Bergbau aus. Verkauften die Gewerke zwischen September 1412 und Januar 1413 lediglich 280 ½ Mark Silber an die Freiberger Münzstätte, so stiegen diese Zahlen in den Jahren 1413 bis 1421 auf etwa 6 000 bis

7 000 Mark pro Jahr. Danach gingen die Erträge aufgrund sich immer weiter erschöpfender Quellen wiederum stark zurück. In den 1420er Jahren wurden schließlich lediglich 2 800 bis 3 400 Mark Silber pro Jahr gefördert.[695]

8.2 Verkehrswesen

Das mitteldeutsche Flusssystem bildete bereits im Mittelalter ein überaus wichtiges Verkehrsnetz. Insbesondere Baumaterial wie Holz wurde nach Möglichkeit über Wasserwege geflößt. Daher achtete Friedrich frühzeitig darauf, dass Zölle nicht zu Preissteigerungen führten. Schon 1393 mahnte er die Vögte, Bürger und Amtleute der an der Saale gelegenen Orte Saalfeld, Weißenburg, Orlamünde und Kahla, sie mögen von den nach Jena abgehenden Holzflößen keinesfalls mehr als die festgeschriebenen Zölle erheben. Möglicherweise hatte es Beschwerden der Flößer und Kaufleute über Beamte gegeben, die vor Ort eigenmächtig höhere Abgaben erhoben, um ihre Kassen aufzubessern. Im gleichen Schreiben legte der Markgraf darüber hinaus fest, dass Schiffer für Schäden, die ihre Flöße an Brücken und Wehren anrichteten, aufzukommen hatten.[696]

Am 11. März 1410 erließen Friedrich und Wilhelm in Saalfeld eine Urkunde, in welcher sie zunächst feststellen, »daz wir angesehin haben merglichin gebrechin, den unser lande bisher an holcze gehabit habin, unde habin die Sale von allen zcollen gefrihet bis gein Wissenfels, uff das das unsern landen unde steten deste meher holczs zugefurt [...] werden«.[697] In ihren Bestimmungen legten die Brüder fest, dass die Saale zollfrei für Holzflößer nutzbar war. Sollten zwischen Saalfeld und Jena Flöße verkauft werden, so war pro Floß ein Rheinischer Gulden Zoll zu entrichten, danach bis einschließlich Weißenfels zwei Gulden. Darüber hinaus wurde nochmals bestätigt, dass Schäden, die durch Flöße an Wehren und Brücken entstanden, durch die Flößer beglichen werden sollten.[698]

Wichtige Einnahmen bezogen die Wettiner auch aus dem Geleitsystem, also dem Frachtverkehr über Land. Für diesen waren Geleitgelder zu entrichten, welche von einzelnen Amtsleuten kassiert wurden. Bereits 1378 wurden im wettinischen Herrschaftsbereich 18 Geleitstellen gezählt, darunter Orte an wichtigen Flußüberquerungen, wie Torgau, Dresden, Grimma und Weißenfels, aber auch bedeutende Straßenknotenpunkte wie Erfurt, Leipzig, Delitzsch und Triptis.[699]

Geleitsämter wurden in ähnlicher Form vergeben wie Vogteien und Pflegen, allerdings konnten auch Nichtadlige diese Positionen übernehmen. So übertrugen die drei Wettiner am 27. März 1413 dem Erfurter Bürger Hans Slotheim das Geleit in der Region um Erfurt. Slotheim sollte für die Einnahmen Rechnungen vorlegen und einen Schreiber sowie zwei reitende und zwei laufende Knechte als Boten unterhalten. Detailliert war festgehalten, dass die Boten von Slotheim Kleidung und Schuhe erhalten sollten, während der Schreiber seine Ausstattung von den Markgrafen bekam. Dafür erhielt Slotheim jährlich die stattliche Summe von 150 Rheinischen Gulden.[700]

Die größte Gefährdung für den Handel stellte die Wegelagerei dar, deren Bekämpfung immer wieder Bestandteil eigener Landfriedensordnungen darstellte. Eine solche Ordnung schlossen die drei Wettiner am 4. Juni 1422 in Schleiz mit Kurfürst Friedrich I. von Brandenburg ab. Dieses Bündnis diente explizit dazu, »das die kouflute die strassen durch unser lande deste sicher gebuwen mogen.«[701] Die Fürsten versprachen sich gegenseitige Unterstützung beim Kampf gegen Straßenräuberei und wiesen ihre Amtsleute an, geraubtes Gut nach Möglichkeit wiederzubeschaffen. Anlass für diesen Vertrag war wohl ein groß angelegter Überfall auf Nürnberger Kaufleute auf der Straße zwischen Zwickau und Plauen am 1. Juni 1422, bei denen die Räuber mehrere Wagen erbeuten konnten.[702]

Bei Überfällen in größerem Stil kam der Kurfürst für den Schaden der Kaufleute auf, wohl weniger aufgrund von Kulanz, sondern um den Handel zu schützen. Beispielsweise überfielen im Sommer 1424 Räuber Nürnberger Kaufleute nahe Chemnitz. Zu den Geschädigten gehörte der Breslauer Bürger Niclas Stolz, der dem Rat seiner Stadt im Dezember 1424 mitteilte, Friedrich habe ihm seinen Verlust ersetzt.[703] Auch die geschädigten Nürnberger Kaufleute erklärten im Februar des Folgejahres, vom Kurfürsten finanziell entschädigt worden zu sein.[704]

Wegen der Geleitsrechte kam es immer wieder zu Konflikten mit benachbarten Gewalten. Im März 1426 beklagte sich Heinrich I. zu Plauen bei Friedrich, dass der Vogt von Zwickau Kaufleute zwinge, Geleitgelder für die Reise durch seine Herrschaftsgebiete an ihn abzuführen. Diese standen Heinrich allerdings selbst zu, da er seine Länder als Lehen vom König empfangen habe und das Recht auf die Abführung von Zöllen und Geleitgeldern besaß.[705]

Auch die Fährgelder an den Flüssen bildeten beträchtliche Einnahmquellen. Die größeren Elbstädte Pirna, Dresden, Torgau und Wittenberg waren wichtige Verkehrsknotenpunkte. Friedrich war bemüht, diese Einnahmen in seiner Hand zu behalten, und löste so noch im Jahr seiner Ernennung zum Kurfürsten von Sachsen die Zoll-, Geleit- und Fähreinnahmen für Wittenberg für 150 Rheinische Gulden bei der Herzoginwitwe Barbara von Sachsen aus, der sie von ihrem Mann als Leibgedinge zugesprochen worden waren.[706] Im Gegensatz dazu trat der Kurfürst jedoch im Folgejahr, am 6. September 1424, Geleit und Schlägeschatz in Herzberg an die Kurfürstinwitwe Offka ab, da diese ihr nach ihren Leibgedingebriefen zustanden.[707]

8.3 Die Rolle der Juden für die landesherrlichen Einnahmen

Einen besonderen Status nahmen in den mittelalterlichen Herrschaften von jeher die Juden ein. Sie unterstanden dem Schutz des Kaisers oder des jeweiligen Landesherren, mussten dafür jedoch spezielle Steuern abführen. In zahlreichen meißnisch-thüringischen Städten lassen sich während der Regierungszeit Friedrichs jüdische Gemeinden nachweisen, so in Dresden, Meißen, Leipzig, Zwickau, Naumburg, Grimma, Oelsnitz, Eilenburg, Wittenberg, Torgau, Brüx, Plauen, Coburg, Weißenfels und Königsberg (in Franken).[708]

Ein Jahr nach der Chemnitzer Teilung stellten Markgräfin Katharina und ihre drei Söhne einen Schutzbrief für die in ihrem Herrschaftsgebiet siedelnden Juden aus. Dabei bestätigten sie ihnen die Privilegien, die Markgraf Friedrich III. schon 1380 gewährt hatte.[709] Der Brief von 1383 lief nach drei Jahren aus und wurde 1386 erneuert.[710] In der neuen Urkunde wurden zwar wiederum die durch Friedrich III. gewährten Privilegien bestätigt, ein eigenes Schutzversprechen enthielt sie aber nicht.[711]

Auch dieser zweite Brief musste 1389 erneuert werden. Balthasar und Wilhelm I. stellten in diesem Jahr ihrerseits ebenfalls eigene Judenschutzbriefe aus.[712] Friedrich und seinen Brüdern gelang es in der Folge, ihre Judenpolitik auch gegenüber dem König durchzusetzen. Wenzel hatte 1391 alle Untertanen des Reiches von ihren Schulden gegenüber Juden frei gesprochen. Die osterländischen Brüder pochten jedoch auf Sonderrechte, die die Wettiner seit langem in der Behandlung der Juden genießen würden, was Wenzel schließlich auch anerkannte.[713] Am 28. Juli 1395 stellten Friedrich und seine Brüder sowie die Markgräfinwitwe einen weiteren Schutzbrief aus. Gegen die Zahlung von jährlich 250 Schock Groschen wurde allen im Land ansässigen Juden, außer jenen in der Stadt Saalfeld, für sechs Jahre Schutz gewährt.[714]

Friedrich IV. und Wilhelm II. siegelten am 16. März 1411 in Leipzig einen solchen Schutzbrief, indem sie versicherten, »daz wir alle unser iuden unde iudinnen, ire gindere unde alle ir gesinde, die eigentlichin ire dinere und dinnerynnen sin, die in allen unsern landen, stetin unde gebite wonen unde noch darin komen und wonen werden hie dise siid waldis, begnad habin, alzo daz wir sie, ire libe und gut schuczczen, schirmen und vortedingen wollen, alze wir beste mogin«.[715] Mit »dise siid waldis« ist wahrscheinlich die Nordseite des Thüringer Waldes gemeint, was bedeuten würde, dass der Brief nicht für die fränkischen Territorien der Wettiner galt. Friedrich und sein Bruder versprachen die Rechte der Juden zu schützen. Sollten sie Schuldforderungen gegenüber Christen vorzubringen haben, so durften sie diese vor Gericht einklagen.[716]

Tatsächlich wurden für die Coburger Juden eigene Schutzbriefe ausgestellt. 1385 erließ Friedrich erstmals einen kollektiven auf vier Jahre gültigen

Schutzbrief. Allerdings lässt sich im Anschluss erst 1406 wieder ein solches Dokument in den Quellen fassen. 1395 erhielt jedoch der Jude Ossil mit seiner Familie einen personenbezogenen Schutzbrief.[717]

Zusätzlich zu den Schutzgeldern gegenüber den einzelnen Landesherren mussten Juden noch den dritten Pfennig an den König oder Kaiser zahlen. Dieses Recht ließ sich König Sigismund am 18. Mai 1417 auch nochmals auf dem Konzil von Konstanz bestätigen.[718] Im Gegenzug versicherte der König am 1. Februar 1418, dass dadurch die markgräflichen Rechte und Privilegien keinen Schaden nehmen sollten.[719] Am 5. September bescheinigte Friedrich IV. schließlich, dass der Erbkämmerer Konrad von Weinsberg in seinen Ländern den geforderten Dritten Pfennig ohne Schwierigkeiten eingetrieben habe.[720] Im November schrieb er dem König, allein die Judenschaft der Coburger Pflege habe 3 000 Gulden durch den dritten Pfennig aufgebracht und die Juden in Meißen und im Osterland 6 000 Gulden, wovon 2 000 an Markgraf Wilhelm gingen.[721] Die finanzielle Belastung der jüdischen Bevölkerung war in dieser Zeit sehr hoch. Innerhalb von vier Jahren ließ allein der König dreimal – 1415, 1417 und 1418 – den Dritten Pfennig einfordern.[722]

In Meißen traten Juden nicht zuletzt als Geldverleiher auf, entweder direkt oder als Garanten für andere Kreditgeber. So trat Friedrich am 12. Januar 1414 das Schloss Finsterwalde für 500 Schock Groschen an die Vögte von Bautzen und der Lausitz ab. Im Fall eines Zahlungsverzuges seitens der Vögte sollte Friedrich das Geld »uff mogelichin schaden bie christen adir bie iuden nehmen und gewinnen«.[723] 1420 stellte Georg von Anhalt Friedrich IV. einen Schuldschein über 100 Schock Freiberger Münze aus. In der Urkunde heißt es auch, im Fall, dass Georg die Schulden nicht binnen eines Jahres begleichen könne, könne Friedrich sich das Geld von Juden leihen, die es sich dann ihrerseits bei Georg zurückholen würden.[724]

Auch Friedrich selbst nahm später Kredite bei Juden auf. Der bekannteste von ihnen war Abraham von Leipzig. Er taucht erstmals 1418 in Steuerlisten auf, aus denen hervorgeht, dass er zu den wohlhabendsten Mitgliedern der jüdischen Gemeinde in der Markgrafschaft gehörte. Sein Vermögen bezifferte er auf 2 690 Gulden, abzüglich 500 Gulden, die ihm Friedrich IV. schuldete, an deren Rückzahlung Abraham jedoch nicht glaubte. Auch viele regionale Adlige scheinen bei ihm verschuldet gewesen zu sein.[725]

Ab 1422 verlieh Abraham immer mehr kleine und mittlere Beträge an den Markgrafen. Die Summen schwanken zwischen 25 und 800 Schock Groschen. Ein Teil davon diente dem Unterhalt des Hofes, der Beschaffung neuer Gewänder[726] und der Vergütung der fürstlichen Amtleute. Ein nicht unerheblicher Teil floss allerdings in die Rüstungsmaßnahmen des Herrschers, der zu jener Zeit in die Hussitenkriege verwickelt war.[727] In diesem Jahr wurde Abraham auch ermächtigt, die Judensteuer einzuziehen. 1425 stellte Friedrich ihm dann sogar einen eigenen Schutzbrief aus, der ihn aus der jüdischen Gemeinde heraushob.[728] Außerdem sagte er ihm für zwölf Jahre freies Geleit auf allen Straßen des Kurfürstentums zu.[729]

Obwohl Friedrich gerade in den Jahren der Hussitenkriege und durch den Erwerb der Kurfürstenwürde vermehrt Schulden machte, schien er darauf bedacht zu sein, nicht in zu große Abhängigkeit Abrahams zu geraten. So ließ er seinen Obersten Schreiber Hermann Wolffhayn und den Hofmeister seiner Frau Konrad Thumen im November 1424 eine Abrechnung mit Abraham vollziehen, wonach er diesem noch 222 Schock und 18 Groschen schuldete, »dorvor derselbe Abraham unsere silbere ynne had«.[730] Verpfändungen von Prunkstücken der Silberkammer waren in dieser Zeit keine Seltenheit mehr. Auch die Stadt Erfurt lieh Friedrich im Dezember 1427 Geld, da er »solch silber, daz ir in korcz wider bii uns meynt zcu schicken, zcu uns nehmen und euch so vile geldes, als daz an gewichte behalde, unde ye vor di marg sebin gulden davor uſrichte wullen«.[731] Dieser Satz impliziert, dass es sich auch in Erfurt nicht um die erste Verpfändung dieser Art handelte.

Ein zweiter wichtiger Geldverleiher muss der Jenaer Jude Isaak gewesen sein. Er wurde ebenso wie Abraham von dem am 23. Mai 1425 ausgestellten Schutzbrief für die jüdische Gemeinde in Sachsen (ausgenommen waren erneut jene in den fränkischen Territorien) ausgeschlossen. Mit diesem Brief konnten sich die Juden gegen eine jährliche Gebühr von 875 fl. für sechs Jahre den Schutz des Kurfürsten erkaufen.[732] Direkte Geldbeziehungen zwischen Friedrich IV. und Isaak sind jedoch nicht nachweisbar. Belegt ist dagegen eine Schuld der Grafen von Orlamünde von 4302 fl., die Friedrich an ihrer statt am 28. Februar 1426 bei Isaak zu begleichen versprach.[733]

Geldgeschäfte führten im frühen 14. Jahrhundert vermehrt zu Konflikten, insbesondere wegen der Erhebung von Zinsen. Da die Kirche Gewinne aus dem Geldverleih eigentlich untersagte, zogen etliche Kläger vor geistliche Gerichte, die nicht selten Urteile zum Nachteil gerade der jüdischen Geldverleiher fällten. Um dem einen Riegel vorzuschieben, erwirkte Friedrich IV. am 11. Dezember 1421 eine päpstliche Bulle, in der ausdrücklich festgehalten wurde, dass seine Untertanen in monetären Rechtsstreitigkeiten, die nicht die Kirche betreffen, ausschließlich weltliche Gerichte anrufen sollten.[734] Zusätzlich stellte Martin V. eine zweite Urkunde aus, die alle Untertanen des Markgrafen in kriminellen Strafsachen allein den meißnischen Gerichten unterstellte und Urteile von auswärtigen Gerichten für unrechtmäßig erklärte.[735] Die Äbte von Chemnitz und Saalfeld sowie der Propst des Leipziger Thomasklosters wurden damit beauftragt, über die Einhaltung dieser Bestimmungen zu wachen.[736] Auf diese Weise gelang es dem Markgrafen, die finanziellen Ansprüche jüdischer Kreditgeber besser zu schützen.

9 Das Konzil von Konstanz

DIE BEENDIGUNG des abendländischen Schismas war durch das Konzil von Pisa nicht geklärt worden. Es zählt sicherlich zu den großen Verdiensten des von der Geschichtsschreibung überwiegend geschmähten Königs Sigismund, in dieser Sache hartnäckig geblieben zu sein. Nach seiner Wahl 1411 gelang es ihm, Papst Johannes XXIII., den Nachfolger Alexanders V., zu einer weiteren Synode auf deutschem Boden zu bewegen. Nach langem Hin und Her fiel die Wahl schließlich auf Konstanz, wo nach päpstlicher (30. Oktober 1413) und königlicher Einladung (9. Dezember 1413) tatsächlich zu Allerheiligen 1414 ein neues Konzil zusammentrat.[737]

Eines der wichtigsten Probleme neben der noch immer nicht überwundenen Kirchenspaltung, mit dem sich das Konzil konfrontiert sah, war die als Häresie aufgefasste böhmische Reformbewegung, die uns zuletzt im Zusammenhang mit der Gründung der Universität Leipzig begegnet ist. Allerdings zogen seinerzeit nicht alle böhmischen Exilanten nach Leipzig. Eine kleine Gruppe, zu der wohl auch ein Magister Peter gehörte, gelangte noch im selben Jahr nach Dresden. Dieser Magister Peter wurde bald darauf Rektor der Dresdner Kreuzschule. Einer seiner Schüler, Johannes Drändorf, erklärte später, dass ihm durch Magister Peter an der Dresdner Kreuzschule ein gegen die römisch-katholische Kirche gerichteter Kirchenbegriff gelehrt worden sei. Anscheinend versuchte Peter den aus Prag kommenden Studenten die artes liberales zu vermitteln. Dagegen ging schließlich am 18. Oktober 1411 auch der frisch gewählte Bischof Rudolf von Meißen vor. Er verbot allen Partikularschulen in seiner Diözese die Behandlung der Bibel oder kanonischer Rechtsbücher, da dies nur den Generalstudien erlaubt sei. Diese Maßnahme diente sicherlich nicht nur dem Schutz der Leipziger Universität, denn Rudolf drohte insbesondere der Dresdner Schule schwere Konsequenzen an: »et presertim Dresden sub pena suspensionis ab ingressu ecclesie.«[738] Die häretischen Lehren drohten also von Böhmen schleichend auf die Mark Meißen überzugreifen.

Obwohl Peter in dieser Zeit nicht durch die Publikation kirchenkritischer Traktate bekannt geworden ist, verstand er das bischöfliche Dekret wohl als eine Drohung, denn er verließ Dresden wenig später. 1412 betrieb er in der Prager Neustadt eine Schule in der Burse »Zur schwarzen Rose«. Einige der hiesigen Schüler wurden später zu hussitischen Priestern geweiht. Peter von

Dresden sympathisierte mit der Bewegung, gehörte aber nicht zu ihren aktiven Köpfen. Er starb vermutlich 1425 in der Moldaumetropole.[739]

Zwei seiner Begleiter traten dagegen zeitig als Befürworter des ketzerischen Gedankenguts auf. Friedrich Eppinge hatte mit Peter von Dresden an der Kreuzschule gelehrt und in Prag wyclifsche Theorien verteidigt, die die Kirche als ketzerisch verurteilt hatte. Er starb allerdings bereits 1413. Nach ihm trat ein Nikolaus von Dresden – dessen Ursprünge ebenfalls im Dunkeln liegen – als Vordenker der kirchenkritischen Lehren auf. Er lehrte Wyclifs Theorien in deutscher Sprache. Zu seinen Schülern gehörte auch Johannes Drändorf, der Dresden 1411 verlassen hatte. 1424 kehrte er ins Reich zurück, um die hussitische Lehre zu verbreiten. Ein Jahr später wurde Drändorf in Heilbronn verhaftet und dem Bischof von Worms überstellt, der ihn der Ketzerei anklagen und am 17. Februar in Heidelberg verbrennen ließ.[740]

Es wäre sicherlich übertrieben, Dresden als ein deutsches Zentrum der frühen Hussitenbewegung zu bezeichnen. Dennoch lässt es sich nicht von der Hand weisen, dass von den hiesigen Gelehrten wichtige Impulse ausgingen. Nikolaus von Dresden gehörte früh einem radikalen Flügel der Bewegung an. 1416 verließ er Böhmen, sein weiteres Schicksal ist ungeklärt. Nach den Angaben des späteren hussitischen Theologen Jan Zevlivsky kehrte er nach Meißen zurück und starb hier den Märtyrertod.[741] Nikolaus und Peter standen in engem Kontakt zu Jakobellus von Mies. Drändorf deutete 1425 während seines Verhörs vor der Inquisition an, dass Peter bereits 1414 die Kommunion in beiderlei Gestalt empfangen habe. Diese entwickelte sich bald zum zentralen Leitgedanken der hussitischen Bewegung. Die spätmittelalterliche Kirche erlaubte der Gemeinde beim Abendmahl nur das Brechen des Brots, nicht das Trinken des Weins. Das Blut Christi war ausschließlich den Priestern vorbehalten. Jan Hus forderte – allerdings erst kurz vor seinem Tod –, dass alle am Blut Christi teilhaben sollten. Die weitere Verbreitung dieser Idee wird vor allem Jakobellus von Mies und Nikolaus von Dresden zugeschrieben.[742]

Die böhmischen Reformideen hatten inzwischen längst internationale Aufmerksamkeit gewonnen. 1414 wurden Wyclifs Schriften auf dem Konzil von Konstanz erneut verboten. Um die Krone Böhmens von dem Vorwurf zu befreien, Häretiker zu unterstützen, lud König Sigismund Hus unter der Zusage freien Geleits nach Konstanz ein. Da er jedoch nicht zum Widerruf seiner Lehren bewegt werden konnte, endete er am 6. Juli 1415 als Häretiker. Hus wurde zum Feuertod verurteilt und am selben Nachmittag verbrannt.[743]

Im Sommer 1415 erklärten auch Friedrich IV. und Wilhelm II. gegenüber Sigismund, dass einer von ihnen sich zum Konzil begeben solle, auch um die immer noch umstrittenen Besitzansprüche auf die böhmischen Lehen zu klären. Der König erklärte daraufhin, »[w]anne aber ewr herkomen gewant ist und wir nu in dem namen gotes fur uns czu dem kunig von Arragun reiten, dorumb were, das yemand der unsern in der maße [n]ichts gen euch und den ewern tete, damit wollen wir unsern gelympf gen euch bewart haben«.[744]

Das Konzil in Konstanz zog hochrangige Gesandte aus ganz Europa an, von denen einige auch die Mark Meißen durchquerten. Der Deutsche Orden schickte eine Gesandtschaft unter dem Komtur von Elbing. Auf dem Weg an den Bodensee machte die Gesandtschaft in Leipzig Halt. In einem Brief an den Hochmeister berichtete der Komtur, wie ihn Friedrich IV. persönlich in der jungen Universitätsstadt empfangen hat. Der Markgraf unterstellte den Gesandten dem Schutz seines Bruders. Ein meißnisches Geleit brachte den Komtur zunächst nach Weißenfels, wo er Wilhelm II. traf. Anschließend erfolgte die Weiterreise nach Coburg.[745]

Erst 1417 löste auch Friedrich endlich sein Versprechen ein und begab sich persönlich auf das Konstanzer Konzil. Ihm ging es auf dieser Reise vor allem darum, seine Belehnung aus den Händen des mittlerweile schon seit sechs Jahren regierenden neuen Königs zu empfangen. Sigismund sah seinerseits die Gelegenheit gekommen, die offenen meißnisch-böhmischen Grenzfragen zu lösen. Ihm lag daran, die während der Herrschaft Wenzels an die Wettiner verlorenen Städte und Burgen Brüx, Riesenburg und Königstein für die Luxemburger zu retten. Friedrich IV. hielt mit großem Gefolge Einzug in Konstanz. Obwohl der König seine ablehnende Haltung bezüglich der böhmischen Besitzungen bereits mehrfach deutlich gemacht hatte, ging der Markgraf anscheinend davon aus, diese Frage auf dem Konzil vollständig zu seinen Gunsten klären zu können. Doch darin hatte er sich getäuscht. Sigismund agierte sehr geschickt und erklärte, dass er gar nicht befugt sei, über den Besitz dieser Städte und Burgen zu verhandeln, denn diese gehörten seinem Bruder König Wenzel. Unmöglich könne er sich über dessen Rechtsansprüche hinwegsetzen und seinen Besitz verteilen. Friedrich, der anscheinend mit nichts anderem als einer vollständigen Erfüllung seiner Forderungen gerechnet hatte, verließ Konstanz im Zorn. Nur ein Teil seines Gefolges blieb zurück. Dietrich von Witzleben, Vogt von Eckartsberga, bemühte sich redlich, den sehr wahrscheinlich durch den hastigen Aufbruch des Wettiners ebenfalls düpierten Sigismund zu beruhigen und die Gemüter zu kühlen. Ein seinem Landesherren genehmes Verhandlungsergebnis konnte jedoch auch er nicht erzielen.[746] Auch der bereits auf dem Konzil von Pisa bewährte Nikolaus Lubich agierte als Vertreter Friedrichs auf dem Konzil, konnte jedoch an der festgefahrenen Situation wenig ändern.[747]

Friedrich muss Konstanz umso stärker als Niederlage empfunden haben, da Burggraf Friedrich VI. von Nürnberg, der von Sigismund bereits als Verwalter der Mark Brandenburg eingesetzt gewesen war, im Mai 1417 auch offiziell mit der brandenburgische Kurwürde belohnt wurde[748] Ein auf Rang und Stellung bedachter Fürst, wie der Wettiner, konnte sich dadurch nur überflügelt und düpiert fühlen, rangierte der Hohenzoller somit doch plötzlich in der Hierarchie des Reichsadels deutlich vor ihm.

Am 27. Februar 1418 baten die beiden osterländischen Brüder von Freiberg aus den König nochmals schriftlich um die Gesamtbelehnung mit den Reichslehen. Damit sollten die komplizierten Teilungsprozesse, die seit dem Tod der Markgrafen Balthasar und Wilhelm schon mehr als zehn Jahre in Anspruch nahmen, endlich rechtlich sanktioniert werden. Sobald der König diese Lehen bestätigt haben würde, »so sullen unser herren die marcgrafen globen und sweren an unsers an unser herren des konigis stad, als ander fursten getan haben, die dann ire lehn enpfangen haben, und des ire brive geben haben mit ire anhangenden inseglen«.[749]

Abseits all dieser Probleme konnte das Konzil allerdings sein wichtigstes Anliegen erfüllen: Die Kirchenspaltung wurde überwunden. Johannes XXIII., der die Synode in der Hoffnung, seinen Anspruch auf den Stuhl Petri bestätigt zu sehen, mit einberufen hatte, wurde abgesetzt, während Benedikt XIII. und Gregor XII. von sich aus zurücktraten. Damit war der Weg für eine Neuwahl frei, auf der sich am 11. November 1417 schließlich Kardinal Oddo Colonna durchsetzte. Er regierte fortan unter dem Namen Martin V.[750] Der neue Papst erteilte Markgraf Friedrich und Katharina am 7. Mai 1418 eine Reihe von Gnadenbeweisen, etwa die Erlaubnis zur Nutzung tragbarer Altäre.[751] Mehr als diesen Gunstbeweis konnte Friedrich auf dem Konzil jedoch nicht erringen. Seine großen politischen Vorhaben hatte er alle nicht durchzusetzen vermocht.

10 Ketzerkreuzzüge

10.1 Meißnisch-böhmische Spannungen

DIE BEZIEHUNGEN zwischen den Markgrafen von Meißen und dem Königreich Böhmen blieben zu Beginn des 15. Jahrhunderts weiterhin angespannt. Im Sommer 1409 verdichteten sich in Meißen die Anzeichen, dass ein Einfall böhmischer Truppen in die Markgrafschaft geplant sei. Im Juni 1409 – Friedrich IV. befand sich zu dieser Zeit nicht im Lande – ließ seine Frau den Dresdner Rat warnen, »das die Behemen in unser Land suchen wullen und nemelichen zcu und umbe Frieberg«.[752] Gleichzeitig verlangte die Markgräfin, das städtische Aufgebot für den Fall eines solchen Angriffs in Bereitschaft zu setzen.

Als Friedrich wenige Wochen später zurückgekehrt war, forderte er den Dresdner Rat zusätzlich auf, »daz ir uch irfaret an den luten, die gein Behem pflegen czu czihen, ab sie yemand in dem fride beschediget habe«.[753]

Friedrich stand zu dieser Zeit in engen Verhandlungen mit den nordböhmischen Städten, insbesondere mit Eger. Am 5. Oktober 1409 versprach der dortige Rat, im Falle eines Krieges zwischen Wenzel und den Markgrafen »sullen wir noch enwollen wider die ebenannten herren czu Myssen noch alle die yren nicht thun, ez were denn, daz wir unsern bewarebrief iren gnaden vor gein Aldenburg uff daz slosz gesand hetten«.[754] Selbst in diesem Fall wollte der Rat mit den Kampfhandlungen erst nach vier Wochen beginnen.

Kurz darauf brach die Fehde offen aus. Um sich vor einem Angriff aus der Lausitz abzusichern, schlossen Friedrich IV., Wilhelm II. und auch Friedrich der Jüngere am 18. Oktober 1409 ein Abkommen mit dem Vogt Otto von Kittlitz, den Sechsstädten sowie Senftenberg und Ruhland. Die Unterzeichnenden sagten zu, dass sie erst vierzehn Tage nach der Entsendung von Entsagebriefen militärisch tätig werden wollten.[755] Dies gab den Markgrafen zumindest Zeit, um sich auf einen Angriff vorzubereiten. Auch die Herren zu Hohnstein beteiligten sich an dieser Fehde, machten jedoch ein ähnliches Zugeständnis. Sie gestanden den Markgrafen am 30. Oktober aber nur ein Zeitfenster von acht Tagen zu,[756] bevor sie ihre Truppen in Marsch setzen würden.

Am 8. November informierte Friedrich den Dresdner Rat von Rochlitz aus, »das bynnen vier wochen nehist sente Mertins tage keine zcugriffe geschen sullen von unsers hern koniges wegen«.[757] Dennoch waren die Besatzungen des Schlosses und der Stadt angehalten, wachsam zu bleiben.

Der genaue Verlauf der Fehde lässt sich kaum rekonstruieren. Sie zog sich aber etwa über zwei Jahre. Am 31. Oktober 1411 richtete König Wenzel einen Brief an alle drei Wettiner. Darin bescheinigte er den Abschluss eines Waffenstillstandes vom Martinstag bis zum folgenden Pfingstfest.[758]

In der Folge scheinen die verbliebenen Konflikte beigelegt worden zu sein. Am 15. März 1412 gelobte Wenzel, eine zwischen Albrecht von Kolobrat zu Elbogen, den Pflegern Janko zu Hardenberg und Hans Foster zu Eger mit den Pfalzgrafen Johann und Ludwig III., den drei Wettinern, Burgraf Johann III. von Nürnberg, Heinrich XX. und Günther XXX. von Schwarzburg, Abt Konrad zu Waldsassen, Landgräfin Mechthild zu Leuchtenberg, Tobias Waldauer, Haymann Nothafft und Hans Parsberger abgeschlossene Landfriedensordnung einhalten zu wollen.[759] Einen Monat später schloss er selbst mit den meisten der Genannten – einschließlich der drei Wettiner – einen eigenen Landfrieden ab. Nur Albrecht von Kolobrat zu Elbogen, Janko zu Hardenberg, Hans Foster zu Eger, Tobias Waldauer und Hayman Nothafft wurden in dieser Urkunde nicht aufgeführt, dafür war Heinz von Czewdicz in die auf drei Jahre befristete Ordnung eingeschlossen.[760]

Am 16. Juni 1413 schlossen Friedrich IV. und Wilhelm II. einen weiteren bis zum 29. September befristeten Waffenstillstand mit dem König.[761] Wenzels Verhältnis zu den Wettinern scheint sich in der Folge wiederum sehr zum Positiven gewandelt zu haben. Im August 1416 ermächtigte er Friedrich IV. und seinen Bruder zu Verhandlungen bezüglich der böhmischen Besitzungen im Vogtland. In seinem Brief lobt er die beiden Brüder in höchsten Tönen, an denen er »grosse vernunft, trewe und weisheit [...] wol erkant und erfunden hant«[762], und stellte es ihnen frei, die Herausgabe der Burgen aus dem Besitz Graf Heinrichs von Schwarzburg zu fordern oder sich anderweitig in ihren Besitz zu bringen. Am 20. August 1417 wurde ein neues Stehen (Abkommen) zwischen Wenzel, Friedrich IV. und Wilhelm II. geschlossen, das bis zum 23. April 1418 Gültigkeit haben sollte.[763]

Einen offenen Konfliktpunkt bildeten allerdings nach wie vor die böhmischen Burgen und Städte, die sich noch immer im Besitz der Markgrafen befanden. Dieses Thema war auch Gegenstand von Verhandlungen zwischen Friedrich IV. und König Sigismunds Erbkämmerer Konrad von Weinsberg, als dieser im Herbst 1418 nach Meißen reiste, um den Judenpfennig einzutreiben. Friedrich fragte bei dieser Gelegenheit an, »ob sin kungliche gnade begerte, so wollte er sin hoffgesynde werden und syn«.[764] Friedrich versuchte also, in die engere Umgebung des Königs vorzustoßen, um so seinen Einfluss im Reich zu vergrößern. Weinsberg richtete dem Markgrafen im Namen Sigismunds aus, »sollte myn herre der kung zu der cronen von Beheim kommen, so must er doch dy sloß fordern und inbringen. Sollte er sich dann mit im eynen und in zu hofgesinde, rat und diener nehmen und solt sich dann hernach mit im brechen von der sloß wegen, daz mocht myme herren dem kung verkeret werden.«[765] Sigismund forderte also im Gegenzug die Herausgabe der böhmischen Besitzungen, um seine eigene Machtposition in diesem Königreich zu festigen, sobald er das Erbe seines kränkelnden Bruders antreten würde. Friedrich zögerte jedoch, dem zuzustimmen, wie Weinsberg dem König mitteilte: »Item uff eynen solchen synn han ich daz mit myme herren dem marggrafen geret uff myns herren des kungs glaubesbrief. Item darauf nam er eynen berat, also ist mir noch keyne antwert worden.«[766] Die Fronten in dieser Frage waren verhärtet. Keine Seite zeigte sich bereit, auch nur einen Fußbreit von den eigenen Forderungen zurückzutreten. Die sich ständig wiederholenden Verhandlungen endeten stets in der gleichen Sackgasse: Friedrich übte die Herrschaft über die genannten Besitzungen aus, aber Wenzel bzw. Sigismund besaßen den höheren Rechtsanspruch.

Auch mit Wenzel hielten die Spannungen, insbesondere in Bezug auf die nordböhmischen Besitzungen der Markgrafen, bis zum Tod des Königs an. Im Sommer 1419 einigten sich beide Parteien auf ein gütliches Stehen, welches Wenzel bis zum 28. September einzuhalten gelobte.[767] In dieser Zeit eskalierten jedoch die inneren religiös-sozialen Spannungen in Böhmen vollends. Wenzel starb kurz darauf am 16. August 1419.

10.2 Das Heerwesen unter Friedrich dem Streitbaren

Friedrichs Herrschaftszeit war von tiefgreifenden gesellschaftlichen Umwandlungen gekennzeichnet.[768] Dies betraf nicht nur Änderungen im Verhältnis zwischen Landesherren und Adel. Auch das militärische System erneuerte sich auf geradezu revolutionäre Art und Weise, indem das alte mittelalterliche Lehnsaufgebot zunehmend vom bereits in die Frühe Neuzeit weisenden Söldnerheer verdrängt wurde. Söldner als auf Zeit mietbare Krieger sind so alt wie die Geschichte des Krieges und natürlich gab es sie auch im Mittelalter. Jede Gesellschaft, deren Wirtschaft auf Arbeitsteilung beruht, bringt soziale Schichten hervor, die nicht am ökonomischen System partizipieren können und nach alternativen Erwerbsmöglichkeiten suchen müssen. In Zeiten des Krieges bot der Dienst mit der Waffe daher verlockende Chancen.[769]

Das hochmittelalterliche Heerwesen stützte sich vor allem auf die Lehnsaufgebote des Adels, auf den gut gerüsteten Ritter zu Ross und dessen Gefolgschaft.[770] Auf solchen Aufgeboten baute auch das wettinische Heerwesen zu Beginn des 15. Jahrhunderts auf. Für die Unterwerfung der Burggrafen von

Dohna benötigte Markgraf Wilhelm 1401/02 ein gut gerüstetes Heer, wofür er auch seine osterländischen Neffen Friedrich IV. und Wilhelm II. um Unterstützung bat. Auch Wilhelm II. hielt sich bei den Truppen seines Onkels auf. Möglicherweise führte Friedrichs Bruder eine Abteilung Fußknechte des Lutz von Varnrode, der den Osterländern erst am 22. Mai 1402 zugesagt hatte, »mynen hernn funfczen mit glevien fueren sal uff synen schaden unde uff myner hern koste virczen tage«.[771] Auch wenn im Detail nicht eindeutig, handelte es sich bei den fünfzehn Männern vermutlich um Berittene, deren Hauptbewaffnung die Gleve, eine Stangenwaffe, darstellte. Varnrode übernahm für zwei Wochen den Unterhalt dieser Männer. Sollten sie verletzt werden oder ihre Pferde und Ausrüstung zu Schaden kommen, war hierfür jedoch der Markgraf verantwortlich und musste Schadenersatz zahlen. Die Verpflichtung zur »Kostenübernahme«, also Bezahlung, charakterisiert das Abkommen bereits klar als Soldvertrag. Abkommen wie diese markieren bereits einen Übergang vom Lehns- zum Söldnerheer, denn es ist nicht sicher gesagt, dass die fünfzehn Männer tatsächlich dienstabhängige Knechte des Lutz von Varnrode gewesen sind. Möglicherweise handelte es sich bei ihnen bereits um geworbene Söldner.

Diese Schadenersatzforderungen konnten sehr hoch ausfallen. Für ein einzelnes Pferd, welches der Ritter Viviancz von Morungen im Dienste Friedrichs IV. verloren hatte, zahlte ihm dieser 1417 20 Gulden.[772] Schwer wogen nach der Niederlage bei Aussig nicht nur die Verluste an kriegserfahrenen Rittern, sondern auch an Pferden. Dies geht aus einem Schreiben des Bischofs Georg von Gran vom 26. August 1426 hervor. Darin weist er seine Amtsleute an, für Pferde, welche der Kurfürst in Ungarn kaufen ließ, keinen Zoll zu erheben.[773] Diese Tiere wurden mit hoher Wahrscheinlichkeit als Schadenersatz oder auch zur Ausrüstung des neuen Heeres, welches Friedrich aufstellen ließ, gekauft. Bezahlt wurden sie mit sächsischem Tuch, für das der Erzbischof drei Tage später ebenfalls eine zollfreie Einfuhr genehmigte.[774] Dieser Handel unterstreicht die hohe Bedeutung, die das sächsische Tuchgewerbe schon im frühen 15. Jahrhundert besessen hat.

Der Krieg war daher – wie bereits dargestellt – eine der größten Schuldenfallen für den markgräflichen Haushalt. Dies geht unter anderem aus einem vergleichsweise niedrigen Schuldschein hervor, den Friedrich 1417 der Stadt Delitzsch ausstellte, »welche uns hundert schog groschen zcu unserm krig zcu lihen«[775] bereit war. Auch der Bürger Hans Kung aus Nordhausen bescheinigte im Juli 1408 die Rückzahlung von 970 Schock alter Groschen »von des gewynnes wegin, den ich yn zcu Northusin in deme krige, den sie gehad habin mit graven Ditherich von Honstein hern zcu Heringin, getan habe«.[776] Solche Kredite scheinen jedoch bis zum der Beginn der Hussitenkriege nur selten aufgenommen worden zu sein und entsprangen vermutlich weniger mangelnden finanziellen Möglichkeiten Friedrichs IV. als viel mehr der Notwendigkeit, kurzfristig größere Mengen baren Geldes zur Begleichung von Sold- oder Schadenersatzforderungen zur Verfügung zu haben.

Der Dienst des Lehnsaufgebots war zeitlich befristet, zumeist auf sechs Wochen. Da diese Zeit für Feldzüge außerhalb des eigenen Territoriums – etwa während des Feldzugs nach Prag 1401 – knapp bemessen war, gingen lehnspflichtige Ritter im Spätmittelalter dazu über, sich für einen längeren Dienst vertraglich finanzielle Vergütungen zusichern zu lassen. Dadurch gewann der finanzielle Aspekt des Heerdienstes größere Bedeutung, was wiederum dazu führte, dass nun auch nicht lehnsabhängige Adlige sich als frühe Kriegsunternehmer verdienten. So schlossen am 10. Mai 1394 Heinrich von Mekow und Hans von Beringen Dienstverpflichtungen mit den Osterländern ab. Mekow erbot sich dabei, acht Tage auf seinen Schaden und auf Kosten der Markgrafen mit ihnen zu Felde zu ziehen. Sollten er und seine Männer länger als diese acht Tage Dienst tun, mussten die Markgrafen auch für etwaigen Schaden aufkommen. Bei Beringen hieß es nur, dass er auf Kosten der Osterländer und seinen Schaden mit ihnen ziehen wolle.[777]

Der »Spieß« oder die »Gleve« bezeichnete neben einer Waffe auch eine Soldatengruppe von nicht immer genau bestimmbarer Größe. Nachdem Friedrich im Zuge der Erlangung der Kurwürde dem Deutschen Orden 2000 »Spieße« zugesagt hatte, schrieb der Ordensmarschall Ludwig am 6. Januar 1423 an den Hochmeister, dass »soeben czwey thusend spisse, jo iclichen spis mit vier pferden und drien gewopenten seben monde obir in erer eygener czerunge und kost«[778] bereitgestellt werden sollten. Ein »Spieß« umfasste demnach einen voll ausgerüsteten Reiter und drei berittene Knechte.

Ergänzt wurde das Heer des Markgrafen durch Aufgebote der meißnischen Städte. Die Bürgerschaft der Städte hatte das Recht, Waffen zu führen, woraus im Bedarfsfall aber auch eine Verpflichtung werden konnte, die Kriegsbemühungen der Landesherren durch eigene Aufgebote zu unterstützen. In dem Heer, mit welchem Markgraf Wilhelm 1402 die Burg Dohna belagerte, befanden sich auch Aufgebote der Städte Dresden und Leipzig. Die Dresdner hatten dafür eine »gedeckte Angriffsmaschine«,[779] vermutlich einen Mauerbrecher, gebaut. Der Markgraf brachte zwei große Steinbüchsen mit ins Feld, ebenso die Stadt Dresden. Eine weitere steuerte die Stadt Freiberg bei. Von hier kam vermutlich auch eine Handvoll »Steinbrecher«, die für die Herstellung der Kugeln angeworben wurden. Dass eine größere Anzahl Bergleute zum Unterminieren der Burgmauern hinzugezogen wurde, wie spätere Geschichtsschreiber behaupten, lässt sich hingegen nicht belegen.[780]

Die Vielzahl an Fehden und begrenzter militärischer Auseinandersetzungen zu Beginn des 15. Jahrhunderts führte dazu, dass die Wettiner immer wieder kleinere Truppenkontingente ins Feld stellten, die sich vor allem aus den hier beschriebenen Aufgeboten von Adligen oder der Städte rekrutierten.

Doch mit dem Ausbruch der Hussitenkriege 1419 veränderte sich die Art der Kriegsführung in Mitteleuropa auf drastische Weise. Nicht nur die zahlenmäßige Stärke der Truppen wuchs nun rapide an, auf dem Schlachtfeld spielten sich zudem dramatische taktische Veränderungen ab.

Am 12. Juni 1420 erschien ein von König Sigismund zusammengerufenes Kreuzfahrerheer vor Prag und schlug sein Lager im Tiergarten auf. Der Beitrag Friedrichs IV. zu diesem Kreuzzug bestand vermutlich aus ca. 500 Rittern nebst einigem Fußvolk, das die Städte aufbrachten. Diese Zahlen lassen sich allerdings nur rückwirkend rekonstruieren. Am 30. Dezember 1420 bat Sigismund den Markgrafen nämlich von Brüx aus, »uns noch von neues mit funfhundert mannen und so vil pferden sechs monet uff sine costen dienen und helffen sol gen unsen finden«.[781]

Das meißnische Heer während der Hussitenkriege bestand immer noch zu einem Teil aus lehnspflichtigen Adligen des wettinischen Herrschaftsbereiches. Dies geht aus einer Reihe von Urkunden dieser Zeit deutlich hervor. Am 20. Januar 1420 belehnte Markgraf Friedrich IV. Protz von Querfurt, Vogt von Zörbig, für drei Jahre mit dem dortigen Vorwerk, den Zöllen und den Gerichten. Dafür sollte Querfurt auf seiner Vogtei »zcu synem satile funff pferde uff zcwen glefenigen, acht pferde uff vier glefenigen und vir redliche gewapnete schuczczenen, das machet an der zcal sebenczig pferde«[782] unterhalten. In ähnlichem Sinne wurde am 17. März 1422 ein Sühneabkommen zwischen den drei wettinischen Markgrafen und den Brüdern Erasmus, Fritz, Heinz, Michel und Hermann von Streitberg abgeschlossen. Darin verpflichteten sich die Brüder, den Markgrafen mit 20 Gleven zu Diensten zu sein. Allerdings beschränkte sich ihre Dienstpflicht auf gerade einmal zwölf Tage[783] und entsprach damit noch einem klassischen Lehnsdienst.

Für die für den Feldzug 1421 von Friedrich IV. geforderten Kriegsdienste und Stellung von 500 Berittenen war König Sigismund bereit, 30 000 Gulden zu zahlen.[784] In einem separaten Abkommen wurde geregelt, dass der König zusätzlich für die entstehenden Schäden an Männern, Pferden und Ausrüstung aufkommen werde. Dafür würden ihm die meißnischen Ritter alle ihre Gefangenen überantworten.[785] Einen gleichen Brief erhielt Wilhelm II. am 6. Januar 1421 in Aussig. Auch er sollte demzufolge »funfhundert Mannen und pferden«[786] nach Böhmen schicken. Friedrich und Wilhelm wurden durch diese Vereinbarungen selbst zu Söldnerführern, die ihre wie auch immer rekrutierten Streitkräfte gegen Geld einem höher gestellten Fürsten vermieteten. Damit begann im meißnisch-sächsischen Raum auf höchster Ebene das, was Bernhard Kroener als »Versöldnerung des Lehnsrittertums« bezeichnete. Da die herkömmlichen Lehnsaufgebote mit ihrer zeitlich begrenzten Dienstpflicht den Ansprüchen moderner Kriegsführung nicht mehr genügten, wurden sie als Grundlage einer neuen, vertraglich vereinbarten und durch Geldzahlungen oder Verpfändungen bezahlte Kriegsdienstverpflichtung genutzt.[787]

Friedrich IV. unternahm in der Folge weiter große Anstrengungen, um Truppen für den Krieg gegen die Hussiten aufzustellen. Diese Bemühungen kamen mitunter nur sehr langsam voran. Der Markgraf hatte große Probleme, die Reihen seines Heeres zu füllen. So berichtete der Bischof von Würzburg am 29. September 1422, »wie unsere heere die Marggraue von Missen nicht fil Volks gewynne, so versten wir auch sust wol, dasz sie von Reysigen zewge nicht seer stark werden, als sie dann hie disseyd waldes nymand geworben haben, wiewohl derselben viel gerne mit jn geritten weren«.[788] Und schon am zweiten Oktober sprach sich der Bischof dafür aus, »so man vmb Nuremberg verstunde und sehe, dasz dis Zugk nit trefflich furgehen wurde, dasz dann besser were, man kerte in der Zyt hie awssen umb, denn dortynnen«.[789] Die Kritik des Bischofs, dass Friedrich niemand »geworben« habe, obwohl dies ohne weiteres möglich gewesen wäre, impliziert, dass es ein großes Potenzial an Söldnern gab und dieses von vielen Reichsfürsten bereits genutzt wurde, um ihre Heere aufzufüllen. Es ist jedoch auch denkbar, dass die Verfügbarkeit von Söldnern nicht so hoch war, wie der Bischof es schilderte. Die Nachfrage nach mietbaren Kämpfern war zu Beginn der 1420er Jahre enorm hoch. Viele Reichsstände warben Truppen für die Kreuzzüge gegen die Hussiten. An der Ostsee war der Krieg zwischen Polen und dem Deutschen Orden neu entbrannt und in Frankreich wütete der Hundertjährige Krieg. Es ist daher nur wahrscheinlich, dass eine gewisse Verknappung auf dem Söldnermarkt eintrat.

Denn von einer möglichen Skepsis Friedrichs gegenüber diesem neuen Kriegertypus kann keine Rede sein. Die Gefahr, die von den Hussiten für die nordböhmischen Besitzungen des Kurfürsten ausging, war insbesondere nach der Niederlage von Aussig 1426 sehr groß. Am 16. November desselben Jahres übertrugen Friedrich I. und Friedrich der Friedfertige Schloss und Vogtei Riesenburg für ein Jahr an Gelfriede von Trachenfels. Dieser war nun verpflichtet, »das er nunczig menschen redelicher menre uf demselbin unserm sloße tegelich by ym halden und haben sal«.[790] Dafür erhielt Trachenfels 1500 Gulden, von denen 1000 aus der Kasse des Kurfürsten kamen. Damit sollten auch der Unterhalt und die Verpflegung der 90 Söldner beglichen werden. Sollte die Zahl der Besatzung auf über 90 Mann steigen, so mussten der Kurfürst und der Landgraf dafür zusätzliche Gelder bereitstellen. Dieser Vertrag ist insofern beachtlich, da hierin erstmals ein befestigter Platz nicht durch einen Pfandvertrag vergeben oder nach klassischem Lehnrecht einem sächsischen Adligen übertragen wurde, sondern ein spätmittelalterlicher Söldner über einen begrenzten Zeitraum mit seinem militärischen Schutz beauftragt und dafür bezahlt wurde, ohne wirtschaftliche oder herrschaftliche Nutzungsrechte daran zu erhalten.

Generell ist davon auszugehen, dass die wettinischen Heeraufgebote während der Hussitenkriege wohl eine Mischform zwischen traditionellen Lehnsaufgeboten und Söldnerheeren darstellten. Formell waren die meißnischen Lehnsträger den Wettinern zur Heerfolge verpflichtet, ebenso wie diese selbst dem König. Doch bereits die Verträge Friedrichs mit Sigismund belegen, dass der Markgraf sich seine Gefolgschaft finanziell vergüten ließ. Auf der anderen Seite heuerten die markgräflichen Lehnsleute wohl vermehrt Söldner an, um ihrer Pflicht zur Heerfolge nachzukommen.

Doch nicht nur in Hinblick auf ihre soziale Zusammensetzung brachten die Hussitenkriege große Veränderungen mit sich. Auch die taktische Ordnung der Heere änderte sich zunehmend. In Westeuropa hatte im 14. Jahrhundert bereits eingesetzt, was einige anglikanische Militärhistoriker als die »Revolution der Infanterie« bezeichneten. 1314 vernichteten die schottischen »skildrons« – Formationen aus mit langen Piken bewaffneten Fußtruppen – ein englisches Reiterheer in der Schlacht bei Bannockburn. 1346 scheiterte ein Kavallerieangriff französischer Ritter bei Crecy im Pfeilhagel englischer Langbogenschützen, ein Desaster, welches sich 1419 bei Azincourt wiederholen sollte. 1386 schlugen Schweizer Knechte in dicht gedrängten Haufen mit langen Spießen ein habsburgisches Ritterheer in der Schlacht bei Sempach.[791]

Die Heere der Hussiten setzten ebenfalls auf die Kampfkraft des Fußvolks, weil den böhmischen Ketzern das Geld für die Ausrüstung zahlenmäßig starker Ritterheere fehlte. Da der Langspieß in Mitteleuropa zu dieser Zeit noch wenig verbreitet war, führten die böhmischen Truppen vor allem kurzstielige Stangenwaffen, wie Helmbarten, Gleven und Aalspieße, oder Distanzwaffen, wie Armbrüste und Stabbüchsen. Zur Abwehr von Reiterangriffen verließen sie sich nicht allein auf die Standhaftigkeit dichter Formationen, sondern errichteten Wagenburgen, an denen die Attacken der Kreuzritter zerschellten. Erst nachdem die Angriffswucht gebrochen war, gingen sie zum Gegenangriff über. Deswegen kann im böhmischen Fall wohl nur begrenzt von einer Revolution der Infanterie gesprochen werden, denn die Fußtruppen blieben stets auf den Schutz der Wagenburg angewiesen. Dennoch erwies sich diese Taktik als so erfolgreich, dass die Hussiten anderthalb Jahrzehnte allen Invasionsversuchen widerstanden. Den beeindruckendsten Erfolg errangen die Böhmen mit ihrer Wagenburgtaktik 1426 über ein sächsisches Heer, welches zum Entsatz der Stadt Aussig ausgezogen war.[792]

Auch über das Wesen der Kriegsführung gibt Vippach in seiner »Katherina Divina« wichtige Hinweise. Interessanterweise bezieht er sich hierbei vor allem auf antike Autoren, wie Vegetius. Diese hatten also lange vor der Renaissance einen Einfluss auf das nordalpine Kriegswesen. Vippach empfiehlt, dass ein Heer sein Lager mit einem Graben umgab. Es dürfe sich kein Berg in der Nähe befinden, von wo der Feind den Platz unter Beschuss nehmen könne. Auch solle das Lager nicht zu klein sein und das Heer nicht zu lange lagern, »das sie beqwemliche luft habin, wenn eis komet digke von gestancke suchen under das volk und der schelm«.[793] Bezüglich der Form rät Vippach, entweder ein rundes oder ein dreieckiges Lager anzulegen. Bei der Wahl eines Schlachtfeldes sei »zcu pruffen, wenne dy sonne keyn den ougen schyne, ab do keyn wynt mite sey und gestoube«.[794] Er betont der Wert der Aufklärung durch leichte Reiter und macht die Wahl des Schlachtfeldes von der Zusammensetzung des Heeres abhängig: »Ist der zcu pferde mer, so kyse her dy stritstat zcu felde, wenne dy konnen bas gestriten uff dem felde. Ist aber der mer zcu fusse, so sal her fugen dy stritstat zcu berge ader zcu holcze und lasse do dy viende zcu sich komen.«[795] Eben dies taten die mehrheitlich aus Fußvolk bestehenden Heere der Hussiten.

Auch im meißnisch-sächsischen Raum gewann das Fußvolk immer mehr an taktischer Bedeutung. Für dessen Bereitstellung spielten vor allem die städtischen Aufgebote eine große Rolle. Als wichtige Handels- und Wirtschaftszentren waren Städte in der Lage, die nötigen finanziellen Mittel zu akquirieren, um eine größere Anzahl an Fußknechten auszurüsten und zu besolden, oder durch die eigene wehrpflichtige Bevölkerung selbst zu stellen.[796] Aber auch die Konzentration fähiger Handwerker ließ den städtischen Aufgeboten einige Bedeutung zukommen. Beispielsweise ließ Friedrich IV. dem Rat von Dresden im Juni 1422 mitteilen, dass er seinem Aufgebot auch acht Zimmerleute mit Werkzeugen beigeben solle.[797] Diese wurden vermutlich zur Errichtung von Feldbefestigungen und für Belagerungen benötigt, die im spätmittelalterlichen Kriegsalltag wesentlich mehr Zeit beanspruchten als Schlachten.

Im Urkundenbestand der Stadt Leipzig wurden etliche Briefe überliefert, die die Bedeutung des städtischen Aufgebots für die wettinische Kriegsführung ansprechend unterstreichen. Ende Januar 1426 forderte Kurfürst Friedrich vom Rat der Stadt, ein Aufgebot nach Aussig zu schicken, da die dortigen Kommandeure dem Vogt zu Meißen bereits eindringliche Warnungen hatten zukommen lassen, wonach sich die hussitischen Heere dem Norden Böhmens näherten.[798] Am 10. Februar meldeten die Kommandeure der Stadt an die sächsische Kurfürstin, dass sich große Heermassen der Hussiten nördlich von Prag sammeln würden. Katharina forderte daher den Leipziger Rat nochmals auf, die bereits zugesagten 40 Schützen umgehend nach Pirna zu schicken.[799]

Neben den Städten waren die Ämter zur Stellung von Heerwagen und Mannschaften verpflichtet. Jens Kunze hat in seiner Studie über das Amt Leisnig auch die Pflicht zur Heerfolge untersucht. Gesichert ist, dass das Amt eigene Heerwagen aufbrachte. Inwiefern die bäuerliche Bevölkerung der Dörfer zum Dienst herangezogen wurde, lässt sich dagegen nicht sicher klären. Möglicherweise dienten sie nur als Knechte für die Heerwagen oder als Schanzarbeiter bei Belagerungen.[800]

Eine andere, zunächst vor allem spektakuläre und bis zur Massenverwendung durch die Hussiten weniger revolutionäre Neuerung im Kriegswesen der Zeit bestand in der Einführung von Schießpulverwaffen. Geschützmeister lassen sich im wettinischen Herrschaftsbereich bereits im ausgehenden 14. Jahrhundert nachweisen. Am 15. Mai 1388 verschrieb Landgraf Balthasar einem Geschützmeister namens Martin (»Mertin«) in Gotha jährlich drei Zentner Kupfer aus dem Zehnten des Sangerhauser Bergwerks.[801] Büchsenmeister nahmen in einigen meißnisch-sächsischen Städten bald eine gesonderte Stellung ein und waren teilweise auch von städtischen Abgaben befreit. Am 30. Januar 1427 nahm Kurfürst Friedrich I. einen Meister Klaus als Büchsenmeister in seine Dienste. Klaus stammte aus Gotha und ließ sich nun in Jena nieder. Detailliert regelte sein Vertrag, dass der Meister für jedes Geschütz von über zehn Zentnern Gewicht einen Gulden pro Zentner sowie die Kosten für Knechte und Kohlen erstattet bekommen sollte. Für kleinere Stücke erhielt er nur Kupfer und Zinn, was darauf hinweist, dass diese Art von »Taraßbüchsen« vor allem aus Bronze gegossen und nicht im Stabringverfahren gefertigt wurden. Zudem sollte er stets zwei Knechte unterhalten, die er bei Bedarf dem Kurfürsten zu schicken hatte. Auch er selbst konnte mit zwei oder drei Knechten zum Felddienst gerufen werden, wofür der Kurfürst »die zciit futer und koste gebin wollen«.[802] Als Grundeinkommen wurden ihm aus der Jenaer Rente jedes Jahr zehn Schock Groschen bewilligt. Dieser Vertrag unterstreicht nochmals den großen Bedeutungsgewinn, den das Geschützwesen durch die Hussitenkriege erfahren hat.

Wie erwähnt, verfügte das markgräfliche Heer, welches 1402 die Burg Dohna belagerte, bereits über einen kleinen Geschützpark. Aber auch die Verteidiger besaßen Schwarzpulverwaffen: vier Stein-, eine Taras- und drei Bleibüchsen. Bei letzteren handelte es sich vermutlich um große Hakenbüchsen.[803] Diese kleinen Geschütze konnten für die Verteidigung einer Burg durchaus effektiv eingesetzt werden, da sie ihre Geschosse – im Vergleich zu Katapulten – sehr zielgenau abfeuerten, wodurch Stellungen der Belagerer unter einen tödlichen Beschuss genommen werden konnten.

Neben den schweren Geschützen kamen im Laufe des 15. Jahrhunderts auch kleine handliche Feuerwaffen auf, die von einem einzelnen Schützen bedient werden konnten. Obwohl in Präzision, Feuerrate und Reichweite dem Bogen und der Armbrust zunächst noch deutlich unterlegen, begannen die frühen Handbüchsen die althergebrachten Distanzwaffen schnell zu verdrängen, da ihre Handhabung leicht zu erlernen war und sie vor allem billig in der Herstellung gewesen sind. Auch hier waren es wohl zunächst die Städte, die ihre Zeughäuser entsprechend aufrüsteten, wie aus dem Schriftwechsel zwischen Kurfürst Friedrich I. bzw. seiner Frau Katharina und der Stadt Leipzig im Zuge der Belagerung von Aussig 1426 hervorgeht. Das von Friedrich Ende Januar 1426 geforderte Leipziger Aufgebot bestand aus 40 gewappneten Schützen mit 10 Handbüchsen.[804] Noch von Altenburg aus hatte Friedrich am 21. April 1426 den Leipziger Rat aufgefordert, weitere 18 Schützen zunächst nach Pirna und von dort nach Aussig zu schicken, wo sie bleiben sollten, bis er vom Reichstag zurückgekehrt sei. Zudem beklagte er, dass mehrere Schützen, die er im Januar angefordert hatte, bereits wieder nach Leipzig zurückgekehrt waren.[805] Anscheinend hatte der Rat, der für die Besoldung der Armbrustschützen aufkommen musste, einige Männer abberufen, um Kosten zu sparen. Dies geht auch aus einem am 21. April von Kaspar Rechenberg an den Rat geschickten Brief hervor, in welchem er mitteilt, dass er das von der Stadt Leipzig nach Aussig geschickte »gerete« (wahrscheinlich meint er die zehn Handbüchsen) nicht ohne Genehmigung der Kurfürstin zurückschicken durfte.[806]

Die hohe militärische Bedeutung, die das Geschützwesen der Wettiner bereits im frühen 15. Jahrhundert erlangt hatte, zeigte sich auch in der Einnahme der Mark Brandenburg durch den zum Verwalter ernannten Nürnberger Burggrafen Friedrich VI. Als Landfremder hatte der Hohenzoller hier zunächst den Widerstand eines erstarkten Adels, allen voran der Familie von Quitzow, zu brechen. Der Chronist Engelbert Wusterwitz berichtet, wie Friedrich zuerst die Burg Freysack durch schwere Geschütze zu Fall brachte. »Darnach ist er gezogen für das schloß Plaue mit der großen buchse herrn Friedrichs landtgraffen in Düringen [...]«.[807] Die Zuverlässigkeit der Passage ist oftmals in Zweifel gezogen wurden, da Wusterwitz' Manuskript nur durch spätere Abschriften überliefert ist. Dass sich der Burggraf das Geschütz bei Landgraf Friedrich ausgeliehen hat, findet sich nur in der Überlieferung von Peter Hafftitz. Andreas Angelus übernahm diese kleine Bemerkung nicht. Der Historiker Bernard Rathgen ging daher davon aus, dass die Erwähnung des Wettiners eine reine Erfindung von Hafftitz gewesen sei, und nahm an, dass die große Bombarde, die erst in viel späteren Überlieferungen den Namen »Faule Grete« erhielt, aus dem Haupthaus des Deutschen Ordens in Marienburg entliehen worden sei.[808] Inzwischen konnte Ralf Gebuhr jedoch überzeugend nachweisen, dass es sich dabei um eine nicht haltbare Rekonstruktion des ehemaligen Generals handelte. Tatsächlich erhielt Friedrich vom Orden eine kleinere Büchse aus der Burg Schivelbin. Gebuhr geht deswegen davon aus, dass die Überlieferung durch Hafftitz korrekt ist und Friedrich sich das größte Geschütz für seinen Feldzug vom Landgrafen von Thüringen lieh und dann über das Wassernetz der Saale, Elbe und Havel in die Mark transportieren ließ, was auch wesentlich einfacher war als der komplizierte Transport über fast 600 Kilometer Landweg von Marienburg her.[809]

Militärgeschichte – insbesondere für die Zeit des Mittelalters – war lange Zeit eine Zusammenschau von Feldzügen und Schlachten. Historiker hinterfragten die teilweise weit übertriebenen Stärkeangaben mittelalterlicher Chronisten nur selten. Wie soll König Sigismund 1421 vor Prag ein Heer von 100 000 oder sogar 200 000 Mann unterhalten haben, wo doch die Stadt, die er ja nicht einmal kontrollierte, selbst nur etwa 40 000 Einwohner zählte? Mit den damaligen Transportmitteln konnten einem Heer nur begrenzte Mengen an Lebensmittelvorräten nachgeführt werden, weswegen es sich früher oder später aus dem Land versorgen musste.

Die demografische Struktur eines Landes bildet eine grundlegende Voraussetzung für die Größe des Heeres, das ein Fürst aufstellen konnte. Faktoren wie Bevölkerungsdichte und Einwohnerzahl der größten Städte waren entscheidend für die Frage, wie viele Soldaten zu einer bestimmten Zeit an einem bestimmten Punkt konzentriert werden konnten.

Somit wird auch klar, warum Friedrich IV. die Heere, die er gegen die Hussiten ins Feld führte, stets nahe Freiberg sammelte und nicht etwa bei Dresden. Zwar bot auch der hiesige Elbtalkessel einen guten Sammelpunkt und der schiffbare Fluss zudem eine exzellente Versorgungsroute nach Aussig. Allerdings gehörte die Stadt einerseits zum Herrschaftsbereich von Friedrichs thüringischem Vetter und andererseits war sie um etwa ein Viertel kleiner als Freiberg. Zählte die Silberstadt zur Zeit der Hussitenkriege etwa 4 000 bis 4 200 Einwohner, so waren es in Dresden gerade einmal 3 000.[810]

Geht man davon aus, dass Markgraf Friedrich und Markgraf Wilhelm die jeweils 500 Reiter, die König Sigismund 1421 von ihnen forderte, tatsächlich aufbringen konnten, so folgten ihnen wohl einschließlich Fußtruppen, Knechten und Tross wenigstens 1 500 bis 2 000 Mann ins Feld. Dieses Heer mit seinem täglichen Lebensmittelbedarf entsprach also der Hälfte der Einwohnerschaft von Freiberg. Seine Versorgung konnte nur da sichergestellt werden, wo bereits die wirtschaftlichen Strukturen für die Ernährung entsprechend großer Menschengruppen vorhanden waren. Noch schwieriger wurden diese logistischen Probleme fünf Jahre später, denn das bei Groß-Bobritzsch nahe Freiberg zusammengezogene Ersatzheer für Aussig umfasste etwa 8 000 Ritter und Fußtruppen, zählte also zweimal so viele Menschen, wie Freiberg Einwohner hatte.

Für die Versorgung der Truppen und auch strategisch wichtiger Plätze griffen die Markgrafen anscheinend bevorzugt auf die Wirtschaftskraft der Städte zurück. Zur Verpflegung seines 1421 nach Böhmen geführten Heeres ließ Friedrich IV. Lebensmittel nach Riesenburg karren. Dies geht aus einer Anweisung an den Dresdner Rat vom 20. Januar 1421 hervor, in welchem der Markgraf befahl, vier Wagen mit 100 Scheffel Korn bereitzuhalten.[811] Die Städte verfügten über entsprechende Lebensmittelreserven, die nun für militärische Zwecke zur Verfügung gestellt werden mussten, was sich auch nach der Niederlage bei Aussig zeigte, als Kurfürst Friedrich I. fieberhaft an der Erneuerung seines Heeres arbeitete. Am 3. September 1426 forderte er von der Stadt Leipzig zehn gewappnete und berittene Schützen, die der Rat binnen einer Woche nach Freiberg zu schicken hatte. Außerdem sollte die Stadt große Mengen Getreide und Hafer liefern und die nötigen Fuhrleute bereitstellen, um selbiges nach Brüx zu überführen, welches immer noch von den Hussiten belagert wurde.[812]

Im Zuge der Aufstellung eines Heeres für die Hussitenkreuzzüge tritt 1421 ein weiteres Amt im Gefolge des Markgrafen in Erscheinung. Am 7. August dieses Jahres ernannte Friedrich Johannes, genannt Missenland, zum »eraldi nostri«[813] (Herold). Er sollte die Wappenrollen der aufgebotenen Ritter führen und war auch zu Verhandlungen legitimiert.

10.3 Die ersten Hussitenkreuzzüge

Nach der Verbrennung von Jan Hus versuchte König Wenzel dessen Anhänger in Böhmen aus den Kirchen- und Staatsämtern zu drängen, womit er ein weiteres Mal die Bevölkerung gegen sich aufbrachte. Im Februar 1419 ließ er alle utraquistischen Kirchen in Prag bis auf drei schließen. Viele hussitische Priester verließen daraufhin die Hauptstadt und trugen die Bewegung nun auch in andere böhmische Städte.[814]

In Prag verblieb eine Gruppe radikaler Vertreter der Glaubensauslegung. Sie scharten sich um den charismatischen Priester Jan Želivský. Am 30. Juli 1419 stürmte eine erzürnte Bürgerschar das Neustädter Rathaus, um dort inhaftierte Glaubensgenossen zu befreien. Dabei stießen sie auf den Bürgermeister, zwei Ratsherren, den Stellvertreter des Richters, fünf Gemeindeälteste und einen Knecht, die sie aus dem Fenster warfen. Die auf dem Karlsplatz am Fuße des Rathauses versammelte Menge zerhackte die Geschundenen schließlich mit unter den Gewändern versteckten Waffen. Ein weiterer Ratsherr wurde kurz darauf zu Tode gefoltert. König Wenzel geriet über diese Aktion so sehr in Angst, dass er einen Schlaganfall erlitt, an dessen Folgen er am 16. August 1419 verstarb.[815]

Der Tod Wenzels verschlimmerte die Krise noch mehr, denn seinen Bruder Sigismund, der seinerzeit Jan Hus das freie Geleit nach Konstanz zugesichert hatte, wollten die Hussiten erst recht nicht als König anerkennen. In Prag stürmten die Anhänger des Reformators mehrere Kirchen und versuchten sie der Kelchkommunion zu unterwerfen. Mehrere Gotteshäuser gingen in Flammen auf. Die Rebellen profitierten von dem Umstand, dass Sigismund, der gerade ein großes Heer gerüstet hatte, dieses vorerst für einen Feldzug gegen die Türken in Ungarn und nicht gegen sie einsetzen wollte. Stattdessen sollte seine Frau Barbara von Cilli vorübergehend die Regentschaft in Böhmen übernehmen.[816]

Der von Sigismund als Stütze der Regentin eingesetzte oberste Burggraf Čeněk von Wartenberg ließ die böhmischen Stände zu einem Landtag zusammenrufen. Auf dieser Einrichtung konnte der Adel vor allem seine Forderungen an den neuen König stellen. Doch die Hussiten nutzten den Landtag, um von Sigismund Religionsfreiheit für sich einzufordern. Er sollte die Kommunion in beiderlei Gestalt erlauben, das Anprangern der Utraquisten als Ketzer verbieten und sich beim Papst für die Gestattung des Laienkelches stark machen. Dazu kam eine Reihe von Forderungen, die eine Änderung der Landesverwaltung zugunsten der böhmischen Volksgruppe betrafen. Sigismunds Antwort war vorsichtig und zurückhaltend formuliert. Er wollte seine Herrschaft in der Tradition der Regierung seines Vaters, Karls IV., fortsetzen.[817]

Böhmen begann sich zu spalten. Die katholische Kirche verlor rasch an Boden. Ihre letzten Stützen waren die immer noch stark von Deutschen durchsetzten Städte im Norden, an den Hängen des Erzgebirges, von Eger bis Leitmeritz. Die Masse der böhmischen Hussiten verfolgte sehr gemäßigte Ziele. Die sogenannten Kalixtiner (Kelchbrüder) waren durchaus bereit, Sigismund als König und auch die Oberhoheit der katholischen Kirche anzuerkennen. Sie verlangten allerdings Toleranz gegenüber den Ideen von Jan Hus. Das Zentrum der Kalixtiner bildete Prag und der von Sigismund bestellte Čeněk von Wartenberg war zunächst einer ihrer wichtigster Vertreter. Dagegen bildete sich direkt nach dem Prager Fenstersturz ein radikaler Flügel der Bewegung, der Verhandlungen mit dem König ablehnte, weil er von deren Erfolglosigkeit überzeugt war. Dieser hatte sein Zentrum in der Prager Neustadt und wurde von Jan Želivský angeführt. Seine Partei wollte in religiösen Fragen nur die Bibel anerkennen und lehnte damit die Autorität des Papstes ab. Dieses Prinzip sollte dazu führen, dass sich die Radikalen bald in etliche Gruppen aufspalteten, ebenso wie einhundert Jahre später die Protestanten. Die wichtigste radikale Hussitengruppierung sollten die Taboriten werden.[818]

Die Taboriten sammelten sich seit dem 22. Juli 1419 auf einem Bergrücken, etwa siebzig Kilometer südwestlich von Prag. Ihren Namen leiteten sie von einer Episode aus dem Matthäusevangelium (17,1–2) ab, in welchem Jesus auf einem Berg vor einer großen Gemeinde predigt. Die Böhmen vermuteten, dass es sich dabei um den Berg Tabor handelte. Durch diese Bergpredigten verbreiteten sich die Ideen der radikalen Priester, die die nahende Apokalypse vorhersagten, bald über das ganze Königreich. Die Taborbewegung hatte vor allem auf die breite Landbevölkerung eine große Anziehungskraft.[819]

Im Januar 1420 reiste Sigismund nach Breslau, um sich mit wichtigen Vertretern deutscher Fürsten zu treffen. Auch Friedrich IV. begab sich in die schlesische Stadt, wo er am 13. Januar eintraf.[820] Obwohl Sigismunds böhmische Berater ihm nahelegten, taktvoll mit seinen rebellischen Untertanen umzugehen und keine fremden Heere in das Königreich zu holen, entschied er sich gegen ihren Rat. Am 5. Januar 1420 ließ er eine Bekanntmachung publizieren, derzufolge sich alle böhmischen Städte ihm und der römischen Kirche unterwerfen sollten. Und Sigismund ging noch weiter. Ein bekannter Prager Kaufmann, Jan Krasá, wurde in Breslau verhaftet, weil er sich kritisch über die Verbrennung von Jan Hus geäußert hatte. Unter der Folter sollte er dazu gezwungen werden, die Kommunion in beiderlei Gestalt als Häresie zu verteufeln, lehnte das jedoch ab. Krasá wurde an Pferde gebunden, durch die Stadt geschleift und schließlich am 15. März 1420 verbrannt. Gleichzeitig erklärte Sigismund Häresie zum Kapitalverbrechen und drohte mit der Konfiszierung des persönlichen Besitzes aller, die dieses Verbrechens überführt werden konnten. Nun war seinen böhmischen Untertanen klar, welche Art der Herrschaft sie zu erwarten hatten.

Friedrich IV. wollte den Breslauer Tag vor allem dazu nutzen, um seine Beziehungen zum Luxemburger wieder aufzubessern. Gleichzeitig versuchte er ein weiteres Mal, seine Besitzansprüche an den nordböhmischen Burgen und Städten bestätigen zu lassen. Dafür hatte er sich eigens vom ehemaligen kaiserlichen Notar Martin Pätzold, der nun eine Pfründe in Oschatz innehatte, eine beglaubigte Kopie seiner Verlobungsabsprache mit Anna von Böhmen aus dem Jahr 1373 anfertigen lassen. Dabei handelte es sich um jenes Dokument, worin ihm im Fall des Nichtzustandekommens der Hochzeit 10 000 Schock Groschen oder Brüx und Laun als Pfand zugesprochen wurden.[821] Doch seine ersten Verhandlungsversuche in Breslau wurden ähnlich wie wenige Jahre zuvor in Konstanz zurückgewiesen. Die Gesandten der Stadt Straßburg berichteten, dass die Gespräche »nit furgon kunde, wenne die Behemschen herren meindent, alles das lant, daz er bi kunig Rupprechtz ziten dem Behemschen riche abgewunnen hette, daz wolte der kunig wider haben. Und was ouch des kunigs meinunge selber«.[822]

Nach vier Wochen kehrte Friedrich wieder nach Meißen zurück, ohne seine Ziele erreicht zu haben. Am 16. Februar schrieb er an den Erbkämmerer Konrad von Weinsberg und bat diesen, er möge sich beim König dafür einsetzen, damit die drei wettinischen Markgrafen die noch ausstehende Gesamtbelehnung aus den Händen Sigismunds empfangen könnten. Das gemeinsame Ersuchen nach der Gesamtbelehnung war erst wenige Tage zuvor, am 11. Februar 1420, als Bestandteil eines weiteren Schiedsausgleichs zwischen Friedrich von Thüringen und den beiden Osterländern vereinbart worden.[823]

Anscheinend bestand aber auch zwischen Friedrich und seinem Bruder Wilhelm in diesen Tagen keine Einigkeit bezüglich des weiteren Vorgehens. Dies geht aus dem Brief zweier Ritter aus Breslau an den Straßburger Rat hervor. Sie berichteten am 22. Februar 1422, dass die Ankunft Markgraf Wilhelms in der Stadt erwartet wurde. »Zwuschent dem und – dem kunige vil grosser tedinge sint, wenn derselbe marggrave Wilhelm und marggrave Friderich gebrudere bede marggraven zu Missen nit wol eins miteinander sint, und also loffent mere, als marggraven Friderich vormals ungeton – von dem kunige gescheiden ist, er suche an marggrave Wilhelm, das er mit ime dran sie, so welle er ime helffen wider marggrave Friderich sinen bruder.«[824] Die gescheiterten Verhandlungen zwischen Friedrich und dem König, die mit diesem Brief bestätigt werden, konnten sich also durchaus als nachteilig für den Markgrafen erweisen, sollte sein Bruder mit dem König zu einer Übereinkunft gelangen und mit dessen Hilfe seine Interessen gegen ihn durchsetzen.

Die hussitische Rebellion wurde derweil als starke Bedrohung des westeuropäischen Christentums wahrgenommen. Daher rief Papst Martin V. – auf Drängen König Sigismunds – am 1. März 1420 von Florenz aus alle Ritter Europas zum Kreuzzug auf. Der König stellte nun ein Heer zum Vorstoß auf Prag auf.[825]

In der Moldaustadt war der Versuch der gemäßigten Utraquisten, einen Vergleich mit der königlichen Besatzung auf dem Hradschin zu schließen, gescheitert. Der Burgberg wurde zwar zwischenzeitlich von den Pragern besetzt, dann von dem Kommandanten Čeněk von Wartenberg wieder königstreuen Söldnern ausgehändigt. Als die Nachricht vom päpstlichen Kreuzzugsaufruf in Prag bekannt wurde, fürchteten die Utraquisten die Rache Sigismunds und riefen die Taboriten unter Jan Žižka um Hilfe.[826]

Am 20. Mai 1420 konzentrierten sich die hussitischen Kräfte schließlich in Prag. Žižka und sein Heer, das zuvor sehr erfolgreich in Südböhmen operiert hatte, zogen triumphierend in die Stadt ein. Die königlichen Truppen beherrschten allerdings nicht nur den Hradschin, sondern auch den alten Königsberg, den Vyšehrad. Die Hussiten hatten diesen mit Gräben von der Neustadt abgeschnitten. Um die letzten Ausfallstraßen der Stadt frei zu halten, ließ Žižka auf dem Veitsberg (Vitkov) östlich der Stadt provisorische Befestigungsanlagen in Form von blockhausähnlichen Türmen, Gräben und Wällen errichten. Außerdem wurden fast 2500 Prager Bürger, vor allem die Deutschen, der Stadt verwiesen.[827]

Am 12. Juni erschien das Kreuzfahrerheer vor Prag und schlug sein Lager im Tiergarten auf. Zeitgenössische Chronisten geben die Zahl der Kreuzzugsarmee mit 100 000 bis 200 000 Mann an, tatsächlich wird sie die Stärke von 50 000 Mann nur unwesentlich überschritten haben. Der Beitrag Friedrichs IV. zu diesem Kreuzzug bestand – wie bereits geschildert – vermutlich aus etwa 500 Rittern nebst einigem Fußvolk, das die Städte aufbrachten.

Trotzdem war das Heer der Kreuzfahrer so groß, dass sich etliche böhmische Städte ohne Widerstand dem König unterwarfen. Nur die Prager, Taborer, Saazer, Launer, Schlaner, Piseker, Klatauer sowie ein Teil des Adels und der Bauernschaft waren gewillt, Prag zu verteidigen. Sigismund wiederum zögerte, seine schweren Geschütze gegen jene Stadt einzusetzen, die sein Vater zu einer der schillerndsten Metropolen Europas ausgebaut hatte. Je länger die Hussiten die Hauptstadt würden halten können, desto mehr würde die Größe des Kreuzfahrerheeres zu einer Last werden, denn eine solch gewaltige Armee ließ sich nur schwer über einen längeren Zeitraum versorgen.[828] Der König war daher zur Eile angehalten. Am 12. Juni gelang ihm ein Achtungserfolg, als er der bedrängten Besatzung des Hradschin einige Verstärkung und frische Lebensmittel zuführen konnte.[829]

Der Versuch einer friedlichen Einigung scheiterte dagegen erneut, weil der päpstliche Legat Ferdinand von Lucca eine Anhörung der hussitischen Forderungen verweigerte. Nach über vier Wochen setzten daher die Kreuzfahrer am 13. Juli auf das östliche Moldauufer über und machten sich zu einem Angriff auf den Veitsberg bereit. Sie täuschten einen Vorstoß auf das Spitalsfeld vor. Als die Prager Verteidiger sich zu einem Gegenangriff provozieren ließen, mussten sie auf offenem Feld schwere Verluste hinnehmen. Die Kreuzritter zogen sich anschließend geordnet vom Schlachtfeld zurück.[830]

Am 14. Juli begann der eigentliche Angriff der schweren meißnischen und schlesischen Reiterei, angeblich unter dem persönlichen Befehl Markgraf Friedrichs IV. Die Befestigungen auf dem Veitsberg wurden von nur schwachen Kräften verteidigt (auch wenn die Angaben einiger Quellen, die von nur 30 bis 60 Männern und Frauen sprachen, wahrscheinlich zu niedrig sind). Žižka leitete selbst die Verteidigung. Es gelang den Meißnern zunächst, den südlichen Holzturm einzunehmen. Der Versuch, den mit Grassoden besetzten Wall zu stürmen, scheiterte jedoch. Auf dem schmalen Höhenrücken des Veitsbergs konnten die Meißner ihre zahlenmäßige Überlegenheit nicht voll zur Geltung bringen.[831]

Schließlich brachte ein aus der Stadt heraus geführter Gegenangriff die Entscheidung. Aus dem Bergtor stürmten mehrere hundert Hussiten, angeführt von einem Priester, und griffen die Flanke der bereits erschöpften Meißner an. Panik brach unter den Rittern aus. Sie strömten zurück und einige wurden von den sie verfolgenden Pragern an den steilen Nordhang des Veitsbergs getrieben und stürzten hinab. Der meißnische Feldhauptmann Heinrich von Eilenburg wurde erschlagen. Der Chronist Laurentius berichtet: »Und als die Feinde das Sakrament erblickt und den Klang des Glöckchens sowie das laute Geschrei des Volkes gehört hatten, machten sie, von aufkommender Angst überwältigt, kehrt, indem sie schnell davoneilten und einer den anderen im Lauf zu überholen suchte. Da sie in solchem Sturmlauf sich nicht halten konnten, stürzten viele vom hohen Felsen herab und brachen sich das Genick, und sehr viele wurden durch die Verfolger getötet.«[832] Die Schlacht war entschieden, auch weil Entlastungsangriffe der Kreuzfahrer vom Hradschin und dem Vyšehrad ebenfalls abgewehrt werden konnten. Die Angaben über die Verluste der Kreuzritter schwanken. Einige Quellen sprechen von 500 Mann, Laurentius von 300, andere von 144 oder gar nur 70. In Anbetracht der geringen Zahl der Verteidiger scheinen diese Schätzungen legitim. Wahrscheinlich starb die Masse der Ritter bei ihrer wilden Flucht. Eine der wichtigsten Quellen zur Schlacht ist ein Brief, den Friedrich IV. sechs Tage später an Herzog Ludwig von Bayern verfasste. Darin misst er der Niederlage am Veitsberg kaum eine größere militärische Bedeutung bei: »Unsern freundlichen Dienst zuvor. Hochgeborner Fürst, lieber Oheim. Wir thun euch zu wissen die Neuigkeiten, die seit letztem Freitag [12. Juli] sich zugetragen haben, zu wissen, dass unser Herr, der römische König die Ungarn gegen die Häretiker nach Prag bei der Karthause [schickte], und die genannten Hussen, sie tödteten von ihnen mehr als 100 und fingen 156 Weiber, die ihr Haar wie die Männer rund abgeschnitten, Schwerter umgehängt und Steine in ihren Händen hatten, Hosen und Männerstiefel, von diesen wurde ein Theil [hingerichtet? Verbrannt?].

Nach dem folgenden Samstag sandte unser genannter Herr der König von diesen Leuten gegen die Häretiker und wurden mehr als 50 getödtet. Auch haben die Häretiker einen Berg Prag befestigt und machen Bollwerk und setzen sich dort fest, weshalb sie unser Herr, der König, durch die Leute der andern Fürsten und die unsern angreifen liess und diese Leute drangen in einige Gräben und versuchten den dritten Graben zu nehmen, da kamen so viele Häretiker aus der Stadt Prag, die denen auf dem Berge halfen, dass sich unsere Leute zurückziehen mussten und wurden schwer verwundet und verloren viele von ihren Pferden. Und der Herzog Ludwig von Burg gewann einen Thurm in [?] von Prag und in diesem fing er mehr als 100 Häretiker. Andere Neuigkeiten sind nicht vorgekommen, und wenn einige vorkommen, so werden wir sie euch schreiben, um des Vergnügens, das wir euch machen und das thun wir ymer gerne.

Geschrieben in Chaves vor Prag, Sonntag nach Sanct Arnulf [21. Juli].«[833]

Es ist natürlich denkbar, dass gerade Friedrich als Befehlshaber des Angriffes bemüht war, seine Niederlage herunterzuspielen. Andererseits berichtet er recht offen über den Verlauf der Kämpfe und den Rückzug. Wie hoch die Anzahl der Toten auch ausfiel, letztendlich war sie in Anbetracht der gewaltigen Stärke der Kreuzfahrer wohl zu vernachlässigen. Dennoch zog sich das Kreuzfahrerheer nach diesem ersten Rückschlag von Prag zurück und löste sich regelrecht auf.[834] Die Gründe hierfür sind schwer zu ermitteln. Böhmische Chronisten und später auch die tschechische Geschichtsschreibung[835] schreiben diesen Erfolg der hohen moralischen Wirkung des Sieges am Veitsberg zu. Friedrichs Brief scheint eine solche Wirkung zu widerlegen. Daher ist es durchaus denkbar, dass die mangelhafte Versorgungslage das Heer in Anbetracht der starken hussitischen Verteidigungsstellungen zur Aufgabe zwang.

Die kritische Situation zwang Sigismund nun dazu, politische Zugeständnisse zu machen, um die Reste seines Heeres zusammenzuhalten. Nicht ohne Grund fällt die Ausstellung einer Gesamtbelehnung der drei Wettiner, die diese bereits seit Beginn des Jahres forderten, genau in diese Zeit, nämlich auf den 19. Juli 1420.[836] Zusätzlich bestätigte der König ihnen alle ihre bis dahin innegehabten Privilegien.[837] Umsonst war dieses Entgegenkommen jedoch nicht. Am 30. April 1421 quittierte der Reichserbküchenmeister Hans von Ortemburg den Empfang der für die Ausstellung der Urkunden fälligen Kanzleigebühr von 30 Mark Silber aus den Kassen der drei Markgrafen.[838]

Sigismund war nicht bereit, von Prag abzuziehen, ohne zum König von Böhmen gekrönt worden zu sein. Am 28. Juli wurde der Akt feierlich auf dem Hradschin begangen. Kurz darauf, am 2. August, verließ auch der Luxemburger die rebellische Stadt. Bei ihrem Rückzug nahmen die Kreuzfahrer die Schätze König Wenzels und etliches Kirchengold und -silber aus der Stadt mit. Sigismund ließ bedeutende Kunstwerke einschmelzen, um seine Truppen bezahlen zu können, war aber dennoch gezwungen, die Masse seiner Söldner wenig später zu entlassen.[839] Der König zog sich vorerst mit seinen Truppen nach Kuttenberg zurück.

Die Hussiten, vereint und beflügelt durch ihren Sieg, einigten sich auf die Verabschiedung der Vier Prager Artikel. In den ersten Monaten des Jahres 1421 gelang es ihnen, im Osten und Norden Böhmens eine Reihe kleinerer, aber wichtiger Erfolge zu erringen. Sigismund hielt sich in diesen Wochen in Leitmeritz (Litoměřice) und Brüx (Most) auf, um mit dem Kurfürsten von Brandenburg und den Markgrafen von Meißen einen neuen Feldzug vorzubereiten.[840]

Friedrich traf sich am 30. Dezember mit dem König in Brüx. Hier forderte Sigismund für den kommenden Feldzug erneut 500 Berittene von dem Markgrafen. Für diese Kriegsdienste war er bereit, 30 000 Gulden zu zahlen.[841] In einem separaten Abkommen wurde geregelt, dass der König zusätzlich für die entstehenden Schäden an Männern, Pferden und Ausrüstung aufkommen werde. Dafür würden ihm die meißnischen Ritter alle ihre Gefangenen überantworten.[842]

Friedrich begann bereits im Januar 1421 neue Truppen in Nordböhmen zusammenzuziehen. Zu ihrer Verpflegung ließ er Lebensmittel nach Riesenburg karren. Dies geht aus einer Anweisung an den Dresdner Rat vom 20. Januar 1421 hervor, in welcher er diesen anweist, vier Wagen mit 100 Scheffel Korn bereitzuhalten.[843]

Der Krieg gegen die Hussiten erforderte alle militärischen Kräfte des Landes. Umso wichtiger war es für Friedrich, bestehende Konflikte an anderen Landesgrenzen zu beenden oder zumindest auszusetzen. Dies mag der Grund für das am 3. Dezember 1420 zwischen ihm, Kurfürst Friedrich I. von Brandenburg und Herzog Albrecht III. von Sachsen-Lauenburg geschlossene Bündnis auf Lebenszeit gewesen sein. Der Vertrag enthielt detaillierte Bestimmungen, wie sich insbesondere der Markgraf von Meißen und der Herzog von Sachsen im Konfliktfall verhalten sollten. Trat Friedrich als Kläger auf, so sollten die Schiedsverhandlungen in Torgau stattfinden, im andern Falle in Wittenberg. Selbiges galt für Streitfälle mit dem Brandenburger. Hier war Treuenbrietzen als Verhandlungsort festgelegt worden.[844] Gegenüber dem Brandenburger sicherte sich Friedrich sogar doppelt ab und siegelte noch am selben Tag ein nahezu identisches Bündnis.[845]

Die beiden Verträge bildeten die Grundlage für einen ersten Schiedstag, der am 30. Mai 1421 in Torgau abgehalten wurde. Friedrich I. von Brandenburg vermittelte hier einen Interessenausgleich zwischen dem Herzog von Sachsen und Friedrich IV. Der Markgraf wurde zunächst aufgefordert, die im Zusammenhang mit der beiderseitigen Fehde in Gefangenschaft geratenen Dienstleute des Herzogs wieder frei zu geben. Ein zentrales Anliegen war die Beseitigung offener Fragen im Lehnsrecht. Beide Fürsten erhoben Ansprüche auf eine Reihe von Lehen. Daher sollte Friedrich Beweise für seine Besitzansprüche binnen vierzehn Tagen beim Wittenberger Rat hinterlegen, Albrecht beim Rat von Leipzig. Günther von Bünau, der in der Nähe von Düben einige Dörfer, welche Friedrich verpfändet worden waren, als Lehen empfangen hatte, musste für diese dem Herzog huldigen. Der Markgraf wurde zusätzlich aufgefordert, dass eine Reihe seiner lehnsuntertänigen Adligen, die Albrecht die Fehde angesagt hatten, ihre Kampfhandlungen ein- und den Frieden wieder herstellten.[846] Mit diesem Urteil verschaffte sich Friedrich IV. Frieden an seiner Nordgrenze und konnte sich nun vollständig auf die kommenden Feldzüge in Böhmen konzentrieren.

Ende Februar 1421 war in Nürnberg ein neuer Reichstag zusammengetreten. Die vier rheinischen Kurfürsten, die Erzbischöfe von Mainz, Trier und Köln sowie Pfalzgraf Ludwig, einigten sich, dem König im Kampf gegen die böhmischen Ketzer auch zukünftig beizustehen. Auch die übrigen hohen Würdenträger des Reiches, die wenig später in Nürnberg eintrafen, darunter auch Friedrich IV., sagten ihre Unterstützung zu. Am 13. April erschien der neue päpstliche Legat, Kardinal Branda de Castiglione, vor dem Fürstenkolleg. Er hatte die Vollmacht Martins V., an sämtliche Kreuzzugsteilnehmer Ablassbriefe auszustellen. Mit aller Vehemenz forderte er die Reichsfürsten zur Unterstützung für das bevorstehende Kriegsunternehmen auf. Am 21. Mai schlossen schließlich die vier rheinischen Kurfürsten mit den drei Wettinern in Würzburg ein Bündnis zur Bekämpfung der böhmischen Ketzer ab. Der Vertrag fixierte nicht nur ein gemeinsames Vorgehen der Fürsten in Böhmen, sondern sicherte den Wettinern auch die militärische Unterstützung der Kurfürsten zu, sollten die Hussiten ihrerseits in Meißen einfallen: »Were auch das die Kezer und Unglaubigen, die sich izund gereide in dem lande zcu Behem und in andern Landen erhaben hant den obgenanten Herrn Fridriche Herrn Wilhelm und Herrn Fridriche aber yemand anders der in dieser Eynigung oder fürbas darinne komen wirdet in Ihr Land und Herrschafft zcihen wurden, so sollen und wollen wir denselben zcu Stund zcu Hulffe komen und das nach unsern vermogen getruwelich helffen weren ane alle Geverde.«[847] Das Bündnis enthielt noch einen zweiten wichtigen Passus, der deutlich zeigt, welche große Bedrohung die Fürsten in der hussitische Bewegung sahen: »Auch sollen und wollen wir bestellen das alle und jgliche unser Burgern und Underthane Mannesgeschlechte in unsern Steten Slossen Mergkten Dorffern und Landen gesessen die uber zwelff Jar und vernunfftiger Synne sint globen und zcu den heiligen schweren sollen wider soliche Kezerye und Unglauben zcu sinde und auch soliche Kezer und Unglaubigen zcu rügen und zcu melden wo sie die erfuren oder wissen und die auch helffen halden und yren Obersten und Amptlutten antworten ane Geverde.«[848] Die Fürsten forderten also von allen geistig gesunden männlichen Untertanen ab dem zwölften Lebensjahr ein eidliches Bekenntnis zum eigenen Glauben.

Auch mit den lausitzischen Sechsstädten schloss Friedrich am 22. Juli 1421 ein separates Bündnis ab. Diese sagten den osterländischen Brüdern darin zu, »uns mit den in Crafft diess brieffis ffumff gantze jar nach dem datum dieses brieffis nehst nachenander folgende als hernach geschreben steet Wir sullen und wollen vorbasmer der obgnanten herren lande lute und Stete herren Rittern und knechte mit uns also voreynit, getrowlichen schutczen und beschirmen gleich desen landen und steten die wir von unserm gnedigen herren dem konige Inne haben«.[849]

Im Sommer 1421 sammelten sich die Truppen des Reiches um Eger. Einige Zeitgenossen schätzten die Stärke des Aufgebots wieder auf phantastische 100 000 Reiter, andere sprachen gar von 200 000 Mann. Zwar war das Reich theoretisch durchaus in der Lage, ein solches Heer auf die Beine zu stellen, dennoch scheinen diese Schätzungen eher zweifelhaft. Im Brief eines deutschen Kriegsteilnehmers vom 22. September 1421 heißt es daher auch: »wisse ouch, das die herolt uberslagen habend, daz wir von ritterschaft bi den viertausend rittern und knechten habent«.[850] Rechnet man das Fußvolk nach dem Nürnberger Anschlag von 1422 auf fünf bis sechs Knechte pro Reiter, so würde dies das Heeresaufgebot des zweiten Kreuzzugs bereits auf viel realistischere 30 000 Mann reduzieren,[851] eine immer noch durchaus imposante Streitmacht. Die Armee bestand vor allem aus den Verbänden der vier rheinischen Kurfürsten. Dazu kamen ein weiteres Heer, das Sigismund selbst aus Ungarn heranführen wollte, sowie das Aufgebot Herzog Albrechts von Österreich. Und schließlich sollte Friedrich das meißnisch-thüringische Heer über die Pässe des Erzgebirges führen.[852]

Auch für die Größe des meißnischen Aufgebots liegen bisher nur Indizien vor. Bereits am 20. Dezember 1420 hatte Sigismund Friedrich in Brüx einen Schadlosbrief für ein Heer von 500 Berittenen ausgestellt.[853] Einen gleichen Brief erhielt Wilhelm II. am 6. Januar 1421 in Aussig. Auch er sollte demzufolge »funfhundert Mannen und pferden«[854] nach Böhmen schicken. Wenn die beiden Markgrafen diese Heeresstärke tatsächlich aufbringen konnten, so folgten ihnen wohl einschließlich Tross 1 500 bis 2 000 Mann nach Prag.

Friedrich wurde derweil am 7. Juli 1421 durch eine Abordnung der Prager aufgefordert, seine Unterstützung für den König zurückzuziehen. Unter Berufung auf die Vier Prager Artikel verwiesen sie auf die Unrechtmäßigkeit eines neuen Kreuzzuges.[855] Eine Stellungnahme Friedrichs zu diesem Schreiben ist nicht überliefert, wahrscheinlich nahm er es kommentarlos zur Kenntnis.

Tatsächlich gelang es dem Wettiner bereits am 5. August, ein kleines hussitisches Heer nahe Brüx zur Schlacht zu stellen. Hier hatte eine Abteilung Prager unter dem radikalen Jan Želivský beim Dorf Saras eine Wagenburg errichtet, von der aus sie die umliegenden Länder verheerten und Angriffe auf das Brüxer Schloss starteten. Die Stadt war jedoch gut befestigt und verfügte zu ihrer Verteidigung über moderne Kanonen, für die sie sich Pulver von Friedrich geliehen hatten »in unsern groszen beswerungen und noten wider dy Thyborn, Wicleffen und Hussen, unsere swere finde, die vor uns und unser stat gelegen sint und uns mit machte haben wollen uberhoupt gewinnen«.[856] Das Eintreffen des meißnischen Heeres überraschte die Hussiten zunächst. Als die Meißner sich am 5. August von Norden her der Stadt näherten, zogen die Prager ihnen allerdings zuversichtlich an der Flanke eines Höhenzuges entgegen. In einem scheinbar günstigen Moment griffen sie die Ritter auf offenem Feld an. Dies erwies sich als schwerwiegender Fehler. Die Meißner waren frisch und ausgeruht und hielten ihre Formation, sodass sich der hussitische Angriff schnell tot lief. Als dann auch noch die Brüxer Schlossbesatzung einen Ausfall wagte und die Prager in der Flanke packte, begannen deren Reihen zu wanken. Die Hussiten wichen zurück, dicht verfolgt von den meißnischen Rittern. Jetzt gerieten Friedrichs Reiter in das Feuer der hussitischen Geschütze, was dieses Mal allerdings nicht die erhoffte Wirkung zeigte. Die Meißner drangen weiter vor und lösten eine Panik unter den Pragern aus. Sie ließen ihre Geschütze und die Wagenburg zurück und flohen die Elbe hinauf. Für Želivský bedeutete diese Niederlage nicht nur einen militärischen Rückschlag, sondern sie unterhöhlte auch seine politische Stellung.[857] Für viele Jahre stellte der Sieg Markgraf Friedrichs bei Brüx eine der wenigen militärischen Rückschläge der Hussiten im Feld dar. Sie zeigte die Verwundbarkeit des hussitischen Fußvolks. Verließ dieses den Schutz der sicheren Wagenburg, bevor die Angriffsformation der feindlichen Ritter auseinandergesprengt war, hatte es gegen diese nur wenig Chancen.

Es ist nicht ganz klar, ob es diese Schlacht war, über die der fragmentarische Brief eines Anonymus an einen unbekannten Fürsten berichtet. Im Codex Diplomaticus Saxoniae wird das Schreiben auf den 2. Juli 1421 datiert – also mehrere Tage vor der Schlacht. Der anonyme Verfasser schildert, »das der von Meissen obengelegen hat deme Sischken und wol czen tuwsunt der Behemen tot bleben sein, und man kann nicht gewissen, ap Sischke tot ader lebendig sey. Und der von Meyssen leidt im felde adir die sienen...«[858] Das Žižka die hussitischen Truppen befehligte, erwies sich letzten Endes als Gerücht. Dagegen bestätigt der Brief, dass der inzwischen 51 Jahre alte Friedrich seine Truppen im Feld selbst anführte.[859]

Am 28. August zogen die rheinischen Truppen landverheerend das Egertal hinab. Gleichzeitig marschierten die meißnischen Truppen aus Osten heran und nahmen Komotau und Kaden (Kadaň) ein. Die hussitische Besatzung Komotaus zündete die Stadt an und zog sich nach Saatz zurück. Unterstützung wurde durch weitere Truppen aus Schlesien und von den Lausitzer Sechsstädten im Nordosten sowie durch Sigismund im Süden erwartet.

Die rheinische Armee eroberte Anfang September das kleine Maschau (Mašťov), wo die Truppen fürchterliche Ausschreitungen begingen, wie ein Nürnberger Beobachter berichtet: »Der hawbtman auf dem sloss vnd VIII mit Im beliben bey leben und seyn der fürsten gefangen, die andern wurden yemerlich zu tod geslagen vnd verprant, der weren an einem sail LXXXIIII; ein pfaff vnd drey fund man dernach im haws, die wurff man vbder die mawr awsz vnd wurden auch verprant. Item das fussvolk, daz da awszlawft, was niht dewtsch kann oder einem Beheim gleich ist, das werde gefangen, zu tod geslagen vnd verprant.«[860]

Nach diesem Erfolg zog das Heer vor die befestigte Stadt Saatz, wo der Vormarsch bereits ins Stocken geriet. Die Bürger der Stadt widerstanden sechs Sturmversuchen. Augenzeugen berichten, dass jeden Tag 100 bis 150 Soldaten des Kreuzheeres durch das Feuer der Kanonen auf den Stadtmauern ums Leben kamen. Die Zahl mag übertrieben sein, veranschaulicht aber den Eindruck, welchen der Einsatz der hussitischen Artillerie hinterließ. Die Versorgungslage beider Seiten verschlechterte sich rapide, da auf Streifzügen Getreidevorräte lieber verbrannt wurden, um zu verhindern, dass sie dem Feind in die Hände fielen, als sie für die eigene Partei zu sichern.[861]

Die Meißner unter persönlicher Führung des Markgrafen waren nach der Einnahme Kadens in Richtung Elbe gezogen und versuchten die Burg Bilin und die Stadt Leitmeritz zu erobern. Am 13. September näherten sich zwei Heeresabteilungen der Prager, bestehend aus Söldnern und schnell aufgebrachten Landaufgeboten. Daraufhin brach Friedrich die Belagerung ab und zog sich zum Haupheer nach Saatz zurück.[862]

Das Taboritenheer unter Jan Žižka belagerte zu diesem Zeitpunkt zum zweiten Mal die mächtige Burg Rabí im Süden Böhmens. Der alte Heerführer nahm persönlich am Sturm der Mauern teil, doch dabei traf ein Pfeil sein gesundes Auge. Trotz aller Bemühungen der besten Prager Ärzte erblindete Žižka vollständig.[863]

Besorgt über das Vordringen der Meißner stellte sich der Taboritenführer, sowie er sich einigermaßen von seiner Verwundung erholt hatte, dem Kreuzheer entgegen, das noch immer mit der Belagerung von Saatz gebunden war. Hier zerstritten sich inzwischen die fürstlichen Führer. Friedrich der Streitbare drängte darauf, die hartnäckig Widerstand leistende Stadt links liegen zu lassen und auf Prag zu ziehen, was der Kurfürst von der Pfalz jedoch nicht mit seiner Ehre vereinbaren konnte. Die Bewohner von Saatz dachten nicht daran, die Stadt zu übergeben. Die Verluste im Kreuzfahrerheer wuchsen so stark an, dass sich die Heerführer schließlich darauf beschränkten, die Stadt auszuhungern und das Umland auszuplündern. Das Heer zerbröckelte. Täglich zogen mehr Ritter und Knechte in die Heimat ab. Schließlich war es so geschwächt, dass auch der Pfälzer auf die Nachricht vom Anmarsch Jan Žižkas hin auf einen sofortigen Rückzug plädierte. Als das Kreuzfahrerheer sein

Lager verbrannte, machte die Besatzung von Saatz einen Ausfall. Die Hussiten konnten etliche Büchsen, Armbrüste und anderes Kriegsgerät erbeuten und machten mehrere Hundert Gefangene.[864]

In der Folge gelang es den Böhmen auch, das Heer des Königs und des Herzogs von Österreich zu vertreiben. Während der Habsburger seinen Feldzug nach kurzer Zeit abbrach, wurde Sigismund über den Jahreswechsel 1421/22 in einer Reihe von Schlachten zwischen Kuttenberg und Deutschbrod schwer geschlagen, womit auch der Zweite Hussitenkreuzzug endgültig gescheitert war.[865]

Zu diesen schweren außenpolitischen Rückschlägen gesellten sich bei Friedrich neue Spannungen mit seinem Bruder. Nach dem Abbruch des Feldzugs trafen er und Wilhelm am 30. Oktober 1421 in Kohren zusammen, um ihre Konflikte durch ein Schiedsgericht beilegen zu lassen. Als Schlichter waren Hugold von Schleinitz, Apel Vitzthum, Burggraf Albrecht von Kirchberg und Günther von Bünau eingesetzt.[866]

In Prag fanden derweil entscheidende politische Umbrüche statt. Gegen Jan Želivský baute sich eine wachsende oppositionelle Gruppe um den charismatischen Priester Jakobellus von Mies auf, der mit seinen Schriften eine theologische Grundlage für den bewaffneten Kampf der Hussiten geschaffen hatte. Jakobellus ließ Želivský am 7. März 1422 wegen Gewalttätigkeit anklagen und zwei Tage später auf dem Marktplatz von Prag hinrichten. Die Enthauptung des Priesters führte jedoch zu einem Aufruhr in der Stadt. Bei den anschließenden Ratsneuwahlen wurden die meisten Positionen mit Anhängern Želivskýs besetzt. Doch der Partei fehlte der politische Kopf. Es sollte sich bald bemerkbar machen, dass es Želivský gewesen war, der die gemäßigten Prager, die Armut der Neustadt sowie die Taboriten und Orebiten zu gemeinsamem Handeln bewegen konnte. Nach seiner Hinrichtung entwickelten sich aus inneren Differenzen offene Spaltungen. Jan Žižka distanzierte sich sowohl von den Pragern als auch von den taboritischen Priestern. Er bezog eine Haltung zwischen beiden Parteien, die der der ostböhmischen Orebiten nahe gestanden haben soll. Seine Anhänger formten nach Žižkas Tod eine eigene religiöse Partei, die sich von den Taboriten u. a. dadurch unterschied, dass sie nach wie vor Heilige verehrten, die Fastenzeit einhielten, an die Transsubstantion glaubten und Gottesdienste im Ornat durchführten. Dafür lehnte auch Žižka die Standesunterscheidung ab. Trotzdem wurde die Spaltung zwischen seinen Anhängern und den Taboriten im Laufe des Jahres 1422 so deutlich, dass beide religiösen Gruppen nun auch eigene Heere aufstellten und Žižka die Taboriten nicht mehr selbst befehligte.[867]

Derweil hatten die Prager Sigismunds Krönung zum König von Böhmen für ungültig erklärt. Die böhmischen Stände setzten ihre Hoffnungen mehrheitlich auf einen ausländischen Potentaten, um ihrer Bewegung eine größere internationale Akzeptanz zu verschaffen. Ein erster Versuch, den polnischen

König Wladislaw Jagiello zur Annahme der Krone zu bewegen, scheiterte frühzeitig. Dafür entsandte dessen Bruder Witold, der Großfürst von Litauen, im April seinen Neffen Sigismund Korybut mit einem Heer nach Prag. Er war bereit, die Wenzelskrone zu akzeptieren. Korybut sollte als Landesverweser fungieren. Es gelang ihm, die verschiedenen sich streitenden Bewegungen zunächst zu vereinigen. Selbst Žižka ordnete sich ihm unter. Wladislaw Jagiello war mit der Entsendung Korybuts einverstanden. Er sah hierin vor allem ein Mittel, um Druck auf Sigismund auszuüben, damit dieser seine Unterstützung für den Deutschen Orden in Preußen einstellte. Dass Witold sich nicht selbst nach Böhmen begab, lag vor allem daran, dass er den Bann des Papstes fürchtete. Durch die Entsendung eines Stellvertreters konnte er die politische Verantwortung jederzeit abschieben.[868]

Derweil berief König Sigismund im März 1422 einen neuen Reichstag in Regensburg ein, zu dem er auch Friedrich IV. einladen ließ.[869] Der in diesem Jahr auf Betreiben König Sigismunds gestartete Dritte Kreuzzug hatte bereits mehr den Charakter einer Entsatzaktion als eines Unterwerfungsfeldzuges. Das Heer, welches hierfür zusammengestellt wurde, sollte die königliche Burg Karlstein (Karlštejn) nördlich von Prag entsetzen. König Sigismund beauftragte Friedrich I. von Brandenburg mit der Führung eines Heeres, das etwa 4000 Ritter und 30000 Fußknechte zählte.[870]

Friedrich IV. unternahm weiterhin große Anstrengungen, um ein Heer für die neue Feldzugssaison zu rüsten. Die Bemühungen zur Aufstellung dieses Entsatzheeres kamen allerdings nur sehr langsam voran. Auch der Osterländer hatte große Probleme, die Reihen seines Heeres zu füllen, welches er in der Umgebung von Freiberg sammeln ließ. Der Markgraf bereitete seine Truppen auch auf eine Belagerung vor. Vom Dresdener Rat hatte er bereits im Juni acht Zimmerleute mit Werkzeug angefordert.[871]

Friedrich von Brandenburg ließ dem Markgrafen Anfang Oktober aus Nürnberg mitteilen, dass er bisher nur etwa 1700 Reiter beisammen habe. Der Wettiner antwortete darauf, »dasz vnser bruder, vnser vetter vnd wir dryhundert mit glefningen vnd dryen hundert schutzzen und mit dem, dasz dartzu gehoret wol dry Tusend Pferde haben werden. Auch hat vns Hans von Polentzk geschriben, dasz Er hans von Biberstein mit hundert spissen zu dem Lande zcu Lusitz kommen solle.«[872] Wenig später stellte Friedrich jedoch mit großer Besorgnis fest, dass er auf sich allein gestellt war. So berichtete sein Bruder Wilhelm am 9. Oktober in einem Schreiben an Friedrich I. von Brandenburg, dass das Land zur Lausitz hin kaum mehr als 40 Gewappnete aufbringen könnte. Besser sah es um die schlesischen Fürsten und den Sechsstädtebund aus. »Ouch habin die Polnischen fursten und die fursten zu der Slesien und zu den sechssteten nicht danne anderthalb hundert gewopente, sundern uf waynen und zcu fusse eyns mit dem andern, das es louffet wol uf vier tusent man.«[873]

Am 14. Oktober marschierte das Heer Friedrichs von Brandenburg, das wesentlich schwächer war als erhofft, in Böhmen ein. Einen Tag später schickte er einen Boten an die Besatzung des Karlsteins, der diese informieren sollte: »So wollen wir weder leib noch blut sparen vnd euch getrewlich zu rettung und zu hilffe komen nach allem vnseren vermügen.«[874] Allerdings hielt der Brandenburger sein Heer dazu selbst für viel zu schwach und bat wenig später Friedrich IV., ihm zu Hilfe zu eilen. Das meißnische Heer sollte nun bis ins westböhmische Peterburg (Petrohrad) marschieren, »dahin wir mit unserm volck auch kommen und uns mit uwer liebe verayngen und zu rate werden wollten, den Karlstein zu retten«.[875] Die Truppenstärke der Hauptarmee muss demzufolge sehr gering gewesen sein, denn von dem Heer, das den Karlstein belagerte, glaubte der Hohenzoller zuverlässige Berichte vorliegen zu haben: »So ist auch der hasz, der uff dem Karlstein gewesen ist, uf gestern zu Unsz kommen, die uns beide eigentlich und gruntlich gesagt haben die gelegenheit der Lute vor dem Karlstein, und alsz wir vernommen, so ist ir aller miteinander bey vier oder funff Tusendten uf das allermeist und uf zwey hundert pferden.«[876] Schon fast flehentlich bat der Kurfürst, Friedrich IV. möge wenigstens seine Berittenen nach Peterburg führen, sollte das Fußvolk zu einem solchen Marsch nicht in der Lage sein.

Der Brandenburger eilte schließlich selbst nach Nordböhmen, um sich am 20. Oktober bei Brüx mit dem Wettiner zu beraten. Friedrich befand sich allerdings allem Anschein nach zu diesem Zeitpunkt nicht in der Stadt, denn in einem Brief, den der Kurfürst am gleichen Tag an Herzog Heinrich von Schlesien richtete, heißt es lediglich: »Nu sein wir und unser lieber Oheim Marggrave Wilhelm von Missen uff heut beieinander gewesen und haben uns miteinander unterredet [...]«.[877] Demzufolge fanden die Verhandlungen mit Wilhelm II. statt. Anschließend kehrte Friedrich I. von Brandenburg nach Tachau zurück, um die westböhmischen Adligen um ihren Beistand zu bitten. Friedrich IV. blieb mit den meißnischen Truppen im Norden des Landes stehen, während die Hauptarmee nach Osten marschierte. Im Heer schienen bereits neue Streitereien ausgebrochen zu sein, denn die Bischöfe von Würzburg und Bamberg zogen mit ihren Knechten wieder nach Hause, das Aufgebot aus Eger musste mit Gewalt bei der Stange gehalten werden. Friedrich IV. war über die Unstimmigkeiten innerhalb des Reichsheeres gut informiert, denn er weigerte sich nun seinerseits, aus Brüx auszurücken. Dazu kam eine schwere Seuche, die in den Aufgeboten der Schlesier und Lausitzer ausgebrochen war und beide zur Umkehr zwang.[878] Angesichts der negativen Erfahrungen aus den vorangegangenen Feldzügen, der Berichte über die Uneinigkeit des Reichsheeres und im Wissen um die Schwäche der eigenen Truppen schien Friedrich ein weiterer Vormarsch nach Böhmen wohl wenig erfolgversprechend.

Die Bemühungen der Hussiten, den Karlstein zu Fall zu bringen, wurden inzwischen durch innere Zwistigkeiten in Gefahr gebracht. Während das Heer der Prager vor der Festung lagerte, versuchte ein Aufgebot der Taboriten sich des Hradschins zu bemächtigen. Der Handstreich wurde jedoch von den Bürgern der Stadt abgewehrt. Die Unruhen in der Hauptstadt zwangen Sigismund Korybut allerdings des Öfteren, die Belagerungstruppen vor dem Karlstein zu verlassen und seine wackelige Herrschaft zu festigen. Er wagte es nicht, Žižka und die Taboriten um militärische Unterstützung zu bitten. Korybut fürchtete, dass er dadurch in eine militärische Abhängigkeit geraten würde, aus der schnell auch eine politische werden konnte.[879]

Derweil ließen sich die Wettiner ihre Heeresdienste durch Sigismund weiter vergolden. Am 29. August 1422 verpfändete ihnen der König von Nürnberg aus die Schlösser Stollberg, Schöneck, Mylau, Gattendorf und Sparnberg sowie mehrere kleine vogtländische Güter im Gegenwert von 90 000 Gulden, die die drei Wettiner bisher in ihre Rüstungen investiert hatten. Diese Besitzungen waren allerdings bereits an Heinrich XXIV. von Schwarzburg verpfändet. Sigismund ermächtigte Friedrich, seinen Bruder und seinen Vetter, den Grafen auszuzahlen. Dafür sollten ihn die Markgrafen weiterhin im Krieg gegen die Hussiten unterstützen.[880] Am 21. September 1423 quittierte Heinrich schließlich den Markgrafen den Empfang von 6 300 Schock böhmischer Groschen, mit denen sie die genannten Schlösser ausgelöst hatten.[881]

Spätestens Ende Oktober zeichnete sich ab, dass Friedrich nicht mehr willens war, den Feldzug fortzuführen. Er verließ das bei Brüx wartende Heer. Auch Wilhelm kehrte aus Böhmen zurück. Am 29. Oktober schrieben die beiden Brüder aus Rochlitz an Friedrich I. von Brandenburg und teilten ihm mit, dass sie aufgrund der Entscheidungen des Launer Landtages ihre Pläne ändern müssten. Sie baten den Kurfürsten, sich am 16. November 1422 in Plauen mit ihnen zu treffen.[882] Zwei Tage später richteten sie von Freiberg aus einen weiteren Brief an Friedrich und informierten ihn, dass auch mit einem Aufgebot der Lausitzer in naher Zeit nicht mehr zu rechnen wäre. Gleichzeitig forderten sie nun ihrerseits Männer, um die Garnisonen von Aussig und Brüx zu verstärken, »wenn wir besorgen, wo man nicht Lute bie Sie legit, als man davon gescheiden ist, dasz die Stete vorlorn werden«.[883]

Während das Kreuzzugsheer auseinanderfiel und viele Abteilungen bereits wieder aus Böhmen abmarschierten, einigte sich die Besatzung des Karlsteins am 8. November 1422 mit den Hussiten. Es wurde ein einjähriger Waffenstillstand abgeschlossen, in den auch die Burgen Waldeck und Hořic mit einbezogen wurden.[884]

Friedrich I. von Brandenburg nahm nicht an dem nach Plauen einberufenen Treffen teil. In einem am 12. November 1422 in Tachau verfassten Brief informierte er Friedrich und Wilhelm, »dasz man für sich dar mit den hussen vor dem Karlstein mit einem Friedt umgangen ist«.[885]

11 Kurfürst von Sachsen

11.1 Die Erlangung der Kurwürde

DER GESCHEITERTE DRITTE KREUZZUG hatte Sigismund wiederum eindrucksvoll vor Augen geführt, wie sehr er als römischer König vom guten Willen der einzelnen Reichsfürsten abhängig war. Wollte er sich der Dienste von Männern wie Friedrichs des Streitbaren auch in Zukunft sicher sein, so musste er anfangen, ihnen weitreichende Zugeständnisse zu machen. Wie schon geschildert, war der Markgraf bereits 1422 mit mehreren Schlössern im Vogtland belehnt worden. Als im November des Jahres der letzte askanische Kurfürst von Sachsen starb, bot sich dem Wettiner schließlich die Gelegenheit, in die Elite der Reichsfürsten vorzustoßen. Das Herzogtum Sachsen-Wittenberg gehörte im 14. Jahrhundert zu den nachrangierenden Kurhäusern. Die territoriale Basis des sächsischen Kurfürsten war klein und sein Ansehen deutlich geringer als das der geistlichen Kurfürsten oder des Pfalzgrafen bei Rhein. Im Gegensatz zu diesen »großen Vier« hatten die Askanier zunächst auch keine eigene Ausfertigung der Goldenen Bulle von 1356, die die Wahlverfassung durch sieben Kurfürsten rechtlich verankerte, erhalten. Erst 1376 beurkundete Karl IV. auch dem Herzog von Sachsen sein Wahlprivileg. Ein zentraler Aspekt der Bulle bestand in der Unteilbarkeit der Kurlande und der Festlegung des Primogeniturrechtes für diese Territorien. Damit sollte eine Aufsplittung der Wahlstimmen vermieden werden. Das bedeutete allerdings, dass sich andere askanische Linien, insbesondere die der Herzöge von Sachsen-Lauenburg, stets in Lauerstellung befanden, um im Falle eines Aussterbens der Kurlinie deren Nachfolge antreten zu können.[886]

Anfang November 1422 unternahm Kurfürst Albrecht III. mit seiner Frau einen Jagdausflug in die Lochauer Heide. Hier nächtigten sie in einem alten Burgturm und wurden in der Nacht durch ein Feuer überrascht. Zwar gelang es Albrecht, sich und seine Frau aus dem Turm zu retten, allerdings verstarb er kurz darauf an den Folgen seiner Verbrennungen. Das genaue Todesdatum lässt sich nicht mehr bestimmen, lag aber wohl zwischen dem 1. und 12. November.[887]

Es war zu diesem Zeitpunkt überhaupt nicht absehbar, dass Friedrich IV. den letzten askanischen Kurfürsten beerben würde. Denn neben ihm strebten auch der erst wenige Jahre zuvor zum Markgrafen und Kurfürsten von Brandenburg ernannte Friedrich I., der Kurfürst von der Pfalz sowie die askanischen Fürsten von Anhalt und Erich V. von Sachsen-Lauenburg nach dem Kurhut.[888]

Wahrscheinlich erhielt Friedrich IV. die Nachricht vom Tod Albrechts vom Kurfürsten von Brandenburg. Denn der Brief vom 12. November 1422, in dem der Hohenzoller seine Teilnahme am Treffen von Plauen absagte, endete mit folgenden Worten: »Auch tun wir euer lieb zu wissen, dasz der hochgeborne Fürste unser lieber Swager, Hertzog Albrecht zu Sachsen und Lunburg Hertzog die besliessung seines libens auff disen erdenreich beslossen, und Got der Allmechtig über jn gebotten hat. Hirumb wir ewer liebe mit allem flis bitten, ob wir euer in derselben Sachen bedurffen und anruffen wurden, das ir uns dann bystendig und beholffen sein wollit, alsz wir nu sunderlich getrawen zu euch haben und alle zyt willeclich umb euer lieb vordienen wollen.«[889] Friedrich von Brandenburg rechnete also gar nicht mit einer Kandidatur des Wettiners, sondern hoffte im Gegenteil sogar auf dessen Unterstützung für seine eigenen dynastischen Pläne.[890]

Sowohl der brandenburgische Kurfürst als auch der vermeintliche wettinische Prätendent begaben sich nun in Lauerstellung. Friedrich IV. hielt sich bereits am 19. November nachweislich in Torgau, also an der unmittelbaren Grenze zum Herzogtum auf.[891]

Die Entscheidung über die Neuvergabe lag jedoch letztlich und einzig beim König. Sigismund hatte wenig Interesse an einer Häufung von Kurstimmen in einem Haus, daher schieden der Hohenzoller und der Wittelsbacher bald aus. Die Trumpfkarte Friedrichs IV. bildete nun seine eigene bedeutende territoriale Basis und die damit verbundene Möglichkeit, dem König große Heere im Kampf gegen die Hussiten zur Verfügung zu stellen. Weder der Lauenburger noch die Anhaltiner verfügten über diese Möglichkeiten. Außerdem hatte keines der beiden Häuser einen Erbvereinigungsvertrag mit Sachsen-Wittenberg geschlossen, was ihre Ansprüche weiter minderte. Deswegen entschied sich Sigismund schließlich für Friedrich IV.[892]

Am 6. Januar 1423 übertrug der König »angesehen solich geneme true und dinste, die uns der hochgeborn Fridrich lantgrave zu Duringen und marggrave zu Myßen der ellter unser lieber oheim und fürste offt und dicke lieblich erczeigt und getan hat, teglich tut und furbaz tun sol und mag in kunftigen ziiten ...«[893] das Herzogtum und die Kurwürde von Sachsen. In diesem Satz fließt die Begründung der Belehnung mit der Hoffnung, die Sigismund daran knüpfte, zusammen. Von der ersten Belehnung ausgenommen waren die Burg Calau und das Kloster Doberlugk in der Niederlausitz.[894] Diese hatte Sigismund dem Herzog von Sachsen-Wittenberg verpfändet und nutzte nun die

Gelegenheit, sie wieder einzuziehen. Die Urkunde besaß allerdings nur einen provisorischen Charakter und verpflichtete Friedrich zu einem Huldigungsantritt beim König: »Auch wenn, ob got will, derselb marggraf Friedrich czu uns leiplich komet, so wöllen wir im dasselbe kurfürstentumme und hertzogtumme czu Sachsen leihen und er sol uns gewönlich huldunge und eyde tun, als sölichs lehens recht und gewonheit ist.«[895] Friedrich weilte zum Zeitpunkt der Urkundenausstellung in Grimma. Eine seiner Gesandtschaften nahm die Belehnung stellvertretend für ihn in Preßburg entgegen. Angeführt wurde sie von Friedrichs Hofmarschall Apel Vitzthum. Dieser erhielt am 5. Februar 1423 in Grimma dreißig Groschen für Bekleidung, die er »ad Ungariam«[896] getragen hatte. Als Vitzthum in Grimma eintraf, wurde er von Graf Johann von Lupfen, Landgraf zu Stühlingen, dem damaligen Reichshofrichter, begleitet.[897] Zum Dank für den großen diplomatischen Erfolg belehnte ihn Friedrich am 6. Juni 1423 mit Einwilligung seines Bruders und Friedrichs von Thüringen mit dem Schloss Nebra samt Stadt.[898]

Inzwischen hatten jedoch die Spannungen zwischen dem neuen sächsischen Kurfürsten und seinem nördlichen Nachbarn dramatisch zugenommen. Kurfürst Friedrich I. von Brandenburg hatte das Herzogtum Sachsen-Wittenberg in Erwartung einer baldigen Kurübertragung an seinen Sohn, der mit einer geborenen Herzogin von Sachsen-Wittenberg verheiratet war, noch im November 1422 militärisch besetzt.[899] Sigismund sagte dem Wettiner daher in der ersten Belehnungsurkunde seine Unterstützung zu, »were es ouch, daz der hochgeborn Fridrich marggrave zu Brandenburg etc. oder yemand anders, were der were, das herzogtumme und lande czu Sachsen gantze ingenommen hette, so sol der vorgenante marggrave Fridrich von Myszen mit unserer hilff, dem wir auch dortzu tun, daz im das inwerde und in sin hande kome, als wir im das verliehen haben«.[900]

Noch am Tag der Belehnung schloss Sigismund mit den Gesandten Friedrichs ein neues gegen die Hussiten gerichtetes Bündnis ab.[901] Am 11. Januar siegelte der König dann eine weitere Urkunde, in der er den frisch gebackenen Kurfürsten zu einer Art militärischem Statthalter in Böhmen ernannte »und geben Im craft diss brieffs, mit allen und iglichen Edeln Banerherren, Rittern, knechten, und Inwonern aller und iglicher Stette Slosse Merkte und Dorffern die der vorgenanten Hussen und wicleffen gunner, helffern oder zuleger sind und ouch mit den wicleffen selber, als fer Sy zu der heiligen kirchen, und ouch unsser als Irs rechten erbherrens gehorsam und un undertenigkeit widerkomen wollen zu teidingen, und zu uberkomen, und ouch Sy und Ire gutere varend und ligend zu sichern, und zu uns und unsser Cron zu Behem uffczunemen, und zu entpfahen und ouch in allen und iglichen gemeinlich, und sunderlich fride, geleit und sicherheit zu geben.«[902]

Sigismunds Fokus richtete sich jedoch nicht allein auf Böhmen. Ebenfalls noch am 6. Januar 1423 sagten Friedrichs Gesandte dem König zu, dass der

Kurfürst 2000 Spieße und ebensoviele Schützen nach Preußen führen und dort dem Deutschen Orden für sechs Monate im Krieg gegen Polen zur Verfügung stellen würde.[903] Sigismund unterstützte die Ordensbrüder, damit sie König Wladislaws Augenmerk im Ostseeraum banden und dort dieser somit nicht in der Lage war, seine ungarischen Pläne zu verfolgen.

Dieser Vertrag war jedoch schon längst von den Ereignissen überholt worden. Bereits am 27. September 1422 hatte Hochmeister Paul von Rusdorf mit dem Königreich Polen den Friedensvertrag von Melnosee abgeschlossen.[904] Am 5. Februar 1423 schrieb der Ordensmarschall Ludwig von Lanssee diesbezüglich an den neu ernannten Kurfürsten und übermittelte ihm ein Schreiben des Hochmeisters.[905] Im Sommer versicherten sich der Hochmeister und der neu ernannte Kurfürst schließlich gegenseitig, sich nicht mit König Wladislaw von Polen oder Großfürst Witold von Litauen gegen den jeweils anderen verbünden zu wollen.[906] Das militärische Engagement Friedrichs im Ordensland schien vor diesem Hintergrund zunächst nicht notwendig.

Einen Tag nach der vorläufigen Belehnung durch den König, am 7. Januar 1423, empfing Friedrich auch die an das Hochstift Meißen zurückgefallenen Lehen des Herzogtums Sachsen.[907] Vier Tage später folgte eine Zusage des Bischofs Georg von Passau, dass er Friedrich alle Lehnsbriefe, das Herzog- und Kurfürstentum Sachsen betreffend, kostenfrei ausstellen lassen würde.[908] Am 25. März erlaubte Sigismund dem neuen Kurfürsten schließlich auch, »daz er und seine erben furbaß zu ewigen ziiten als herczogen zu Sachsen und unsere und des richs kurfursten alle ire briefe mit rotem wachs versigeln und befesten sollen und mogen«.[909] Mit einer weiteren Urkunde erklärte Sigismund, dass Friedrichs Untertanen nur vor seine Gerichte gerufen werden durften.[910]

Die territorialen Zugewinne für die Wettiner waren durchaus beachtlich, auch wenn Sachsen-Wittenberg das kleinste Kurfürstentum im Reich darstellte. Das ehemalige Herrschaftsgebiet der Askanier erstreckte sich auf einem langen Streifen von Mühlberg an der Elbe und Liebenwerda an der Schwarzen Elster über Wittenberg bis nach Belzig und Brück an der Grenze zu Kurbrandenburg. Dazu gehörten die verlehnte Herrschaft Baruth und womöglich auch Besitzungen rings um Bitterfeld und Brehna.[911]

Auf die Standeserhöhung folgten weitere territoriale Zugeständnisse des Königs. Am 15. April 1423 verpfändete Sigismund dem Kurfürsten die böhmischen Städte Brüx und Aussig, die Friedrich im Vorjahr verteidigt hatte.[912] Seit Markgraf Wilhelm hatten die Wettiner immer wieder ihren Zugriff auf die nordböhmischen Städte verstärkt. Friedrich selbst hatte Brüx ja auch schon zeitweise als Pfand besessen. Ob die neue Belehnung durch Sigismund einen weiteren Versuch des Königs darstellte, Friedrich weiter in den Krieg gegen die Hussiten einzubinden,[913] darf durchaus bezweifelt werden, denn allein aufgrund der gemeinsamen Grenze mit Böhmen war Friedrich daran interessiert, dass die Ketzerbewegung nicht auf seine Stammlande übergriff.

Vielmehr müssen die vorangegangenen Feldzüge Sigismund vor Augen geführt haben, dass er nicht mehr in der Lage war, die nordböhmischen Städte, deren Bevölkerung zu einem guten Teil aus Deutschen bestand, ausreichend zu schützen, weswegen er diese Verantwortung dem Wettiner übergab, der ohnehin seit langem Anspruch auf sie erhob. Diese Vermutung wird durch eine zweite am 15. April durch den König ausgestellte Urkunde unterstützt, worin er dem Kurfürsten »volle macht gegeben haben, gunnen erlauben, und geben Im volle macht, in crafft disz briefs Was er und die seinen von seinen wegen den ketczern Ire guter, es sei erb ader lehen und auch kloster und kirchen guter die ketczer ynnehaben abgenetten und angewynnen mogen, das sy die in unserm namen und zu unsern henden Innehaben und der genyssen und gebrawchen sollen und mögen die weil der krieg mit den ketczern zu Behem weret und wen derselb krig gen den ketczern gestillet wirdt So sollen sy der ketczer guter dannach innhaben zu unserm willen, als lang wir das nicht vorendern. Uber der kloster und kirchen guter wenn der krig vergeet, Sol er den klostern und kirchen dohin sie gehorn zu stund widerkeren.«[914] Rein rechtlich konnten sich diese Privilegien für beide Parteien als zweischneidiges Schwert erweisen. Natürlich ermöglichten sie es Friedrich, seinen Machtbereich weit nach Böhmen auszudehnen, vorausgesetzt, dass er sich im Feld gegen die Hussiten durchsetzen konnte. Andererseits behielt sich Sigismund das Recht vor, all diese Eroberungen – einschließlich der verpfändeten Städte Aussig und Brüx – jederzeit wieder zurückzufordern. Aber würde der Wettiner dann von der einmal eingenommenen Machtposition weichen? Die Urkunde schrieb somit lediglich den unsicheren Besitzstatus fest, den Friedrich bereits in Konstanz und Breslau vergebens zu lösen versucht hatte. Letztendlich sollten all diese Gedankenspiele ohnehin nie Realität werden und die Gebietsgewinne sich für den Wettiner als folgenschwer erweisen.

Nach der offiziellen Übertragung der Kurwürde bestätigte Friedrich den Bürgern der Stadt Brüx am 2. Oktober 1425 ihre Rechte und Freiheiten und forderte die jährliche Wahl eines Rates.[915] Fünf Tage später leistete ihm die Stadt die Huldigung und sprach Friedrich ausdrücklich ihren Dank für den Schutz vor den Hussiten aus: »Ouch hat uns – der herczoge der oftberurte von seiner furstenlicher mildigkeit besunderlich damit begnad und ansehender unser verderbnizse und unser unvorwintliche grosze scheden, die wir in diesen czeiten und louften von den keczern empfangen und geliden haben, uns uber sulche huldunge und gelubde, die wir getan haben, als oben geschriben stet, soliche freyunge getan, des wir seinen gnaden gros danken«.[916]

Im Zusammenhang mit der Verleihung der Kurwürde ist sicherlich auch die Ernennung des nunmehrigen Kurprinzen Friedrich zum königlichen Diener mit 40 Pferden zu sehen. Die entsprechende Urkunde wurde am 3. Mai 1423 gesiegelt und dem Sohn des Kurfürsten ein jährliches Salär von 3 000 ungarischen Gulden zuerkannt.[917] Sicherlich sollte eine Anstellung am königlichen Hof der weiteren Ausbildung des jungen Friedrich dienen. Auch Wilhelm I. hatte einst viele Jahre am Hof Karls IV. in Prag zugebracht. Dass der junge Wettiner allerdings nun, da das einstige Herz des luxemburgischen Reiches fest in der Hand einer Ketzerbewegung und der König durch die Organisation des Krieges gebunden war, diese Stelle antrat, kann stark bezweifelt werden.[918] Noch am gleichen Tag schenkte der König dem neuen Kurfürsten auch das sogenannte »Sächsische Haus« in Prag,[919] welches vor allem zu Zeiten Karls IV. als Stadtwohnung der sächsischen Kurfürsten diente, wenn sie am königlichen Hof weilten.

Die Konflikte mit Brandenburg konnte Friedrich noch im Jahr 1423 friedlich beilegen. Gegen eine Zahlung von 10 000 Schock böhmischer Groschen[920] zog der Hohenzoller seine Truppen schließlich ab und verzichtete am 25. Februar 1423 offiziell auf die Verwesung des Herzogtums.[921] Noch am selben Tag unterzeichneten die beiden Kurfürsten in Wittenberg eine neue Einung.[922] Einen Monat später, am 23. März 1423, bestätigte Friedrich der Kurfürstinwitwe Euphemia (Offka) von Oels ihr Leibgedinge.[923]

Dagegen versuchte Herzog Erich V. von Sachsen-Lauenburg eine Revision der Belehnung zu erwirken und legte plötzlich eine angeblich von Sigismund 1414 unterzeichnete Bestätigungsurkunde für eine Erbverbrüderung zwischen seinem Haus und Sachsen-Wittenberg vor. Parallel dazu beschwerte er sich bei den rheinischen Kurfürsten gegen die Belehnung Friedrichs. Aber auch er konnte die Entscheidung nicht mehr rückgängig machen. Das von ihm vorgelegte Dokument wurde 1426 gar als Fälschung entlarvt, die sich Erich 1422 ohne Wissen des Königs von einem Schreiber aus dessen eigener Kanzlei hatte anfertigen lassen.[924]

Mögliche Konflikte mit den anhaltinischen Askaniern legte Friedrich spätestens 1426 bei. Am 1. Januar diesen Jahres schloss er in Grimma mit Fürst Bernhard VI. ein auf sechs Jahre befristetes Bündnis.[925] Inwiefern der Umstand, dass Bernhard noch offene Kredite bei seinem wettinischen Nachbarn hatte – am gleichen Tag gestand er ein, Friedrich noch 300 Gulden zu schulden, die er über sechs Jahre abbezahlen wollte[926] –, dabei eine Rolle spielte, lässt sich nicht mehr ermitteln. Schwierig gestaltete sich dagegen das Verhältnis zum sächsischen Adel, der Friedrich nach einem Bericht des Marschalls des Deutschen Ordens mehrheitlich ablehnte.

Inzwischen bereitete Friedrich einen neuen Feldzug nach Böhmen vor. In Schlesien ließ er 200 Rinder kaufen, die nach Anweisung des Königs zoll- und geleitfrei ins Kurfürstentum überführt werden sollten, »wann uns – herczog Fridrich yecz mit aller seiner macht gen Behem wider die keczer dienen sol, dorczu er solicher ochsen zcu seyner kuchen wol bedurffen wirt«.[927] Auch die Eliten des neugewonnen Herzogtums Sachsen wurden umgehend in die Rüstungen eingebunden. Von Herzogin Cäcilia (Siliolia) von Sachsen forderte Friedrich am 3. Juli von Wittenberg aus, »das ir uns czehen mit glefenigen guter wepener und so vil guter gewapniter schutczen darczu uzrichten und lihen wollet«.[928] Noch am gleichen Tag bestätigte er den drei Herzoginwitwen Cäcilia (Witwe Herzog Wenzels), Barbara (Wiwte Herzog Rudolfs III.) und Offka nochmals ihr ausgeschriebenes Leibgedinge.[929] Im August 1424 überließ die Kurfürstinwitwe Friedrich jedoch die zu ihrem Leibgedinge gehörenden Schlösser und Städte Schweinitz und Prettin.[930] Der Prettiner Rat gelobte anschließend im September 1424 auf Friedrichs Geheiß, Offka jährlich 20 Schock Böhmischer Groschen zu zahlen.[931]

Die hohen Kosten, die mit der Erlangung der Kurwürde, aber auch dem anhaltenden Krieg gegen die Hussiten verbunden waren, führten im Laufe des Jahres 1423 dazu, dass Friedrich vermehrt Güter und Rechte verkaufte. Die Gebrüder Heinrich und Thamme Losere erwarben vom Kurfürsten für 1000 Schock Groschen Schloss und Stadt Düben,[932] Marschall Apel Vitzthum, sein Bruder Busso, Jakob von Wangenheim und Kerstant von Witzleben für 2000 Schock Groschen jeweils Jahrrenten in Höhe von 100 Schock Groschen in Leipzig und Eilenburg.[933] Im März 1424 erfolgte für 600 Schock Groschen die Verpfändung des Schlosses Wehlau an die Herren von Gorenzen[934] und im April lieh Friedrich sich 540 Mark Silber von Rüdiger von Hayn.[935] Schließlich erfolgte mit Zustimmung Wilhelms II. im Oktober 1424 der Verkauf etlicher pleißenländischer Dörfer für 4500 Rheinische Gulden an den Bischof von Naumburg.[936] Aus dem gleichen Jahr datiert eine weitere Schuldverschreibung über 1100 Rheinische Guldern gegenüber einem Albrecht von Bessingen.[937] Am 16. Januar 1425 nahm der Kurfürst nochmals einen Kredit über 2000 Rheinische Gulden von der Stadt Erfurt auf.[938] Zwar widersprachen derartige Veräußerungen und Kreditnahmen großen Stils der bisherigen Politik Friedrichs, der beträchtliche Zugewinn, den das Kurfürstentum für ihn darstellte, ließen sie aber verschmerzen. Teilweise war Friedrich auch gezwungen, einen Kredit aufzunehmen, um einen anderen fristgerecht abzuzahlen. So lieh er sich am 23. März 1425 2500 Schock Groschen von Nikolaus von Lobkowitz, die er anschließend umgehend an Sigmund von Wartenberg auf Tetschen weiter tranferieren ließ.[939] Eine weitere nicht näher datierte Schuldverschreibung aus dem Jahr 1425 belief sich über 1000 Rheinische Gulden und war für Wilhelm von Tettau zu Schwarzenberg ausgestellt.[940]

Während Friedrich seinen herrschaftlichen Anspruch in seinem neuen Kurfürstentum nach anfänglichen Schwierigkeiten rasch durchsetzen konnte, machten ihm die etablierten Kurfürsten Schwierigkeiten. Obwohl Friedrich I. von Brandenburg seinen Kurhut erst durch Sigismund erhalten hatte und von diesem zweimal zum Befehlshaber des Reichsheeres ernannt, also mit hohen Ehren bedacht worden war, entfremdete er sich seit 1422 mehr und mehr von dem Luxemburger, ebenso, wie die vier westdeutschen Kurfürsten. Diese sahen in der Übertragung der Kurwürde an den Wettiner nicht zuletzt den Versuch des Königs, die oppositionelle Einigkeit des Kurkollegs zu unterminieren.[941]

Am 2. Dezember 1423 traf sich Friedrich mit Kurfürst Konrad von Mainz in Meiningen. In der Begleitung des Wettiners befanden sich Apel Vitzthum und der Dompropst von Meißen. Die beiden Kurfürsten schlossen ein beiderseitiges Bündnis ab. Die eigentlichen Absichten, die Konrad mit dem Vertrag verfolgte, scheinen zwischen den üblichen Bündnisregelungen fast zu verschwinden: »Ouch so ist sunderlich berett, wer es das marggraf Friderich, syne sune odir erben zu der kure des Romischen riichs in massen, – der Romsche kunig in daz gnediclich geliehen und verschriben hait, zugelaßen wurde, als sich geburet, so sollten derselbe unser oheim, sine sune und erben uns mit der kure und welunge, so dicke sich das geburet, mit uns unser lebetage gantz uß eyntrechticlich halten und sich von uns damit in keynerley wiise scheiden.«[942] Damit setzte Konrad dem Wettiner bereits das Schwert auf die Brust, gewann er ihm doch das Versprechen ab, nicht gegen die politischen Interessen der übrigen Kurfürsten handeln zu wollen. Friedrich seinerseits schien sich im Winter 1423/24 ebenfalls politisch absichern zu wollen. So schloss er in Meiningen auch ein weiteres »lebenslanges« Bündnis mit Bischof Johann II. von Würzburg.[943] Dessen Bistum besaß ebenfalls kleinere Territorien in unmittelbarer Nähe der böhmischen Grenze, weswegen er sich wesentlich mehr vor möglichen Übergriffen der Hussiten fürchtete als die Rheinländer und den militärischen Beistand des mächtigen neuen Kurfürsten suchte.

Die Kurfürsten riefen im Januar 1424 im rheinischen Bingen eine Sitzung der Kurkollegs ein, zu der sie auch Friedrich von Sachsen einluden. Der Wettiner muss mit großem Gefolge am Rhein erschienen sein, denn für die Reise lieh er sich beim Meißner Domkapitel immerhin 600 Rheinische Gulden[944] und weitere 300 beim Leipziger Juden Abraham.[945] Ursprünglich wurde die Sitzung zur Klärung des sächsischen Kurstreits einberufen. Doch am 17. Januar schlossen sich die sechs Fürsten im sogenannten Bingener Kurverein zusammen, dessen Gründungsurkunde auch in scharfen Worten Kritik am König übte. Erst unmittelbar vor Abschluss des Bundes war die sächsische Frage überhaupt erörtert worden.[946]

Friedrich trat dieser Vereinigung sicherlich nicht ganz aus freien Stücken bei. Am 14. Januar, drei Tage vor Abschluss des Vertrages, sollte er zu den Vorwürfen Erichs von Sachsen-Lauenburg Stellung nehmen. Die etablierten Kurfürsten hatten dank ihm ein mächtiges Druckmittel. Der Wettiner benötigte ihre Akzeptanz im Kurkolleg, um seine Belehnung endgültig abzusichern. Daher blieb ihm keine andere Wahl, als sich dem oppositionellen Bund anzuschließen. Einen Tag nach der Befragung des Wettiners ließen die Kurfürsten von Köln und Trier daher mitteilen, »das sie meynten das man den von meyssen zu liesse als einen kurfürsten«.[947] Mit dem Beitritt zum Kurverein unterwarf sich Friedrich gleichzeitig einem Schiedsspruch des Königs, beziehungsweise des Kurfürstenrats.[948] Es war offensichtlich, dass der König in dieser Urkunde nur der Form halber erwähnt wurde – immerhin hatte er seine Entscheidung mit der Belehnung Friedrichs ja schon getroffen. Tatsächlich versuchten die Kurfürsten vor allem ihre eigenen Befugnisse bei der Neuvergabe von Kurstimmen rechtlich zu untermauern. Nach seinem Beitritt zum Bingener Kurverein stellten die Kurfürsten Friedrich auch ihre Willebriefe aus, mit der sie ihn in ihren Kreis aufnahmen.[949]

Nach der endgültigen Anerkennung Friedrichs als Kurfürst bestätigte dieser eine Reihe von Privilegien, die mit seinem Amt verbunden waren. So war der Kurfürst gleichzeitig königlicher Erzmarschall. Dieses aus dem Hochmittelalter übernommene Amt füllte er jedoch nur noch ehrenhalber aus. Tatsächlich wurde es an eine niederadlige Familie des Reichs weitergegeben, die sich auch wirklich am königlichen Hof aufhielt. Im Falle des Marschallamts waren dies die bayerischen Herren von Pappenheim, die sich später auch Erbmarschälle nannten. Am 24. Januar 1424 belehnte Friedrich die Familie offiziell mit dem »untermarschalkampte«.[950] Ein Jahr später, nach seiner offiziellen Belehnung als Kurfürst, erneuerte Friedrich auch die Bestätigung der pappenheimschen Privilegien.[951]

Im Frühjahr 1424 trafen die Kurfürsten von Mainz, Brandenburg und Sachsen sowie Herzog Wilhelm von Braunschweig-Lüneburg, der Landgraf von Hessen und Friedrich der Jüngere in Mühlhausen zu einem Tag zusammen, um über die Gestaltung eines gemeinsamen Landfriedens zu debattieren.[952] Ursprünglich war hier für Anfang Mai ein größerer Kurfürstentag angesetzt gewesen. Allerdings waren die Kurfürsten von Köln, Trier und der Pfalz nicht erschienen. Welche Ergebnisse dieses reduzierte Treffen erbrachte, ist nicht bekannt.[953]

Es muss eine große Erleichterung für Friedrich gewesen sein, dass sich der Brandenburger als einer der Drahtzieher der Bingener Vereinigung im Sommer desselben Jahres mit dem König aussöhnte. Durch die Vermittlung des Herzogs von Österreich konnten beide ihre Konflikte beilegen, was dazu führte, dass Friedrich den Rheinischen Kurfürsten zu einer Milderung ihrer schroffen Sprache gegenüber dem König riet.[954] Bereits im Juli positionierten sich der sächsische und der brandenburgische Kurfürst wieder näher an der Seite des Königs. Friedrich I. wusste, dass er Sigismund auch selbst als militärischen Verbündeten benötigte, um seine nordböhmischen Besitzungen halten zu können. Friedrich von Brandenburg sah seine Kernlande, die nicht in der Mark, sondern beim fränkischen Ansbach lagen, ebenfalls durch einen möglichen Einfall der Hussiten bedroht, was seine Nähe zum Luxemburger erklärt. Zusammen mit dem Bischof von Würzburg richteten die beiden Kurfürsten am 16. Juli 1424 ein Schreiben an die vier rheinischen Kurfürsten und forderten diese auf, sich an einem neuen Feldzug in Böhmen zu beteiligen.[955]

Für Friedrich ergab sich durch dieses Aufbrechen der Vereinigung neuer Handlungsspielraum. Als die rheinischen Kurfürsten eine Gesandtschaft zum König schickten, die ihm eine Vernachlässigung der Reichspolitik vorwarf und ein stärkeres Mitspracherecht der Kurfürsten forderte, beteiligte sich Friedrich von Sachsen bereits nicht mehr.[956] Stattdessen bemühte er sich um die endgültige Absicherung seiner Kur.

Erst 1425 konnte Friedrich die von ihm geforderte Huldigungsreise nach Ungarn antreten. Im Mai dieses Jahres brach er von Weida aus auf und begab sich zunächst nach Regensburg. Auf der Reise erreichte ihn der am 9. Juni in Ofen ausgestellte königliche Geleitbrief.[957] Von Regensburg aus reiste er per Schiff die Donau hinab nach Waizen (Vác). Hier schloss er am 25. Juli 1425 mit Sigismund und Herzog Albrecht von Österreich ein neues, gegen die Hussiten gerichtetes Bündnis.[958] In einem zusätzlichen Vertrag versprach der Kurfürst dem König und dem Herzog, im nächsten Feldzug 8 000 Reisige zur Verfügung zu stellen und sie – sofern seine Gesundheit dies gestatten würde – persönlich anzuführen.[959] Es ist bezeichnend, dass gerade jene beiden Fürsten, deren Territorien unmittelbar an das aufständische Königreich grenzten – Österreich war zudem bereits mehrfach Ziel hussitischer Übergriffe geworden –, sich mit dem König zusammenschlossen. Friedrich sagte dem Habsburger im Falle eines kinderlosen Todes Sigismunds auch seine Stimme bei der nächsten Königswahl zu.[960]

Von Waizen ging die Reise weiter ins ungarische Ofen (Buda, heute Budapest), wo Sigismund und Friedrich am 31. Juli 1425 eintrafen. Der Wettiner hatte eine Reise von fast 1 000 Kilometern hinter sich gebracht. Hier fand schließlich seine feierliche Belehnung statt. Wie diese Zeremonie ablief, lässt sich nicht ganz sicher rekonstruieren. Bildliche Darstellungen existieren nur in der Sächsischen Weltchronik und der von Johann Koelhoff d. J. verfassten Kölner Stadtchronik, die beide aus der zweiten Hälfte des 15. Jahrhunderts stammen.[961]

Reichslehen und Reichsinsignien wurden in der Regel in Form einer Fahnenbelehnung überreicht. Der feierliche Akt nahm durch eine »Berennung« des königlichen Throns seinen Anfang. Ein Vortrupp des zu Belehnenden – meist hochrangige Adlige aus dessen Gefolge – umkreisten mit der Regalienfahne dreimal den Thron. Anschließend trugen Bürgen und der zu Belehnende selbst ein Lehnansuchen vor. Der königliche Kanzler verlas öffentlich den Lehnsbrief, bevor die Lehnsfahnen vorgeführt wurden. Der zu Belehnende leistete nun seinen Eid und bekam anschließend die Lehnsfahnen überreicht. Diese repräsentierten die Territorien, die an die Kurwürde und die daran gebundenen Reichsämter verknüpft waren. Die Koelhoffsche Chronik zeigt eine Fahne mit den gekreuzten Schwertern für das Schwertträgeramt sowie dem Balkenwappen mit dem Rautenkranz für das Herzogtum Sachsen. Das Wappen mit den gekreuzten Schwertern führten die Wettiner allerdings erst seit 1471. Die Darstellung bei Koelhoff ist daher wohl eher symbolisch zu verstehen. Das geteilte kursächsisch-herzoglich sächsische Wappen hat Friedrich in dieser Form nicht geführt.[962] Das sich an den feierlichen Übergabeakt anschließende Festessen richtete der Belehnte aus.

Die neue Belehnungsurkunde weicht erheblich von jener aus dem Jahr 1423 ab.[963] Der Passus, der auf die brandenburgische Besetzung anspielt, fiel verständlicherweise weg. Dafür forderte der König nochmals explizit den Beistand des Wettiners im Kampf gegen die Hussiten ein. Gleichzeitig wurden die Titel und Besitztümer, die an das Herzogtum Sachsen-Wittenberg gebunden waren, nochmals näher umrissen. Dazu gehörten die Kurwürde und das Erzmarschallsamt des Heiligen Römischen Reiches, die Pfalzgrafschaft Sachsen-Allstedt, die Grafschaft Brehna sowie die Burggrafschaften Grafendingen, Magdeburg und Halle mit den dazugehörigen Gerichtsbarkeiten.[964] Am 3. August bestätigte der König dem Kurfürsten nochmals alle mit seinem Amt und seinen Titeln verbundenen Rechte.[965]

In Ofen schenkte der König dem Wettiner vermutlich auch ein kostbares ungarisches Schwert, das heute als das erste sächsische Kurschwert gilt. Ob Friedrich es als solches betrachtet hat und ob er es tatsächlich während der Zeremonie in der Donaustadt empfing, lässt sich jedoch nicht zweifelsfrei klären. Erst 1469 wurde es in einem Inventar der Meißner Silberkammer als solches bezeichnet. Das Stück gilt als ein Meisterwerk ungarischer Goldschmiedekunst. Die Klinge stammt aus Passau, einer Stadt, die für ihre Schwertfeger bekannt gewesen war. Die Parierstangen sind mit Silberblech umschlagen und als verdrehte Aststümpfe dargestellt, der beidhändig umfassbare Griff ist mit vergoldetem Silberdraht umwickelt. Der Kugelknauf aus Bergkristall zeigt auf der Vorderseite den deutschen Königsadler und auf der Rückseite die vereinigten Wappen von Böhmen und Ungarn. Die hölzerne Schwertscheide wurde mit karmesinroten Seidensamt umwickelt. Ein kunstvolles Rankenband aus vergoldetem und emalliertem Silberdraht zieht sich bis zum Mundblatt.[966]

Friedrich verbrachte noch mehr als einen Monat in Preßburg. Am 11. August schloss er einen Ehevertrag zwischen seinem Sohn Sigismund und Barbara, der Tochter des ungarischen Großgrafen Nikolaus von Garai.[967] Die Ehe kam allerdings nie zustande. Nach Friedrichs Tod trat Sigismund 1437 in den geistlichen Stand.[968] Kurz darauf trat der Kurfürst die Rückreise an, denn am 28. August 1425 hielt er sich nachweislich wieder in Regensburg auf.[969]

Interessanterweise schlug sich die Rangerhöhung Friedrichs, die zeitlich eng mit dem Tod seines Bruders Wilhelm zusammenfiel, nicht im Bild der meißnischen Schildgroschen wieder. Obwohl Münzen damals aufgrund ihrer Verbreitung zu den wirksamsten Mitteln der fürstlichen Repräsentation zählten, wurden bis zum Tod Friedrichs weder Groschen mit dem Titel ELECTOR noch mit DUX SAXONIAE geprägt. Die Münzen führten weiterhin die Umschrift DIE GRATIA TURINGIAE LANTGRAVIS, dem bis 1423/25 höchsten Titel der Wettiner. Der Herzogstitel wurde erst ab 1465 auf die neu eingeführten Horngroschen geprägt, der Titel Kurfürst gar erst auf den Zwickauer Bartgroschen Friedrichs III. aus dem Jahr 1492![970]

Wie bereits erwähnt, führte der Erwerb des Kurfürstentums aufgrund gegenseitiger lehnsrechtlicher Verflechtungen zu neuen Konflikten mit Erzbischof Günther von Magdeburg. Über diese Probleme wurde noch im Jahr 1423 geteidigt (verhandelt). Günther behielt die Rechte am Gut Egeln nahe Barby, während der Umfang der einzelnen Ansprüche auf Barby selbst noch zu klären war. Aken und das Burggrafenamt in Halle sollte Friedrich als Stiftslehen empfangen, wenn Günther entsprechende Rechtsansprüche nachweisen konnte. Die von den askanischen Kurfürsten inne gehabten Lehen sollten auf Friedrich übergehen.[971] Die meisten der durch die Teidigung offen gebliebenen Rechtsfragen wurden mit der Belehnung von 1425 – mehrheitlich zu Friedrichs Gunsten – geklärt. Das Burggrafenamt über Halle und Magdeburg übte der Wettiner beispielsweise ab Januar 1426 aus.[972] Anscheinend war es Erzbischof Günther nicht gelungen, seine berechtigten Ansprüche nachzuweisen.[973] Im weiteren Verlauf des 15. Jahrhunderts bildeten eben diese beiden alten Rechtsansprüche der sächsischen Kurfürsten eine wesentliche Grundlage für das gesteigerte Interesse der Wettiner am nordwestdeutschen Raum, insbesondere dem Erzbistum Magdeburg, was schließlich 1476 zur Wahl Ernsts II. – einem Urenkel Friedrichs I. – zum Magdeburger Erzbischof führte.[974]

Auch Sigismund zog Vorteile aus der Kur Friedrichs, denn langfristig unterstützte der Wettiner eher die Partei des Königs als die der rheinischen Kurfürsten, wodurch ein wichtiges Kalkül der Belehnung für den Luxemburger voll und ganz aufging. Als er im Februar 1426 ein Treffen der Kurfürsten nach Wien berief, folgten der Wettiner und Friedrich I. von Brandenburg dem Aufruf, nicht jedoch die rheinischen Kurfürsten. Das wog allerdings nicht weiter schwer, denn die Anwesenheit des Wettiners und des Hohenzollers allein symbolisierten das Ende des Bingener Kurvereins. Die rheinischen Kurfürsten hatten zwar versucht, auch Friedrich I. von Sachsen und seinen brandenburgischen Vetter von der Reise abzuhalten, waren damit jedoch erfolglos geblieben. Die Rheinländer stellten daraufhin klar, dass die Beiden nicht im Namen des Kurvereins zu sprechen befugt waren. Damit war das Band zwischen den Kurfürsten zerschnitten. Während die Rheinländer sich in den nächsten Jahren weiter von Sigismund distanzierten, konnte dieser seinen Bund mit den Hohenzollern, Wettinern und nicht zuletzt den Habsburgern stärken.[975]

11.2 Die Fortführung der Hussitenkriege

Die Gefahr durch die Hussiten konnte in dieser Zeit keineswegs gebannt werden. Im Gegenteil: die Bewegung begann sich langsam auch über die böhmischen Grenzen hinaus auszubreiten. Im November 1423 befahl Friedrich sämtlichen Vögten, Amtsleuten und Städten, den Freiberger Bürgern die Zufuhr von Getreide zu gestatten.[976] Der Kurfürst rechnete mit einem Einfall der böhmischen Ketzer und zog in der Bergstadt Truppen zusammen. Gleichzeitig dehnte er seinen Einfluss jenseits des Erzgebirges weiter aus. 1424 unterwarf sich der nahe Brüx lebende Albrecht von der Dube, Herr zu Kostenblat, mit seiner Burg dem Kurfürsten.[977] Albrecht Schenk zu Landesberg versetzte ihm zudem die Burg Blankenstein (heute Blansko, ČR) und 100 Schock Groschen Jahrrente in Aussig,[978] die der Kurfürst Ende 1426 für 2 257 Gulden 5 Groschen vollständig in seinen Besitz brachte.[979] Der herrschaftliche Zugriff Friedrichs auf den Norden Böhmens verfestigte sich somit Stück für Stück.

Bis 1426 blieben die Hussitenkriege im Wesentlichen auf Feldzüge in Böhmen beschränkt. Die Bewegung dachte lediglich an die Verteidigung ihrer Interessen und nicht an Vergeltungsmaßnahmen gegen die Territorien der Fürsten, die sie angriffen. Nur Oberösterreich wurde in stärkerem Maße in Mitleidenschaft gezogen. Von einer Hussitenfurcht im Reich kann in dieser Phase noch keine Rede sein. Die Ketzer waren für die einfache Bevölkerung im Reich einfach zu weit entfernt.[980]

Das Hauptaugenmerk der Hussiten richtete sich in diesen Jahren jedoch verstärkt auf Brüx und Aussig, von wo Friedrich der Streitbare seine Angriffe auf Böhmen startete. Der Kurfürst unterhielt eigene Truppen in den Städten und schickte Waffen und Munition nach Nordböhmen. So dankte ihm die Stadt Brüx im Januar 1422 für die Übersendung eines Fasses mit Büchsenpulver.[981]

Im Herbst 1424 schloss erstmals ein hussitisches Heer Aussig ein. Friedrich bereitete die Aufstellung eines Heeres vor und bat auch außerhalb seiner Herrschaft gelegene Städte um Beistand. Dem Rat von Halle teilte er am 10. Dezember von Freiberg aus mit, »daz die keczeer in grosser samplunge syn und nemlich vir grosse her habin unde habin virczen blyden unde buchsen unde andern geczug mehir, denne sie y gehabt habin, – unde habin sich gereite vor Außk gelagert und meynen, daz zu notigen unde zu gewynnen. Unde wenne sie daz also gewonnen hetten, – so meynen sie furder in unser lande zcu cziihen unde daz zcu beschedigen.«[982] Der Kurfürst schloss das Schreiben mit einer Bitte um 20 Gewappnete. Mit Hilfe der lausitzischen Sechsstädte konnte Friedrich den Belagerungsring während eines kurzen Feldzugs im späten Herbst schließlich sprengen. 1425 schlugen die Hussiten ein kleines meißnisches Heer bei Dux (Duchcov) und bereiteten eine neue Belagerung der beiden Festungsstädte vor, was Friedrich Anfang 1426 dazu bewog, deren Garnisonen zu verstärken.[983]

Noch im Januar 1426 informierte der Nürnberger Rat den sächsischen Kurfürsten, dass sich ein städtisches Aufgebot zur Unterstützung der beiden belagerten Orte im Marsch auf Coburg befinde.[984] Den Rat der Stadt Leipzig forderte Friedrich Ende des Monats dazu auf, 40 gewappnete Schützen und 10 Handbüchsen nach Aussig zu schicken, da die dortigen Kommandeure dem Vogt zu Meißen bereits eindringliche Warnungen hatten zukommen lassen, dass sich die hussitischen Heere dem Norden Böhmens näherten.[985] Am 10. Februar meldeten die Kommandeure der Stadt an die sächsische Kurfürstin, »das sich dy Weißen nu an deßem nesten fritage der haben vom Slan vnde czyhen vff Lunde, vnde vns eygentliche botschaft kummen ist, daz sy vor vns vnd vns berynnen vnd belegen wullen czu der Aswig in dryen tagen, vnde dy von Lutenbritz vnde Sacz vnd andern eren steten iczlicher stat dy helffte vff geboten ist, dy iczczunt alle czu czyhen vnde sammeln sich by Lune«.[986] Am gleichen Tag schrieben die Hauptleute von Brüx, sie haben erfahren, dass die Hussiten Verräter in ihre Stadt geschickt hätten, die sie an vier Ecken anzünden und so den Sturm der Ketzerheere erleichtern sollten.[987] Die Kurfürstin forderte daher den Leipziger Rat nochmals auf, die zugesagten 40 Schützen umgehend nach Pirna zu schicken.[988] Vom Juden Abraham lieh sich Katharina 700 Rheinische Gulden, die zur Ausrüstung eines Entsatzheeres dienen sollten.[989]

Im Mai und Juni 1426 forderte Sigismund auf dem Reichstag in Nürnberg erneut die Aufstellung eines Heeres von 6000 Gleven (ca. 18000 Reiter) für einen vierten Kreuzzug. Doch die Mehrheit der Fürsten protestierte. Ein so großes Heer wäre im Reich nicht zusammenzubekommen und in Böhmen nicht zu verpflegen. Allein dieses Argument unterstreicht, wie unrealistisch die hochgestochenen Heeresstärken der vorangegangenen Feldzüge gewesen sind.[990] Friedrich I. gehörte zu den wenigen Fürsten, die das Ansinnen des Königs unterstützten, nicht zuletzt, da die Hussiten eine immer größere Bedrohung für seinen eigenen Herrschaftsbereich darstellten.

Während sich Kurfürst Friedrich auf dem Reichstag in Nürnberg aufhielt, erhielt er warnende Briefe seiner Frau, in denen sie ihm mitteilte, die Hussiten hätten Leipa genommen und zögen nun auf Brüx oder Aussig, um von hier aus eventuell in Meißen einzufallen. Tatsächlich strömten gleich mehrere Heere auf die beiden sächsischen Bollwerke zu. Leipa (Česká Lípa) war durch ein Aufgebot unter Johann Rohacz von Duba genommen worden, während Sigismund Korybut und Prokop der Kahle ihre Heere durchs Egertal über Graupen (Krupka) und Teplitz (Teplice) heranführten. Prokop der Kahle war zu diesem Zeitpunkt noch kaum in Erscheinung getreten. Doch im Laufe der kommenden Monate sollte sich der hussitische Priester zu einem der wichtigsten böhmischen Heerführer, dem wahren Nachfolger Jan Žižkas, entwickeln.[991]

Inzwischen verdichteten sich in Sachsen Informationen, wonach das hussitische Heer auf Aussig marschierte. Auf die Nachricht von der Annäherung der Ketzer formierte sich ein Entsatzheer aus den Aufgeboten der meißnischen und thüringischen Ritterschaft und Städte, das Anfang Juni in Groß Bobritzsch bei Freiberg gesammelt und gemustert wurde.[992] Die Stärke dieser

Truppen betrug etwa 8 000 Mann – auch wenn einige Chronisten wieder die phantastische Schätzung von 100 000 Rittern und Knechten ins Feld führten. Das sächsische Heer bestand aus drei Abteilungen, zu denen sich auch Truppen der Sechsstädte und ein kleines Aufgebot einzelner Reichsstände, wie der Stadt Nürnberg, gesellten, sodass die Gesamtstärke durchaus auf 25 000 Mann beziffert werden kann. Das Aufgebot der Sechsstädte unter Hans von Kolditz hatte sich im Mai bei Großhennersdorf gesammelt. Ihr Ziel bestand eigentlich im Entsatz des bedrängten Leipa. Als die Stadt fiel, schloss sich das Heer der sächsischen Armee an.[993]

Für ein Heer dieser Größe mussten Unmengen an Fourage besorgt werden. Auch hier wurden wieder die einzelnen Städte in die Pflicht genommen. So befahl die Kurfürstin dem Rat von Leipzig am 3. Juni, zwei voll beladene Speisewagen dem Heer nach Groß Bobritzsch nachzuführen.[994] Besonders großen Wert legten die Führer der sächsischen Truppen auf eine ausreichende Ausstattung des Heeres mit kleinen Kanonen, wie sie die Hussiten selbst seit längerer Zeit mit großem Erfolg einsetzten. Daher wandte sich Katharina am 7. Juni mit einem weiteren Schreiben an den Leipziger Rat und bat darum, den noch nach Groß Bobritzsch zu schickenden Berittenen eine möglichst große Zahl kleiner Steinbüchsen mitzugeben.[995]

Derweil war in Nürnberg endlich der Reichstag zusammengekommen und hatte Pläne für den kommenden Feldzug verabschiedet. Die Fürsten beschlossen, dass die kleineren Herrschaftsgebiete in militärischen Belangen den großen Fürsten unterstellt werden sollten. Friedrich I. konnte somit auch die Aufgebote mitteldeutscher Fürsten unter seinem Oberbefehl versammeln. Es wurde klar festgelegt, dass »nyemands sundern der obengenan herren adir die sie darczu bescheiden werden, rath, wissin und gudduncken eynegen trefflichen ryed ader sache understehin zcu thun.«[996] Nicht zuletzt galten diese Anweisungen auch für Landgraf Friedrich von Thüringen.

Am 14. Juni brach das Entsatzheer nach Aussig auf. Eine Weile begleitete Kurfürstin Katharina die Truppen.[997] Die drei Heeressäulen marschierten über die Pässe des Erzgebirges nach Graupen. Aussig und Brüx waren inzwischen durch das hussitische Hauptheer unter Prinz Korybut und Prokop dem Kahlen eingekreist worden. Eine dritte hussitische Abteilung beobachtete die Pässe im Gebirge. Der sächsische Befehlshaber Bosse Vitzthum plante, diese drei Haufen nacheinander zu schlagen. Allerdings zögerten die in Graupen eintreffenden Ritter aus Meißen einen sofortigen Angriff hinaus. Auch sie wollten erst die Vereinigung des sächsischen Heeres mit den Abteilungen der Lausitzer abwarten. Doch ihr Zögern ermöglichte es den Hussiten sich zu sammeln.[998] Die Sachsen waren zuversichtlich. Einen Herold der Böhmen, der über den Umgang mit Gefangenen verhandeln sollte, wurde mit der Erklärung zurückgeschickt: »Wir werden alle ohne Unterschied hinmorden.«[999]

Zwischen den beiden Dörfern Prödlitz und Herbitz, westlich von Aussig, formierten die Hussiten auf einer Anhöhe ihre Wagenburg mit einem inneren und einem äußeren Ring. Am 16. Juni kam es hier zur Entscheidungsschlacht. Es war ein heißer Sommertag und die aus Graupen heran marschierenden und bereits erschöpften Sachsen griffen die Wagenburg sofort an. Schon das Abwehrfeuer aus Geschützen, Büchsen und Armbrüsten der Hussiten riss große Lücken in die Reihen der sächsischen Ritterschaft.[1000]

Trotzdem gelang es dem Heer, den ersten Wagenring aufzubrechen. Doch die Ordnung der Ritter hatte sich nun bereits so sehr gelöst, dass ein Gegenstoß der Hussiten die Attacke in sich zusammenbrechen ließ. Die Flegler zogen die zwischen den Wagen festgekeilten Reiter vom Pferd und machten sie nieder. Als erstes sollen die Meißner vom Schlachtfeld geflohen sein, als letztes die Thüringer. Die nun zurückflutenden Ritter litten nicht nur unter den nachsetzenden böhmischen Fleglern, sondern auch unter der Hitze, wie ein Chronist berichtet: »Unnd das volck was noch ungeschicket unnd wart fluchtig. In derselben flucht erstickte das volck im harnasche von großem stoube unnd hitcze, unnd ditte was uff sente Vitis tag, sundern dy gutte redeliche ritterschafft, dy ungerne floen unnd den eren gerne hetten gnukg gethan, dy worden das meiste teil erslagen, wanne das volck das meiste teil gemeiniclich wedder zurucke floch.«[1001]

Das geschlagene Heer strömte zurück in die sicheren Wälder des Erzgebirges, dicht verfolgt von den Hussiten. Die Blüte der meißnisch-thüringischen Ritterschaft wurde dahin gemetzelt, darunter der letzte Burggraf von Meißen, Heinrich von Hartenstein,[1002] sowie je nach Angabe 8 bis 14 weitere Grafen, zehn Freiherrn und über hundert Edelleute, darunter angeblich allein 21 aus der Familie von Köckeritz. Die Verlustangaben schwanken so sehr, wie die Zahlen zur Heeresstärke – zwischen 4 000 und 50 000 Mann. Geht man von einer sächsischen Heeresstärke von 15 000 Rittern und Knechten aus – denn die drei Heersäulen hatten sich noch nicht vereinigt –, so scheinen Angaben von 4 000 Mann Verlusten im Bereich des Realistischen zu liegen.[1003]

Am folgenden Tag stürmte das hussitische Heer Aussig und verwüstete die Stadt so gründlich, dass sie in den kommenden drei Jahren nahezu verlassen dagelegen haben soll. Die sächsische Besatzung und große Teile der Bevölkerung hatten sich jedoch während der Schlacht am Vortag retten können. Ein Teil der Fliehenden glaubte sich in der nahen Burg Schreckenstein in Sicherheit. Aber auch diese wurde kurz darauf von den Hussiten gestürmt.[1004]

In Sachsen bereitete die Kurfürstin eine Verteidigung der Grenzfestungen und -städte Königstein, Pirna, Freiberg und Dresden vor, aber noch wagten sich die Hussiten nicht über das Erzgebirge. Im Augustiner-Eremiten Kloster in Grimma stiftete Katharina nach der Schlacht täglich Seelenmessen für ihre Eltern und Großeltern und die Vorfahren Friedrichs.[1005] Auch die Angst vor Attentätern wuchs. So warnte der Rat der Stadt Rochlitz auf Hinweis des Chemnitzer Rates die Stadt Leipzig vor zwei Studenten, die angeblich im Solde der Hussiten standen und die Universitätsstadt anzünden wollten.[1006] Als der Kurfürst aus Nürnberg zurückkehrte, dachte er jedoch nicht an Verteidigung, sondern bereits wieder an den Angriff, immerhin hielt Brüx der hussitischen Belagerung weiterhin stand. Mit leichtem Unmut schickte er der Stadt Leipzig die Überlebenden ihres Aufgebots zurück und beklagte sich, dass sie »eczwaß unrustig und unwerhaft synt«.[1007] Der Kurfürst wies darauf hin, dass er das städtische Aufgebot bald wieder zu den Waffen rufen werde, und forderte den Rat nun auf, »das ir uns denne redliche und werhafftige lute sendet, wenne ir selber wol irkennet, das es not tut«.[1008] Aus diesen Worten wird deutlich, dass auch Friedrich nach dem Fall von Aussig mit einer hussitischen Invasion rechnete.

Der Kurfürst drängte nun auch die anderen Fürsten des Reiches, ihre militärischen Anstrengungen zu intensivieren. Dem Erzbischof von Trier schlug er ein neues Treffen zwischen ihm und den übrigen rheinischen Kurfürsten in Wesel vor.[1009] Am 6. Juli schloss er zusammen mit Friedrich von Thüringen und den Sechsstädten ein auf vier Jahre gegen die Hussiten gerichtetes Bündnis.[1010] Die lausitzischen Städte fühlten sich durch die böhmischen Ketzer ebenso bedroht wie der Kurfürst. Bereits mehrfach waren die Hussiten in die Lausitz eingedrungen und nach dem Fall von Leipa im Frühjahr hatte der Verweser Hans von Colditz zunächst angenommen, die Hussiten könnten sich gegen Zittau wenden.[1011]

Friedrich arbeitete fieberhaft an der Erneuerung seines Heeres. Am 3. September forderte er von der Stadt Leipzig zehn gewappnete und berittene Schützen, die diese binnen einer Woche nach Freiberg zu schicken hatte. Außerdem verlangte er große Mengen Getreide und Hafer sowie die nötigen Fuhrleute, um selbige nach Brüx zu überführen, welches immer noch von den Hussiten belagert wurde.[1012]

Nur wenige Wochen nach der Katastrophe von Aussig zog der Kurfürst mit einer neuen Armee nach Böhmen und schlug das Prager Feldheer, welches dabei 1500 Mann und eine große, in Kuttenberg gegossene Bombarde auf dem Feld zurückließ.[1013] Dieser Feldzug und Friedrichs Sieg stellen eines der größten Mysterien der Hussitenkriege dar. Viele Historiker, einschließlich Frantisek Smahel, äußern berechtigte Zweifel, dass die Schlacht überhaupt stattfand. Überliefert wird sie in der Chronik des Bartosek von Drahonitz, der jedoch Anfang August 1426 an einem Augenleiden litt. Smahel geht daher davon aus, dass der Chronist seine Erinnerungen zur Schlacht erst später niederschrieb und sie dabei zufällig auf den 5. August 1426 datierte. Der 5. August wäre der Jahrestag des Sieges Friedrichs über das Heer Jan Želivskýs 1422, der zufälligerweise auch auf den Feldern vor Brüx stattfand.[1014] Die bereits geschilderten Rüstungsmaßnahmen Friedrichs deuten zwar darauf hin, dass ein Feldzug zum Entsatz der Stadt vorbereitet wurde und somit vielleicht auch eine Schlacht mit dem Belagerungsheer stattfand. Sollte dies der Fall gewesen sein, kam es wohl aber erst Mitte September zum erneuten Kampf.

Ein nicht unbedeutendes Nebenprodukt der Schlacht bei Aussig war der Tod des letzten Meinheringer Burggrafen von Meißen, Heinrich II. Dieser hatte erst im Vorjahr alle Mannschaften und Gerechtigkeiten seiner Burggrafschaft an den Kurfürsten verpfändet,[1015] weswegen Friedrich nun die Huldigung der burggräflichen Mannschaften einforderte. Daraus entwickelte sich ein über den Tod Friedrichs hinaus reichender Konflikt, denn bereits eine Woche nach der Schlacht hatte Sigismund einen seiner getreuen Gefolgsleute, Heinrich von Plauen, mit der Burggrafschaft Meißen und der Grafschaft Hartenstein belehnt.[1016] Heinrich trat somit ein Erbe an, welches die Wettiner längst für sich beanspruchten.

Trotz des kleineren Erfolgs bei Brüx im Herbst 1426 – so es ihn denn gegeben hat – war die Gefahr, die von den Hussiten für die nordböhmischen Besitzungen des Kurfürsten ausging, längst nicht gebannt. Die Bemühungen Sigismunds, einen weiteren Kreuzzug zustandezubringen, hatten durch die sächsische Niederlage jedoch einen Rückschlag erlitten, sodass ein großangelegtes Unternehmen in diesem Jahr nicht mehr durchgeführt werden konnte. Dennoch bemühte sich der König um die Aufstellung eines neuen Heeres, wobei er insbesondere durch die Kurfürsten von Brandenburg und Sachsen sowie den Herzog von Österreich unterstützt wurde. Im November 1426 trafen Abgesandte der rheinischen Kurfüsten und Friedrichs I. mit dem Beauftragten des Königs, Graf Johann von Lupfen, in Stühlingen zusammen. Von Lupfen präsentierte den Vertretern der Kurfürsten ein königliches Mandat zur Aufstellung eines neuen Heeres.[1017]

Am 29. Januar 1427 verkaufte Friedrich Düben mit allen dazugehörigen Besitzungen außer den Kirchenlehen für 4050 Rheinische Gulden an Thammen Losere, die Brüder Heinrich und Johannes von Schleinitz, Tillich vom Honsberge und Friedrich List. Denkbar ist, dass er damit Geld aufzubringen versuchte, um die zu erwartenden hohen Kosten für den anstehenden Feldzug zu decken. Die neuen Besitzer verpflichteten sich außerdem, dem Kurfürsten Heeresdienst zu leisten.[1018] Einen Teil des Verkaufserlöses nutzte Friedrich wohl aber auch, um seine Schulden beim Leipziger Juden Abraham abzutragen, denn dieser bescheinigte ihm am 1. Mai, dass bis auf 654 Rheinische Gulden sämtliche kurfürstlichen Außenstände getilgt seien. Für diese Summe habe er noch kostbares Silbergeschirr als Pfand in Besitz.[1019]

Der Elan vieler Reichsfürsten für den Kampf gegen die Hussiten war inzwischen jedoch erlahmt. Bereits auf dem Nürnberger Reichstag 1426 begannen die Spannungen, die zwischen den einzelnen Fürsten nach wie vor herrschten, das Gefühl einer ketzerischen Bedrohung zu überlagern, sodass diese schließlich auseinandergingen, ohne einen Feldzug zu beschließen.[1020]

In einem Brief an den Bischof von Breslau und mehrere schlesische Fürsten stellte Friedrich I. im März 1427 enttäuscht fest, dass sie dem Mainzer Reichstag, auf dem der neue Feldzug besprochen werden sollte, ferngeblieben waren.[1021] Die Fürsten hatten sich allerdigs bereits zuvor geeinigt, in diesem Jahr einen neuen Feldzug an der Seite des Kurfürsten unternehmen zu wollen.[1022]

Im Frühjahr 1427 beschloss der Reichstag in Frankfurt einen neuen Kreuzzug nach Böhmen. Friedrich dem Streitbaren wurde ein gewaltiges Heer unterstellt. Ein Verzeichnis vom 4. Mai 1427 gibt an, welche Fürsten dem Wettiner ins Feld folgen sollten: die Landgrafen von Hessen und von Thüringen, die Herzöge von Braunschweig, der Erzbischof von Magdeburg, die Bischöfe von Halberstadt und Bremen, Herzog Erich von Einbach, der Vogt der Lausitz mit den Sechsstädten, Hans von Polenz aus der Lausitz, die Städte Nordhausen und Mühlhausen sowie die Grafen Georg, Bernhard, Adolf und Waldemar von Anhalt.[1023] Allerdings hatten sich die Vertreter der Sechsstädte trotz wiederholter Aufforderungen nicht an den Reichstagen beteiligt und somit war auch ihre Heerfolge zweifelhaft. Daher richteten die sieben Kurfürsten noch am 4. Mai ein Schreiben an Albrecht von Colditz und die Vertreter der Städte und »begern, bitten und manen euch als from cristen, das ir zu dem vorgenanten czuge mit ganczer macht und als vil ir dann außbringen mugt, und darczu mit puchsen, schuczen und gezeuge, so ir mayst mugt, beholffen und geratten sein wollet und damitt uff die vorgenand sand Peter und Pauls tag der heiligen zwelfbotten nechst kommend zu Nurnberg«.[1024] Dieser festgelegte Sammelplatz ist interessant, denn eigentlich wurde den Städten noch im gleichen Brief eröffnet, dass vier Heere nach Böhmen vorstoßen sollten, eines unter Herzog Albrecht von Österreich aus Süden, ein vor allem durch die rheinischen Kurfürsten aufgestelltes von Nürnberg aus, eines unter Friedrich I. von Sachsen und eines aus Schlesien. Obwohl nicht genauer dargelegt, so war doch davon auszugehen, dass Friedrich seine Truppen wie in den vorrangegangenen Feldzügen über das Erzgebirge führen und irgendwo im Egertal oder im Pilsener Kreis mit dem Heer aus Nürnberg vereinigen würde. Der Brief an die Sechsstädte würde demzufolge bedeuten, dass deren Aufgebot – welches ja die Mark Meißen passieren musste – nicht Friedrich unterstellt wäre, wie das noch am selben Tag erstellte Verzeichnis behauptet.

Friedrich sammelte sein Heer – wie in den Jahren zuvor – bei Freiberg. Dorthin beorderte er auch den Herzog von Braunschweig, den er am 14. Mai 1427 aufforderte ihm mitzuteilen, wie viele Truppen er mit sich führen werde.[1025]

Derweil kämpften die Sechsstädte und auch einige der lehnsuntertänigen Adligen der Wettiner mit hussitischen Parteigängern. Die lausitzische Familie von Wartenberg betätigte sich seit längerem als Raubritter. Ihr gehörten die Burgen Tollenstein, Tetschen, Kamnitz und Demnin, die nun alle als Ausgangsbasen für Raubzüge auf lausitzische Städte dienten. Sie überfielen Dörfer und Städte, wo sie Getreide, vor allem aber auch Vieh raubten und es in Böhmen verkauften. Hier war im Zuge des Krieges eine starke Teuerung für Lebensmittel aufgetreten. Bereits im April 1427 berichtete Gottfried von Rodenberg an den Hochmeister des Deutschen Orden über Lebensmittelpreise in Prag: »Ouch gnediger liber her meister zo saget her John von Wartenberg daz allerley spyse koff czu male tawir sey in Prag sunderlich eynen scheffel salcz mus man kouffen vm eyn schock vnd XX groschen.«[1026] Gerade beim lebensnotwendigen Salz war das Land aber auf Importe angewiesen, da es in Böhmen selbst nicht vorkam. Zu Ostern des Jahres 1425 zog Johann von Wartenberg von Tollenstein aus mit einer Schar durch die Lausitz bis nach Marienthal. Er raubte eine große Viehherde zusammen, die er in Böhmen gewinnbringend zu verkaufen hoffte. Auf dem Weg nach Rumburg kam es bei Spitzcunnersdorf zu einem Gefecht mit einem Zittauer Aufgebot, dass von den Wartenbergern schwer geschlagen wurde. Ihr Befehlshaber, Nicol von Ponikau, wurde als Gefangener nach Tollenstein gebracht.[1027] Noch im selben Jahr schlossen sich Sigismund von Wartenberg auf Tetschen und Wilhelm von Leipa auf Ronow den Hussiten an und zogen vor die Stadt Löbau.[1028] Nachdem ein großer Teil des lausitzischen Heeres bei Aussig vernichtet worden war, fielen die Wartenberger im Spätsommer 1426 wieder über die Dörfer her. Johann blockierte mit 400 Reitern die Stadt Zittau, während sein Bruder Heinrich zwischen Dittersdorf und Cunnersdorf riesige Rinderherden zusammenraubte. Als die Raubritter ihre Beute über die Grenze führen wollten, wurden sie doch noch überraschend von einem Zittauer Aufgebot angegriffen und schwer geschlagen.[1029]

Gegen diese Familie verbündeten sich der Kurfürst und Landgraf Friedrich von Thüringen am 6. Juni zusammen mit Heinke Birke, Herrn zu Hohenstein, einer kleinen Herrschaft im Elbsandsteingebirge, westlich der Elbe. Er versprach den Wettinern seinen vollen Beistand im Kampf gegen Sigismund von Wartenberg, den Kopf des Raubritterklans.[1030]

Dagegen gingen die Rüstungen des sächsischen Heeres nur schleppend voran. Der Rat von Mühlhausen verweigerte in einem Brief vom 24. Juni seine Teilnahme an dem kommenden Feldzug mit dem Hinweis auf die vielen Fehden, insbesondere mit dem Bischof von Hildesheim, die die militärischen Kräfte der Stadt banden.[1031] Tatsächlich lehnten auch alle übrigen Fürsten, die dem Heer Friedrichs unterstellt worden waren, ihre Teilnahme am kommenden Feldzug ab. Der Kurfürst gebot daher nur über seine eigenen sächsisch-meißnischen Truppen.[1032]

Im Juli zog das Kreuzzugsheer nach Tachau, wo es am 12. Juli jubelnd empfangen wurde. Friedrich von Brandenburg wollte die Fehler der Vorjahre nicht wiederholen. Anstatt sich mit der Belagerung strategisch wenig bedeutender Städte zu verzetteln, plante er einen direkten Vorstoß auf Prag. Derweil scheint es mit der Gesundheit Friedrichs des Streitbaren nicht zum Besten gestanden zu sein. Der Kurfürst verzichtete auf eine Teilnahme an diesem Feldzug und übergab den Befehl an seinen Sohn Friedrich II.[1033]

Um seinen geplanten Marsch auf Prag mit dem sächsischen Heer abzustimmten, reiste Friedrich von Brandenburg diesem entgegen. Der Kurfürst von Trier übernahm den Befehl der Hauptstreitmacht, zog nach Mies (Stříbro) weiter und belagerte die kleine Bergbaustadt. Die sächsischen Truppen folgten und trafen wenig später ebenfalls vor der Stadt ein. Allerdings erkrankte der Kurprinz schwer und musste ärztliche Betreuung in Tachau aufsuchen. Kaum hatten die Deutschen die Stadt Mies vollständig eingeschlossen, näherte sich am 1. August das hussitische Ersatzheer unter Prokop dem Großen.[1034] Schon auf die Nachricht von der Annäherung der Hussiten hin zog sich das Reichsheer nach Tachau zurück. Friedrich I. von Brandenburg wollte sich den Hussiten hier zur Schlacht entgegenstellen. Doch als er am Morgen des 4. August sein auf einer Anhöhe versammeltes Heer musterte, waren über Nacht bereits so viele Ritter und Knechte geflohen, dass sich die verbliebenen Fürsten dazu entschieden, die Schlacht nicht anzunehmen. In einem Tobsuchtsanfall soll daraufhin der päpstliche Legat die Reichsflagge zerrissen und auf den Boden geschleudert haben. Tachau wurde wenige Tage später von den Hussiten gestürmt. Damit war auch der vierte Kreuzzug gescheitert.[1035]

Im August traf sich Friedrich in Dresden mit einigen Vertretern der lausitzischen Stände und Städte. Der Kurfürst forderte weitere militärische Unterstützung, während die Lausitzer einen Einfall der Böhmen über das Zittauer Gebirge fürchteten. 150 Ritter, die der Deutsche Orden zur Unterstützung geschickt hatte, waren bereits unverrichteter Dinge wieder in die Heimat gezogen. Ene Einigung mit dem sächsischen Kurfürsten kam nicht zustande, worüber die Lausitzer enttäuscht dem König schrieben: »Darauf her [Friedrich, Anm. d. A.] uns keynen trost nocht antwort gegeben hat und hat uns lossin ane ende von ihm scheyden.«[1036]

Nach den erneuten Rückschlägen der Kreuzfahrer befürchtete der Kurfürst nicht zu Unrecht, die Hussiten könnten endlich den Einfall in die Mark Meißen wagen. Am 25. Oktober 1427 schrieb er von Leipzig aus an den Sechsstädtebund und bat um militärische Unterstützung, falls die Böhmen in Schlesien, der Lausitz oder der Mark Meißen einfallen würden. Er selbst habe »iczund ein teyl der unsern gen Freiberg, Frauenstein und Lauenstein gelegit«.[1037] Tatsächlich scheinen sich zumindest kleinere hussitische Abteilungen ins Dresdner Elbtal vorgewagt zu haben, denn Ende November informierte der Rat der Stadt Erfurt den Mainzer Erzbischof, dass ein städtisches Aufgebot zur Unterstützung Landgraf Friedrichs in die Mark aufgebrochen sei, da dieser »von den vordampten keczern an sinen dorffern in Missen vaste schaden enphangen haid«[1038].

12 Tod, Beisetzung und Nachleben

SIGISMUND VON LUXEMBURG war dem vierten Kreuzzug fern geblieben, weswegen sich sein Ansehen im Reich nach dessen Scheitern weiter in freiem Fall befand. Bezeichnenderweise ging die nächste Initiative zur Bekämpfung der Hussiten nicht von ihm, sondern dem päpstlichen Kardinallegaten Heinrich von Winchester aus. Auf dessen Drängen hin einigten sich die Reichsfürsten, im November 1427 zu einem weiteren Reichstag zusammenzutreten, auf welchem wichtige Reformen besprochen werden sollten. Diese betrafen eine Verbesserung der Heeresorganisation, die Frage nach deren Finanzierung und die Festsetzung des Oberbefehls auf künftigen Feldzügen. Friedrich I. war inzwischen zu krank, um noch persönlich auf dem Reichstag zu erscheinen, und entsandte stattdessen seine Räte Hugold von Schleinitz und Friedrich von Maltitz. Tatsächlich erließ der Reichstag eine Reichsmatrikel, die jedem Reichsstand ein verbindliches Heeresaufgebot vorschrieb, und versuchte mit dem »Gemeinen Pfennig« auch die erste allgemeine Steuer zu etablieren, um zukünftige Kriege zu finanzieren.[1039]

Den Jahreswechsel 1427/28 verbrachte Friedrich in seiner Altenburger Residenz. Der siebenundfünfzigjährige Kurfürst wurde inzwischen von immer heftigeren Fieberanfällen geplagt. Als er sein Ende nahen sah, rief er am 2. Januar seinen ältesten und seinen jüngsten Sohn zu sich. Sigismund und Heinrich befanden sich zu diesem Zeitpunkt am Braunschweiger Hof. Der Kurfürst forderte von seinen Söhnen, dass sie untereinander Frieden halten mögen. Friedrich solle die Kurwürde behaupten und Wilhelm dessen Entscheidungen achten und respektieren. Seine Ritter und Räte bat er, sie mögen seinen Söhnen ergebene, treue und fürsorgliche Diener sein. Zwei Tage später, am 4. Januar 1428, starb Kurfürst Friedrich I. von Sachsen.[1040]

Der Leichnam des Wettiners wurde wahrscheinlich direkt nach seinem Tod in die Fürstenkapelle nach Meißen überführt, die sich allerdings noch immer in einem unfertigen Zustand präsentierte. In seinem Testament hatte Friedrich angewiesen, weitere 130 Gulden aus der Altenburger Silberkammer zur Fertigstellung des Baus zu verwenden. Das Begräbnis erfolgte zunächst wohl nur im Kreis des Domklerus und der Familie.[1041] Die repräsentative öffentliche Beisetzung fand hingegen erst am 30. Januar 1428 statt. Friedrichs Nachkommen benötigten Zeit, um die zu ladenden hochrangigen Gäste über das Ableben des Kurfürsten in Kenntnis zu setzen und ihnen die Anreise zu ermöglichen. Hierzu zählten vor allem die Repräsentanten der einzelnen Stände des Kurfürstentums sowie der benachbarte Hochadel. Nicht zuletzt wurde die Zeremonie auch für das gemeine Volk abgehalten. Eine bemalte oder bestickte Fahne, die die einzelnen Herrschaften des Kurfürstentums symbolisierte, wurde der Prozession vorangetragen. Friedrichs Leichnam ruhte bereits im Dom, weswegen bei der öffentlichen Zeremonie eine Scheinbahre durch die Stadt getragen und an ihr auch die liturgischen Handlungen vollzogen wurden. Danach folgten auf Wunsch des Verstorbenen die Kurinsignien und wohl auch seine persönlichen Pferde, Waffen und Amtszeichen sowie eine Abordnung hochrangiger Lehnsträger. Die Pferde wurden am Ende der Prozession von Altar zu Altar geführt und damit symbolisch der Kirche geopfert, anschließend die Fahnen gestürzt, die Fahnenstöcke gebrochen und die kurfürstlichen Siegel zerschlagen. Dieser Akt hatte auch einen praktischen Hintergrund, denn somit sollte verhindert werden, dass unter dem Siegel des Verstorbenen posthum gefälschte Urkunden ausgestellt werden konnten. Die der Kirche geopferten Waffen und Kleidungsstücke ließ der neue Kurfürst im Anschluss durch Geld wieder einlösen und seiner Silberkammer übergeben.[1042]

Die Grabtumba Friedrichs wurde vermutlich erst nach seinem Tod in einer Nürnberger Werkstatt angefertigt. Sie zeigt den Fürsten im Kurornat inklusive Schwert. Zu seinen Füßen ruhen der meißnische und der thüringische Löwe, gleichzeitig Symbole seiner Tapferkeit. In den Ecken der Deckplatte sind die Wappen des Herzogtums Sachsen, der Pfalzgrafschaft Sachsen, der Landgrafschaft Thüringen und der Markgrafschaft Meißen dargestellt. Die Seitenwände zieren alternierend Pleurants (Klagefiguren / Trauernde) und Wappenträger, darunter ein Wilder Mann. Die Wappen repräsentieren die kleineren Herrschaftsgebiete Friedrichs. An der Stirnseite sind fünf Figuren dargestellt, zwei Kleriker und drei Laien, die angeblich drei der vier Söhne Friedrichs zeigen sollen. Zwei halten Spruchbänder mit der Bitte, sich des Verstorbenen zu erbarmen.[1043]

Kurprinz Friedrich war beim Tod seines Vaters 16 Jahre alt und galt somit als mündig. Er übernahm die Regierungsgeschäfte. Allerdings unterstützte ihn ein für seine noch minderjährigen Geschwister eingesetzter Vormundschaftsrat, der auch die Kurfürstinwitwe angehörte.[1044]

Das Versprechen, für die Mutter zu sorgen, hielten der neue Kurfürst und seine Brüder gewissenhaft ein. Noch am 13. Oktober 1428 erweiterte Friedrich II. das Leibgedinge seiner Mutter um Burg und Stadt Schmölln, jährlich 15 Fuder Wein und den Schafbestand in Stollberg. Katharina verzichtete dafür auf die ihr zugestandenen Gerechtsame. Grimma blieb ihr bevorzugter Wohnsitz, wo sie am 28. Dezember 1442 nahezu erblindet starb. Sie wurde an der Seite ihres Mannes in der Meißner Fürstenkapelle beigesetzt.[1045]

Abschließendes

AUF DEN VORANGEGANGENEN SEITEN wurde ein möglichst farbiges Bild von Friedrichs Leben gezeichnet, trotzdem ließen sich nur wenige Charakterisierungsversuche vornehmen. Wenn schon Zeitgenossen untereinander nicht einig sind, sich eine objektive Meinung über die Natur ihrer Mitmenschen zu bilden, so fällt dies dem Historiker ungemein schwerer. Leicht ist die Versuchung, aus einzelnen Versatzstücken komplette Charakterzüge zu rekonstruieren. Wer sagt dem Historiker, dass er nicht statt der Regel auf die Ausnahme gestoßen ist? Einzelne Quellenzitate, die der Leser in der vorliegenden Arbeit findet, gestatten es in diesem Sinne, Friedrich als Repräsentanten eines frühhumanistischen Bildungsideals zu sehen (vorausgesetzt, man lässt den in der »Katherina Divina« aufgelisteten Fürstentugenden einen großen Einfluss auf den Wettiner zukommen): als liebenden Gemahl (wenn die ein oder zwei in diese Richtung deutbaren Zitate repräsentativ für eine über fünfundzwanzigjährige Ehe sein sollen) und Vater (wiederum vorausgesetzt, dass er Vippachs Gebote beherzigte) und frommen Christen (aber welcher spätmittelalterliche Mensch nahm dies nicht für sich in Anspruch?).

Zutreffendere Charakterisierungen lassen sich anhand des Lebensweges wohl nach wie vor nur auf den beiden klassischen Feldern der spätmittelalterlichen Herrschaftsbiografie anstellen: Politik und Militär. Aber selbst hier erweist sich, was inzwischen längst eine abgeklapperte Weisheit der Historikerzunft ist: unser Urteil hängt wesentlich von unserer eigenen Sozialisation ab. So verwundert es nicht, dass Irmgard von Broesigke, die ihre Dissertation über Friedrich auf dem Höhepunkt der nationalsozialistischen Begeisterungswelle veröffentlichte, dem Wettiner eine mangelnde »nationale« Denkweise vorwarf. Woher sollte Friedrich diese auch besessen haben? Was wusste er schon von Nationen? Für ihn war dieser Begriff wohl nur für die räumlich sehr dehnbare und vor allem ethnisch keineswegs scharf umrissene, weil von Institution zu Institution sich ändernde Nationenverfassung einer Universität greifbar. Als Landesherr dachte Friedrich ausschließlich dynastisch. Und hier lässt sich sein vielleicht markantester Wesenszug greifen: sein ausgeprägter Wille zur Macht. Von seinem Onkel Wilhelm I. »erbte« Friedrich den Drang zu einer inneren Konsolidierung und äußeren Expansion seines Herrschaftsbereichs, von seiner Mutter und wohl auch aus Vippachs Fürstenspiegel das Wissen um die Notwendigkeit einer gesunden Wirtschafts-, also vor allem Münzpolitik, und einer straffen Führung des eigenen Adels. In all diesen Bereichen ist Friedrichs Herrschaft ein Ausdruck von Stärke und der dynastischen Machterweiterung.

Broesigke wirft Friedrich ebenso Schwächen auf den Feldern der Außen- und Reichspolitik vor, wobei auch in diesem Fall ihr nationales Denken durchschimmert. Nachvollziehbar war die große Politik auf Reichsebene, die Verhandlung mit ebenrangigen Fürsten und dem König kein Spaziergang, wie z. B. die Unterwerfung niederer Adelsgeschlechter auf verarmten Burgen, sondern ein steiniger Weg. Daher erscheint es nur verständlich, dass Friedrichs Politik nicht immer obsiegte. Mehr als zehn Jahre stritt er mit König Sigismund über sein Recht auf die nordböhmischen Besitzungen, ohne auch nur die Andeutung eines politischen Zugeständnisses zu erhalten. Angesichts der stets bedrängten Lage Sigismunds, die ihn zu einem ständigen kunstvollen diplomatischen Manövrieren und einer Taktik des Ausgleichs, des Gebens und Nehmens zwang, wirkt das Scheitern Friedrichs in diesem Fall als Ausdruck mangelnden Verhandlungsgeschicks. Hält man dieser Episode jedoch das Agieren des Wettiners bei der Erlangung der Kurwürde entgegen, so kann ihm ein gewisses politisches Format auf der »internationalen« Bühne keineswegs abgesprochen werden. Zwar spielte ihm hier die durch die Hussitenkriege entstandene Zwangslage des Königs – die ja auch zur Klärung der nordböhmischen Besitzverhältnisse führte – anfangs in die Hände. Allerdings musste der neu ernannte Kurfürst seine Ansprüche nicht nur gegen den brandenburgischen Nachbarn, sondern auch gegen die stets ihre eigenen Interessen verfolgenden Rheinischen Kurfürsten durchsetzen. Hier agierte Friedrich mit bemerkenswertem Geschick und sicherte seiner Dynastie dauerhaft den Kurhut.

Doch inwiefern ist sein historischer Beiname »der Streitbare« gerechtfertigt? Trotz der vielen Fehden, in die Friedrich verwickelt war, agierte er wohl kaum kriegslüsterner als andere spätmittelalterliche Fürsten oder sein Sohn, dem die Geschichte trotz des Umstandes, dass er mit Wilhelm III. den verheerenden Sächsischen Bruderkrieg vom Zaun gebrochen hat, den Beinamen »der Sanftmütige« gab. Jörg Rogge meinte sogar, dass Friedrich nicht wirklich militärisch erfolgreich gewesen sei, was Irmgard von Broesigke schon mit dem Hinweis beweisen wollte, dass er die Schlacht am Vitkov verlor, am Sieg bei Brüx wohl nicht beteiligt gewesen sei und vor der Schlacht bei Aussig einen ungeeigneten Feldherren gewählt habe. Diese Beweisführung offenbart zunächst logische Schwächen, denn man kann Friedrich nicht die Verantwortung für den Sieg bei Brüx absprechen, weil er daran nicht teilgenommen haben soll – wogegen meines Erachtens einige Quellenbefunde seine Teilnahme stützen –, und andererseits die Verantwortung an der Niederlage bei Aussig, wo er ebenfalls nicht persönlich anwesend gewesen ist, aufbürden. Tatsächlich misst sich kriegerischer Erfolg im Mittelalter nicht am Gewinn oder Verlust einzelner Schlachten. Friedrich erwarb seinen Ritterschlag auf einer mäßig erfolgreichen Litauerreise des Deutschen Ordens und erfüllte sich somit all seine mit diesem Unternehmen verbundenen Hoffnungen. Er unterwarf sich seinen Adel in zahlreichen Fehden, auch wenn dieser es mit dem militärischen Potenzial des Markgrafen sicherlich nie aufnehmen konnte. Er setzte seinen Pfandanspruch auf Brüx und Laun 1401 auf einem Feldzug an der Seite seines Onkels mit Waffengewalt durch, »zähmte« durch militärische Drohgebärden die Schwarzburger Grafen, die ihm zu großen Einfluss auf die Politik seines Vetters zu gewinnen drohten. Er verlor die Schlacht am Veitsberg, aber errang in der ersten Schlacht bei Brüx den ersten bedeutenden militärischen Sieg über die Hussiten. Dass die Ketzerbewegung seinen Tod überdauerte, geschah nicht wegen Friedrich, sondern trotz Friedrich, der Jahr für Jahr unter großen Anstrengungen neue Heere ins Feld führte, auch wenn diese nicht immer die gewünschte Stärke erreichten. Das gesamte Reich konnte die Hussiten fünfzehn Jahre lang nicht niederringen. Dies gelang den Böhmen nur selbst, als sich der gemäßigte Flügel 1434 mit der alten Kirche aussöhnte und die Radikalen in der Schlacht bei Lipany vernichtend schlug – sollen wir deswegen nun einem einzelnen, allein aufgrund der Bedrohungslage für sein eigenes Land redlich bemühten Fürsten vorwerfen, dass er den »Schlusssieg« über die Ketzer nicht erreicht hat?

In den Kategorien, in welchen Friedrich als mittelalterlicher Mensch wohl dachte, hatte er auf dem Schlachtfeld persönliche Ehre errungen, die Interessen seiner Dynastie verteidigt und ihre Macht und territorialen Besitz erweitert. Rückschläge, wie die Niederlagen am Vitkov und bei Aussig, mögen dieses Bild vielleicht konterkarieren, sie sollten es allerdings nicht überlagern.

Anhang

Fehden Friedrichs IV. bzw. I.

Antagonist	Anlass	Ausgang	Quellenbeleg
Heinrich von Stodentschen		Schwört, Land und Leuten der Markgrafen Friedrich IV., Wilhelm II. und Georg nichts zu tun	CDS I B 1, Nr. 98, S. 67
Heinrich Nase u. a.		Fehde beigelegt durch Markgräfin Katharina, 4. Mai 1388	CDS I B 1, Nr. 176, S. 133
Helwig von Fluerstete		Schwört, nie Feind der Markgrafen Friedrich IV., Wilhelm II. und Georg zu werden, 28. Februar 1387	CDS I B 1, Nr. 201, S. 150
Hans von Helderit		Bekennt, mit Markgräfin Katharina und ihren Söhnen gesühnt zu sein und nie mehr ihr Feind zu werden, 5. Juni 1387	CDS I B 1, Nr. 216, S. 165
Iring von Konstad	Ausgebliebene Schadensersatzforderungen	Erklärt sich gesühnt und verzichtet auf weitere Ansprüche, 15. Juni 1387	CDS I B 1, Nr. 218, S. 166
Karl und Hans von Breitenbruch		Urfehde Friedrichs IV., Wilhelms II. und Georgs, nachdem Karl in Gefangenschaft geriet, 29. Juli 1388	CDS I B 1, Nr. 265, S. 208
Heinrich Marschalk von Ischerstedt (Isserstedt)		Urfehde, nachdem Marschalk in Gefangenschaft der Stadt Jena geraten war, 18. August 1389	CDS I B 1, Nr. 304, S. 238

Antagonist	Anlass	Ausgang	Quellenbeleg
Hans von Kurbicz (Kröbitz)		Wurde von seinem Lehnsherren, Erzbischof Albrecht von Magdeburg, zur Urfehdeleistung gegenüber den Markgrafen aufgefordert, 5. Juni 1390	CDS I B 1, Nr. 338, S. 261–262
Albrecht und Hans von Ortwinstorff		Urfehde, nachdem beide in markgräfliche Gefangenschaft geraten waren, 1. August 1390	CDS I B 1, Nr. 350, S. 269
Hansen Bruns	Ursache nicht sicher. Im Verlauf stahl Bruns Vieh bei Jena, wie aus einem Brief Friedrichs an den Göttinger Rat hervorgeht.		CDS I B 1, Nr. 351, S. 269–270
Hermann von Schidingen und seine Söhne Nickel, Georg, Heinrich und Hermann		Urfehde, nachdem Hermann der Ältere ins Gefängnis geraten war, 20. Dezember 1390	CDS I B 1, Nr. 364, S. 276
Weczil von Grefindorf, Hannes Hertnid, Diterich von Meldingen		Urfehde, nachdem alle drei in markgräfliche Gefangenschaft geraten waren, 17. August 1390	CDS I B 1, Nr. 352, S. 270
Friedrich und Itel Taniel, deren Söhne und Knechte		Die Markgrafen erklären ihre Huld und Sühne, woraufhin die Taniels und ihr Gefolge Folgschaft geloben, 1. März 1391	CDS I B 1, Nr. 378, S. 285
Friedrich und Hans von Oltschkow		Urfehde, nachdem Hans in Gefangenschaft geraten war, 2. März 1391	CDS I B 1, Nr. 379, S. 285–286
Hans von Damucz, Thile Schenke, Friedrich Hake		Geloben, nichts wider die drei Markgrafen zu unternehmen, 14. April 1391	CDS I B 1, Nr. 384, S. 288

Antagonist	Anlass	Ausgang	Quellenbeleg
Albrecht, Heinrich und Bernhard, genannt Voite		Haben ihren Frieden durch die drei Markgrafen erhalten und geloben nimmer mehr ihre Feinde zu werden, 11. Mai 1391	CDS I B 1, Nr. 387, S. 290
Albrecht von Slinicz (Schleinitz)		Gelobt, nie mehr Feind der drei osterländischen Markgrafen zu werden, 13. Februar 1392	CDS I B 1, Nr. 419, S. 312
Gottschalk von Korwestorff		Gelobt den drei Markgrafen die Urfehde, nachdem ihn die Herren von Balgstädt gefangen genommen haben, 19. Mai 1392	CDS I B 1, Nr. 431, S. 321
Friedrich Scheidemann		Gelobt, gegen die drei Markgrafen und deren Land und Leute nichts zu tun, so lange er lebt, 11. September 1392	CDS I B 1, Nr. 453, S. 340
Heinrich von Witzleben und dessen Schwager Heinrich vom Paradiese	Ursache unbekannt, die Markgrafen eroberten die Leuchtenburg im Saaletal.	Beide Ritter schwören die Urfehde und erhalten freien Abzug von der Burg. Für 1 000 Schock Groschen wurden sie sogar Gefolgsleute der Markgrafen.	CDS 1 B 1, Nr. 460, S. 344–345
63 Edelleute	Konflikt mit dem Herzog von Braunschweig		CDS I B 1, Nr. 501, S. 378–379
Hans Buckreiß		Gelobt, wider Markgräfin Katharina und ihre drei Söhne nichts mehr zu unternehmen, 15. September 1394	CDS I B 1, Nr. 552, S. 425–426
Bischof Gerhard von Würzburg	Fehdeerklärung gegen Markgräfin Katharina und ihre drei Söhne, 6. Februar 1395		CDS I B 1, Nr. 565, S. 431

Antagonist	Anlass	Ausgang	Quellenbeleg
Hans von Hesburg	Teilt Günther von Bünau mit, dass er Markgräfin Katharina und ihren Söhnen die Fehde erklärt habe, 8. Februar 1395		CDS I B 1, Nr. 566, S. 431–432
Die von Schaumburg und Hans von Egloffstein	Teilen Günther von Bünau mit, dass sie der Markgräfin Katharina und deren Söhnen wegen ihnen geschehenen Unrechts die Fehde erklären, 8. Februar 1395		CDS I B 1, Nr. 567, S. 432
Burggraf Albrecht von Kirchberg	Sagt Markgräfin Katharina und deren Söhnen wegen durch sie und den Vogt Balthasar Bernwalde erlittenen Unrechts die Fehde an, 13. Februar 1395		CDS I B 1, Nr. 569, S. 433
Lutolf von Holbach	Sagt der Markgräfin Katharina und ihren Söhnen wegen seiner Herren Johann II., Günther XXVII. und Günther XXX. von Schwarzburg die Fehde an, 21. Februar 1395		CDS I B 1, Nr. 570, S. 433–434
Heinrich, Friedrich, Hans und Syverd Slegil (Schlägel)		Geloben, nie mehr etwas gegen Friedrich IV., Wilhelm II. und Georg zu unternehmen, nachdem Hans und Syverd in Gefangenschaft geraten waren, 2. Juli 1398	CDS I B 2, Nr. 185, S. 118

Antagonist	Anlass	Ausgang	Quellenbeleg
Bernhard und Bernhard von Nuwendorff		Urfehdeerklärung, nachdem der jüngere Bruder Bernhard durch einen Amtmann der drei Markgrafen in Gefangenschaft geraten war, 12. Oktober 1400	CDS I B 2, Nr. 332, S. 224
Henning (Heynnyng) von Frekeleybin		Leistet nach seiner Gefangennahme den drei Markgrafen die Urfehde, 1. Mai 1401	CDS I B 2, Nr. 366, S. 245
Wolrabe von Wedderstete		Leistet Friedrich IV. und Wilhelm II. die Urfehde, 25. Mai 1402	CDS I B 2, Nr. 430, S. 290
Dietrich Leyfeld		Leistet Friedrich IV. und Wilhelm II. die Urfehde, 21. Dezember 1402	CDS I B 2, Nr. 471, S. 315
Heinz (Hencze) Schiding		Gelobt, nichts wider Friedrich IV. und Wilhelm II. zu unternehmen, 2. Juni 1403	CDS I B 2, Nr. 507, S. 347
Nickel von Lindenberg		Gelobt, nichts wider Friedrich IV. und Wilhelm II. zu unternehmen, 19. Juni 1403	CDS I B 2, Nr. 510, S. 349
Hans von Mutschau (Muczschowe) und Hans Mangold, Peter Zscheghard		Mutschau und Mangold geloben für den gefangenen Zscheghard, dass dieser nichts wider Friedrich IV. und Wilhelm II. unternehmen werde, 19. Juli 1403	CDS I B 2, Nr. 516, S. 349
Dietrich von Scapow		Gelobt, nichts wider Friedrich IV. und Wilhelm II. zu unternehmen, 7. März 1404	CDS I B 2, Nr. 561, S. 382
Hans von Kiczschin		Gelobt, nichts wider Friedrich IV. und Wilhelm II. zu unternehmen, 5. Mai 1404	CDS I B 2, Nr. 565, S. 384

Antagonist	Anlass	Ausgang	Quellenbeleg
Heinrich Zcopf		Gelobt, nichts wider Friedrich IV. und Wilhelm II. zu unternehmen, 1404	CDS I B 2, Nr. 610, S. 421
Bertold und Hans Marschalk		Gelobten, nichts wider Friedrich IV. und Wilhelm II. zu unternehmen, 31. Mai 1405	CDS I B 2, Nr. 642, S. 452
Nickel (Nigkil) von Wolffenstorff		Gelobt, nichts wider Friedrich IV. und Wilhelm II. zu unternehmen, 13. Juni 1405	CDS I B 2, Nr. 645, S. 457
Heinrich von Lichtenberg, Hans von Alndorff, Lutz von Buttler	Fehdeerklärung gegen Friedrich IV. und Wilhelm II. wegen Wilhelm von Buchenau, 1405		CDS I B 2, Nr. 684, S. 484
Nickel (Nigkil), Heinz (Hencze) und Hermann von Schiedingen		Geloben, nichts wider Friedrich IV. und Wilhelm II. zu unternehmen, 9. Juli 1406	CDS I B 2, Nr. 706, S. 497
Eberhard (Ebirhart) von Buchinauwe und seine Söhne		Geloben, nichts wider Friedrich IV. und Wilhelm II. zu unternehmen, 18. Juli 1406	CDS I B 2, Nr. 707, S. 497; Nr. 708, S. 497–498
Brüder von der Tanne		Geloben, nichts wider Friedrich IV. und Wilhelm II. zu unternehmen, leisten Huldigung und öffnen den Markgrafen ihre Burgen, 3. September 1406	CDS I B 2, Nr. 712, S. 500–501
Otto Vogt von Salzberg (Salczperg) und sein Sohn Georg (Jurge)		Geloben, nichts wider Friedrich IV. und Wilhelm II. zu unternehmen, nachdem Georg in Gefangenschaft geraten war, 25. November 1406	CDS I B 2, Nr. 714, S. 501–502, Nr. 715, S. 502–503
Konrad, Dietrich, Kaspar, Balthasar und Melchior von Bernwalde		Geloben, nicht gegen Friedrich IV. und Wilhelm II. zu ziehen, 18. Juli 1407	CDS I B 3 Nr. 33, S. 23

Antagonist	Anlass	Ausgang	Quellenbeleg
Bernhard V. Fürst zu Anhalt		Leistet Urfehde gegenüber Friedrich IV., Wilhelm II., dem Erzbischof von Magdeburg und den Grafen von Schwarzburg und verpflichtet sich, auch seine Vettern Bernd VI. und Otto IV. hierzu zu veranlassen, 3. September 1408	CDS I B 3 Nr. 85, S. 74–75
Michele Behme (Michael Böhme)		Urfehdeerklärung am 11. September 1408, nachdem Böhme eingekerkert worden war	CDS I B 3, Nr. 89, S. 77
Heinrich von Kanycz (Heinrich von Kanitz)		Urfehdeerklärung am 3. Juli 1409, nachdem Kanitz eingekerkert worden war	CDS I B 3, Nr. 119, S. 105
Heinrich und Clawis (Heinrich und Klaus) von Einsiedel	Überfall markgräflicher Geleite durch genannte Brüder	Huldigung der Markgrafen am 9. Juli 1409 und Öffnung der Schlösser Gnandstein und Wolkenburg	CDS I B 3, Nr. 121, S. 106
Conrad von Gropczk		Versprechen, nie wieder gegen die Markgrafen zu agieren, 3. November 1409	CDS I B 3, Nr. 141, S. 135
Ywan von Wolfen	Bündnis mit Bernhard dem Jüngeren und Albrecht von Anhalt, 9. Februar 1410		CDS I B 3, Nr. 151, S. 141–142
Otte Foyse		Urfehdeerklärung 2. März 1410	CDS I B 3, Nr. 154, S. 143
Hans von Eczilstorff		Versprechen, nie wieder gegen die Markgrafen, Günther von Bünau oder Konrad von Brandenstein zu ziehen, 25. März 1410	CDS I B 3, Nr. 158, S. 145

Anhang

Antagonist	Anlass	Ausgang	Quellenbeleg
Mulich und Hans von Neumarkt		Versprechen, nie wieder gegen die Markgrafen zu ziehen, nachdem Mulich in Gefangenschaft geraten war 17. Mai 1410	CDS I B 3, Nr. 164, S. 147–148
Hans Thosse		Sühneerklärung 22. Dezember 1410	CDS I B 3, Nr. 192, S. 176–177
Bernd Stoube		Versprechen, nichts gegen die Markgrafen, Friedrich den Jüngeren oder Erzbischof Günther von Magdeburg zu unternehmen, nachdem Stoube in markgräfliche Gefangenschaft geraten war, 6. Januar 1411	CDS I B 3, Nr. 194, S. 180
Dheyn und Albrecht vom Hoffe		Urfehdeerklärung, 14. März 1411	CDS I B 3, Nr. 200, S. 183–184
Hencze Frankge		Urfehdeerklärung, nachdem Franke eingekerkert worden war, 28. August 1411	CDS I B 3, Nr. 213, S. 196
Hans, Franz und Peter von Boberitzsch		Urfehdeerklärung nach der Gefangennahme eines Bruders, 22. September 1411	CDS I B 3, Nr. 217, S. 202
Gottschalk von Winkel und Söhne Heinz, Peter und Erhard		Urfehdeerklärung, nachdem Gottschalk und Peter eingekerkert worden waren, 7. Oktober 1411	CDS I B 3, Nr. 219, S. 203
Kaspar von Jesnitz		Urfehdeerklärung 22./23. Januar 1412	CDS I B 3, Nr. 230, S. 214
Hermann Bog, Hermann (...) zu Wedelwitz		Erklärung, nichts weiter gegen die Markgrafen zu unternehmen, nachdem einer der Beteiligten eingekerkert worden war, 4. September 1412	CDS I B 3, Nr. 263, S. 240

Antagonist	Anlass	Ausgang	Quellenbeleg
Peter Tosse	War wohl am Fleglerkrieg beteiligt	Urfehdeerklärung am 26./27. Oktober 1412	CDS I B 3, Nr. 269, S. 245
Poppe von Kockeritz		Erklärung, sich in Streitfällen an die Amtleute Friedrichs IV. und Wilhelms II. zu wenden, 10. März 1413	CDS I B 3, Nr. 283, S. 251–252
Fürst Georg von Anhalt		Teidigung, bei der die Freilassung des in Gefangenschaft geratenen Georgs für 600 Schock Groschen beschlossen wurde, 20. September 1423	CDS I B 4, Nr. 304, S. 187–188
Jan von Swanberg		Der Betroffene schließt ein zunächst auf zwölf Jahre befristetes Bündnis, nachdem ihm Friedrich IV., Wilhelm II. und Friedrich von Thüringen, in deren Ungnade er vorher gewesen ist und die ihm die Stadt Dux genommen hatten, nun wieder ihre Huld erklärten, 25. Oktober 1413	CDS I B 3 Nr. 310, S. 274
Landgraf Ludwig von Hessen		Waffenstillstand am 20. April 1414; Gemeinsamer Tag in Mühlhausen am 23. Juli, anschließender Friedensschluss auf drei Jahre	CDS I B 3, Nr. 329, S. 288–291; CDS I B 3, Nr. 348, S. 302–305
Graf Johann und Gottfried von Ziegenhain		Waffenstillstand bis 29. Juli 1414 (26. April 1414)	CDS I B 3, Nr. 330, S. 292
Nickel Roder		Urfehderklärung, nachdem Wilhelm II. ihn festgesetzt hatte, 8. Juli 1414	CDS I B 3, Nr. 343, S. 299–300

Antagonist	Anlass	Ausgang	Quellenbeleg
Balthasar von Cudischow		Gelobt, nichts wider die Markgrafen zu unternehmen, 11. Juli 1414	CDS I B 3, Nr. 344, S. 300
Heinrich, Fritz und Hans von Miltitz		Geloben, auf sechs Jahre nichts wider die Markgrafen zu unternehmen, 1. Februar 1415	CDS I B 3, Nr. 367, S. 315
Friedrich von Cschawitz		Gelobt, nichts wider die Markgrafen zu unternehmen, 29. Juni 1415	CDS I B 3, Nr. 386, S. 328
Gilge und Conrad, genannt die Nothaffte		Markgraf Friedrich IV., Wilhelm II. und Friedrich von Thüringen erklären, dass alle Zwietracht zwischen ihnen und den beiden Brüdern gesühnt sei, 17. August 1415	CDS 1 B 3 Nr. 393, S. 331–332
Jurge Loser		Gelobt, nichts wider Friedrich IV. zu unternehmen, nachdem dieser ihn aus dem Gefängnis entlassen hat, 15. Oktober 1415; zudem stellt er künftig binnen eines Jahres 15 Gleven	CDS I B 3, Nr. 402, S. 441
Heinrich Dobrusch		Gelobt, nichts wider die Markgrafen Friedrich IV. und Wilhelm II. zu unternehmen, 25. September 1416	CDS I B 3, Nr. 434, S. 360
Gaczengrunner		Urfehde gegenüber allen drei Markgrafen, 29. Dezember 1417	CDS I B 3, Nr. 494, S. 410
Siegfrid, Caspar, Hans von Peschen		Sühnegeständnis gegenüber den Markgrafen, 13. April 1418	CDS I B 3, Nr. 516, S. 428
Laurencz Wenczlaw		Urfehde, 9. Juli 1418	CDS I B 3, Nr. 532, S. 443

Antagonist	Anlass	Ausgang	Quellenbeleg
Nickel Bobirscher		Gelobt, nichts wider die drei Markgrafen zu unternehmen, 19. Januar 1419	CDS I B 4, Nr. 4, S. 8
Dietrich von Staupitz, sein Bruder Hans, sein Vetter Jurge		Geloben nie wieder gegen Friedrich IV. zu ziehen, 3. März 1419	CDS I B 4, Nr. 19, S. 14
Ritter Albrecht zu Turnau und seine Söhne Kunz, Heinz, Albrecht, Herrmann und Hans		Urfehdeerklärung gegenüber allen drei Markgrafen, 18. April 1420	CDS I B 4, Nr. 73, S. 47
Graf Bernhard zu Regenstein		Urfehdeerklärung gegenüber Friedrich IV., Wilhelm II. und Bischof Nikolaus von Merseburg, nachdem der Graf in markgräfliche Gefangenschaft geraten war, 1. Oktober 1420. Zusätzlich bekennt er, den Markgrafen und dem Bischof 266 ½ lötige Mark Silber zu schulden.	CDS I B 4, Nr. 96, S. 56–57; CDS I B 4, Nr. 97, S. 60
Hans Kral		Urfehdeerklärung gegenüber Friedrich IV. und Wilhelm II., 4. Oktober 1420	CDS I B 4, Nr. 100, S. 62
Albrecht von Holczendorff und sein Bruder Werner		Geloben, nichts wider Markgraf Friedrich IV. zu unternehmen, 25. November 1421	CDS I B 4, Nr. 163, S. 101
Friedrich, Gabriel und Wenzel zu Körbitz		Erklärung, nichts wider Friedrich IV. zu unternehmen, 9. Juni 1422	CDS I B 4, Nr. 193, S. 116
Dietrich von Staupitz und seine Söhne Nickel, Dietrich und Hans		Urfehdeerklärung, nachdem Staupitz in Kerkerhaft genommen worden war, 22. Juni 1422	CDS I B 4, Nr. 195, S. 116–117

Antagonist	Anlass	Ausgang	Quellenbeleg
Simon und Karl von Steinau, Pecz und Heinz von Steinau, Hans von Ebersberg		Die genannten sühnten in Bischofsheim an der Rhön und begaben sich mit Teilen ihrer Schlösser Poppernhausen und Ebersberg auf zehn Jahre in den Dienst der drei Markgrafen, die dafür jährlich 20 Rheinische Gulden zahlten, 26. Juni 1422	CDS I B 4, Nr. 198, S. 118
Jurge von Stupicz (Georg/Jörg von Staupitz)		Urfehdeerklärung, nachdem Friedrich IV. seinen Vetter Dietrich aus der Gefangenschaft entlassen hatte, 26. November 1422	CDS I B 4, Nr. 234, S. 140
Hans, Dietrich und Ulrich, genannt Rabil		Geloben, nichts wider den Kurfürsten, seinen Bruder und Vetter zu unternehmen, 21. März 1423	CDS I B 4, Nr. 266, S. 161
Andreas von Gych	Übergriffe auf Kaufleute in der Nähe von Eisfeld	Sühnebekundung, 21. Januar 1421	CDS I B 4, Nr. 334, S. 215
Claus Tapphart, Gerhart Kywicz, Albrecht Lorencz, Claus Gotwewicz, Claus Hasingir Gotewicz		Urfehdeerklärung gegenüber Friedrich I., Friedrich von Thüringen sowie den Bischöfen von Meißen, Merseburg und Naumburg-Zeitz, 21. August 1526	CDS I B 4, Nr. 538, S. 351
Nickel und Hans Mengeler, Nickel Folgmar, Beringer von Hondorff		Urfehdeerklärung gegenüber Friedrich I., Friedrich von Thüringen sowie den Bischöfen von Merseburg und Naumburg-Zeitz, 10. September 1426	CDS I B 4, Nr. 543, S. 553

Antagonist	Anlass	Ausgang	Quellenbeleg
Swipolt von Sparneck		Urfehdeerklärung gegenüber Friedrich I., nachdem Sparneck in dessen Gefangenschaft geraten war, 8. Oktober 1426	CDS I B 4, Nr. 547, S. 355
Hans Wygand		Urfehdeerklärung gegenüber Friedrich I. und Jan Franckenberg, nachdem Franckenberg Wygand gefangen genommen hatte, 10. Oktober 1426	CDS I B 4, Nr. 549, S. 356
Nickel von Dißkaw und sein Bruder Konrad		Geloben, nichts wider Friedrich I. und seine Erben zu unternehmen, 23. Januar 1427	CDS I B 4, Nr. 566, S. 363
Dietrich, Hans, Gunther, Matheus von Zabeltitz		Urfehdeleistung gegenüber Friedrich I., um 1427	CDS I B 4, Nr. 621, S. 401

Quellen

Ungedruckte Quellen

Sächsisches Hauptstaatsarchiv Dresden
- Findbücher
- 10005 Hof- und Zentralverwaltung (Wittenberger Archiv)
- Loc. 4376/1 Steuer Rechnungsbücher
- Findbuch Teil 4, Band 2 [zit.: SächsHStADD 10005 Hof und Zentralverwaltung Findbuch 4.2]

Hauptstaatsarchiv Weimar
- Ernestinisches Gesamtarchiv, Reg. Bb (Rechnungen)

Geheimes Staatsarchiv Preußischer Kulturbesitz
- Hauptabteilung XX, O. F., Nr. 2c [zit.: GeStaPK XX, O. F. 2c]

Gedruckte Quellen

- Codex Diplomaticus Saxoniae Regiae I B 4: Die Urkunden der Markgrafen von Meißen und Landgrafen von Thüringen 1419–1427, Leipzig – Dresden 1941 [zit.: CDS I B 4].
- Codex Diplomaticus Saxoniae Regiae II 5. Urkundenbuch der Städte Dresden und Pirna, Leipzig 1875 [zit.: CDS II 5].
- Codex Diplomaticus Saxoniae Regiae II 8. Urkundenbuch der Stadt Leipzig, Leipzig 1868 [zit.: CDS II 8].
- Die Chroniken der niedersächsischen Städte. Magdeburg, Bd. I (=Die Chroniken der deutschen Städte vom 14. bis ins 16. Jahrhundert Bd. VII), Leipzig 1869 [zit.: Magdeburger Schöppenchronik].
- Die Hussiten. Die Chronik des Laurentius von Brezová 1414–1421. Aus dem Lateinischen und Alttschechischen übersetzt, eingeleitet und erklärt von Josef Bujnoch, Graz – Wien – Köln 1988 [zit.: Laurentius-Chronik].
- MENZEL, Michael: Die »Katherina Divina« des Johann von Vippach. Ein Fürstenspiegel des 14. Jahrhunderts (=Mitteldeutsche Forschungen 99), Köln – Wien 1989 [zit.: MENZEL: Die »Katherina Divina«].
- Liliencron, R. v.: Düringische Chronik des Johannes Rothe (=Thüringische Geschichtsquellen 3), Jena 1859 [zit.: Düringische Chronik].
- Palacký, František: Urkundliche Beiträge zur Geschichte der Hussitenkrieg in den Jahren 1419–1436. 2 Bde., Prag 1873 [zit.: PALACKÝ: Urkundliche Beiträge I & II].

- Scriptores rerum Prussicarum. Die Geschichtsquellen der preußischen Vorzeit bis zum Untergange der Ordensherrschaft (herausgegeben von Th. Hirsch, M. Toeppen, E. Strehlke), Bd. II, Leipzig 1863 [zit.: SS. Rer. Pruss. II].
- Scriptores rerum Prussicarum. Die Geschichtsquellen der preußischen Vorzeit bis zum Untergange der Ordensherrschaft (herausgegeben von Th. Hirsch, M. Toeppen, E. Strehlke), Bd. III, Leipzig 1866 [zit.: SS. Rer. Pruss. III].
- STRUVE, Burkhardt Gotthelf: Historia misnensis: qvam Chronicon terrae misnensis et annales vetero cellenses, Jena 1720 [zit.: Chronicon terrae misnensis].
- SPALATIN, Georg: Vitae aliquot electorum et ducum Saxoniae, in: MENCKE, Johann Burkhardt (Hrsg.): Scriptores rerum Germanicarum, praecipue Saxonicarum, Bd. 2, Leipzig 1728, Sp. 1067–1150 [zit.: SPALATIN: Vitae].
- RIBBE, Wolfgang: Die Aufzeichnungen des Engelbert Wusterwitz. Überlieferung, Edition und Interpretation einer spätmittelalterlichen Quelle zur Geschichte der Mark Brandenburg (=Einzelveröffentlichungen der Historischen Kommission zu Berlin Bd. 12), Berlin 1973 [zit.: RIBBE: Die Aufzeichnungen des Engelbert Wusterwitz].
- ZEUMER, Karl (Hrsg.): Quellensammlung zur Geschichte der Deutschen Reichsverfassung in Mittelalter und Neuzeit 1. Von Otto II. bis Friedrich III. (Quellensammlung zum Staats-, Verwaltungs- und Völkerrecht 2), Leipzig 1913 [zit.: ZEUMER: Quellensammlung zur Geschichte der Deutschen Reichsverfassung].

Literatur

- AHRENS, Hermann: Die Wettiner und Kaiser Karl IV. Ein Beitrag zur Geschichte der wettinischen Politik 1364 bis 1379 (=Leipziger Studien aus dem Gebiet der Geschichte 1/2), Leipzig 1895 [zit.: AHRENS: Die Wettiner und Kaiser Karl IV.].
- ANGERMEIER, Heinz: Königtum und Landfriede im deutschen Spätmittelalter, München 1966 [zit.: ANGERMEIER: Königtum und Landfriede].
- ARNOLD, Klaus: Im Ringen um die bürgerliche Freiheit: Die Stadt Würzburg im späten Mittelalter (ca. 1250–1400), in: WAGNER, Ulrich (Hrsg.), Geschichte der Stadt Würzburg. 1. Band: Von den Anfängen bis zum Ausbruch des Bauernkriegs, Stuttgart 2001, S. 91–109 [zit.: ARNOLD: Im Ringen um die bürgerliche Freiheit].
- ARNOLD, Paul: Bergbau und Münzpolitik, in: BLOH, Jutta Charlotte von/SYNDRAM, Dirk/STREICH, Brigitte: Mit Schwert und Kreuz zur Kurfürstenmacht. Friedrich der Streitbare, Markgraf von Meißen und Kurfürst von Sachsen (1370–1428), München 2007, S. 26–30 [zit.: ARNOLD: Bergbau und Münzpolitik].
- AUFGEBAUER, Peter: Die ersten wettinischen Kurfürsten von Sachsen und ihr »Kammerknecht« Abraham von Leipzig (ca. 1390–ca. 1450), in: Blätter für deutsche Landesgeschichte 116 (1980), S. 121–134 [zit.: AUFGEBAUER: »Kammerknecht« Abraham von Leipzig].
- BACHMANN, Harald: Coburg und das Haus Wettin, in: Frankenland 55 (2003), S. 90–96 [zit.: BACHMANN: Coburg und das Haus Wettin].
- BAUM, Wilhelm: Kaiser Sigismund. Konstanz, Hus und die Türkenkriege, Graz – Wien – Köln 1993 [zit.: BAUM, Wilhelm: Kaiser Sigismund].
- BECK, Lorenz Friedrich: Herrschaft und Territorium der Herzöge von Sachsen-Wittenberg (= Bibliothek der Brandenburgischen und Preußischen Geschichte 6), Potsdam 2000 [zit.: BECK: Herzöge von Sachsen-Wittenberg].
- BESCHORNER, Hans: Die Erwerbung Riesenburgs durch Markgraf Wilhelm I. von Meißen, in: NASG 21 (1900), Beiheft, S. 83–106 [zit.: BESCHORNER: Die Erwerbung Riesenburgs].

- BESCHORNER, Hans: Die Chemnitzer Teilung der Wettinischen Lande von 1382 im Kartenbilde, in: NASG 54, 1933, S. 135–142 [zit.: BESCHORNER: Die Chemnitzer Teilung].
- BEZOLD, Friedrich von: König Sigismund und die Reichskriege gegen die Hussiten, München 1872 [zit.: BEZOLD: Sigismund und die Reichskriege].
- BILLIG, Gerhard: Der Adel Sachsens im hohen und späten Mittelalter. Ein Überblick, in: KELLER, Katrin/MATZERATH, Josef (Hrsg.): Geschichte des sächsischen Adels, Köln – Weimar – Wien 1997, S. 31–52 [zit.: BILLIG: Der Adel Sachsens].
- BISKUP, Marian: Der Deutsche Orden und die Freiheit der großen Städte in Preußen vom 13. bis zur Mitte des 15. Jahrhunderts, in: ARNOLD, Udo (Hrsg.), Stadt und Orden. Das Verhältnis des Deutschen Ordens zu den Städten in Livland, Preußen und im Deutschen Reich (Quellen und Studien zur Geschichte des Deutschen Ordens 44), Marburg 1993, S. 112–128 [zit.: BISKUP: Der Deutsche Orden und die Freiheit der großen Städte].
- BLASCHKE, Karlheinz: Geschichte Sachsens im Mittelalter, Berlin 1990 [zit.: BLASCHKE: Geschichte Sachsens im Mittelalter].
- BLOH, Jutta Charlotte von: Die öffentliche Belehnung 1425 in Ofen, in: BLOH, Jutta Charlotte von/ SYNDRAM, Dirk/ STREICH, Brigitte: Mit Schwert und Kreuz zur Kurfürstenmacht. Friedrich der Streitbare, Markgraf von Meißen und Kurfürst von Sachsen (1370–1428), München 2007, S. 150–158 [zit.: BLOH: Die öffentliche Belehnung].
- BLOH, Jutta Charlotte von: Ritterschwert und Siegeskreuz, in: BLOH, Jutta Charlotte von/SYNDRAM, Dirk/STREICH, Brigitte (Hrsg.): Mit Schwert und Kreuz zur Kurfürstenmacht. Friedrich der Streitbare, Markgraf von Meißen und Kurfürst von Sachsen (1370–1428), München 2007, S. 160–165 [zit.: BLOH: Ritterschwert].
- BOOCKMANN, Harmut: Der Deutsche Orden. Zwölf Kapitel aus seiner Geschichte, München 1981 [zit.: BOOCKMANN: Der Deutsche Orden].
- BROESIGKE, Irmgard von: Friedrich der Streitbare, Markgraf und Kurfürst von Sachsen, Düsseldorf 1938 [zit.: BROESIGKE: Friedrich der Streitbare].
- BUJACK, Georg: Das Söldnerwesen des Deutschen Ordensstaates in Preußen bis 1466, in: Zeitschrift für preußische Geschichte und Landeskunde 6 (1869), S. 717–736 [zit.: BUJACK: Das Söldnerwesen].
- BÜNZ, Enno: Die Goldene Bulle von 1356, in: BLOH, Jutta Charlotte von/SYNDRAM, Dirk/STREICH, Brigitte (Hrsg.): Mit Schwert und Kreuz zur Kurfürstenmacht. Friedrich der Streitbare, Markgraf von Meißen und Kurfürst von Sachsen (1370–1428), München 2007, S. 130–133 [zit.: BÜNZ: Die Goldene Bulle].
- BÜNZ, Enno: Die sächsische Kurwürde – Geschichte und Bedeutung, in: BLOH, Jutta Charlotte von/SYNDRAM, Dirk/STREICH, Brigitte (Hrsg.): Mit Schwert und Kreuz zur Kurfürstenmacht. Friedrich der Streitbare, Markgraf von Meißen und Kurfürst von Sachsen (1370–1428), München 2007, S. 134–138. [zit.: BÜNZ: Die sächsische Kurwürde].
- BÜNZ, Enno: Schulen im Umfeld der spätmittelalterlichen Universität Leipzig, in: DÖRING, Detlef/HOLLBERG, Cecilie (Hrsg.): Erleuchtung der Welt. Sachsen und der Beginn der modernen Wissenschaften, Dresden 2009, S. 16–23 [zit.: BÜNZ: Schulen].
- BÜNZ, Enno: Die Gründung der Universität Leipzig 1409, in: DÖRING, Detlef/HOLLBERG, Cecilie (Hrsg.): Erleuchtung der Welt. Sachsen und der Beginn der modernen Wissenschaften, Dresden 2009, S. 24–35 [zit.: BÜNZ: Gründung].
- BÜNZ, Enno: Gründung und Entfaltung: Die spätmittelalterliche Universität Leipzig, in: BÜNZ, Enno/RUDERSDORF, Manfred/DÖRING, Detlef (Hrsg.): Geschichte der Universität Leipzig 1409–2009. Bd. 1: Spätes Mittelalter und Frühe Neuzeit 1409–1830/31, Leipzig 2009, S. 21–325 [zit.: BÜNZ: Gründung und Entfaltung].

- BÜNZ, Enno (Hrsg.): Geschichte der Stadt Leipzig. Bd. 1: Von den Anfängen bis zur Reformation, Leipzig 2015 [zit.: BÜNZ (Hrsg.): Geschichte der Stadt Leipzig].
- BÜNZ, Enno: Drändorf (von, de Draindorff, Draendorff, de Slevin, von Schlieben), Johannes (Johann), in: Sächsische Biografie, hrsg. vom Institut für Sächsische Geschichte und Volkskunde e. V., bearb. von SCHATTKOWSKY, Martina, Online-Ausgabe: http://www.isgv.de/saebi/ (3.8.2016) [zit.: BÜNZ: Drändorf].
- BUTZ, Reinhardt: Ensifer ense potens. Die Übertragung der sächsischen Kur auf Friedrich den Streitbaren als Beispiel gestörter Kommunikation in Strukturen institutioneller Verdichtung, in: DUCHHARDT, Heinz/MELVILLE, Gerd (Hrsg.): Im Spannungsfeld von Recht und Ritual. Soziale Kommunikation in Mittelalter und Früher Neuzeit (=Norm und Struktur. Studien zum sozialen Wandel in Mittelalter und Früher Neuzeit 7), Köln – Weimar – Wien, S. 373–400 [zit.: BUTZ: Ensifer ense potens].
- CZAJA, Roman: Die Krise der Landesherrschaft. Der Deutsche Orden und die Gesellschaft seines Staates in Preußen in der ersten Hälfte des 15. Jahrhunderts, in: Ordines Militares XVI: Die Ritterorden in Umbruchs- und Krisenzeiten, Toruń 2011, S. 159–171 [zit.: CZAJA: Die Krise der Landesherrschaft].
- COTTIN, Markus: Die Familie Pflug im Osterland im 15. und 16. Jahrhundert, in: Dialog der Konfessionen. Bischof Julius Pflug und die Reformation (=Schriftenreihe der Vereinigten Domstifter zu Merseburg und Naumburg und des Kollegiatstifts Zeitz 10), Petersberg 2017, S. 39–58 [zit.: COTTIN: Familie Pflug].
- DEUTSCHLÄNDER, Gerrit: Dienen lernen, um zu herrschen. Höfische Erziehung im ausgehenden Mittelalter (1450–1550) (=Hallische Beiträge zur Geschichte des Mittelalters und der Frühen Neuzeit 6), Berlin 2012 [zit.: DEUTSCHLÄNDER: Dienen lernen, um zu herrschen].
- DORFER, Marcel: Vom Niedergang der feudalen Heeresverfassung zum Militärwesen der frühen Neuzeit, in: KONBERGER, Thomas/ILJA STEFFELBAUER, Ilja (Hrsg.): Krieg in der europäischen Neuzeit, Wien 2010, S. 13–35 [zit.: DORFER: Vom Niedergang der feudalen Heeresverfassung].
- DURDÍK, Jan: Hussitisches Heerwesen, Berlin 1961 (zit.: DURDÍK: Hussitisches Heerwesen].
- EBERHARD, Winfried: Gewalt gegen den König im spätmittelalterlichen Böhmen. Adeliger Widerstand und der Ausbau der Herrschaftspartizipation, in: KINTZINGER, Martin/ROGGE, Jörg: Königliche Gewalt – Gewalt gegen Könige. Macht und Mord im spätmittelalterlichen Europa (=Zeitschrift für historische Forschung, Beiheft 33), Berlin 2014, S. 101–118 [zit.: EBERHARD: Gewalt gegen den König].
- EHLERS, Joachim: Der Hundertjährige Krieg, München 2009 [zit.: EHLERS: Der Hundertjährige Krieg].
- ERMISCH, Hubert: Die Erwerbung von Eilenburg durch Markgraf Wilhelm I., in: NASG 19 (1898), S. 193–212 [zit.: ERMISCH: Erwerbung von Eilenburg].
- ERMISCH, Hubert: Die Dohnasche Fehde, in: Neues Archiv für Sächsische Geschichte und Altertumskunde 22(1901), S.225–290 [zit.: ERMISCH: Dohnasche Fehde].
- ERMISCH, Hubert: König Sigmunds Lehnbrief für die Burggrafen von Dohna (28. Dezember 1420), in: NASG 43 (1922), S. 1–18 [zit.: ERMISCH: Sigmunds Lehnbrief].
- ERMISCH, Hubert: Kurfürstin Katharina und ihre Hofhaltung, in: NASG 45 (1924), S. 47–79 [zit.: ERMISCH: Kurfürstin Katharina].
- ERMISCH, Hubert: Zur Geschichte der Schlacht bei Aussig, in: NASG 47 (1926), S. 5–45 [zit.: ERMISCH: Schlacht bei Aussig].
- FAJT, Jiří: Kampf um den Dom – Markgraf Wilhelm, die Meißner Bischofskirche und der lange Schatten Kaiser Karls IV., in: Wilhelm der Einäugige: Markgraf von Meissen (1346–1407), Dresden 2009, S. 125–140 [zit.: FAJT: Kampf um den Dom].

- FINK, Karl August: Das Konzil von Konstanz. Seine welt- und kirchengeschichtliche Bedeutung, in: BÄUMER, Remigius: Das Konstanzer Konzil (= Wege der Forschung 415), Darmstadt 1977, S. 143–164 [zit.: FINK: Das Konzil von Konstanz].
- FÜSSEL, Marian: Höfe und Experten. Relationen von Macht und Wissen in der frühen Neuzeit, in: FÜSSEL, Marian/KUHLE, Antje/STOLZ, Michael (Hrsg.): Höfe und Experten. Relationen von Macht und Wissen in der frühen Neuzeit, Göttingen 2018, S. 7–18 [zit.: Füssel: Höfe und Experten].
- FÜSSLEIN, Wilhelm: Der Übergang der Herrschaft Coburg vom Hause Henneberg-Schleusingen an die Wettiner 1353, in: Zeitschrift des Vereins für Thüringische Geschichte und Altertumskunde N. F. 28 (1929) S. 325–434 [zit.: FÜSSLEIN: Der Übergang der Herrschaft Coburg].
- FRENKEN, Ansgar: Das Konstanzer Konzil, Stuttgart 2015 [zit.: FRENKEN: Das Konstanzer Konzil].
- GARNIER, Claudia: Wie vertraut man seinem Feind? Vertrauensbildung und Konsensfindung der rheinischen Kurfürsten um 1400, in: Frühmittelalterliche Studien 39 (2005), S. 271–291 [zit.: GARNIER: Wie vertraut man seinem Feind?].
- GARNIER, Claudia: Die Politik der geistlichen Kurfürsten im Spätmittelalter im Spiegel ihrer Einungen und Verträge. Der »Mainzer Kurverein« (1399) und der »Bingener Kurverein« (1424), in: MÜLLER, Mario/SPIESS, Karl-Heinz/TRESP, Uwe (Hrsg.): Erbeinungen und Erbverbrüderungen in Spätmittelalter und Früher Neuzeit. Generationsübergreifende Verträge und Strategien im Europäischen Vergleich, Berlin 2014, S. 96–114 [zit.: GARNIER: Die Politik der geistlichen Kurfürsten].
- GEBUHR, Ralf: Technik und Repräsentation. Zum Kriegswesen der brandenburgischen Hohenzollern im 15. Jahrhundert, in: KNÜVENER, Peter/SCHUMANN, Dirk (Hrsg.): Die Mark Brandenburg unter den frühen Hohenzollern. Beiträge zur Geschichte, Kunst und Architektur im 15. Jahrhundert (=Schriften der Landesgeschichtlichen Vereinigung der Mark Brandenburg, Neue Folge 5), Berlin 2015, S. 138–159 [zit.: GEBUHR: Technik].
- GROSS, Rainer: Dresden im 15. Jahrhundert, in: Dresden im Mittelalter (= Dresdner Hefte 65), Dresden 2001, S. 79–82 [zit.: GROSS: Dresden im 15. Jahrhundert].
- GUNTRAM, Ralph: Dietrich von Staupitz. Getreuer oder Raubgesell, Döbeln 2011 [zit.: GUNTRAM: Dietrich von Staupitz].
- HELBIG, Herbert: Der wettinische Ständestaat. Untersuchungen zur Geschichte des Ständewesens und der landständischen Verfassung in Mitteldeutschland bis 1485 (=Mitteldeutsche Forschungen 4), Münster – Köln 1955 [zit.: HELBIG: Der wettinische Ständestaat].
- HERBERS, Klaus/SCHULLER, Florian (Hrsg.): Europa im 15. Jahrhundert: Herbst des Mittelalters – Frühling der Neuzeit?, Regensburg (2012) [zit.: HERBERS/SCHULLER (Hrsg.): Europa im 15. Jahrhundert].
- HERRMANN, Christofer: Burgen im Ordensland Preußen. Handbuch zu den Deutschordens- und Bischofsburgen in Ost- und Westpreußen, Petersberg 2015 [zit.: HERRMANN: Burgen im Ordensland].
- HESSE, Christian: Amtsträger der Fürsten im spätmittelalterlichen Reich (= Schriftenreihe der Historischen Kommission bei der Bayerischen Akademie der Wissenschaften 70), Göttingen 2005 [zit.: HESSE: Amtsträger der Fürsten].
- HEUER, Otto: Der Bingener Kurverein 1424, in: Deutsche Zeitschrift für Geschichtswissenschaft 8 (1892), S. 207–225 [zit.: HEUER: Der Bingener Kurverein].
- HILSCH, Peter: Johannes Hus. Prediger Gottes und Ketzer, Regensburg 1999 [zit.: HILSCH: Johannes Hus].
- HINTZE, Otto: Geist und System der preußischen Verwaltung um 1740, in: Ders. (Hrsg.): Die Behördenorganisation und die allgemeine Staatsverwaltung Preußens im

18. Jahrhundert (=Acta Borussica. Denkmäler der Preußischen Staatsverwaltung im 18. Jahrhundert), Berlin 1901, S. 2–56 [zit.: HINTZE: Geist und System der preußischen Verwaltung].

- HINTZE, Otto: Staatsverfassung und Heeresverfassung. Vortrag gehalten in der Gehe=Stiftung zu Dresden am 17. Februar 1906, Dresden 1906 [zit.: HINTZE: Staatsverfassung und Heeresverfassung].
- HLAVÁČEK, Ivan: Zu den Spannungen zwischen Sigismund von Luxemburg und Wenzel IV., in: MACEK, Josef/MAROSI, Ernö/SEIBT, Ferdinand: (Hrsg.): Sigismund von Luxemburg. Kaiser und König in Mitteleuropa 1387–1437. Beiträge zur Herrschaft Kaiser Sigismunds und der europäischen Geschichte um 1400. Vorträge der internationalen Tagung in Budapest vom 8.–11. Juli 1987 anläßlich der 600. Wiederkehr seiner Thronbesteigung in Ungarn und seines 550. Todestages, Warendorf 1994, S. 45–52 [zit.: HLAVÁČEK: Spannungen].
- HÖFLER, Konstantin: Abhandlungen aus dem Gebiet der slavischen Geschichte. Die Schlacht am Zizkaberg vor Prag, 14. Juli 1420, in: Sitzungsberichte der Wiener Akademie der Wissenschaften 95 (1880), S. 899–912 [zit.: HÖFLER: Die Schlacht am Zizkaberg].
- HOLTZ, Eberhard: Johann I. von Nassau, Erzbischof von Mainz (1397–1419), in: HOLTZ, Eberhard/HUSCHNER, Wolfgang: Deutsche Fürsten des Mittelalters. Fünfundzwanzig Lebensbilder, Leipzig 1995, S. 358–369 [zit.: HOLTZ: Johann I. von Nassau].
- HORN, Johann Gottlob: Lebens= und Heldengeschichte des Glorwürdigsten Fürsten und Herren, Herrn Friedrichs des Streitbaren, weyland Landgrafens in Thüringen und Marggrafens zu Meißen Dann auch Seines höchst=preißlichen Stammes Ersten Churfürstens zu Sachsen Worinnen zugleich überhaupt Der damahlige Zustand des Teutschen Reichs und der Kirchen, wie nicht weniger seines Durchlauchtigsten Hauses und sämtlicher besessenen Lande mercklich erläutert zu finden, Nach Anleitung etlicher hundert Archivischen Urkunden und der besten Annalium coaevorum ausgefertiget und mit einigen Kupffern versehen, Leipzig 1733 [zit.: HORN: Lebens= und Heldengeschichte].
- HOENSCH, Jörg K.: Kaiser Sigismund. Herrscher an der Schwelle zur Neuzeit 1368–1437, München 1996 [zit.: HOENSCH: Kaiser Sigismund].
- HOYER, Siegfried: Peter von Dresden und die Anfänge der Hussitenbewegung, in: Dresden im Mittelalter (= Dresdner Hefte 65/2001), S. 62–69 [zit.: HOYER: Peter von Dresden].
- HUIZINGA, Johann: Herbst des Mittelalters. Studien über Lebens- und Geistesformen des 14. und 15. Jahrhunderts in Frankreich und den Niederlanden. Dritte, durchgesehene Auflage, Leipzig 1930 (hier 12. Auflage, Stuttgart 2006 [zit.: HUIZINGA: Herbst des Mittelalters].
- KAISER, Hans: Eine Privilegienbestätigung Karls IV. für Friedrich III. von Thüringen-Meissen aus dem Jahre 1376, in ZVThGA N. F. 11 (1899), 398–404 [zit.: KAISER: Eine Privilegienbestätigung].
- KEJŘ, Jiří: Die Hussitenrevolution, Prag 1988 [zit.: Kejř: Hussitenrevolution].
- KLECKER, Christine: Wie Dohna verloren ging, Dresden 1991 [zit.: KLECKER: Wie Dohna verloren ging].
- KNAUTH, Paul: Bevölkerungszahl und Bevölkerungsbewegung der Stadt Freiberg, in: NASG 36 (1915), S. 300–355 [zit.: KNAUTH: Bevölkerungszahl].
- KORSCHELT, Johann Gottlieb: Kriegsdrangsale der Oberlausitz zur Zeit des Hussitenkrieges, in: Neues Lausitzisches Magazin 44 (1868), S. 173–186 [zit.: KORSCHELT: Kriegsdrangsale der Oberlausitz].
- KROCKER, Ernst: Sachsen und die Hussitenkriege, in: NASG 21 (1900), S. 1–39 [zit.: KROCKER: Sachsen und die Hussitenkriege].

- KROENER, Bernard R.: Kriegswesen, Herrschaft und Gesellschaft 1300–1800 (= Enzyklopädie deutscher Geschichte 92), München 2013 [zit.: KROENER: Kriegswesen, Herrschaft und Gesellschaft].
- KRZENCK, Thomas: Die Hussitenkriege, Sachsen und Leipzig, in: HEHL, Ulrich von (Hrsg.): Stadt und Krieg. Leipzig in militärischen Konflikten vom Mittelalter bis ins 20. Jahrhundert, Leipzig 2015, S. 51–69 [zit.: KRZENCK: Hussitenkriege].
- KÜHNE, Hartmut: »Ich ging durch Feuer und Wasser ...«. Bemerkungen zur Wilsnacker Heilig Blut-Legende, in: STROHMAIER-WIEDERANDERS, Gerlinde (Hrsg.): Theologie und Kultur. Geschichten einer Wechselbeziehung, Halle 1999, S. 51–84 [zit.: KÜHNE, Hartmut: »Ich ging durch Feuer und Wasser ...«].
- KUNZE, Jens: Das Amt Leisnig im 15. Jahrhundert. Verfassung, Wirtschaft, Alltag (= Schriften zur sächsischen Geschichte und Volkskunde 21), Leipzig 2007 [zit.: KUNZE: Das Amt Leisnig].
- LÄMMERHIRT, Maike: Juden in den wettinischen Herrschaftsgebieten. Recht, Verwaltung und Wirtschaft im Spätmittelalter (=Veröffentlichungen der Historischen Kommission für Thüringen, Kleine Reihe Band 21), Köln – Weimar – Wien 2007 [zit.: LÄMMERHIRT: Juden].
- LANG, Thomas: Die Universität Leipzig, in: BLOH, Jutta Charlotte von/SYNDRAM, Dirk/STREICH, Brigitte (Hrsg.): Mit Schwert und Kreuz zur Kurfürstenmacht. Friedrich der Streitbare, Markgraf von Meißen und Kurfürst von Sachsen (1370–1428), München 2007, S. 88–97 [zit.: LANG: Universität].
- LEISERING, Eckhardt (Hrsg.): Die Wettiner und ihre Herrschaftsgebiete 1349–1382. Landesherrschaft zwischen Vormundschaft, gemeinschaftlicher Herrschaft und Teilung, Halle (Saale) 2006 [zit.: LEISERING: Die Wettiner und ihre Herrschaftsgebiete].
- LEISERING, Eckhardt: Die Neuaufteilung der Markgrafschaft Meißen ab 1407, in: BLOH, Jutta Charlotte von/SYNDRAM, Dirk/STREICH, Brigitte (Hrsg.): Mit Schwert und Kreuz zur Kurfürstenmacht. Friedrich der Streitbare, Markgraf von Meißen und Kurfürst von Sachsen (1370–1428), München 2007, S. 22–25 [zit.: LEISERING: Neuaufteilung].
- LEISERING, Eckhardt: Die Belehnungsurkunde von 1423 und 1425 im Spiegel der Ereignisse, in: BLOH, Jutta Charlotte von/SYNDRAM, Dirk/STREICH, Brigitte (Hrsg.): Mit Schwert und Kreuz zur Kurfürstenmacht. Friedrich der Streitbare, Markgraf von Meißen und Kurfürst von Sachsen (1370–1428), München 2007, S. 144–149 [zit.: LEISERING: Die Belehnungsurkunde].
- LEISERING, Eckhardt: Markgraf Wilhelm als Landesherr. Herrschaftsmethoden vor und nach der Erlangung der alleinigen Herrschaft in der Markgrafschaft Meißen im Jahr 1382, in: Wilhelm der Einäugige, Markgraf von Meißen (1346–1407), hrsg. von Staatliche Schlösser, Burgen und Gärten in Sachsen in Zusammenarbeit mit dem Verein für Sächsische Landesgeschichte e.V.
- LEISERING, Eckhardt: Regesten der Urkunden des Hauptstaatsarchivs Dresden 1366–1380, Halle (Saale) 2012 [zit.: LEISERING: Regesten].
- LIPPERT, Woldemar: Meissen und Böhmen in den Jahren 1307 bis 1310, in: NASG 10, 1889, S. 1–25 [zit.: LIPPERT: Meissen und Böhmen].
- LINDNER, Michael: Markgraf Wilhelm I. von Meißen im Reich. »Der Marggraffin von Missin Schulmeister unde ir aller Anwiser, der dy Herrschafft zcu Missin sere bessirte«, in: Wilhelm der Einäugige: Markgraf von Meissen (1346–1407), Dresden 2009, S. 27–42 [zit.: LINDNER: Markgraf Wilhelm I.].
- LIPPERT, Woldemar: Schützenmeister und Geschützgießer der Wettiner im 14. Jahrhundert, in: Zeitschrift des Vereins für Thüringische Geschichte und Altertumskunde 17 (1893/95), S. 365–370 [zit.: LIPPERT: Schützenmeister und Geschützgießer].

- Lippert, Woldemar: Meißnisch-böhmische Beziehungen zur Zeit König Johanns und Karls IV., in: Mitteilungen des Vereins für Geschichte der Deutschen in Böhmen 35 (1897), S. 240–265 [zit.: Lippert: Meißnisch-böhmische Beziehungen].
- Lutz, Wolf Rudolf: Heinrich der Erlauchte (1218–1288), Markgraf von Meissen und der Ostmark (1221–1288), Landgraf von Thüringen und Pfalzgraf von Sachsen (1247–1263), Erlangen 1977 [zit.: Lutz: Heinrich der Erlauchte].
- Macek, Josef: Die Hussitische Revolutionäre Bewegung, Berlin 1958 [zit.: Macek: Die Hussitische Revolutionäre Bewegung].
- Mathies, Christiane: Kurfürstenbund und Königtum in der Zeit der Hussitenkriege. Die kurfürstliche Reichspolitik gegen Sigismund im Kraftzentrum Mittelrhein (= Quellen und Abhandlungen zur mittelrheinischen Kirchengeschichte 32), Mainz 1978 [zit.: Mathies: Kurfürstenbund und Königtum].
- Meinhardt, Matthias: Dresden und die Ketzerbewegung, in: Bloh, Jutta Charlotte von/Syndram, Dirk/Streich, Brigitte (Hrsg.): Mit Schwert und Kreuz zur Kurfürstenmacht. Friedrich der Streitbare, Markgraf von Meißen und Kurfürst von Sachsen (1370–1428), München 2007, S. 110–113 [zit.: Meinhardt: Dresden und die Ketzerbewegung].
- Meinhardt, Matthias: Im Dienste des Königs: Die Feldzüge Friedrichs des Streitbaren, in.: Bloh, Jutta Charlotte von/Syndram, Dirk/Streich, Brigitte (Hrsg.): Mit Schwert und Kreuz zur Kurfürstenmacht. Friedrich der Streitbare, Markgraf von Meißen und Kurfürst von Sachsen (1370–1428), München 2007, S. 114–118 [zit.: Meinhardt: Im Dienste des Königs].
- Mörtzsch, Otto: Des Schlosses Dohna Fall und Ende, in: NASG 37 (1916), S. 135–141 [zit.: Mörtzch: Des Schlosses Dohna Fall].
- Müsegades, Benjamin: Fürstliche Erziehung und Ausbildung im spätmittelalterlichen Reich (=Mittelalterforschungen 47), Ostfildern 2014 [zit.: Müsegades: Fürstliche Erziehung und Ausbildung].
- Neitman, Klaus: Was ist eine Residenz? Methodische Überlegungen zur Erforschung der spätmittelalterlichen Residenzbildung, in: Johanek, Peter (Hrsg.): Voträge und Forschungen zur Residenzenfrage (=Residenzenforschung 1), Sigmaringen 1990, S. 11–43 [zit.: Neitman: Was ist eine Residenz?].
- Opitz, Gottfried: Urkundenwesen, Rat und Kanzlei Friedrichs IV. (des Streitbaren) Markgrafen von Meißen und Kurfürsten von Sachsen. 1381–1428. Inaugural-Dissertation zur Erlangung der Doktorwürde der Philosophischen Fakultät (I. Sektion) der Ludwig-Maximilians-Universität zu München, Augsburg 1938 [zit.: Opitz: Urkundenwesen, Rat und Kanzlei].
- Palacký, František: Geschichte von Böhmen. Größtentheils nach Urkunden und Handschriften, Bd. 3 Abt. 2. Der Hussitenkrieg, von 1419–1431, Prag 1851 [zit.: Palacký: Der Hussitenkrieg 1419–1431].
- Paravicini, Werner: Die Preußenreisen des europäischen Adels (Beihefte der Francia, 17/1-2). 2 Bände. Sigmaringen 1989–1995 [zit.: Paravicini: Preußenreisen 1 & 2].
- Prietzel, Malte: Kriegführung im Mittelalter. Handlungen, Erinnerungen, Bedeutungen (= Krieg in der Geschichte 32), Paderborn u. a. 2006 [zit.: Prietzel: Kriegführung im Mittelalter].
- Querengässer, Alexander: Triumph for the heretics. The Battle of Aussig 1426, in: Medieval Warfare 2 (2015), S. 42–46 [zit.: Querengässer: Triumph for the heretics].
- Querengässer, Alexander: Die Heere der Hussiten. Teil 1: Ausrüstung, Organisation, Einsatz (= Heere & Waffen 25), Berlin 2015 [zit.: Querengässer: Heere der Hussiten 1].

- Querengässer, Alexander: Die Heere der Hussiten. Teil 2: Hussitenkreuzzüge und Herrliche Heerfahrten (=Heere & Waffen 24), Berlin 2016 [zit.: Querengässer: Heere der Hussiten 2].
- Querengässer, Alexander: Vom Niedergang des Hauses Luxemburg und dem Aufstieg des Hauses Wettin, in: Neues Lausitzisches Magazin 139 (2017), S. 43–62 [zit.: Querengässer: Vom Niedergang].
- Querengässer, Alexander: Von hegemonialer Überherrschung zur Landsässigkeit. Die Integration der mitteldeutschen Bistümer in die Herrschaftsverbände der Hohenzollern und Wettiner im Vergleich, in: Göse, Frank (Hrsg.): Reformation in Brandenburg. Verlauf – Akteure – Deutungen (=Schriften der Landesgeschichtlichen Vereinigung für die Mark Brandenburg, Neue Folge 8), Berlin 2017, S. 34–62 [zit.: Querengässer: Von hegemonialer Überherrschung zur Landsässigkeit].
- Querengässer, Alexander: Kriegswesen und Herrschaftsbildung der Wettiner im späten Mittelalter, in: NASG 88 (2017), S. 55–82 [zit.: Querengässer: Kriegswesen und Herrschaftsbildung].
- Rathgen, Bernhard: Das Geschütz im Mittelalter, Berlin 1928 [zit.: Rathgen: Das Geschütz].
- Reinhard, Wolfgang: Geschichte des modernen Staates, München 2007 [zit.: Reinhard: Geschichte des modernen Staates].
- Richter, Otto: Zur Bevölkerungs- und Vermögensstatistik Dresdens im 15. Jahrhundert, in: NASG 2 (1882), S. 273–289 [zit.: Richter: Zur Bevölkerungs- und Vermögensstatistik].
- Rogers, Clifford: The Military Revolution of the Hundred Years' War, in: Journal of Military History 53 (1993), S. 241–278 [zit.: Rogers: The Military Revolution of the Hundred Years' War].
- Rogge, Jörg: Herrschaftsweitergabe, Konfliktregelung und Familienorganisation im fürstlichen Hochadel. Das Beispiel der Wettiner von der Mitte des 13. bis zum Beginn des 16. Jahrhunderts (= Monographien zur Geschichte des Mittelalters 49), Stuttgart 2002 [zit.: Rogge: Herrschaftsweitergabe, Konfliktregelung und Familienorganisation].
- Rogge, Jörg: Ernst von Sachsen. Erzbischof von Magdeburg und Administrator von Halberstadt (1476–1513), in: Freitag, Werner (Hrsg.): Mitteldeutsche Lebensbilder. Menschen im späten Mittelalter. Köln – Weimar – Wien 2002, S. 27–68 [zit.: Rogge: Ernst von Sachsen].
- Rogge, Jörg: Die Wettiner. Aufstieg einer Dynastie im Mittelalter, Ostfildern 2005 [zit.: Rogge: Wettiner].
- Rogge, Jörg: Die deutschen Könige im Mittelalter. Wahl und Krönung, Darmstadt 2006 [zit.: Rogge: Die deutschen Könige].
- Sarnowsky, Jürgen: Der Deutsche Orden, München 2007 [zit.: Sarnowsky: Der Deutsche Orden].
- Schirmer, Uwe: Grundriß der kursächsischen Steuerverfassung (15.–17. Jahrhundert), in: Ders.: Sachsen im 17. Jahrhundert. Krise, Krieg und Neubeginn, Beucha 1998, S. 161–207 [zit.: Schirmer: Grundriß].
- Schirmer, Uwe: Der Freiberger Silberbergbau im Spätmittelalter (1353–1485), in: NASG 71 (2001), S. 1–26 [zit.: Schirmer: Freiberger Silberbergbau].
- Schneider, Joachim: Die Bünaus in der wettinischen Adelslandschaft des Spätmittelalters. Gesamtbelehnungen und Wappenführung als Elemente sozialer Strategien zwischen Kernfamilie und Gesamtgeschlecht, in: Schattkowsky, Martina (Hrsg.): Die Familie von Bünau. Adelsherrschaften in Sachsen und Böhmen vom Mittelalter bis zur Neuzeit (=Schriften zur Sächsischen Geschichte und Volkskunde 27), Leipzig 2008, S. 167–190 [zit.: Schneider: Die Bünaus].

- SCHUBERT, Ernst: Königsabsetzung im deutschen Mittelalter. Eine Studie zum Werden der Reichsverfassung, Göttingen 2005 [zit.: SCHUBERT: Königsabsetzung].
- SCHUBERT, Ernst: Fürstliche Herrschaft und Territorium im späten Mittelalter (= Enzyklopädie deutscher Geschichte 35), München 1996 [zit.: SCHUBERT: Fürstliche Herrschaft und Territorium].
- SCHWARZ, Brigide: Die Exemtion des Bistums Meißen, in: Zeitschrift der Savigny-Stiftung für Rechtsgeschichte/Kanonistische Abteilung, Bd. 88, 2002, S. 294–361 [zit.: SCHWARZ: Die Exemtion des Bistums Meißen].
- SEIBT, Ferdinand: Die Hussitische Revolution, in: DERS.: Hussitenstudien, München 1991, S. 79–96 [zit.: SEIBT: Die Hussitische Revolution].
- SEIBT, Ferdinand: Zur Entwicklung der Böhmischen Staatlichkeit 1212–1471, in: Ders.: Hussitenstudien, München 1991, S. 133–151 [zit.: Seibt: Zur Entwicklung der Böhmischen Staatlichkeit].
- SEIBT, Ferdinand: Vom Vítkov bis zum Vyšehrad. Der Kampf um die böhmische Krone 1420 im Licht der Prager Propaganda, in: Ders.: Hussitenstudien, München 1991, S. 185–207 [zit.: Seibt: Vom Vítkov bis zum Vyšehrad].
- SEIBT, Ferdinand: Zur Krise der Monarchie um 1400, in: Sigismund von Luxemburg. Kaiser und König, in: MACEK, Josef/MAROSI, Ernö/SEIBT, Ferdinand: (Hrsg.): Sigismund von Luxemburg. Kaiser und König in Mitteleuropa 1387–1437. Beiträge zur Herrschaft Kaiser Sigismunds und der europäischen Geschichte um 1400. Vorträge der internationalen Tagung in Budapest vom 8.–11. Juli 1987 anläßlich der 600. Wiederkehr seiner Thronbesteigung in Ungarn und seines 550. Todestages, Warendorf 1994, S. 3–13 [zit.: SEIBT: Krise der Monarchie um 1400].
- ŠMAHEL, František: Die Hussitische Revolution. 3 Bände (= MGH-Schriften 43/I-III), Hannover 2002 [zit.: ŠMAHEL: Hussitische Revolution 1–3].
- SPIESS, Karl-Heinz: Das Lehnswesen in Deutschland im hohen und späten Mittelalter, Stuttgart 2009 [zit.: SPIESS: Lehnswesen].
- STICHART, Franz Otto: Galerie der Sächsischen Fürstinnen, Leipzig 1857 [zit.: STICHART: Galerie der Sächsischen Fürstinnen].
- STREICH, Brigitte: Die Bistümer Merseburg, Naumburg und Meißen zwischen Reichsstandschaft und Landsässigkeit, in: : SCHMIDT, Roderich: Mitteldeutsche Bistümer im Spätmittelalter, Lüneburg 1988, S. 53–72 [zit.: STREICH: Die Bistümer].
- STREICH, Brigitte: Zwischen Reiseherrschaft und Residenzbildung: Der wettinische Hof im späten Mittelalter (= Mitteldeutsche Forschungen 101), Köln – Wien 1989 [zit.: STREICH: Zwischen Reiseherrschaft und Residenzbildung].
- STREICH, Brigitte: Frauenlob und Frauenmut, in: BLOH, Jutta Charlotte von/SYNDRAM, Dirk/STREICH, Brigitte (Hrsg.): Mit Schwert und Kreuz zur Kurfürstenmacht. Friedrich der Streitbare, Markgraf von Meißen und Kurfürst von Sachsen (1370–1428), München 2007, S. 64–72 [zit.: STREICH: Frauenlob].
- STREICH, Brigitte: Das Begräbnisritual und das Grabmal in der Fürstenkapelle zu Meißen, in: BLOH, Jutta Charlotte von/SYNDRAM, Dirk/STREICH, Brigitte (Hrsg.): Mit Schwert und Kreuz zur Kurfürstenmacht. Friedrich der Streitbare, Markgraf von Meißen und Kurfürst von Sachsen (1370–1428), München 2007, S. 176–181 [zit.: STREICH: Das Begräbnisritual und das Grabmal].
- THIEL, Ulrich: Wassernot und Strukturwandel – Zum Montanwesen im Erzgebirge und seinem Vorland in der zweiten Hälfte des 14. Jahrhunderts, in: Wilhelm der Einäugige. Markgraf von Meissen (1346–1407), Dresden 2009, S. 67–78 [zit.: THIEL: Wassernot und Strukturwandel].
- THIEME, André: Landesherrschaft und Reichsunmittelbarkeit. Beobachtungen bei den Burggrafen von Meißen aus dem Hause Plauen und anderen Nachfolgefamilien der Vögte von Weida, Gera und Plauen, in: ROGGE, Jörg/SCHIRMER, Uwe: Hochadelige

Herrschaft im mitteldeutschen Raum (1200 bis 1600). Formen – Legitimation – Repräsentation (=Quellen und Forschungen zur sächsischen Geschichte 23), Stuttgart 2003, S. 135–161 [zit.: THIEME: Landesherrschaft und Reichsunmittelbarkeit].
- THIEME, André: Die Schlacht bei Lucka im Jahre 1307: Mythen und »Realitäten«, in: AURIG, Rainer u. a. (Hrsg.): Burg, Straße, Siedlung, Herrschaft. Studien zum Mittelalter in Sachsen und Mitteldeutschland. Festschrift für Gerhard Billig zum 80. Geburtstag, Beucha 2007, S. 361–390 [zit.: THIEME: Die Schlacht bei Lucka].
- THIEME, André: Zum Fehdewesen in Mitteldeutschland. Grundlinien der Entwicklung im 15. und 16. Jahrhundert, in: EMIG, Joachim u. a. (Hrsg): Der Altenburger Prinzenraub 1455. Stukturen und Mentalitäten eines spätmittelalterlichen Konflikts, Beucha 2007 S. 47–82 [zit.: THIEME: Fehdewesen in Mitteldeutschland].
- THIEME, André: Die Machtbehauptung der Wettiner im Mitteldeutschen Raum, in: BLOH, Jutta Charlotte von/SYNDRAM, Dirk/STREICH, Brigitte (Hrsg.): Mit Schwert und Kreuz zur Kurfürstenmacht. Friedrich der Streitbare, Markgraf von Meißen und Kurfürst von Sachsen (1370–1428), München 2007, S. 14–21 [zit.: THIEME: Die Machtbehauptung].
- THIEME, André: Die fühen Herren von Bünau. Entwicklungen und Strukturen bis zum 14. Jahrhudnert (mit einem Regestenanhang), in: SCHATTKOWSKY, Martina (Hrsg.): Die Familie von Bünau. Adelsherrschaften in Sachsen und Böhmen vom Mittelalter bis zur Neuzeit (=Schriften zur Sächsischen Geschichte und Volkskunde 27), Leipzig 2008, S. 97–150 [zit.: THIEME: Die frühen Herren von Bünau].
- TRESP, Uwe: Markgraf Wilhelm I. von Meißen und Böhmen. Die »Belagerung von Prag (1401), in: Wilhelm der Einäugige, Markgraf von Meißen (1346–1407), hrsg. von Staatliche Schlösser, Burgen und Gärten in Sachsen in Zusammenarbeit mit dem Verein für Sächsische Landesgeschichte e. V., S. 43–53 [zit.: TRESP: Die Belagerung von Prag 1401].
- TRESP, Uwe: Böhmen als Söldnermarkt des ausgehenden Mittelalters, in: THOMAS KONBERGER, Thomas/ ILJA STEFFELBAUER, Ilja (Hrsg.): Krieg in der europäischen Neuzeit, Wien 2010, S.36–57 [zit.: TRESP: Böhmen als Söldnermarkt].
- ULBRICHT, Sabine: Fürstinnen in der sächsischen Geschichte 1382–1622, Beucha 2010 [zit.: ULBRICHT: Fürstinnen].
- VERNEY, Victor: Warrior of God: Jan Žižka and the Hussite Revolution, London 2009 [zit.: VERNEY: Warrior of God].
- WAGNER, Ulrich: Bürgerfreiheit gegen Fürstenmacht. Würzburg im fränkischen Städtekrieg aus der Sicht des Lorenz Fries, in: WAGNER, Ulrich (Hrsg.), Lorenz Fries (1489–1550). Fürstbischöflicher Rat und Sekretär. Studien zu einem fränkischen Geschichtsschreiber (Schriften des Stadtarchivs Würzburg 7), Würzburg 1989, S. 57–74 [zit.: WAGNER: Bürgerfreiheit gegen Fürstenmacht].
- WENCK, Karl: Eine mailändisch-thüringische Heiratsgeschichte aus der Zeit König Wenzels, in: NASG 16, 1895, S. 1–42 [zit.: WENCK: Eine mailändisch-thüringische Heiratsgeschichte].
- WENDEHORST, Alfred: Das Bistum Würzburg Teil 2 – Die Bischofsreihe von 1254 bis 1455 (= Germania Sacra – Neue Folge 4 – Die Bistümer der Kirchenprovinz Mainz), Berlin 1969 [zit.: WENDEHORST: Das Bistum Würzburg].
- WETTER, Evelin: Meisterwerk der Goldschmiedekunst Ungarns, in: BLOH, Jutta Charlotte von/SYNDRAM, Dirk/STREICH, Brigitte (Hrsg.): Mit Schwert und Kreuz zur Kurfürstenmacht. Friedrich der Streitbare, Markgraf von Meißen und Kurfürst von Sachsen (1370–1428), München 2007, S. 166–174 [zit.: WETTER: Meisterwerk der Goldschmiedekunst].
- WIESSNER, Heinz (Bearb.): Das Bistum Naumburg. Die Diözese (= Germania sacra. Historisch statistische Beschreibung der Kirche des alten Reiches. Bd. 35. Die Bistümer

der Kirchenprovinz Magdeburg, Teilbände 1 und 2), Berlin 1997 (Teilband 1,) und 1998 (Teilband 2) [zit.: WIESSNER: Das Bistum Naumburg 1 & 2].
- WINKEL, Harald: Seelenheilvorsorge und Repräsentation – Dynastische Konzeptionen von Grablege und Memoria der Wettiner im Mittelalter, in: Wilhelm der Einäugige, Markgraf von Meißen (1346–1407), hrsg. von Staatliche Schlösser, Burgen und Gärten in Sachsen in Zusammenarbeit mit dem Verein für Sächsische Landesgeschichte e. V., S. 101–108 [zit.: WINKEL: Seelenheilvorsorge und Repräsentation].
- WÖRTZEL, Christina: Zur Burgen- und Territorialpolitik Karls IV. in Thüringen von 1350 bis 1372, in: ENGEL, Evamaria (Hrsg.): Karl IV. Politik und Ideologie im 14. Jahrhundert, Weimar 1982, S, 179–196 [zit.: WÖRTZEL: Zur Burgen- und Territorialpolitik Karls IV.].
- WÜLCKER, Ernst: Entstehung der kursächsischen Kanzleisprache, in: ZVThGA N. F. 1 (1879), S. 349–376 [zit.: WÜLCKER: Kanzleisprache].
- WÜRDINGER, Joseph: Erster und zweiter Städtekrieg in Schwaben, Franken und am Rhein 1370–1390, in: Jahresbericht des Historischen Kreisvereins im Regierungsbezirk von Schwaben und Neuburg 33 (1868), S. 85–136 [zit.: WÜRDINGER: Erster und zweiter Städtekrieg].

Anmerkungen

1 HORN: Lebens= und Heldengeschichte.
2 BROESIGKE: Friedrich der Streitbare.
3 LUTZ: Heinrich der Erlauchte.
4 MENZEL: Die »Katherina Divina«.
5 HUIZINGA: Herbst des Mittelalters.
6 Aufbauend auf der Phrasierung Huizingas der Sammelband HERBERS/SCHULLER (Hrsg.): Europa im 15. Jahrhundert.
7 Vgl.: GROSS: Wettiner, S. 47–53, GROSS: Sachsen, S. 23–24; ROGGE: Wettiner, S. 86–89. Zur Schlacht bei Lucka: THIEME: Die Schlacht bei Lucka. Zur Wettinischen Territorialpolitik im 14. Jahrhundert: DERS.: Machtbehauptung; LIPPERT, Meißn und Böhmen; Querengässer: Vom Niedergang, S. 44–45.
8 Die Wettiner bekamen zunächst die Verwaltung des Pleißenlandes auf 10 Jahre übertragen, danach konnte es für 2 000 Meißner Groschen ausgelöst werden, vgl.: THIEME: Machtbehauptung, S. 14; LIPPERT: Meissen und Böhmen, S. 23–25; ROGGE: Wettiner, S. 89.
9 Vgl.: QUERENGÄSSER: Vom Niedergang, S. 45–46.
10 Vgl.: GROSS: Wettiner, S. 56; ROGGE, Wettiner, S. 100–101.
11 Die Phase der wettinischen Herrschaft von 1349 bis zur Chemnitzer Teilung 1382 ist umfangreich aufgearbeitet durch LEISERING: Die Wettiner und ihre Herrschaftsgebiete, hier speziell S. 56–63; vgl.: THIEME: Machtbehauptung, S. 14; AHRENS: Die Wettiner und Kaiser Karl IV.; LIPPERT: Meißnisch-böhmische Beziehungen.
12 Zit.: Düringische Chronik, S. 581–582.
13 Vgl.: STICHART: Galerie der Sächsischen Fürstinnen, S. 102–103.
14 Hierzu: BACHMANN: Coburg und das Haus Wettin, S. 91; FÜSSLEIN: Der Übergang der Herrschaft Coburg, S. 358–391.
15 Vgl.: FÜSSLEIN: Der Übergang der Herrschaft Coburg, S. 400–401.
16 Dazu ausführlich: FÜSSLEIN: Der Übergang der Herrschaft Coburg, S. 402–428; KAISER: Eine Privilegienbestätigung, S. 402–403.
17 Vgl.: STICHART: Galerie der Sächsischen Fürstinnen, S. 105–106; HORN: Lebens= und Heldengeschichte, S. 14.
18 Vgl.: LEISERING: Die Wettiner und ihre Herrschaftsgebiete, S. 115–150; ROGGE: Wettiner, S. 108–109; WÖRTZEL: Zur Burgen- und Territorialpolitik Karls IV., 179–196.
19 Vgl.: LEISERING: Die Wettiner und ihre Herrschaftsgebiete, S. 209–212; ROGGE: Wettiner, S. 108–109; Querengässer: Vom Niedergang, S. 46.
20 Vgl.: LEISERING: Die Wettiner und ihre Herrschaftsgebiete, S. 103–104; ROGGE: Wettiner, S. 110–111; Querengässer: Vom Niedergang, S. 46.
21 Diese Geschichte greift auch Stichardt auf. Er berichtet, dass Heinrich VIII. darüber so erzürnt gewesen sei, dass er Friedrich II. die Fehde erklärt und die Grafschaft Schwarzburg überfallen habe. Nachdem er im Felde unterlegen war, habe sich der Graf mit dem Markgrafen geeinigt, die versprochene Mitgift erst nach seinem und dem Tod seiner Frau als Erbe auszuteilen. Friedrich und Katharina schildert Stichart als das »in seiner Liebe so frühzeitig und hart geprüfte Ehepaar«,

vgl.: STICHART: Galerie der Sächsischen Fürstinnen, S. 103–104. Stichart legt damit wohl eine etwas verdrehte Version der Thüringischen Weltchronik von Rothe vor. Dort erweisen sich die Henneberger bei der Belagerung der Burg Scharfenberg als siegreich, wonach allerdings Heinrich aus Gnade anordnete, seinem Schwiegersohn in den geforderten Territorien zu huldigen, vgl.: FÜSSLEIN: Der Übergang der Herrschaft Coburg, S. 372–374. Füßlein weist des Weiteren darauf hin, dass es sich bei dem Angriff auf den Scharfenberg, der bereits 1345 stattfand, um eine Auseinandersetzung zwischen dem Henneberger und der Stadt Erfurt handelte, mit der Friedrich gar nichts zu tun hatte (S. 379).

22 Auch diese Version griff Stichart auf: STICHART: Galerie der Sächsischen Fürstinnen, S. 105.
23 Vgl.: BROESIGKE: Friedrich der Streitbare, S. 7.
24 Vgl.: ROGGE: Wettiner, S. 111–112; Querengässer: Vom Niedergang, S. 46.
25 Vgl.: LEISERING: Regesten, Nr. 287, S. 190, Nr. 288, S. 193; DERS.: Die Wettiner und ihre Herrschaftsgebiete, S. 249–259; ERMISCH: Dohnasche Fehde, S. 240; ROGGE: Wettiner, S. 111–112; Querengässer: Vom Niedergang, S. 46–47.
26 Vgl.: HORN: Lebens= und Heldengeschichte, S. 80–81; BROESIGKE: Friedrich der Streitbare, S. 8–9.
27 Vgl.: ROGGE: Herrschaftsweitergabe, Konfliktregelung und Familienorganisation, S. 74–81; LEISERING: Die Wettiner und ihre Herrschaftsgebiete, S. 293–304, spricht auf S. 298 zumindest davon, dass sich durch die Schwäche Wenzels der Konkurrenzdruck auf die wettinische Territorialpolitik verringerte; THIEME: Machtbehauptung, S. 14–17; QUERENGÄSSER: Vom Niedergang, S. 47.
28 Vgl.: SEIBT: Krise der Monarchie um 1400, S. 3–8; HLAVÁCEK: Spannungen, S. 45–48.
29 Vgl.: LEISERING: Die Wettiner und ihre Herrschaftsgebiete, S. 329; THIEME: Machtbehauptung, S. 18.
30 Zit.: CDS I B 1, Nr. 12, S. 9.
31 So ROGGE: Herrschaftsweitergabe, Konfliktregelung und Familienorganisation, S. 87.
32 Vgl.: CDS I B 1, Nr. 12, S. 9–10.
33 Überhaupt war die Erziehung von Fürstensöhnen im 14. Jahrhundert bisher kaum Gegenstand der Forschung. Benjamin Müsegades hat eine ansprechende Monografie für das 15. und frühe 16. Jahrhundert vorgelegt, deren Ergebnisse sich jedoch nicht ohne weiteres vordatieren lassen, vgl.: MÜSEGADES: Fürstliche Erziehung und Ausbildung.
34 Vgl.: DEUTSCHLÄNDER: Dienen lernen, um zu herrschen, S. 116; MENZEL: Die »Katherina Divina«, S. 43.
35 Hierzu ausführlich MENZEL: Die »Katherina Divina«, S. 4–34.
36 Zit.: Ebd., S. 82–83.
37 Zit.: Ebd., S. 86.v
38 Zit.: Ebd., S. 106.
39 Zit.: Ebd., S. 108.
40 Zit.: Ebd., S. 127.
41 Zit.: Ebd., S. 191.
42 Zit.: Ebd., S. 191.
43 Vgl.: Ebd., S. 192–193.
44 Zit.: Ebd., S. 200.
45 Zit.: Ebd., S. 299.
46 Zit.: Ebd., S. 299.
47 Zit.: Ebd., S. 252.

48 Zit.: Ebd., S. 255–256.
49 Vgl.: CDS I B 1, Nr. 17, S. 12.
50 Vgl.: CDS I B 1, Nr. 21, S. 13.
51 Vgl.: CDS I B 1, Nr. 22, S. 14; Nr. 23, S. 14–157; Nr. 24, S. 17–18; Nr. 27, S. 19–21, Nr. 28, S. 21; Nr. 29, S. 21–22.
52 Zit.: CDS I B 1, Nr. 31, S. 23.
53 Vgl.: CDS I B 1, Nr. 37, S. 26.
54 Vgl.: CDS I B 1, Nr. 41, S. 28.
55 Vgl.: CDS I B 1, Nr. 44, S. 29.
56 Vgl.: CDS I B 1, Nr. 47, S. 31.
57 Zit.: CDS I B 1, Nr. 51, S. 34–35.
58 Zur Chemnitzer Teilung des Weiteren: ROGGE: Herrschaftsweitergabe, Konfliktregelung und Familienorganisation, S. 88–89; BESCHORNER: Die Chemnitzer Teilung.
59 Vgl.: CDS I B 1, Nr. 279, S. 218–219. Am 4. März 1389 versprachen Gunther und seine Verwandten den Verkauf auch reichsrechtlich absichern lassen zu wollen, vgl.: CDS I B 1, Nr. 282, S. 223.
60 Vgl.: CDS I B 1, Nr. 492, S. 365–366.
61 Vgl.: CDS I B 2, Nr. 207, S. 130.
62 Vgl.: CDS I B 2, Nr. 287, S. 194.
63 Vgl.: CDS I B 1, Nr. 234, S. 182.
64 Vgl.: CDS I B 1, Nr. 235, S. 182.
65 Vgl.: CDS I B 1, Nr. 236, S. 182–183.
66 Vgl.: CDS I B 1, Nr. 342, S. 264.
67 Vgl.: CDS I B 1, Nr. 324, S. 249–252; ROGGE: Herrschaftsweitergabe, Konfliktregelung und Familienorganisation, S. 98–100; LEISERING: Die Wettiner und ihre Herrschaftsgebiete, S. 317–332; THIEME: Machtbehauptung, S. 17.
68 Vgl.: STICHART: Galerie der Sächsischen Fürstinnen, S. 109–110.
69 Vgl.: CDS I B 1, Nr. 105, S. 70–72.
70 Vgl.: CDS I B 1, Nr. 287, S. 225.
71 Vgl.: CDS I B 1, Nr.307, S. 239.
72 Vgl.: CDS I B 1, Nr. 258, S. 202.
73 Vgl.: ROGGE: Die Wettiner, S. 142; BROESIGKE: Friedrich der Streitbare, S. 9. Zum Süddeutschen Städtekrieg: WÜRDINGER: Erster und zweiter Städtekrieg, die Belagerung von Windsheim darin auf S. 127–128.
74 Vgl.: PARAVICINI: Preußenreisen 1, S. 21–24; PARAVICINI: Preußenreisen 2, S. 46–51. Leider geht Paravicinis Darstellung so gut wie nicht auf mitteldeutsche Teilnehmer an den Preußenreisen ein. Irmgard von Broesigke erwähnt Friedrichs Preußenfahrt nur nebenbei, vgl.: BROESIGKE: Friedrich der Streitbare, S, 10–11.
75 Vgl.: CDS I B 1, Nr. 393, S. 293–294.
76 Zit.: SS. Rer. Pruss. III, S. 171.
77 Zit.: SS. Rer. Pruss. II, S. 645.
78 Vgl.: SS. Rer. Pruss. III, S. 620.
79 Zit.: Chronicon terrae misnensis, S. 49.
80 Zit.: Düringische Chronik, S. 640.
81 An diesem Tag hielt er sich in Rochlitz auf, vgl.: CDS I B I, Nr. 374, S. 283.
82 An diesem Tag schloss er einen Waffenstillstand mit König Wenzel, vgl.: CDS I B 1, Nr. 408, S. 301–302.
83 Vgl.: CDS I B 1, Nr. 401, S. 397–398.
84 Zit.: CDS I B 1, Nr. 393, S. 394.

85	Hierzu allgemein: SARNOWSKY: Der Deutsche Orden, S. 72–86; BOOCKMANN: Der Deutsche Orden, S. 151–169. Zur Marienburg: HERRMANN: Burgen im Ordensland, S. 44–51.
86	Zit.: GeStaPK XX, O. F. 2c, Bl. 22.; vgl.: CDS I B 1, Nr. 618, S. 466–467.
87	Vgl.: PARAVICINI: Preußenreisen 1, S. 315.
88	Vgl.: PARAVICINI: Preußenreisen 2, S. 56.
89	Übersetzung aus dem Lateinischen bei: Zit.: SS. Rer. Pruss. II, S. 645.
90	Zit.: SS. Rer. Pruss. III, S. 173.
91	Zit.: SS. Rer. Pruss. II, S. 645. Zum Ehrentisch vgl.: PARAVICINI: Preußenreisen 1, S. 316–329.
92	Vgl.: PARAVICINI: Preußenreisen 2, S. 99–110.
93	Vgl.: Ebd., S. 72.
94	Vgl.: Ebd., S. 73.
95	Zit.: SS. Rer. Pruss. III, S. 173.
96	Vgl.: PARAVICINI: Preußenreisen 2, S. 130–132.
97	Zit.: MENZEL: Die »Katherina Divina«, S. 294–295.
98	Vgl.: CDS I B 2, Nr. 515, S. 351–352.
99	Zit.: CDS I B 3, Nr. 495, S. 410.
100	Vgl.: SARNOWSKY: Der Deutsche Orden, S. 92–94; BOOCKMANN: Der Deutsche Orden, S. 177–180.
101	Vgl.: CDS I B 3 Nr. 237, S. 218–219.
102	Vgl.: SARNOWSKY: Der Deutsche Orden, S. 93–95; BOOCKMANN: Der Deutsche Orden, S. 187
103	Zit.: CDS I B 3 Nr. 397, S. 334.
104	Vgl.: SARNOWSKY: Der Deutsche Orden, S. 95–96.
105	Vgl.: CDS I B 4, Nr. 18, S. 14.
106	Vgl.: CDS I B 4, Nr. 30, S. 19–20.
107	Zit.: CDS I B 4, Nr. 129, S. 78.
108	Vgl.: CDS I B 4, Nr. 129, S. 77–78.
109	Vgl.: ROGGE: Wettiner, S. 143.
110	Vgl.: CDS I B 1, Nr. 338, S. 261–262.
111	Vgl.: CDS I B 1, Nr. 431, S. 321.
112	Zit.: Düringische Chronik, S. 646.
113	Vgl.: CDS I B 2, Nr. 98, S. 56–58; des Weiteren: BROESIGKE: Friedrich der Streitbare, S. 34.
114	Hierzu allgemein: KROENER: Kriegswesen, Herrschaft und Gesellschaft, S. 2–3.
115	Zit.: MENZEL: Die »Katherina Divina«, S. 264.
116	Vgl.: BROESIGKE: Friedrich der Streitbare, S. 34.
117	Zit.: CDS I B 1, Nr. 351, S. 270.
118	Zit.: CDS I B 1, Nr. 351. S. 270.
119	Zit.: CDS I B 1, Nr. 501, S. 378.
120	Zit.: CDS I B 2, Nr. 332, S. 224.
121	Vgl.: CDS I B 2, Nr. 332, S. 224.
122	Vgl. CDS I B 2, Nr. 366, S. 245.
123	Vgl.: CDS I B 2, Nr. 430, S. 290.
124	Vgl.: CDS I B 2, Nr. 471, S. 315.
125	Vgl.: CDS I B 2, Nr. 507, S. 347.
126	Vgl.: CDS I B 2, Nr. 610, S. 421.
127	Vgl.: CDS I B 2, Nr. 510, S. 349.
128	Vgl.: CDS I B 2, Nr. 516, S. 349.
129	Vgl.: CDS I B 2, Nr. 561, S. 382.

130 Vgl.: CDS I B 2, Nr. 565, S. 384.
131 Vgl.: CDS I B 2, Nr. 642, S. 452.
132 Zit.: CDS I B 2, Nr. 645, S. 457.
133 Zit.: CDS I B 2, Nr. 707, S. 497.
134 Vgl.: CDS I B 2, Nr. 707, S. 497.
135 Vgl.: CDS I B 2, Nr. 707, S. 497–498.
136 Zit.: CDS I B 2, Nr. 712, S. 500.
137 Vgl.: CDS I B 2, Nr. 712, S. 500–501.
138 Vgl.: CDS I B 2, Nr. 714, S. 501–502, Nr. 715, S. 502–503.
139 Vgl.: CDS I B 2, Nr. 706, S. 497.
140 Vgl.: CDS I B 1, Nr. 53, S. 36–37.
141 Vgl.: CDS I B 1, Nr. 84, S. 59–60.
142 Zit.: CDS I B 1, Nr. 195, S. 145.
143 Vgl.: CDS I B 1, Nr. 185, S. 139–140.
144 Vgl.: CDS I B 1, Nr. 345, S. 265–266.
145 Vgl.: CDS I B 2, Nr. 130, S. 77–78.
146 Vgl.: CDS I B 2, Nr. 144, S. 87; vgl.: ULBRICHT: Fürstinnen, S. 11.
147 Vgl. ERMISCH: Erwerbung von Eilenburg; BESCHORNER: Die Erwerbung Riesenburgs; ERMISCH: Dohnasche Fehde. S. 247–248; TRESP: Die Belagerung von Prag 1401, S. 43–44.
148 Vgl.: CDS I B 2, Nr. 20, S. 9–10.
149 Vgl.: BESCHORNER: Die Erwerbung Riesenburgs, S. 90–106.
150 Zit.: ZEUMER: Quellensammlung zur Geschichte der Deutschen Reichsverfassung, Nr. 204, S. 223–226, hier S. 225.
151 Vgl.: ZEUMER: Quellensammlung zur Geschichte der Deutschen Reichsverfassung, Nr. 204, S. 223–226, LINDNER, Markgraf Wilhelm I., S. 35. Allgemein zur Abwahl Wenzels: ROGGE: Die deutschen Könige, S. 73–75.
152 Vgl.: CDS I B 2, Nr. 347, S. 234.
153 Vgl.: CDS I B 2, Nr. 261, S. 172–173.
154 Vgl.: Düringische Chronik, S. 649.
155 Vgl.: CDS I B 2, Nr. 288, S. 195.
156 Vgl.: CDS I B 2, Nr. 289, S. 195.
157 Vgl.: CDS I B 2, Nr. 291, S. 196.
158 Vgl.: CDS I B 2, Nr. 318, S. 217.
159 Zu seiner Person vgl.: HOLTZ: Johann I. von Nassau.
160 Vgl.: CDS I B 2, Nr. 319, S. 217.
161 Vgl.: LINDNER: Markgraf Wilhelm I., S. 35–36. Zur Absetzung Wenzels: GARNIER: Wie vertraut man seinem Feind?, S. 271–291; SCHUBERT: Königsabsetzung, S. 362–420; ROGGE: Die deutschen Könige, S. 73.
162 Vgl.: CDS I B 2, Nr. 361, S. 241–242; ERMISCH: Dohnasche Fehde, S. 253; KLECKER: Wie Dohna verloren ging, S. 8–10.
163 Zit.: CDS I B 2, Nr. 373, S. 251.
164 Zit.: CDS I B 2, Nr. 373, S. 251.
165 Vgl.: TRESP: Die Belagerung von Prag 1401, S. 50.
166 Vgl.: TRESP: Die Belagerung von Prag 1401, S. 50–51.
167 Vgl.: CDS I B 2, Nr. 377, S. 253.
168 Vgl.: TRESP: Die Belagerung von Prag 1401, S. 46.
169 Vgl.: CDS I B 2 , Nr. 378, S. 253–254; TRESP: Die Belagerung von Prag 1401, S. 50–51.
170 Vgl.: TRESP: Die Belagerung von Prag 1401, S. 46, 50.
171 Vgl.: TRESP: Die Belagerung von Prag 1401, S. 47.

172 Vgl.: CDS I B 2, Nr. 380, S. 253–254; TRESP: Die Belagerung von Prag 1401, S. 47; EBERHARD: Gewalt gegen den König, S. 109.
173 Zit.: Magdeburger Schöppenchronik, S. 301.
174 Vgl.: TRESP: Die Belagerung von Prag 1401, S. 49–51.
175 Vgl.: CDS I B 2, Nr. 436, S. 300.
176 Etwas anders schildert es Johannes Rothe, der schreibt, »unde di lagin vor Prage yn dem thirgarten wol sechs wochin«, vgl.: Düringische Chronik, S. 650. Rothe ist sich anscheinend nicht ganz sicher, ob das Heer sechs Wochen im Tiergarten lag, aber seine Zeitangabe stimmt mit den Schätzungen für die Gesamtdauer des Feldzuges überein.
177 Vgl.: TRESP: Die Belagerung von Prag 1401, S. 51; ERMISCH: Dohnasche Fehde, S. 254–264. Mithin kann das Ergebnis dieses Feldzuges keineswegs als »kläglich« bezeichnet werden, wie dies Broesigke tut, vgl.: BROESIGKE: Friedrich der Streitbare, S. 23.
178 Vgl.: ERMISCH: Dohnasche Fehde, S. 252–253, 264; THIEME: Fehdewesen in Mitteldeutschland, S. 63.
179 Vgl.: ERMISCH: Dohnasche Fehde, S. 264–265.
180 Zit.: CDS I B 2, Nr. 429, S. 290.
181 Vgl.: GROSS: Dresden im 15. Jahrhundert, S. 79–80.
182 Vgl.: MÖRTZCH: Des Schlosses Dohna Fall, S. 135–136.
183 Vgl.: Ebd., S. 138. Eine Tarasbüchse ist eine kleinkalibrige Kanone, die auf eine feste Holzbettung (Taras= Terasse) montiert wurde.
184 Zit.: CDS I B 2, Nr. 438, S. 295.
185 Vgl.: CDS I B 2, Nr. 426, S. 288.
186 Vgl.: ERMISCH: Dohnasche Fehde, S. 266–267, berichtet von einer sofortigen Schleifung der Festung, was jedoch MÖRTZCH: Des Schlosses Dohna Fall, S. 136–141 klar wiederlegt.
187 Vgl.: CDS I B 2, Nr. 441, S. 298.
188 Vgl.: CDS I B 2, Nr. 424, S. 287.
189 Zit.: CDS I B 1, Nr. 422, S. 315.
190 Vgl.: CDS I B 1, Nr. 383, S. 287–288.
191 Vgl.: ROGGE: Wettiner, S. 130.
192 Zit.: Düringische Chronik, S. 645.
193 Zit.: Ebd., S. 646.
194 Vgl.: Ebd., S. 646.
195 Vgl.: CDS I B 2, Nr. 65, S. 33–35.
196 Vgl.: CDS I B 2, Nr. 100, S. 58–60; ROGGE: Herrschaftsweitergabe, Konfliktregelung und Familienorganisation, S. 100–101.
197 Vgl.: CDS I B 2, Nr. 169, S. 105–106.
198 Vgl.: CDS I B 2, Nr. 170, S. 107–108; Nr. 171, S. 108; Nr. 172, S. 109.
199 Zit.: Düringische Chronik, S. 646.
200 Vgl.: CDS I B 1, Nr. 591, S. 450–451.
201 Vgl.: CDS I B 2, Nr. 167, S. 101–102.
202 Vgl.: CDS I B 2, Nr. 180, S. 113–115.
203 Vgl.: CDS I B 2, Nr. 181, S. 115.
204 Zit.: CDS I B 2, Nr. 262, S. 173.
205 Vgl.: CDS I B 2, Nr. 262, S. 173–174.
206 Zit.: CDS I B 2, Nr. 268, S. 180.
207 Vgl.: CDS I B 2, Nr. 268, S. 180.
208 Vgl.: CDS I B 2, Nr. 272, S. 180–182.
209 Zit.: CDS I B 2, Nr. 275, S. 185.

210 Zit.: CDS I B 2, Nr. 275, S. 185.
211 Zit.: CDS I B 2, Nr. 275, S. 185.
212 Vgl.: CDS I B 2, Nr. 286, S. 194.
213 Vgl.: LINDNER: Markgraf Wilhelm I., S. 35; HOLTZ: Johann I. von Nassau, S. 361–362; BROESIGKE: Friedrich der Streitbare, S. 44–45.
214 CDS I B 2, Nr. 418, S. 281–283.
215 CDS I B 2, Nr. 421, S. 286.
216 Zit.: CDS I B 2, Nr. 435, S. 293.
217 Vgl.: CDS I B 2, Nr. 465, S. 311–312.
218 CDS I B 2, Nr. 493, S. 340.
219 Vgl.: ROGGE: Wettiner, S. 130.
220 Vgl.: HOLTZ: Johann I. von Nassau, S. 362–363.
221 Vgl.: CDS I B 2, Nr. 161, S. 98.
222 CDS I B 2, Nr. 558, S. 380–381.
223 Zit.: CDS I B 2, Nr. 559, S. 381.
224 Vgl.: CDS I B 2, Nr. 560, S. 382.
225 Vgl.: CDS I B 2, Nr. 577, S. 390–392.
226 Zit.: CDS I B 2, Nr. 587. S. 398.
227 Vgl.: CDS I B 2, Nr. 592, S. 400–402.
228 Vgl.: CDS I B 2, Nr. 599, S. 411–413.
229 Zit.: CDS I B 2, Nr. 605, S. 415; vgl.: HOLTZ: Johann I. von Nassau, S. 362.
230 Zit.: CDS I B 2, Nr. 606, S. 429.
231 Vgl.: CDS I B 2, Nr. 609, S. 420–421.
232 Vgl.: CDS I B 2, Nr. 614, S. 423–424.
233 Vgl.: CDS I B 2, Nr. 616, S. 425–429.
234 Vgl.: CDS I B 2, Nr. 621, S. 432–434, Nr. 622, S. 434–437.
235 Vgl.: HOLTZ: Johann I. von Nassau, S. 363.
236 Vgl.: CDS I B 3, Nr. 5, S. 5.
237 Vgl.: CDS I B 3, Nr. 14, S. 131–14.
238 Vgl.: CDS I B 3, Nr. 92, S. 78–82.
239 Zit.: CDS I B 3, Nr. 92, S. 81,
240 Vgl.: WENDEHORST: Das Bistum Würzburg, S. 100–127; ARNOLD: Im Ringen um die bürgerliche Freiheit, S. 91–109; WAGNER: Bürgerfreiheit gegen Fürstenmacht, S. 57–74.
241 Vgl.: Düringische Chronik, S. 641–642.
242 Vgl.: CDS I B 1, Nr. 460, S. 344–345.
243 Vgl.: CDS I B 1, Nr. 461, S. 345–346.
244 Zit.: Düringische Chronik, S. 647.
245 Vgl.: CDS I B 1, Nr. 571, S. 434.
246 Zit.: Düringische Chronik, S. 647–648.
247 Vgl.: Ebd., S. 648.
248 Vgl.: Ebd., S. 648.
249 Dieser Schluss liegt nahe, wenn auch keine Quelle von einer Verwundung berichtet, vgl.: Düringische Chronik, S. 648.
250 Vgl.: Düringische Chronik, S. 648.
251 Vgl.: CDS I B 1, Nr. 622, S. 469–471.
252 Vgl.: CDS I B 1, Nr. 623, S. 471–472.
253 Vgl.: CDS I B 1, Nr. 624, S. 473–474.
254 Vgl.: CDS I B 1, Nr. 625, S. 475–477.
255 Zit.: CDS I B 1, Nr. 596, S. 453.

256 Vgl.: WENDEHORST: Das Bistum Würzburg, S. 100–127; ARNOLD: Im Ringen um die bürgerliche Freiheit, S. 91–109; WAGNER: Bürgerfreiheit gegen Fürstenmacht, S. 57–74.
257 Der Verkauf ist durch eine Reihe von Urkunden gut dokumentiert, vgl.: CDS I B 1, Nr. 292, S. 196, Nr. 293, S. 197, Nr. 294, S. 197–198; Nr. 295, S. 198, Nr. 297, S. 200, Nr. 301, S. 202, Nr. 302, S. 202, Nr. 303, S. 203, Nr. 304, S. 203; Nr. 391, S. 265.
258 Vgl.: ANGERMEIER: Königtum und Landfriede, S. 254–297.
259 Vgl.: Ebd., S. 298–300.
260 Vgl.: CDS I B 1, Nr. 144, S. 103–104. Die entsprechende Ermächtigung König Wenzels zu dieser Ernennung: CDS I B 1, Nr. 139, S. 98–99.
261 Vgl.: CDS I B 1, Nr. 192, S. 142–144.
262 Zit.: CDS I B 1, Nr. 416, S. 310–311.
263 Zit.: CDS I B 1, Nr. 416, S. 311.
264 Vgl.: CDS I B 3, Nr. 466, S. 384–385.
265 Zit.: CDS I B 2, Nr. 390, S. 261.
266 Zit.: CDS I B 2, Nr. 390, S. 261.
267 Zit.: CDS I B 2, Nr. 390, S. 262.
268 Zit.: CDS I B 2, Nr. 390, S. 262.
269 Zit.: CDS I B 2, Nr. 390, S. 261.
270 Zit.: CDS I B 2, Nr. 390, S. 263.
271 Zit.: CDS I B 2, Nr. 390, S. 263.
272 Vgl.: CDS I B 2, Nr. 475, S. 316–320. Posse ist sich bei der Datierung nicht sicher und grenzt den Ausstellungszeitraum zwischen 1398 und dem 9. Dezember 1401 (dem Tod Markgraf Georgs) ein. Mir erscheint es sehr wahrscheinlich, dass sie nach dem Landfrieden überreicht wurde.
273 Zit.: CDS I B 2, Nr. 523, S. 356.
274 Vgl.: CDS I B 2, Nr. 583, S. 395–396.
275 Vgl.: GUNTRAM: Dietrich von Staupitz, S. 28–30.
276 Kriebstein war Dietrich am 31. März 1407 durch Wilhelm I., Friedrich IV., Wilhelm II. und Friedrich dem Jüngeren gemeinschaftlich überschrieben worden, vgl.: CDS I B 3, Nr. 10, S. 8–9.
277 Vgl.: GUNTRAM: Dietrich von Staupitz, S. 30–34.
278 Vgl.: Ebd., S. 35–40.
279 Vgl.: Ebd., S. 40–41, 45–52.
280 Vgl.: CDS I B 4, Nr. 19, S. 14.
281 Vgl.: GUNTRAM: Dietrich von Staupitz, S. 42–44.
282 Vgl.: CDS I B 2, Nr. 210, S. 131.
283 Vgl.: BROESIGKE: Friedrich der Streitbare, S. 20–21.
284 Vgl.: CDS I B 2, Nr. 227, S. 144–145; WENCK: Eine mailändisch-thüringische Heiratsgeschichte, S. 14–16.
285 Vgl.: CDS I B 2, Nr. 245, S. 157–159; WENCK: Eine mailändisch-thüringische Heiratsgeschichte, S. 16–22.
286 Vgl.: CDS I B 2, Nr. 249, S. 162–164; WENCK: Eine mailändisch-thüringische Heiratsgeschichte, S. 29.
287 Vgl.: CDS I B 2, Nr. 250, S. 164.
288 Vgl.: CDS I B 2, Nr. 255, S. 168; WENCK: Eine mailändisch-thüringische Heiratsgeschichte, S. 32–33.
289 Vgl.: CDS I B 2, Nr. 258, S. 170.
290 Vgl.: CDS I B 2, Nr. 485, S. 327; WENCK: Eine mailändisch-thüringische Heiratsgeschichte, S. 34–35.

291 Vgl.: ULBRICHT: Fürstinnen, S. 11; STREICH: Frauenlob, S. 64–66.
292 Vgl.: CDS I B 2, Nr. 404, S. 270–272.
293 Vgl.: ULBRICHT: Fürstinnen, S. 11.
294 Vgl.: Ebd., S. 11.
295 Zit.: MENZEL: Die »Katherina Divina«, S. 171.
296 Zit.: Ebd., S. 171.
297 Ein Aufenthalt in Dohna lässt sich nicht belegen, erscheint aber wahrscheinlich, wenn es sich, wie Sabine Ulbricht es ausdrückt, um eine »Inspektionsreise« Friedrichs gehandelt haben soll, vgl.: ULBRICHT: Fürstinnen, S. 15; ERMISCH: Kurfürstin Katharina, S. 48.
298 Vgl.: ULBRICHT: Fürstinnen, S. 12.
299 Vgl.: ULBRICHT: Fürstinnen, S. 15; ERMISCH: Kurfürstin Katharina, S. 49.
300 Vgl.: ERMISCH: Kurfürstin Katharina, S. 49.
301 Vgl.: STREICH: Frauenlob, S. 67.
302 Vgl.: CDS I B 3, Nr. 358, S. 309–311; ULBRICHT: Fürstinnen, S. 15; ERMISCH: Kurfürstin Katharina, S. 49–50.
303 Vgl.: ERMISCH: Kurfürstin Katharina, S. 53–54.
304 Zit.: Ebd., S. 54.
305 Zit.: Ebd., S. 54.
306 Zit.: Ebd., S. 54.
307 Zit.: Ebd., S. 55.
308 Zit.: Ebd., S. 55.
309 ERMISCH: Kurfürstin Katharina, S. 55–56.
310 Zit.: MENZEL: Die »Katherina Divina«, S. 185.
311 Zit.: Ebd., S. 185.
312 Zit.: Ebd., S. 185.
313 Vgl.: Ebd., S. 191–194.
314 Zit.: CDS I B 2, Nr. 614, S. 423; vgl.: ERMISCH: Kurfürstin Katharina, S. 56.
315 Vgl.: ERMISCH: Kurfürstin Katharina, S. 58.
316 Vgl.: CDS I B 4, Nr. 118–120.
317 Vgl.: CDS I B 4, Nr. 509, S. 329–331; Nr. 510, S. 331.
318 Vgl.: CDS I B 4, Nr. 451, S. 293–295; Gegenbrief: Nr. 452, S. 295–296.
319 Zit. nach: ULBRICHT: Fürstinnen, S. 31; vgl.: STREICH: Frauenlob, S. 64.
320 Vgl.: CDS I B 4, Nr. 578, S. 369–370.
321 Vgl.: CDS I B 4, Nr. 579, S. 371–372; STREICH: Frauenlob, S. 67.
322 Zit.: NEITMAN: Was ist eine Residenz?, S. 21.
323 Zit.: Ebd., S. 22.
324 Zit.: Ebd., S. 22.
325 Zit.: Ebd., S. 21.
326 Vgl.: WINKEL: Seelenheilvorsorge und Repräsentation, S. 101; FAJT: Kampf um den Dom.
327 Vgl.: STREICH: Zwischen Reiseherrschaft und Residenzbildung, S. 91–94; STREICH: Das Begräbnisritual und das Grabmal, S. 176.
328 Zit.: CDS I B 3, Nr. 292, S. 261.
329 Vgl.: STREICH: Das Begräbnisritual und das Grabmal, S. 178; WINKEL: Seelenheilvorsorge und Repräsentation, S. 107; FAJT: Kampf um den Dom, S. 128–130.
330 Vgl.: ULBRICHT: Fürstinnen, S. 25.
331 Vgl.: ULBRICHT: Fürstinnen, S. 22; STREICH: Frauenlob, S. 67–68; ERMISCH: Kurfürstin Katharina, S. 51. Ermisch zieht als Geburtsort für Katharina aber auch Leisnig in Betracht, was sich nicht abschließend klären lässt, da kein konkretes Geburtsdatum für das Kind überliefert ist.

332 Vgl.: ERMISCH: Kurfürstin Katharina, S. 64–70; ULBRICHT: Fürstinnen, S. 25.
333 Vgl.: ERMISCH: Kurfürstin Katharina, S. 67 ULBRICHT: Fürstinnen, S. 25.
334 Vgl.: ROGGE: Wettiner, S. 150.
335 Über die Rolle von »Experten« an fürstlichen Höfen vgl.: FÜSSEL: Höfe und Experten.
336 Zit.: MENZEL: Die »Katherina Divina«, S. 267.
337 Zit.: Ebd., S. 267.
338 Zit.: Ebd., S. 267.
339 Vgl.: Ebd., S. 267–268.
340 Vgl.: OPITZ: Urkundenwesen, Rat und Kanzlei, S. 50.
341 Vgl.: STREICH: Zwischen Reiseherrschaft und Residenzbildung, S. 120–123; OPITZ: Urkundenwesen, Rat und Kanzlei, S. 87.
342 Vgl.: OPITZ: Urkundenwesen, Rat und Kanzlei, S. 88.
343 Vgl.: Ebd., S. 88–89.
344 Vgl.: STREICH: Zwischen Reiseherrschaft und Residenzbildung, S. 125–126; OPITZ: Urkundenwesen, Rat und Kanzlei, S. 89–91.
345 Vgl.: STREICH: Zwischen Reiseherrschaft und Residenzbildung, S. 120–123.
346 Vgl.: CDS I B 3, Nr. 452, S. 370–372.
347 Vgl.: OPITZ: Urkundenwesen, Rat und Kanzlei, S. 91–92.
348 Vgl.: STREICH: Zwischen Reiseherrschaft und Residenzbildung, S. 136–140; OPITZ: Urkundenwesen, Rat und Kanzlei, S. 78–81.
349 Vgl.: OPITZ: Urkundenwesen, Rat und Kanzlei, S. 81–82.
350 Vgl.: CDS I B 3 Nr. 6, S. 6.
351 Vgl.: OPITZ: Urkundenwesen, Rat und Kanzlei, S. 82–83.
352 Vgl.: Ebd., S. 82–83.
353 Vgl.: Ebd., S. 84–85.
354 Vgl.: OPITZ: Urkundenwesen, Rat und Kanzlei, S. 82; HORN: Friedrich der Streitbare, S. 269–270.
355 Vgl.: OPITZ: Urkundenwesen, Rat und Kanzlei, S. 84–85.
356 Vgl.: Ebd., S. 85–87.
357 Vgl.: STREICH: Zwischen Reiseherrschaft und Residenzbildung, S. 147–150.
358 Allerdings nennen diese ihn noch 1402 in einem Brief »ihren Heimlichen« (CDS I B 2, Nr. 472, S. 315), was aber auch nur eine Ehrentitulierung bedeuten kann, vgl.: OPITZ: Urkundenwesen, Rat und Kanzlei, S. 51–53.
359 Vgl.: OPITZ: Urkundenwesen, Rat und Kanzlei, S. 55–57.
360 Vgl.: Ebd., S. 57–58.
361 Vgl.: Ebd., S. 58–59.
362 Vgl.: Ebd., S. 61–63.
363 Vgl.: Ebd., S. 64–66.
364 Vgl.: Ebd., S. 71–72.
365 Vgl.: Ebd., S. 69–70.
366 Vgl.: Ebd., S. 70–71.
367 Zit.: CDS I B 1, Nr. 476, S. 357.
368 Vgl.: CDS I B 1, Nr. 110, S. 74–75.
369 Vgl.: CDS I B 1, Nr. 108, S. 73–74.
370 Vgl.: OPITZ: Urkundenwesen, Rat und Kanzlei, S. 94–95.
371 Vgl.: CDS I B 2, Nr. 569, S. 386.
372 Vgl.: STREICH: Zwischen Reiseherrschaft und Residenzbildung, S. 181–183.
373 Vgl.: ROGGE: Wettiner, S. 151. Rogge stützt sich dabei wohl auf das Urteil von Opitz, der zu dem gleichen Schluss kam, vgl.: OPITZ: Urkundenwesen, Rat und Kanzlei, S. 95–96. Zur Kanzleisprache: WÜLCKER: Kanzleisprache.

374 Vgl.: ROGGE: Wettiner, S. 151.
375 Vgl.: OPITZ: Urkundenwesen, Rat und Kanzlei, S. 116–117.
376 Vgl.: Ebd., S. 118–120.
377 Vgl.: Ebd., S. 97–98.
378 Vgl.: Ebd., S. 98–99.
379 Vgl.: Ebd., S. 99–100.
380 Vgl.: Ebd., S. 100–101.
381 Vgl.: Ebd., S. 102.
382 Vgl.: ROGGE: Wettiner, S. 151; OPITZ: Urkundenwesen, Rat und Kanzlei, S. 102–103. Opitz datiert Wolffhayns letzte Erwähnung auf 1419, tatsächlich existiert jedoch ein Brief des deutschen Hochmeisters an Friedrich aus dem Jahr 1419, in dem ein »obirster schreiber« Conrad erwähnt wird, vgl.: CDS I B 4, Nr. 18, S. 14.
383 Vgl.: OPITZ: Urkundenwesen, Rat und Kanzlei, S. 107–111; ROGGE: Wettiner, S. 151.
384 Vgl.: CDS I B 1, Nr. 627, S. 478.
385 Vgl.: ULBRICHT: Fürstinnen, S. 22–23; ERMISCH: Kurfürstin Katharina, S. 51–52, 157.
386 Vgl.: OPITZ: Urkundenwesen, Rat und Kanzlei, S. 92–93.
387 Vgl.: ERMISCH: Kurfürstin Katharina, S. 56–57; ULBRICHT: Fürstinnen, S. 23; STREICH: Frauenlob, S. 68.
388 Vgl.: ERMISCH: Kurfürstin Katharina, S. 60; ULBRICHT: Fürstinnen, S. 23.
389 Vgl.: ERMISCH: Kurfürstin Katharina, S. 59–60.
390 Vgl.: ULBRICHT: Fürstinnen, S. 23; ERMISCH: Kurfürstin Katharina, S. 55.
391 Vgl.: ERMISCH: Kurfürstin Katharina, S. 62–63; ULBRICHT: Fürstinnen, S. 24; STREICH: Frauenlob, S. 68.
392 Vgl.: ERMISCH: Kurfürstin Katharina, S. 61–62; ULBRICHT: Fürstinnen, S. 24.
393 Vgl.: ERMISCH: Kurfürstin Katharina, S. 61; ULBRICHT: Fürstinnen, S. 25.
394 Vgl.: ERMISCH: Kurfürstin Katharina, S. 59–60.
395 Vgl.: HESSE: Amtsträger der Fürsten, S. 118–119.
396 Vgl.: OPITZ: Urkundenwesen, Rat und Kanzlei, S. 93–94.
397 Zit.: CDS I B 3 Nr. 123, S. 107.
398 Zit.: CDS I B 3 Nr. 123, S. 107.
399 Vgl.: CDS I B 3 Nr. 2, S. 1–4.
400 Zit.: CDS I B 3 Nr. 182, S. 170.
401 Die Übertragung der Amtsrechte von Heinrich von Waldau an dessen Sohn Heinz 1408 durch die Markgrafen findest sich in: CDS I B 3 Nr. 91, S. 78.
402 Vgl.: CDS I B 4, Nr. 35, S. 22.
403 Vgl.: OPITZ: Urkundenwesen, Rat und Kanzlei, S. 94.
404 Vgl.: CDS I B 1, Nr. 136, S. 97.
405 Vgl.: BÜNZ (Hrsg.): Geschichte der Stadt Leipzig, S. 199–200, 216.
406 Zit.: CDS I B 4, Nr. 622, S. 401.
407 Zit.: CDS I B 4, Nr. 622, S. 401.
408 Zit.: CDS I B 4, Nr. 625, S. 402.
409 Vgl.: CDS I B 2, Nr. 333, S. 224.
410 Vgl.: CDS I B 1, Nr. 428, S. 319.
411 Vgl.: CDS I B 1, Nr. 397, S. 266–267.
412 Vgl.: CDS I B 1, Nr. 502, S. 379.
413 Vgl.: SCHIRMER: Grundriß, S. 162.
414 Vgl.: SCHIRMER: Grundriß, S. 163–165.
415 Vgl.: LEISERING: Neuaufteilung, S. 22.

416 Vgl.: CDS I B 2, Nr. 486, S. 330–335, Nr. 487, S. 335–336, Nr. 488, S. 336–337, Nr. 489, S. 337; hierzu auch: Rogge: Herrschaftsweitergabe, Konfliktregelung und Familienorganisation, S. 101–103.
417 Vgl.: CDS I B 2, Nr. 501, S. 343–344.
418 Vgl.: CDS I B 2, Nr. 538, S. 368–369.
419 Vgl.: CDS I B 2, Nr. 539, S. 370.
420 Vgl.: CDS I B 2, Nr. 540, S. 370–371.
421 Vgl.: CDS I B 2, Nr. 584, S. 397.
422 Vgl.: CDS I B 2, Nr. 703, S. 492–496.
423 Vgl.: CDS I B 2, Nr. 704, S. 496; vgl.: Broesigke: Friedrich der Streitbare, S. 54–55.
424 Vgl.: CDS I B 3 Nr. 54, S. 44–46.
425 Vgl.: CDS I B 3, Nr. 9, S. 7–8; Leisering: Neuaufteilung, S. 22–24; Rogge: Herrschaftsweitergabe, Konfliktregelung und Familienorganisation, S. 104–105.
426 Vgl.: Leisering: Neuaufteilung, S. 24; Rogge: Herrschaftsweitergabe, Konfliktregelung und Familienorganisation, S. 105–114.
427 Vgl.: CDS I B 3, Nr. 19, S. 15–17; Broesigke: Friedrich der Streitbare, S. 29–30.
428 Vgl.: CDS I B 3, Nr. 26, S. 20.
429 Vgl.: Leisering: Neuaufteilung, S. 24.
430 Zit.: CDS I B 3, Nr. 40, S. 30.
431 Vgl.: CDS I B 3, Nr. 40, S. 29–34; Broesigke: Friedrich der Streitbare, S. 30.
432 Vgl.: CDS I B 3, Nr. 47, S. 37.
433 Zit.: CDS I B 3, Nr. 48, S. 38.
434 Zit.: CDS I B 3, Nr. 48, S. 38; Broesigke: Friedrich der Streitbare, S. 31.
435 Vgl.: CDS I B 3, Nr. 48, S. 38–40.
436 Zit.: CDS I B 3, Nr. 49, S. 41.
437 Zit.: CDS I B 3, Nr. 55, S. 47.
438 Vgl.: CDS I B 3, Nr. 55, S. 47–48.
439 Zit.: CDS I B 3, Nr. 58, S. 50.
440 Zit.: CDS I B 3, Nr. 58, S. 51.
441 Vgl.: CDS I B 3, Nr. 62, S. 53; Nr. 63, S. 54–55.
442 Vgl.: CDS I B 3, Nr. 68, S. 58.
443 Vgl.: CDS I B 3, Nr. 65, S. 56.
444 Vgl.: CDS I B 3, Nr. 74, S. 62–63.
445 Vgl.: CDS I B 3, Nr. 78, S. 67–68.
446 Vgl.: CDS I B 3, Nr. 77, S. 66.
447 Vgl.: CDS I B 3, Nr. 80, S. 69.
448 Vgl.: CDS I B 3, Nr. 122, S. 106.
449 Vgl.: CDS I B 3, Nr. 82, S. 71–73; Rogge: Herrschaftsweitergabe, Konfliktregelung und Familienorganisation, S. 115.
450 Vgl.: CDS I B 3, Nr. 83, S. 73; Rogge: Herrschaftsweitergabe, Konfliktregelung und Familienorganisation, S. 115.
451 Vgl.: CDS I B 3, Nr. 84, S. 73–74.
452 Zit.: CDS I B 3 Nr. 94, S. 85.
453 Vgl.: CDS I B 3, Nr. 88, S. 77.
454 Vgl.: CDS I B 3, Nr. 90, S. 77–78.
455 Zit.: CDS I B 3, Nr. 116, S. 102.
456 Vgl.: CDS I B 3, Nr. 127, S. 109–113.
457 Vgl.: CDS I B 3, Nr. 128, S. 113–117.
458 Vgl.: CDS I B 3, Nr. 130, S. 119–125.
459 Zit.: CDS I B 3, Nr. 117, S. 103–104; vgl.: Broesigke: Friedrich der Streitbare, S. 26.
460 Zit.: CDS I B 3, Nr. 150, S. 141.

Anmerkungen

461 Zit.: CDS I B 3, Nr. 165, S. 148.
462 Vgl.: CDS I B 3, Nr. 170, S. 155–156.0
463 Vgl.: CDS I B 3, Nr. 172, S. 157–158; Rogge: Herrschaftsweitergabe, Konfliktregelung und Familienorganisation, S. 116–117.
464 Vgl.: CDS I B 3, Nr. 172, S. 156–165.
465 Vgl.: CDS I B 3, Nr. 173, S. 165.
466 Vgl.: CDS I B 3, Nr. 174, S. 165–166.
467 Vgl.: Rogge: Herrschaftsweitergabe, Konfliktregelung und Familienorganisation, S. 116.
468 Vgl.: CDS I B 3, Nr. 180, S. 168–169.
469 Vgl.: CDS I B 3, Nr. 183, S. 170–172.
470 Vgl.: CDS I B 3, Nr. 188, S. 174–175.
471 So am 14. November 1410 Schloss und Dorf Grüningen für 1 050 Gulden an Hans von Kuczeleibin (CDS I B 3, Nr. 189, S. 175) und am 11. Dezember 1410 Schloss Altenstein für 2 100 Gulden an Hans von Stutternheim (CDS I B 3, Nr. 191, S. 176).
472 Vgl.: CDS I B 3, Nr. 196, S. 186–187.
473 Vgl.: CDS I B 3, Nr. 197, S. 187.
474 Vgl.: CDS I B 3, Nr. 204, S. 189.
475 Vgl.: CDS I B 3, Nr. 246, S. 227–229.
476 Vgl.: CDS I B 3, Nr. 259, S. 237.
477 Vgl.: CDS I B 3, Nr. 255, S. 234.
478 Vgl. CDS I B 3, Nr. 399, S. 336–337.
479 Zit.: CDS I B 3, Nr. 398, S. 335.
480 Vgl.: CDS I B 3, Nr. 400, S. 337–338.
481 Vgl.: CDS I B 3, Nr. 404, S. 442. Allerdings bestätigte Friedrich I. (zu jenem Zeitpunkt bereits Kurfürst von Brandenburg) erst am 4. September 1417 den Eingang der ersten Hälfte dieser Summe, vgl.: CDS I B 3, Nr. 470, S. 387–388.
482 Vgl.: CDS I B 3, Nr. 406, S. 343–344.
483 Vgl.: CDS I B 3, Nr. 415, S. 349–350.
484 Vgl.: CDS I B 3, Nr. 203, S. 185–189.
485 Vgl.: CDS I B 3, Nr. 233, S. 214–215.
486 Vgl.: CDS I B 3, Nr. 234, S. 215–216.
487 Vgl.: CDS I B 4, Nr. 16, S. 13.
488 Vgl.: CDS I B 4, Nr. 17, S. 13.
489 Vgl.: CDS I B 3, Nr. 205, S. 189–191.
490 Vgl.: CDS I B 3, Nr. 206, S. 192–193.
491 Vgl.. CDS I B 3 Nr. 298, S. 264–266.
492 Vgl.: CDS I B 3 Nr. 317, S. 278–279.
493 Vgl.: CDS I B 3, Nr. 455, S. 373–375.
494 Vgl.: CDS I B 3, Nr. 496, S. 411–413.
495 Vgl.: CDS I B 3, Nr. 506, S. 421–422.
496 Vgl.: CDS I B 3 Nr. 555, S. 465–468.
497 Vgl.: CDS I B 3, Nr. 214, S. 197–201; Leisering: Neuaufteilung, S. 25; Rogge: Herrschaftsweitergabe, Konfliktregelung und Familienorganisation, S. 127–129; Broesigke: Friedrich der Streitbare, S. 27–28.
498 Vgl.: CDS I B 3, Nr. 325, S. 284–285.
499 Vgl.: Leisering: Neuaufteilung, S. 24–25; Rogge: Herrschaftsweitergabe, Konfliktregelung und Familienorganisation, S. 119–120.
500 Zit.: CDS I B 3, Nr. 251, S. 231; Broesigke: Friedrich der Streitbare, S. 27.
501 Zit.: CDS I B 3, Nr. 256, S. 235.

502 Vgl.: ROGGE: Herrschaftsweitergabe, Konfliktregelung und Familienorganisation, S. 121.
503 Vgl.: CDS I B 3, Nr. 257, S. 235–236.
504 Vgl.: CDS I B 3, Nr. 258, S. 236.
505 Zit.: CDS I B 3, Nr. 260, S. 238.
506 Vgl.: CDS I B 3, Nr. 261, S. 238–239; ROGGE: Herrschaftsweitergabe, Konfliktregelung und Familienorganisation, S. 121.
507 Vgl.: BROESIGKE: Friedrich der Streitbare, S. 27.
508 Vgl.: CDS I B 3, Nr. 268, S. 243–245.
509 Zit.: CDS I B 3, Nr. 267, S. 243.
510 Vgl.: CDS I B 3, Nr. 277, S. 248–249.
511 Vgl.: CDS I B 3, Nr. 279, S. 249–250.
512 Vgl.: CDS I B 3, Nr. 286, S. 253–254.
513 Vgl.: CDS I B 3, Nr. 295, S. 262.
514 Vgl.: CDS I B 3, Nr. 299, S. 266–268.
515 Vgl.: CDS I B 3, Nr. 451, S. 369–370.
516 Vgl.: CDS I B 3, Nr. 302, S. 269–270.
517 Vgl.: CDS I B 3, Nr. 321, S. 281–282.
518 Zit.: CDS I B 3, Nr. 365, S. 314.
519 Vgl.: CDS I B 3, Nr. 313, S. 276–277.
520 Vgl.: CDS I B 3 Nr. 364, S. 313, Nr. 366, S. 314–315, Nr. 375, S. 319.
521 Zit.: CDS I B 3, Nr. 472, S. 389.
522 Vgl.: CDS I B 3, Nr. 472, S. 389; : ROGGE: Herrschaftsweitergabe, Konfliktregelung und Familienorganisation, S. 123.
523 Vgl.: CDS I B 3, Nr. 474, S. 389–390; : ROGGE: Herrschaftsweitergabe, Konfliktregelung und Familienorganisation, S. 124–125.
524 Zit.: CDS I B 3, Nr. 474, S. 391.
525 Zit.: CDS I B 3, Nr. 474, S. 391.
526 Vgl.: CDS I B 3 Nr. 505, S. 418–421.
527 Vgl.: CDS I B 3 Nr. 525, S. 436–437; BROESIGKE: Friedrich der Streitbare, S. 29.
528 Vgl.: CDS I B 3 Nr. 543, S. 450–451.
529 Vgl.: CDS I B 3 Nr. 544, S. 451–452.
530 Vgl.: CDS I B 4, Nr. 41, S. 25.
531 Zit.: CDS I B 4, Nr. 9, S. 10.
532 Vgl.: CDS I B 4, Nr. 11, S. 11.
533 Zit.: CDS I B 4, Nr. 12, S. 11.
534 Zit.: CDS I B 4, Nr. 47, S. 29.
535 Zit.: CDS I B 4, Nr. 48, S. 30.
536 Vgl.: CDS I B 4, Nr. 49, S. 30–31.
537 Zit.: CDS I B 4, Nr. 61, S. 37.
538 Vgl.: CDS I B 4, Nr. 61, S. 37.
539 Vgl.: CDS I B 4, Nr. 61, S. 37–38.
540 Vgl.: CDS I B 4, Nr. 67, S. 43–45; ROGGE: Herrschaftsweitergabe, Konfliktregelung und Familienorganisation, S. 124–125; BROESIGKE: Friedrich der Streitbare, S. 29.
541 Zit.: CDS I B 4, Nr. 71, S. 46.
542 Zit.: ROGGE: Herrschaftsweitergabe, Konfliktregelung und Familienorganisation, S. 125.
543 Vgl.: CDS I B 4, Nr. 498, S. 324–325.
544 Zit.: CDS I B 3, Nr. 401, S. 338.
545 Vgl.: CDS I B 3, Nr. 401, S. 338–341; : ROGGE: Herrschaftsweitergabe, Konfliktregelung und Familienorganisation, S. 130–132.

546 Vgl.: CDS I B 3, Nr. 408, S. 345–346.
547 Vgl.: CDS I B 3, Nr. 411, S. 347.
548 Vgl.: CDS I B 3, Nr. 413, S. 348.
549 Vgl.: CDS I B 3, Nr. 414, S. 348–349.
550 Vgl.: CDS I B 3, Nr. 447, S. 367.
551 Vgl.: CDS I B 3, Nr. 448, S. 368.
552 Vgl.: ROGGE: Herrschaftsweitergabe, Konfliktregelung und Familienorganisation, S. 133.
553 Zit.: CDS I B 3, Nr. 537, S. 446.
554 Vgl.: CDS I B 3, Nr. 537, S. 446–447.
555 Zit.: CDS I B 4, Nr. 43, S. 26–27.
556 Vgl.: CDS I B 4, Nr. 43, S. 27.
557 Zit.: CDS I B 4, Nr. 161.
558 Vgl.: : ROGGE: Herrschaftsweitergabe, Konfliktregelung und Familienorganisation, S. 133.
559 Vgl.: CDS I B 4, Nr. 293, S. 181–183.
560 Vgl.: ROGGE: Herrschaftsweitergabe, Konfliktregelung und Familienorganisation, S. 134; BROESIGKE: Friedrich der Streitbare, S. 32–33.
561 Allgemein zum Zugriff der Wettiner auf ihre benachbarten Bistümer: QUERENGÄSSER: Von hegemonialer Überherrschung zur Landsässigkeit, S. 44–49.
562 Vgl.: CDS I B 1, Nr. 199, S. 147–149.
563 Vgl.: WIESSNER: Das Bistum Naumburg 2, S. 869.
564 Vgl.: CDS I B 1, Nr. 335, S. 259–260; STREICH: Die Bistümer, S. 60.
565 Vgl.: CDS I B 1, Nr. 522, S. 396–397.
566 Allgemein zu diesem Vorgang: SCHWARZ: Die Exemtion des Bistums Meißen, S. 294–361.
567 Vgl.: ROGGE: Die Wettiner, S. 126–127.
568 Vgl.: CDS I B 4, Nr. 171, S. 106.
569 Vgl.: CDS I B 3, Nr. 224, S. 209; STREICH: Die Bistümer, S. 73; OPITZ: Urkundenwesen, Rat und Kanzlei, S. 101–102; BROESIGKE: Friedrich der Streitbare, S. 53–54.
570 Vgl.: WIESSNER: Das Bistum Naumburg, S. 879–888. Die Bestätigung Gochs durch den Erzbischof von Magdeburg findet sich in: CDS I B 3 Nr. 107, S. 96.
571 Zit.: CDS I B 4, Nr. 292, S. 180.
572 Zit.: CDS I B 3, Nr. 487, S. 402; vgl. auch Nr. 488, S. 403, worin der Hofmeister der Markgräfin mitteilt, kein gütliches Stehen zwischen Friedrich IV. und Fürst Bernhard vermittelt zu haben.
573 Zit.: CDS I B 3, Nr. 480, S. 395.
574 Vgl.: CDS I B 3, Nr. 312, S. 276.
575 Zit.: CDS I B 4, Nr. 26, S. 17.
576 Vgl.: CDS I B 4, Nr. 26, S. 17.
577 Vgl.: CDS I B 4, Nr. 32, S. 20–21.
578 Vgl.: CDS I B 4, Nr. 294, S. 183–184.
579 Vgl.: CDS I B 3, Nr. 548, S. 455.
580 Vgl.: CDS I B 1, Nr. 487, S. 362–363.
581 Vgl.: CDS I B 1, Nr. 532, S. 414.
582 Vgl.: CDS I B 1, Nr. 545, S. 421–422.
583 Vgl.: CDS I B 2, Nr. 386, S. 256.
584 Vgl.: CDS I B 2, Nr. 603, S. 414.
585 Vgl.: CDS I B 2, Nr. 687, S. 485.
586 Vgl.: SPIESS: Lehnswesen, S. 55.

587 Vgl.: Ebd., S. 56.
588 Zit.: CDS I B 1, Nr. 225, S. 174.
589 Vgl.: CDS I B 1, Nr. 411, S. 306.
590 Vgl.: Kapitel 3.
591 Vgl.: CDS I B 2, Nr. 42, S. 21.
592 Vgl.: CDS I B 2, Nr. 43, S. 22.
593 Vgl.: CDS I B 2, Nr. 360, S. 241.
594 Vgl.: CDS I B 2, Nr. 524, S. 357.
595 Vgl.: CDS I B 3, Nr. 483, S. 399–400.
596 Vgl.: CDS I B 1, Nr. 600, S. 491–492.
597 Vgl.: CDS I B 2, Nr. 300, S. 202.
598 Vgl.: CDS I B 1, Nr. 602, S. 492–493.
599 Vgl.: CDS I B 3, Nr. 167, S. 150.
600 Vgl.: CDS I B 3, Nr. 342, S. 298–299.
601 Zit.: CDS I B 3, Nr. 207, S. 193.
602 Vgl.: CDS I B 3, Nr. 198, S. 182.
603 Vgl.: CDS I B 4, Nr. 339, S. 217.
604 Vgl.: CDS I B 3, Nr. 552, S. 464.
605 Vgl.: CDS I B 3, Nr. 529, S. 441–442.
606 Vgl.: CDS I B 3, Nr. 163, S. 147.
607 Zit.: MENZEL: Die »Katherina Divina«, S. 264.
608 Vgl.: CDS I B 1, Nr. 284, S. 223–224; BILLIG: Der Adel Sachsens, S. 48–51; BROESIGKE: Friedrich der Streitbare, S. 33, 35–36.
609 Vgl.: CDS I B 2, Nr. 589, S. 399–400.
610 Vgl.: CDS I B 2, Nr. 711, S. 500.
611 Vgl.: CDS I B 3, Nr. 186, S. 173–174.
612 Vgl.: CDS I B 3, Nr. 187, S. 174.
613 Vgl.: CDS I B 3, Nr. 137, S. 132.
614 Vgl.: CDS I B 3, Nr. 176, S. 167.
615 Vgl.: CDS I B 3, Nr. 215, S. 201.
616 Vgl.: CDS I B 4, Nr. 565, S. 362.
617 Vgl.: CDS I B 1, Nr. 73, S. 51; BROESIGKE: Friedrich der Streitbare, S. 36.
618 Vgl.: CDS I B 4, Nr. 460, S. 300.
619 Vgl.: CDS I B 1, Nr. 114, S. 77.
620 Vgl.: CDS I B 2, Nr. 357, S. 240.
621 Vgl.: CDS I B 3, Nr. 190, S. 175.
622 Vgl.: CDS I B 2, Nr. 568, S. 385.
623 Zit.: CDS I B 4, Nr. 194, S. 116.
624 Hierzu: THIEME: Die frühen Herren von Bünau, S. 97–123.
625 Vgl.: SCHNEIDER: Die Bünaus, S. 170.
626 Vgl.: COTTIN: Familie Pflug, S. 42–43.
627 Vgl.: ROGGE: Herrschaftsweitergabe, Konfliktregelung und Familienorganisation, S. 134.
628 BLASCHKE: Geschichte Sachsens im Mittelalter, S. 301; SCHIRMER: Grundriß, S. 166; HELBIG: Der wettinische Ständestaat, S. 418–425; ROGGE, Die Wettiner, S. 159. Rogge betont ausdrücklich: »Gefördert wurde diese Entwicklung jedoch nicht allein durch die Folgen der Hussitenkriege, sondern auch von den Familienkonflikten der Wettiner, die um die Jahrhundertmitte wieder heftig entflammten«.
629 Zit.: REINHARD: Geschichte des modernen Staates, S. 74.
630 Diese Deutung klingt auch bei Herbert Helbig an: »Die zahlreichen Züge Friedrichs des Streitbaren gegen die Ketzer, die Unterhaltung verschiedener Grenzfestungen

und die Auslösung der vielen Gefangenen verursachten hohe Ausgaben. Schlimmer noch war es, daß die ewigen Unruhen störende Stockungen in Handel und Gewerbe verursachten, als deren Folgen wiederum eine Verminderung der fürstlichen Einkünfte an Zöllen, Geleitsgeldern u. ä. eintrat«, zit.: HELBIG: Der wettinische Ständestaat, S. 416.

631 Vgl.: REINHARD: Geschichte des modernen Staates, S. 57–58, 70. Zur Entwicklung der spätmittelalterlichen Fürstenherrschaft und der Herausbildung der Stände allgemein: SCHUBERT: Fürstliche Herrschaft und Territorium im späten Mittelalter, S. 38–49. Schubert bedient allerdings mehrheitlich Beispiele aus dem süddeutschen Raum.
632 HINTZE: Geist und System der preußischen Verwaltung, hier S. 23.
633 Vgl.: BÜNZ: Schulen, S. 16–18.
634 Vgl.: Ebd., S. 18–19.
635 Vgl.: BÜNZ: Gründung, S. 24; LANG: Universität, S. 88.
636 Zu den Ursachen und Hintergründen, die in Böhmen schließlich zum Ausbruch der Hussitischen Revolution führten, vor allem ŠMAHEL: Hussitische Revolution 1.
637 Vgl.: BÜNZ: Gründung und Entfaltung, S. 44–49; BÜNZ: Gründung, S. 26; LANG: Universität, S. 90–91.
638 Vgl.: Dieter VELDTRUP: Zwischen Eherecht und Familienpolitik. Studien zu den dynastischen Heiratsprojekten Karls IV. (=Studien zu den Luxemburgern und ihrer Zeit 2), Warendorf 1988, S. 425–427.
639 Vgl.: BÜNZ: Gründung, S. 26.
640 Vgl.: KÜHNE, Hartmut: »Ich ging durch Feuer und Wasser...«, S. 52–53.
641 Vgl.: BÜNZ: Gründung und Entfaltung, S. 50–54; BÜNZ: Gründung, S. 26; LANG: Universität, S. 90–91.
642 Vgl.: BÜNZ: Gründung und Entfaltung, S. 56–57; BÜNZ: Gründung, S. 26; LANG: Universität, S. 90–91.
643 Vgl.: BÜNZ: Gründung und Entfaltung, S. 57–60; BÜNZ: Gründung, S. 26; LANG: Universität, S. 91.
644 Vgl.: LANG: Universität, S. 91.
645 Vgl.: BÜNZ: Gründung und Entfaltung, S. 59–60; BÜNZ: Gründung, S. 32; LANG: Universität, S. 90–91.
646 Vgl.: BÜNZ: Gründung und Entfaltung, S. 63–75; BÜNZ: Gründung, S. 31; LANG: Universität, S. 92.
647 Zit. nach: LANG: Universität, S. 93; vgl.: BÜNZ: Gründung, S. 32.
648 Vgl.: BÜNZ: Gründung und Entfaltung, S. 80–87; BÜNZ: Gründung, S. 32; LANG: Universität, S. 93–94.
649 Vgl.: BÜNZ: Gründung und Entfaltung, S. 71; BÜNZ: Gründung, S. 31–32; LANG: Universität, S. 93.
650 Vgl.: BÜNZ: Gründung und Entfaltung, S. 105–118; BÜNZ: Gründung, S. 32–33; LANG: Universität, S. 95–96.
651 Vgl.: BÜNZ: Gründung und Entfaltung, S. 277–280.
652 Vgl.: BÜNZ: Gründung und Entfaltung, S. 112–114; BÜNZ: Gründung, S. 33–34; LANG: Universität, S. 96–97.
653 Vgl.: BÜNZ: Gründung und Entfaltung, S. 125–129; LANG: Universität, S. 97.
654 Zit. nach: LANG: Universität, S. 88; vgl.: BÜNZ: Gründung, S. 34–35.
655 Vgl.: SPALATIN: Vitae, Sp. 1067.
656 Zit.: BROESIGKE: Friedrich der Streitbare, S. 104.
657 Vgl.: DEUTSCHLÄNDER: Dienen lernen, um zu herrschen, S. 124.
658 Vgl.: THIEL: Wassernot und Strukturwandel, S. 67–68; ARNOLD: Bergbau und Münzpolitik, S. 26; SCHIRMER: Freiberger Silberbergbau, S. 7–10.

659 Vgl.: ARNOLD: Bergbau und Münzpolitik, S. 26.
660 Vgl.: THIEL: Wassernot und Strukturwandel, S. 70–71; SCHIRMER: Freiberger Silberbergbau, S. 13–16.
661 Vgl.: ARNOLD: Bergbau und Münzpolitik, S. 26–27.
662 Vgl.: ARNOLD: Bergbau und Münzpolitik, S. 27; SCHIRMER: Freiberger Silberbergbau, S. 9.
663 Vgl.: ARNOLD: Bergbau und Münzpolitik, S. 27.
664 Zahlen nach: THIEL: Wassernot und Strukturwandel, S. 76; vgl.: SCHIRMER: Freiberger Silberbergbau, S. 16–17. Schirmer gibt an, dass sich die Ausbeute zwischen 1390/91 und 1392 schlagartig halbierte.
665 Vgl.: ARNOLD: Bergbau und Münzpolitik, S. 27; SCHIRMER: Freiberger Silberbergbau, S. 18.
666 Vgl.: CDS I B 2, Nr. 595, S. 407.
667 Vgl.: CDS I B 2, Nr. 655, S. 463.
668 Vgl.: CDS I B 3 Nr. 52, S. 42–43.
669 Vgl.: CDS I B 1, Nr. 163, S. 122–123.
670 Vgl.: CDS I B 1, Nr. 520, S. 395.
671 Zit.: CDS I B 2, Nr. 92, S. 52–53.
672 Zit.: CDS I B 2, Nr. 307, S. 204.
673 Zit.: MENZEL: Die »Katherina Divina«, S. 215.
674 Vgl.: CDS I B 1, Nr. 33, S. 24.
675 Vgl.: CDS I B 1, Nr. 82, S. 58.
676 Vgl.: CDS I B 1, Nr. 224, S. 174.
677 Vgl.: CDS I B 1, Nr. 337, S. 260–261.
678 Vgl.: CDS I B 1, Nr. 560, S. 429.
679 Vgl.: CDS I B 1, Nr. 357, S. 272–273.
680 Zit.: CDS I B 1, Nr. 405, S. 301.
681 Vgl.: ARNOLD: Bergbau und Münzpolitik, S. 27; SCHIRMER: Freiberger Silberbergbau, S. 18.
682 Vgl.: ARNOLD: Bergbau und Münzpolitik, S. 27.
683 Vgl.: CDS I B 1, Nr. 473, S. 356; ARNOLD: Bergbau und Münzpolitik, S. 27–28.
684 Vgl.: CDS I B 1, Nr. 482, S. 360.
685 Vgl.: CDS I B 1, Nr. 559, S. 428–429.
686 Zit.: CDS I B 2, Nr. 210, S. 277.
687 Vgl.: CDS I B 2, Nr. 545, S. 374.
688 Vgl.: CDS I B 2, Nr. 551, S. 376.
689 Zit.: CDS I B 2, Nr. 635, S. 452; vgl.: SCHIRMER: Freiberger Silberbergbau, S. 18–19.
690 Vgl.: CDS I B 4, Nr. 397, S. 255.
691 Vgl.: ARNOLD: Bergbau und Münzpolitik, S. 27–28.
692 Vgl.: ARNOLD: Bergbau und Münzpolitik, S. 28.
693 Vgl.: CDS I B 3, Nr. 240, S. 221.
694 Vgl.: ARNOLD: Bergbau und Münzpolitik, S. 29; SCHIRMER: Freiberger Silberbergbau, S. 19.
695 Vgl.: SCHIRMER: Freiberger Silberbergbau, S. 19.
696 Vgl.: CDS I B 1, Nr. 485, S. 361–362.
697 Zit.: CDS I B 3, Nr. 156, S. 144.
698 Vgl.: CDS I B 3, Nr. 156, S. 144.
699 Vgl.: HESSE: Amtsträger der Fürsten, S. 122.
700 Vgl.: CDS I B 3, Nr. 284, S. 252.
701 Zit.: CDS I B 4, Nr. 188, S. 113.
702 Vgl.: CDS I B 4, Nr. 188, S. 114.

703 Vgl.: CDS I B 4, Nr. 387, S. 251.
704 Vgl.: CDS I B 4, Nr. 400, S. 256.
705 Vgl.: CDS I B 4, Nr. 491, S. 322.
706 Vgl.: CDS I B 4, Nr. 326, S. 208.
707 Vgl.: CDS I B 4, Nr. 375, S. 245.
708 Hierzu generell: LÄMMERHIRT: Juden. Naumburg gehörte zwar nicht zum Herrschaftsbereich der Wettiner, dennoch stellten Friedrich IV. und seine Brüder 1399 für zwei dort ansässige Juden einen Schutzbrief aus, vgl.: S. 74–75.
709 Vgl.: CDS I B 1, Nr. 88, S. 61–62.
710 Vgl.: CDS I B 1, Nr. 189, S. 142.
711 Vgl.: LÄMMERHIRT: Juden, S. 131.
712 Vgl.: CDS I B 1, Nr. 286, S. 224; Nr. 300, S. 235–236; LÄMMERHIRT: Juden, S. 131.
713 Vgl.: CDS I B 1, Nr. 402, S. 299–300.
714 Vgl.: CDS I B 1, Nr. 605, S. 459.
715 Zit.: CDS I B 3, Nr. 201, S. 184.
716 Vgl.: CDS I B 3, Nr. 201, S. 184–185; LÄMMERHIRT: Juden, S. 155.
717 Vgl.: LÄMMERHIRT: Juden, S. 154.
718 Vgl.: CDS I B 3, Nr. 461, S. 381.
719 Vgl.: CDS I B 3, Nr. 503, S. 417–418.
720 Vgl.: CDS I B 3, Nr. 538, S. 447–448.
721 Vgl.: CDS I B 3 Nr. 551, S. 457–463, hier S. 463.
722 Vgl.: AUFGEBAUER: »Kammerknecht« Abraham von Leipzig, S. 122.
723 Zit.: CDS I B 3, Nr. 318, S. 280.
724 Vgl.: CDS I B 4, Nr. 75, S. 48.
725 Vgl.: LÄMMERHIRT: Juden, S. 411; BÜNZ (Hrsg.): Geschichte der Stadt Leipzig, S. 420–422; AUFGEBAUER: »Kammerknecht« Abraham von Leipzig, S. 422.
726 Vgl.: CDS I B 4, Nr. 187, S. 113.
727 Vgl.: AUFGEBAUER: »Kammerknecht« Abraham von Leipzig, S. 125.
728 Vgl.: LÄMMERHIRT: Juden, S. 387–393; 411–412.
729 Vgl.: CDS I B 4, Nr. 415, S. 265.
730 Zit.: CDS I B 4, Nr. 393, S. 253.
731 Zit.: CDS I B 4, Nr. 614, S. 389; AUFGEBAUER: »Kammerknecht« Abraham von Leipzig, S. 131.
732 Vgl.: CDS I B 4, Nr. 417, S. 266–267.
733 Vgl.: CDS I B 4, Nr. 484, S. 318; AUFGEBAUER: »Kammerknecht« Abraham von Leipzig, S. 131.
734 Vgl.: CDS I B 4, Nr. 165, S. 102–103.
735 Vgl.: CDS I B 4, Nr. 166, S. 103–104.
736 Vgl.: CDS I B 4, Nr. 167, S. 104–105.
737 Vgl.: FINK: Das Konzil von Konstanz, S. 144–146; FRENKEN: Das Konstanzer Konzil, S. 48–82.
738 Zit.: CDS I B 3, Nr. 220, S. 203; vgl.: HOYER: Peter von Dresden, S. 62–69; MEINHART: Dresden und die Ketzerbewegung, S. 110–113.
739 Vgl.: HOYER: Peter von Dresden, S. 66–68.
740 Vgl.: BÜNZ: Drändorf; MEINHART: Dresden und die Ketzerbewegung, S. 112.
741 Vgl.: HOYER: Peter von Dresden, S. 68.
742 Vgl.: ŠMAHEL: Die Hussitische Revolution 2, S. 21–50; MACEK: Die Hussitische Revolutionäre Bewegung, S. 28–36; Seibt: Die Hussitische Revolution, S. 85–87.
743 Vgl.: Hilsch: Johannes Hus, S. 30–53.
744 Zit.: CDS I B 3, Nr. 387, S. 329.
745 Vgl.: CDS I B 3, Nr. 458, S. 378.

746 Vgl.: BROESIGKE: Friedrich der Streitbare, S. 56.
747 Vgl.: OPITZ: Urkundenwesen, Rat und Kanzlei, S. 102.
748 Vgl.: FINK: Das Konzil von Konstanz, S. 150–151.
749 Zit.: CDS I B 3, Nr. 518, S. 430.
750 Vgl.: FINK: Das Konzil von Konstanz, S. 151–159; FRENKEN: Das Konstanzer Konzil, S. 153–163.
751 Vgl.: CDS I B 3, Nr. 522, S. 234.
752 Zit.: CDS I B 3, Nr. 112, S. 100.
753 Zit.: CDS I B 3, Nr. 120, S. 106.
754 Zit.: CDS I B 3, Nr. 134, S. 131.
755 Vgl.: CDS I B 3, Nr. 139, S. 133–134.
756 Vgl.: CDS I B 3, Nr. 140, S. 134–135.
757 Zit.: CDS I B 3, Nr. 142, S. 135.
758 Vgl.: CDS I B 3, Nr. 221, S. 204–206.
759 Vgl.: CDS I B 3, Nr. 236, S. 217–218.
760 Vgl.: CDS I B 3, Nr. 241, S. 221–225.
761 Vgl.: CDS I B 3, Nr. 291, S. 260.
762 Zit.: CDS I B 3, Nr. 433, S. 359.
763 Vgl.: CDS I B 3, Nr. 468, S. 386.
764 Zit.: CDS I B 3, Nr. 551, S. 458.
765 Zit.: CDS I B 3, Nr. 551, S. 458.
766 Zit.: CDS I B 3, Nr. 551, S. 458.
767 Vgl.: CDS I B 4, Nr. 40, S. 24–25.
768 Hierzu allgemein: QUERENGÄSSER: Kriegswesen und Herrschaftsbildung.
769 Vgl.: KROENER, Kriegswesen, S. 2 f.
770 Hierzu: MALTE PRIETZEL: Kriegführung im Mittelalter; DORFER: Vom Niedergang der feudalen Heeresverfassung, S. 13–35.
771 Zit.: CDS I B 2, Nr. 429, S. 290.
772 Vgl.: CDS I B 3, Nr. 465, S. 384.
773 Vgl.: CDS I B 4, Nr. 540, S. 352.
774 Vgl.: SächsHStADD 10005 Hof und Zentralverwaltung. Findbuch 4.2, S. 341. Die Akte mit der Registraturnummer 4377/1 Ungarische Sachen, wird als fehlend verzeichnet.
775 Zit.: CDS I B 3, Nr. 457, S. 377.
776 Zit.: CDS I B 3, Nr. 79, S. 68–69.
777 Vgl.: CDS I B 1, Nr. 523, S. 397.
778 Zit. nach: BUTZ: Ensifer ense potens, S. 385.
779 Vgl.: GROSS: Dresden im 15. Jahrhundert, S. 79–80.
780 Vgl.: MÖRTZCH: Des Schlosses Dohna Fall, S. 135–136.
781 Zit.: CDS I B 4, Nr. 113, S. 71.
782 Zit.: CDS I B 4, Nr. 176, S. 107–108.
783 Vgl.: CDS I B 4, Nr. 181, S. 109–110.
784 Vgl.: CDS I B 4, Nr. 113, S. 71.
785 Vgl.: CDS I B 4, Nr. 114, S. 71–72.
786 Zit.: PALACKÝ: Urkundliche Beiträge I, Nr. 56, S. 56.
787 Vgl.: KROENER, Kriegswesen, S. 5.
788 Zit.: PALACKÝ: Urkundliche Beiträge I, Nr. 213, S. 239.
789 Zit.: Ebd., Nr. 214, S. 241.
790 Vgl.: CDS I B 4, Nr. 557, S. 359.
791 Vgl.: KROENER, Kriegswesen, S. 4, 8.

ANMERKUNGEN

792 Zur Schlacht bei Aussig: ERMISCH,: Schlacht bei Aussig; Querengässer: Triumph for the heretics. Zum Heerwesen der Hussiten: KROENER: Kriegswesen, S. 10–12; TRESP: Böhmen als Söldnermarkt, S 40–43; Querengässer: Heere der Hussiten 1.
793 Zit.: MENZEL: Die »Katherina Divina«, S. 301.
794 Zit.: Ebd., S. 303.
795 Zit.: Ebd., S. 305.
796 Vgl.: KROENER, Kriegswesen, S. 3–6.
797 Vgl.: CDS I B 4, Nr. 197, S. 117.
798 Vgl.: CDS I B 4, Nr. 474, S. 313 enthält das Schreiben der Kommandeure an den Vogt zu Meißen, CDS I B 4, Nr. 475, S. 314 die Forderung Friedrichs an den Rat der Stadt Leipzig.
799 Vgl.: CDS I B 4, Nr. 482, S. 318–319.
800 Vgl.: KUNZE: Das Amt Leisnig, S. 144–153.
801 Vgl.: CDS I B 1, Nr. 255, S. 201. Zu den frühen Geschützmeistern der Wettiner im 14. Jahrhundert: LIPPERT: Schützenmeister und Geschützgießer, S. 365–370.
802 Zit.: CDS I B 4, Nr. 568, S. 364.
803 Vgl.: MÖRTZCH: Des Schlosses Dohna Fall, S. 138. Eine Tarasbüchse ist eine kleinkalibrige Kanone, die auf eine feste Holzbettung (Taras = Terasse) montiert wurde.
804 Vgl.: CDS I B 4, Nr. 474, S. 313 enthält das Schreiben der Kommandeure an den Vogt zu Meißen, CDS I B 4, Nr. 475, S. 314 die Forderung Friedrichs an den Rat der Stadt Leipzig.
805 Vgl.: CDS I B 4, Nr. 494, S. 323.
806 Vgl.: CDS I B 4, Nr. 499, S. 325.
807 Zit.: RIBBE: Die Aufzeichnungen des Engelbert Wusterwitz, S. 144.
808 RATHGEN: Das Geschütz, S. 464
809 Vgl.: GEBUHR: Technik, S. 143–145.
810 Vgl.: RICHTER: Zur Bevölkerungs- und Vermögensstatistik, S. 282 spricht von 2 593 Einwohnern in Dresden im Jahr 1421 und 3 956 im Jahr 1431. Zu Freiberg: KNAUTH: Bevölkerungszahl, S. 312–313, wobei Knauth nur eine grobe Schätzung abgeben kann.
811 Vgl.: CDS I B 4, Nr. 123, S. 75.
812 Vgl.: CDS I B 4, Nr. 542, S. 552–553. Auch die von den Ämtern gestellten Wagen dienten wohl hauptsächlich der Versorgung, vgl.: KUNZE: Das Amt Leisnig, S. 146, 153.
813 Zit.: CDS I B 4, Nr. 153, S. 95.
814 Vgl.: ŠMAHEL: Hussitische Revolution II, S. 941–950; RIEDER: Die Hussiten, S. 88–94.
815 Vgl.: PALACKÝ: Der Hussitenkrieg 1419–1431, S. 47–50; ŠMAHEL: Hussitische Revolution, S. 1002–1020; RIEDER: Die Hussiten, S. 94–99.
816 Vgl.: PALACKÝ: Der Hussitenkrieg 1419–1431, S. 49–53; RIEDER: Die Hussiten, S. 99–102.
817 Vgl.: PALACKÝ: Der Hussitenkrieg 1419–1431, S. 52–54.
818 Vgl.: PALACKÝ: Der Hussitenkrieg 1419–1431, S. 56–59; ŠMAHEL: Hussitische Revolution, S. 1021–1040.
819 Vgl.: SEIBT: Tabor, S. 175–178; PALACKÝ: Der Hussitenkrieg 1419–1431, S. 61–64; ŠMAHEL: Hussitische Revolution, S. 1037–1070.
820 Vgl.: CDS I B 4, Nr. 63, S. 40–41.
821 Vgl.: CDS I B 4, Nr. 62, S. 40.
822 Zit.: CDS I B 4, Nr. 64, S. 41; vgl.: BROESIGKE: Friedrich der Streitbare, S. 56–57.
823 Vgl.: CDS I B 4, Nr. 68, S. 45.
824 Zit.: CDS I B 4, Nr. 69, S. 45.

825 Vgl.: PALACKÝ: Der Hussitenkrieg 1419–1431, S. 90–92; ŠMAHEL: Hussitische Revolution II, S. 1071–1073; KROCKER: Sachsen und die Hussitenkriege, S. 2.
826 Vgl.: QUERENGÄSSER: Heere der Hussiten 2, S. 4.
827 Vgl.: PALACKÝ: Der Hussitenkrieg 1419–1431, S. 92–103, 112–113; ŠMAHEL: Hussitische Revolution II, S. 1074–1089; DURDÍK: Hussitisches Heerwesen, S. 200–201.
828 Vgl.: PALACKÝ: Der Hussitenkrieg 1419–1431, S. 109–111; ŠMAHEL: Hussitische Revolution II, S. 1092 ŠMAHEL schätzt die Stärke der Kreuzfahrerarmee sogar nur auf 30 000 Mann; SEIBT: Vom Vítkov bis zum Vyšehrad, S. 188–190.
829 Vgl.: PALACKÝ: Der Hussitenkrieg 1419–1431, S. 122–123; VERNEY: Warrior of God, S. 71–72.
830 Vgl.: PALACKÝ: Der Hussitenkrieg 1419–1431, S. 127–129; ŠMAHEL: Hussitische evolution II, S. 1093–1094; DURDÍK: Hussitisches Heerwesen, S. 201.
831 Vgl.: DURDÍK: Hussitisches Heerwesen, S. 201–203; ŠMAHEL: Hussitische Revolution II, S. 1094; VERNEY: Warrior of God, S. 76–78; SEIBT: Vom Vítkov bis zum Vyšehrad, S. 185–187.
832 Zit.: Laurentius-Chronik, S. 105.
833 Zit. nach: HÖFLER: Die Schlacht am Zizkaberg, S. 908–909.
834 Vgl.: PALACKÝ: Der Hussitenkrieg 1419–1431, S. 131–133; ŠMAHEL: Hussitische Revolution II, S. 1094; DURDÍK: Hussitisches Heerwesen, S. 205–206; VERNEY: Warrior of God, S. 79–81; SEIBT: Vom Vítkov bis zum Vyšehrad, S. 187–196.
835 Stellvertretend hierfür: DURDÍK: Hussitisches Heerwesen, S. 205–206.
836 Vgl.: CDS I B 4, Nr. 89, S. 54–55.
837 Vgl.: CDS I B 4, Nr. 90, S. 56.
838 Vgl.: CDS I B 4, Nr. 135, S. 80.
839 Vgl.: PALACKÝ: Der Hussitenkrieg 1419–1431, S. 142–148; ŠMAHEL: Hussitische Revolution II, S. 1094–1102; STÖLLER: Österreich im Kriege gegen die Hussiten, S. 9–10; BLEICHER: Das Herzogtum Niederbayern, S. 94.
840 Vgl.: Palacký: Der Hussitenkrieg 1419–1431, S. 199–202; ŠMAHEL: Hussitische Revolution II, S. 1159–1165; VERNEY: Warrior of God, S. 107–109.
841 Vgl.: CDS I B 4, Nr. 113, S. 71.
842 Vgl.: CDS I B 4, Nr. 114, S. 71–72.
843 Vgl.: CDS I B 4, Nr. 123, S. 75.
844 Vgl.: CDS I B 4, Nr. 109, S. 67–69.
845 Vgl.: CDS I B 4, Nr. 110, S. 69–70.
846 Vgl.. CDS I B 4, Nr. 138, S. 82–85.
847 Zit.: PALACKÝ: Urkundliche Beiträge I, Nr. 100, S. 99; CDS I B 4, Nr. 137, S. 81–82.
848 Zit.: PALACKÝ: Urkundliche Beiträge I, Nr. 100, S. 99–100.
849 Zit.: PALACKÝ: Urkundliche Beiträge I, Nr. 131, S. 141, vgl.: CDS I B 4, Nr. 147, S. 89–90.
850 Zit. nach: KROCKER: Sachsen und die Hussitenkriege, S. 3–4.
851 Vgl.: KROCKER: Sachsen und die Hussitenkriege, S. 4.
852 Vgl.: STÖLLER: Österreich im Kriege gegen die Hussiten, S. 14.
853 Vgl.: PALACKÝ: Urkundliche Beiträge I, Nr. 54, S. 54–55.
854 Zit.: PALACKÝ: Urkundliche Beiträge I, Nr. 56, S. 56.
855 Vgl.: CDS I B 4, Nr. 144, S. 87–88.
856 Zit.: CDS I B 4, Nr. 177, S. 108.
857 Vgl.: PALACKÝ: Der Hussitenkrieg 1419–1431, S. 246–249, 279–288; ŠMAHEL: Hussitische Revolution II, S. 1200–1203; MEINHARDT: Im Dienste des Königs, S. 117; KROCKER: Sachsen und die Hussitenkriege, S. 5; PURTON: Late Medieval Siege, S. 236.
858 Zit.: CDS I B 4, Nr. 143, S. 87.

859 Irmgard von Broesigke zieht dies in Zweifel, da Friedrich Ende Juli nachweislich in Leisnig, am 7. August in Meißen nachweisbar ist. Tatsächlich erscheint ein kurzer »Abstecher« zum Heer undwahrscheinlich. Es wäre Friedrich wohl aber möglich gewesen, über die Elbe innerhalb von anderthalb Tagen nach der Schlacht nach Meißen zu gelangen; vgl.: BROESIGKE: Friedrich der Streitbare, S. 62.
860 Zit.: PALACKÝ: Urkundliche Beiträge I, Nr. 135, S. 145–146.
861 Vgl.: KROCKER: Sachsen und die Hussitenkriege, S. 4; BLEICHER: Das Herzogtum Niederbayern. S. 110–111.
862 Vgl.: PALACKÝ: Der Hussitenkrieg 1419–1431, S. 252.
863 Vgl.: PALACKÝ: Der Hussitenkrieg 1419–1431, S. 249; ŠMAHEL: Hussitische Revolution II, S. 1173.
864 Vgl.: PALACKÝ: Der Hussitenkrieg 1419–1431, S. 249–254; KROCKER: Sachsen und die Hussitenkriege, S. 5; BLEICHER: Das Herzogtum Niederbayern, S. 111–112.
865 Vgl.: PALACKÝ: Der Hussitenkrieg 1419–1431, S. 263–164; ŠMAHEL: Hussitische Revolution II, S. 1229–1233; DURDÍK: Hussitisches Heerwesen, S. 206–212; Stöller: Österreich im Kriege gegen die Hussiten, S. 15–19; VERNEY: Warrior of God, S. 148–157.
866 Vgl.: CDS I B 4, Nr. 161, S. 99–100.
867 Vgl.: PALACKÝ: Der Hussitenkrieg 1419–1431, S. 290–296.
868 Vgl.: PALACKÝ: Urkundliche Beiträge I, Nr. 193, S. 210; PALACKÝ: Der Hussitenkrieg 1419–1431, S. 152–155, 185, 254–260, 301–312; ŠMAHEL: Hussitische Revolution II, S. 1234–1256, STÖLLER: Österreich im Kriege gegen die Hussiten, S. 19–20; BEZOLD: Sigismund und die Reichskriege, S. 65–67.
869 Vgl.: CDS I B 4, Nr. 180, S. 109.
870 Vgl.: PALACKÝ: Der Hussitenkrieg 1419–1431, S. 312–316; KROCKER: Sachsen und die Hussitenkriege, S. 5. Nach dem Nürnberger Anschlag sollte es allerdings 5 910 Reiter und 37 400 Fußknechte zählen; Stöller: Österreich im Kriege gegen die Hussiten, S. 20–21, Auch Herzog Albrecht von Österreich stellte ein Aufgebot zusammen, welches jedoch nicht mehr zum Einsatz kam; BLEICHER: Das Herzogtum Niederbayern, S. 123–127.
871 Vgl.: CDS I B 4, Nr. 197, S. 117.
872 Zit.: PALACKÝ: Urkundliche Beiträge I, Nr. 218, S. 244; CDS I B 4, Nr. 209, S. 127.
873 Zit.: CDS I B 4, Nr. 212, S. 129; CDS I B 4, Nr. 212, S. 129.
874 Zit.: Ebd., Nr. 225, S. 252.
875 Zit.: Ebd., Nr. 226, S. 252.
876 Zit.: Ebd., Nr. 226, S. 252.
877 Zit.: Ebd., Nr. 228, S. 254.
878 Vgl.: PALACKÝ: Urkundliche Beiträge I, S. 240–261; BLEICHER: Das Herzogtum Niederbayern, S. 128–129.
879 Vgl.: PALACKÝ: Der Hussitenkrieg 1419–1431, S. 317–318; BEZOLD: Sigismund und die Reichskriege I, S. 70–73.
880 Vgl.: CDS I B 4, Nr. 202, S. 121–124.
881 Vgl.: CDS I B 4, Nr. 305, S. 188.
882 Vgl.: PALACKÝ: Urkundliche Beiträge I, Nr. 236, S. 262–263; CDS I B 4, Nr. 223, S. 134.
883 Zit.: PALACKÝ: Urkundliche Beiträge I, Nr. 237, S. 263–264.
884 Vgl.: PALACKÝ: Urkundliche Beiträge I, Nr. 243, S. 267; BEZOLD: Sigismund und die Reichskriege I, S. 100–122; BLEICHER: Das Herzogtum Niederbayern, S. 129.
885 Zit.: PALACKÝ: Urkundliche Beiträge I, Nr. 264, S. 267.
886 Vgl.: BECK: Herzöge von Sachsen-Wittenberg, S. 155–157.
887 Vgl.: BUTZ: Ensifer ense potens, S. 377.

888 Vgl.: Ebd., S. 381–383.
889 Zit.: PALACKÝ: Urkundliche Beiträge I, Nr. 244, S. 268.
890 Vgl.: BROESIGKE: Friedrich der Streitbare, S. 66–67.
891 Vgl.: BUTZ: Ensifer ense potens, S. 380.
892 Vgl.: BÜNZ: Die sächsische Kurwürde, S. 134–135; LEISERING: Die Belehnungsurkunde, S. 144.
893 Zit.: CDS I B 4, Nr. 244, S. 143–145, hier S. 144.
894 Vgl.: CDS I B 4, Nr. 244, S. 144.
895 Zit.: CDS I B 4, Nr. 244, S. 144.
896 Vgl.: LEISERING: Die Belehnungsurkunde, S. 144.
897 Vgl.: BUTZ: Ensifer ense potens, S. 383; ERMISCH: Kurfürstin Katharina, S. 56–57.
898 Vgl.: CDS I B 4, Nr. 283, S. 173.
899 Vgl.: BUTZ: Ensifer ense potens, S. 380–381; LEISERING: Die Belehnungsurkunde, S. 144.
900 Zit.: CDS I B 4, Nr. 244, S. 144–145.
901 Vgl.: CDS I B 4, Nr. 246, S. 146–147.
902 Zit.: PALACKÝ: Urkundliche Beiträge I, Nr. 255, S. 280; CDS I B 4, Nr. 252, S. 151–152; HOENSCH: Kaiser Sigismund, S. 312.
903 Vgl.: CDS I B 4, Nr. 248, S. 148–149; BUTZ: Ensifer ense potens, S. 384.
904 SARNOWSKY: Der Deutsche Orden, S. 96.
905 Vgl.: CDS I B 4, Nr. 258, S. 154–155.
906 Vgl.: CDS I B 4, Nr. 288, S. 176, Nr. 289, S. 177.
907 Vgl.: CDS I B 4, Nr. 250, S. 150.
908 Vgl.: CDS I B 4, Nr. 251, S. 151.
909 Zit.: CDS I B 4, Nr. 269, S. 163.
910 Vgl.: CDS I B 4, Nr. 270, S. 163–165.
911 Vgl.: BECK: Herzöge von Sachsen-Wittenberg, S. 211–213.
912 Vgl.: CDS I B 4, Nr. 274, S. 165; Palacký, Urkundliche Beiträge I, Nr. 265, S. 291–293; PALACKÝ: Der Hussitenkrieg 1419–1431, S. 318–324; KROCKER: Sachsen und die Hussitenkriege, S. 6: »Mit kühner Hand griff der Kurfürst über das Erzgebirge hinüber, aber der Versuch, in Böhmen festen Fuß zu fassen, scheiterte an der blutigen Niederlage von Aussig.«; ERMISCH: Schlacht bei Aussig, S. 6; MEINHARDT: Im Dienste des Königs, S. 115–117.
913 So LEISERING: Die Belehnungsurkunde, S. 146.
914 Zit.: PALACKÝ: Urkundliche Beiträge I, Nr. 266, S. 293–294; CDS I B 4, Nr. 275, S. 169.
915 Vgl.: CDS I B 4, Nr. 443, S. 286–288.
916 Zit.: CDS I B 4, Nr. 444, S. 288–291, hier S. 290..
917 Vgl.: CDS I B 4, Nr. 278, S. 170; BUTZ: Ensifer ense potens, S. 387.
918 Vgl.: ERMISCH: Kurfürstin Katharina, S. 56.
919 Vgl.: CDS I B 4, Nr. 279, S. 171; BUTZ: Ensifer ense potens, S. 387.
920 Diese sagte Friedrich dem Hohenzollern am 23. Februar 1423 zu, vgl.: CDS I B 4, Nr. 261, S. 156. 4500 Schock bezahlte Friedrich sofort, die übrigen 5500 wollte er bis zum 22. Februar 1424 begleichen, vgl.: CDS I B 4, Nr. 265, S. 161. Bereits am 24. März 1423 bestätigte der Rat von Leipzig, dass der Vogt Hans von Koburg weitere 700 Schock an den Hohenzollern gezahlt habe, vgl.: CDS I B 4, Nr. 268, S. 163. Am 29. August 1423 bestätigte der brandenburgische Kurfürst von Berlin aus den Empfang weiterer 950 Schock Groschen, vgl.: CDS I B 4, Nr. 301, S. 186. Am gleichen Tag versprach der Vogt Hans von Polenz, weitere 950 Schock, die er Friedrich schuldete, bis zum kommenden Michaelistag zu zahlen, CDS I B 4, Nr. 302, S. 187. Am 12. April 1424 bestätigte der brandenburgische Kurfürst, dass von der

ANMERKUNGEN

verbliebenen Schuld 2 000 Rheinische Groschen beglichen worden seien, CDS I B 4, Nr. 349, S. 222. Am 9. März 1427 bestätigte der Brandenburger nochmals, dass die vollen 5 500 Schock beglichen seien, vgl.: CDS I B 4, Nr. 575, S. 368. Des Weiteren: BUTZ: Ensifer ense potens, S. 386–387.

921 Vgl.: CDS I B 4, Nr. 263, S. 157–158.
922 Vgl.: CDS I B 4, Nr. 264, S. 159–161.
923 Vgl.: CDS I B 4, Nr. 267, S. 162.
924 Vgl.: CDS I B 4, Nr. 536, S. 347–350; BUTZ: Ensifer ense potens, S. 389–392, 398; MATHIES: Kurfürstenbund und Königtum, S. 126–127, 228–229; LEISERING: Die Belehnungsurkunde, S. 147–148; HOENSCH: Kaiser Sigismund, S. 411; BROESIGKE: Friedrich der Streitbare, S. 74–76.
925 Vgl.: CDS I B 4, Nr. 465, S. 304–306.
926 Vgl.: CDS I B 4, Nr. 466, S. 306.
927 Zit.: CDS I B 4, Nr. 280, S. 172.
928 Zit.: CDS I B 4, Nr. 286, S. 174.
929 Vgl.: CDS I B 4, Nr. 287, S. 175–176.
930 Vgl.: CDS I B 4, Nr. 374, S. 242–245.
931 Vgl.: CDS I B 4, Nr. 376, S. 245.
932 Vgl.: CDS I B 4, Nr. 327, S. 209.
933 Vgl.: CDS I B 4, Nr. 328, S. 209.
934 Vgl.: CDS I B 4, Nr. 341, S. 218.
935 Vgl.: CDS I B 4, Nr. 350, S. 222.
936 Vgl.: CDS I B 4, Nr. 380, S. 247–248.
937 Vgl.: CDS I B 4, Nr. 388, S. 252.
938 Vgl.: CDS I B 4, Nr. 395, S. 254.
939 Vgl.: CDS I B 4, Nr. 407, S. 259–260; Nr. 410, S. 262.
940 Vgl.: CDS I B 4, Nr. 463, S. 303.
941 Vgl.: HOENSCH: Kaiser Sigismund, S. 308.
942 Zit.: CDS I B 4, Nr. 319, S. 201; vgl.: BUTZ: Ensifer ense potens, S. 389–390; MATHIES: Kurfürstenbund und Königtum, S. 134.
943 Vgl.: CDS I B 4, Nr. 318, S. 197–200.
944 Vgl.: CDS I B 4, Nr. 323, S. 207.
945 Vgl.: CDS I B 4, Nr. 324, S. 207–208; AUFGEBAUER: »Kammerknecht« Abraham von Leipzig, S. 128.
946 Vgl.: CDS I B 4, Nr. 331, S. 212; HEUER: Der Bingener Kurverein, S. 207; BUTZ: Ensifer ense potens, S. 391–392; MATHIES: Kurfürstenbund und Königtum, S. 150–151; GARNIER: Die Politik der geistlichen Kurfürsten, S. 108–109; BLOH: Die öffentliche Belehnung, S. 150.
947 Zit.: MATHIES: Kurfürstenbund und Königtum, S. 152.
948 Vgl.: CDS I B 4, Nr. 332, S. 213–214.
949 Friedrich I. von Brandenburg bereits am 18. Januar (CDS I B 4, Nr. 333, S. 214–215), vgl.: MATHIES: Kurfürstenbund und Königtum, S. 151–153; BLOH: Die öffentliche Belehnung, S. 150.
950 Vgl.: CDS I B 4, Nr. 335, S. 216. Am gleichen Tag bestätigte er der Familie eine Reihe weiterer Privilegien, vgl.: CDS I B 4, Nr. 336, S. 216.
951 Vgl.: CDS I B 4, Nr. 436, S. 283.
952 Darüber informierte der Mülhauser den Nordhäuser Rat zwischen dem 8. und 14. Mai 1424, vgl.: CDS I B 4, Nr. 351, S. 223.
953 Vgl.: BROESIGKE: Friedrich der Streitbare, S. 79–80.
954 Vgl.: HEUER: Der Bingener Kurverein, S. 217–218; BUTZ: Ensifer ense potens, S. 392–393.

955 Vgl.: CDS I B 4, Nr. 365, S. 231–232.
956 Vgl.: BUTZ: Ensifer ense potens, S. 395; BLOH: Die öffentliche Belehnung, S. 150.
957 Vgl.: CDS I B 4, Nr. 421, S. 268.
958 Vgl.: CDS I B 4, Nr. 427, S. 271–275; BUTZ: Ensifer ense potens, S. 395–396; BROESIGKE: Friedrich der Streitbare, S. 85–86.
959 Vgl.: CDS I B 4, Nr. 429, S. 276–277.
960 Vgl.: CDS I B 4, Nr. 430, S. 277; LEISERING: Die Belehnungsurkunde, S. 147; BLOH: Die öffentliche Belehnung, S. 150.
961 Vgl.: BLOH: Die öffentliche Belehnung, S. 153.
962 Vgl.: BUTZ: Ensifer ense potens, S. 396; BLOH: Die öffentliche Belehnung, S. 153–154.
963 Vgl.: CDS I B 4, Nr. 432, S. 278–280.
964 Vgl.: LEISERING: Die Belehnungsurkunde, S. 147.
965 Vgl.: CDS I B 4, Nr. 435, S. 281–282.
966 Vgl.: BUTZ: Ensifer ense potens, S. 396; BLOH: Ritterschwert, S. 160–164; WETTER: Meisterwerk der Goldschmiedekunst, S. 166–168.
967 Vgl.: CDS I B 4, Nr. 437, S. 283–284.
968 Vgl.: LEISERING: Die Belehnungsurkunde, S. 147.
969 Vgl.: Ebd., S. 147.
970 Vgl.: ARNOLD: Bergbau und Münzpolitik, S. 29–30.
971 Vgl.: CDS I B 4, Nr. 329, S. 210.
972 Vgl.: CDS I B 4, Nr. 470, S. 309–310, Nr. 471, S. 310–312.
973 Vgl.: BROESIGKE: Friedrich der Streitbare, S. 48.
974 Zu seiner Person vgl.: ROGGE: Ernst von Sachsen.
975 Vgl.: BUTZ: Ensifer ense potens, S. 397–398; GARNIER: Die Politik der geistlichen Kurfürsten, S. 112–113.
976 Vgl.: CDS I B 4, Nr. 316, S. 197.
977 Vgl.: CDS I B 4, Nr. 389, S. 252, Nr. 390, S. 252.
978 Vgl.: CDS I B 4, Nr. 391, S. 252–253.
979 Vgl.: CDS I B 4, Nr. 556, S. 358.
980 Vgl.: KROCKER: Sachsen und die Hussitenkriege, S. 1–2, 6.
981 Vgl.: CDS I B 4, Nr. 177, S. 108.
982 Zit.: CDS I B 4, Nr. 386, S. 251.
983 Vgl.: CDS II B8, Nr. 141, S. 94; KROCKER: Sachsen und die Hussitenkriege, S. 7; ERMISCH: Schlacht bei Aussig, S. 6–7; KRZENCK: Hussitenkriege, S. 60–61.
984 Vgl.: CDS I B 4, Nr. 467, S. 306.
985 Vgl.: CDS I B 4, Nr. 474, S. 313 enthält das Schreiben der Kommandeure an den Vogt zu Meißen, CDS I B 4, Nr. 475, S. 314 die Forderung Friedrichs an den Rat der Stadt Leipzig.
986 Zit.: CDS II 8, Nr. 142, S. 95.
987 Vgl.: CDS I B 4, Nr. 479, S. 318.
988 Vgl.: CDS I B 4, Nr. 482, S. 318–319.
989 Vgl.: CDS I B 4, Nr. 487, S. 319–320.
990 Vgl.: QUERENGÄSSER: Triumph for the heretics, S. 42; PALACKÝ: Der Hussitenkrieg 1419–1431, S. 405–407; KROCKER: Sachsen und die Hussitenkriege, S. 6–7; BEZOLD: Sigismund und die Reichskriege II, S. 81–82.
991 Vgl.: QUERENGÄSSER: Triumph for the heretics, S. 42–43; ŠMAHEL: Hussitische Revolution II, S. 1386–1387; PALACKÝ: Der Hussitenkrieg 1419–1431, S. 407–408; KROCKER: Sachsen und die Hussitenkriege, S. 9–10; ERMISCH: Schlacht bei Aussig, S. 6–7; ULBRICHT: Fürstinnen, S. 29.

992 Vgl.: CDS I B 4, Nr. 507, S. 328 Kurfürstin Katharina fordert den Vogt zu Leipzig auf »mit ganzir macht« zum Heer bei Freiberg zu stoßen; 508, S. 329 Die Kurfürstin befiehlt dem Rat von Leipzig, mit ganzer Macht nach Dresden zu kommen und auch Büchsen und Handbüchsen mitzuführen.
993 Vgl.: QUERENGÄSSER: Triumph for the heretics, S. 4-443; PALACKÝ: Der Hussitenkrieg 1419-1431, S. 409-413; KROCKER: Sachsen und die Hussitenkriege, S. 10-16; ERMISCH: Schlacht bei Aussig, S. 7-18; KORSCHELT: Kriegsdrangsale der Oberlausitz, S. 176-177; KRZENCK: Hussitenkriege, S. 60-61.
994 Vgl.: CDS I B 4, Nr. 512, S. 332.
995 Vgl.: CDS I B 4, Nr. 513, S. 332.
996 Zit.: CDS I B 4, Nr. 514, S. 333.
997 Vgl.: ULBRICHT: Fürstinnen, S. 29-30.
998 Vgl.: QUERENGÄSSER: Triumph for the heretics, S. 44-45; PALACKÝ: Der Hussitenkrieg 1419-1431, S. 413-414; KROCKER: Sachsen und die Hussitenkriege, S. 16-18; BEZOLD: Sigismund und die Reichskriege II, S. 82.
999 Zit.: ERMISCH: Schlacht bei Aussig, S. 35.
1000 Vgl.: QUERENGÄSSER: Triumph for the heretics, S. 44-45; PALACKÝ: Der Hussitenkrieg 1419-1431, S. 415; KROCKER: Sachsen und die Hussitenkriege, S. 18-19.
1001 Zit. nach: ERMISCH: Schlacht bei Aussig, S. 41
1002 Vgl.: THIEME: Landesherrschaft und Reichsunmittelbarkeit, S. 135.
1003 Vgl.: QUERENGÄSSER: Triumph for the heretics, S. 45-46; PALACKÝ: Der Hussitenkrieg 1419-1431, S. 415-416; KROCKER: Sachsen und die Hussitenkriege, S. 19-20; ERMISCH: Schlacht bei Aussig, S. 20-31.
1004 Vgl.: QUERENGÄSSER: Triumph for the heretics, S. 46; PALACKÝ: Der Hussitenkrieg 1419-1431, S. 416-417; KROCKER: Sachsen und die Hussitenkriege, S. 23.
1005 Vgl.: STREICH: Frauenlob, S. 71.
1006 Vg.: CDS I B 4, Nr. 562, S. 361.
1007 Zit.: CDS I B 4, Nr. 520, S. 336.
1008 Zit.: CDS I B 4, Nr. 520, S. 336.
1009 Dies teilte Otto von Trier dem Kurfürsten von Mainz mit, vgl.: CDS I B 4, Nr. 522, S. 337.
1010 Vgl.: CDS I B 4, Nr. 524, S. 338-339.
1011 Vgl.: CDS I B 4, Nr. 506, S. 328.
1012 Vgl.: CDS I B 4, Nr. 542, S. 552-553.
1013 Vgl.: PALACKÝ: Der Hussitenkrieg 1419-1431, S. 417-419; KROCKER: Sachsen und die Hussitenkriege, S. 23-24; BEZOLD: Sigismund und die Reichskriege II, S. 85.
1014 Vgl.: ŠMAHEL: Hussitische Revolution II, S. 1390.
1015 CDS I B 4, Nr. 419, S. 267-268.
1016 Vgl.: THIEME: Landesherrschaft und Reichsunmittelbarkeit, S. 136, 150-151; CDS I B 4, Nr. 526, S. 340-341, Nr. 527, S. 341; Nr. 530, S. 342-343; Nr. 532, S. 344-345.
1017 Vgl.: CDS I B 4, Nr. 560, S. 360.
1018 Vgl.: CDS I B 4, Nr. 567, S. 363.
1019 Vgl.: CDS I B 4, Nr. 581, S. 372; AUFGEBAUER: »Kammerknecht« Abraham von Leipzig, S. 129.
1020 Vgl.: BROESIGKE: Friedrich der Streitbare, S. 92-93.
1021 Vgl.: CDS I B 4, Nr. 572, S. 365-366.
1022 Vgl.: BROESIGKE: Friedrich der Streitbare, S. 94.
1023 Vgl.: CDS I B 4, Nr. 582, S. 372-373.
1024 Zit.: CDS I B 4, Nr. 583, S. 373-374.
1025 Vgl.: CDS I B 4, Nr. 585, S. 375.

1026 Zit.: PALACKÝ: Urkundliche Beiträge I, Nr. 434, S. 497.
1027 Vgl.: KORSCHELT: Kriegsdrangsale der Oberlausitz, S. 176.
1028 Vgl.: Ebd., S. 175-176.
1029 Vgl.: Ebd., S. 176-177.
1030 Vgl.: CDS I B 4, Nr. 586, S. 375-376.
1031 Vgl.: CDS I B 4, Nr. 588, S. 376-377.
1032 Vgl.: BROESIGKE: Friedrich der Streitbare, S. 96.
1033 Vgl.: BROESIGKE: Friedrich der Streitbare, S. 96; PALACKÝ: Der Hussitenkrieg 1419-1431, S. 445-447; KROCKER: Sachsen und die Hussitenkriege, S. 26-27; DURDÍK: Hussitisches Heerwesen, S. 230-233; BLEICHER: Das Herzogtum Niederbayern, S. 143.
1034 Vgl.: PALACKÝ: Der Hussitenkrieg 1419-1431, S. 445-447; KROCKER: Sachsen und die Hussitenkriege, S. 26-27; DURDÍK: Hussitisches Heerwesen, S. 230-233; BLEICHER: Das Herzogtum Niederbayern, S. 143.
1035 Vgl.: PALACKÝ: Der Hussitenkrieg 1419-1431, S. 447; KROCKER: Sachsen und die Hussitenkriege, S. 27-28; DURDÍK: Hussitisches Heerwesen, S. 233-235; BLEICHER: Das Herzogtum Niederbayern, S. 144.
1036 Zit.: CDS I B 4, Nr. 596, S. 380; BROESIGKE: Friedrich der Streitbare, S. 97.
1037 Zit.: CDS I B 4, Nr. 606, S. 385.
1038 Zit.: CDS I B 4, Nr. 612, S. 388.
1039 Vgl.: BROESIGKE: Friedrich der Streitbare, S. 97-98.
1040 Vgl.: ULBRICHT: Fürstinnen, S. 31.
1041 Vgl.: STREICH: Das Begräbnisritual und das Grabmal, S. 180; ULBRICHT: Fürstinnen, S. 31.
1042 Vgl.: STREICH: Das Begräbnisritual und das Grabmal, S. 180-181.
1043 Vgl.: Ebd., S. 178-180.
1044 Vgl.: STREICH: Frauenlob, S. 71.
1045 Vgl.: ERMISCH: Kurfürstin Katharina, S. 77-79; ULBRICHT: Fürstinnen, S. 32-34; STREICH: Frauenlob, S. 71-72.

Zum Autor

Alexander Querengässer (geboren 1987 in Dresden) studierte Mittlere und Neuere Geschichte an der Universität Leipzig. 2016 promovierte er mit einer Arbeit über die kursächsische Armee im Großen Nordischen Krieg (1700–1717) an der Universität Potsdam. Seine Forschungsschwerpunkte bilden spätmittelalterliche und frühneuzeitliche Geschichte, sowie Militär- und Landesgeschichte.

Zuletzt von ihm im Sax-Verlag erschienen:
»1719. Hochzeit des Jahrhunderts. Festkultur am Dresdner Hof« (2020)
»Torgau im Großen Nordischen Krieg (1700–1717)« (2021)